북유럽 신화, 재밌고도 멋진 이야기

북유럽 신화,
재밌고도 멋진 이야기
NORSE MYTHOLOGY
H. A. 거버 지음, 김혜연 옮김

일러두기

1. 『북유럽 신화, 재밌고도 멋진 이야기』는 영국의 George G. Harrap & Company에서 1909년에 출간한 『Myths of the Norsemen From the Eddas and Sagas』를 번역한 것이다.

2. 『Myths of the Norsemen From the Eddas and Sagas』는 영어로 쓰인 책이므로 영어 발음이 주가 되지만, 되도록 고대 노르드어 발음을 반영하여 표기하고자 했다. 단, 이미 표준어로 규정된 북유럽 신화 관련 용어가 있기에 이를 기준으로 삼아 나름의 원칙을 세웠다.
대표적인 예로 영어에서 th 표기를 한 경우 노르드 원문은 þ로 쓰는데, 이는 θ 발음에 해당되므로 'ㅅ'으로 표기하는 것이 맞다. 그러나 '토르', '트림' 등이 표준어로 등록되었으므로 'ㅌ'로 표기했다. y, ý 역시 '이미르', '티르'가 표준어로 등록되었기에 'ㅣ'로 표기했다. 모음에서 장모음과 단모음은 따로 구분하지 않았고, ö는 'ㅗ'로, ø와 œ는 'ㅚ'로 표기했다.
그 외 스웨덴, 노르웨이, 독일 등 국명이 언급되는 인명, 지명은 해당 외래어 표기법에 따랐다.

3. 단수형과 복수형이 존재하는 단어의 경우, 단수형으로 통일해 표기했다.

4. 북유럽 신화와 관련된 인명, 지명 등은 위 첨자로 구별해 표기했다.

기획자의 말
:• 그동안 북유럽 신화는 왜 그렇게 꼭꼭 숨었나?

〈나니아 연대기〉, 〈반지의 제왕〉, 〈토르〉 등 우리에게 익숙한 이 영화들이 모두 북유럽 신화에 바탕을 두고 있다는 사실을 언뜻 알아차리기는 쉽지 않다. 듣고 나면, '아, 그랬구나' 하는 정도다. 그만큼 북유럽 신화는 우리에게 그리 친근하지 못한 이야기다. 반면에 그리스 신화는 너무나 많이 알려져 있고, 어려서부터도 많이 읽어 왔다.

나 역시 아주 어릴 때 계몽사에서 발간했던 50권짜리 전집 속 북유럽 동화를 한 권 읽었던 이후로 지금까지 제대로 된 북유럽 신화를 읽은 기억이 없다. 그만큼 우리나라에 북유럽 신화는 생소하다. '북유럽 신화'라는 키워드로 인터넷을 검색하면서 읽었던 어느 네티즌의 논평처럼 참으로 '미스터리한' 일이다.

그 이유에 대해서 역사적 배경까지는 제대로 몰랐는데, 이 책을 기획하고 출판하면서 알게 되었다. 바로 북유럽 신화의 배경이 되는 노르웨이 등의 국가에 기독교 문화가 들어와 지배하면서 이교의 문화를 배척한 것이다. 그리하여 북유럽 신화는 역사 저편으로 사라지게 되었다. 북유럽 신들의 자리는 기독교의 성자들이 차지했고, 북유럽 사람들은 고유의 신화가 아닌 그리스 신화를 교양으로 여기게 되었다. 일제강점기에 우리나라 고유의 문화적 뿌리가 많이 억압되고 저평가되었으며, 일부 상실된 것과 마찬가지의 역사적 배경인 셈이다. 북유럽 신화에 등장하던 신들이 기독교적 논리에 의해 마녀나 악마로 격하되었다고 하니, 남의 나라 이야기지만 슬픈 일이다.

● 신화의 또 다른 원석, 북유럽 신화 속으로!

그런데 21세기의 대한민국에도 아직까지 제대로 된 북유럽 신화가 국내에 번역되어 출판된 일은 흔하지 않다. 그리스 신화의 그 방대한 출판물에 비하면 터무니없이 적은 양이다. 그리고 북유럽 신화의 전체 스토리가 제대로 번역된 일은 그리 많지 않다.

북유럽 신화는 운문 형식의 『옛 에다』, 이를 바탕으로 쓴 산문 형식의 『새 에다』로 전해진다. 북유럽 신화의 뿌리가 운문이었다는 사실도 예전에는 미처 몰랐다. 『북유럽 신화, 재밌고도 멋진 이야기』는 운문으로 쓰여 멋지지만 너무 함축적인 『옛 에다』와 산문으로 쓰여 이야기의 큰 줄기를 따라가기 쉬운 『새 에다』의 장점만 취한 것이다. 즉, 줄거리가 분명한 이야기를 재미있게 읽을 수 있으면서 동시에 북유럽 신화 고유의 운문이 자아내는 맛도 느낄 수 있다.

겨울이 아주 길고 긴 북유럽의 자연적 특성처럼 북유럽 신화에서는 음산하면서도 뭔가 독특한 문화의 향취가 느껴진다. 그리스 신화와

는 또 다른 아주 '기묘하면서도 멋진, 틀을 깨는 멋'의 이야기가 펼쳐진다. 이는 북유럽 신화에 등장하는 많은 신들이 불멸이 아니라 '죽음'이라는 끝을 향해 달려가는 존재들이라는 점에서 두드러진다. 또, 북유럽 신화는 그동안 서양의 수많은 고전과 영화에 있어 문화적 바탕이 되어 왔고, 심지어 게임 캐릭터의 창의적 원천이자 다양한 스토리텔링의 밑천이 되고 있으니 현실적 이유에서도 반드시 읽어 볼 필요가 있다.

더욱이 신화는 그 자체가 근본적으로 인간 정신의 원형을 간직하고 있는 이야기다. 꿈의 분석에서 프로이트보다 한 수 위라고 평가되는 스위스의 정신의학자이며 심리학자인 칼 구스타프 융도 인간의 심층 심리를 이해하기 위해서는 집단무의식의 하나인 신화에서 그 원형을 찾아보는 것도 의미가 있다고 말한 적이 있다. 신화는 이처럼 인간 정신에 숨어 있는 고유의 이미지를 상징화한 이야기며, 아무리 인류의 역사가 흘러도 인간에게 남아 있는 무의식의 연결 고리로 기능한다.

『북유럽 신화, 재밌고도 멋진 이야기』가 세상에 나온 이유는 무엇보다도 그리스 신화 등 한쪽으로만 너무 편중된 우리의 독서 문화에 균형을 잡아줄 무게 추 역할을 하기 위해서다. 북유럽 신화가 널리 퍼져서 많은 독자들이 다양한 문화적 양식을 접할 수 있기를 기대한다. 다양한 문화와 정신적 토대 위에 다양한 의견이 공존할 수 있는 사회적 분위기가 탄생할 수 있기 때문이다.

특히 개인적으로 볼 때에도 인생을 살아가면서 이렇게도 '재밌고도 멋진 이야기' 북유럽 신화를 놓치는 건 정말 안타까운 일이다. 독서의 참맛에 목마른 많은 독자들이 밋밋한 인생의 맛에 한껏 풍미를 더

해줄 북유럽 신화를 오랜 벗처럼 곁에 두고서 정신적 양식으로 삼기를 바란다.

2015년 12월
조선우

북유럽 신화, 재밌고도 멋진 이야기

책읽는귀족은
『북유럽 신화, 재밌고도 멋진 이야기』를 네 번째 주자로
'디오니소스 프로젝트'를 이어간다.
'디오니소스'는 니체에게 이성의 상징인
아폴론적인 것과 대척되는 감성을 상징한다.
'디오니소스 프로젝트'는 고대 그리스 신화에서는
축제의 신이기도 한 디오니소스의 특성을
상징적으로 담아내려는 시도로,
우리의 창조적 정신을 자극하는 책들을 중심으로
디오니소스적 세계관에 의한,
디오니소스적 앎을 향한
출판의 축제를 한 판 벌이고자 한다.
니체는 디오니소스를 통해
세상을 해방시키는 축제에 경탄을 쏟았고,
고정관념의 틀을 깨뜨릴 수 있는 존재로
디오니소스를 상징화했다.
자기 해체를 통해 스스로를 극복하는 존재의 상징이기도 한
디오니소스는 마치 헤르만 헤세의
"새는 알에서 나오려고 발버둥 친다. 알은 새의 세계다.
태어나려고 하는 자는 하나의 세계를 파괴해야 한다"는
의미와 맞닿아 있다.
이제 여러분을 '디오니소스의 서재'로 초대한다.

머리말
북유럽 신화의 역사적 기원, 그 미스터리 속으로

____ 초기 아이슬란드 문학은 소박한 단편 시가들로 긴 세월 잠들어 있었다. 이 시가들의 근본적 중요성에는 이제 그 누구도 이의를 제기하지 못한다. 하지만 그 안에 담긴 풍부한 종교적 전통, 신화적 전승에 관심을 기울이는 이는 최근까지도 매우 적었다.

북유럽 신화가 긴 세월 외면 받은 것은 자료 자체에 문제가 있었기 때문이 아니다. 『에다Edda』에는 북유럽 신앙이 충실히 담겨 있기 때문이다. 북유럽 신화는 비록 세련되지는 않더라도 국가적 낭만과 민족적 상상력의 정수로 가득 차 있다. 이런 면에서는 훨씬 우아하고 목가적인 남쪽의 그리스 신화와 비교해도 뒤지지 않을 정도다.

그렇다고 신 자체에 대한 관념이 빈약한 것도 아니다. 종교적 경지는 높지 않을 수도 있지만, 아이슬란드 문학을 연구하는 일류학자들은 모두 스칸디나비아 반도의 산맥과 일맥상통하는 북유럽 신들의 장대하고 거친 기상을 칭송한다. 북유럽의 신들은 "잔학한 힘을 초월하며

단순히 물질을 초월하는 승리의 정신, 싸우고 극복하는 정신"[1]을 보여 준다.

"비록 북유럽 신화의 일부분이 다른 신화에서 가져온 것이라 해도, 고대 스칸디나비아 사람들은 그들의 신에게 숭고하며 강직하고 위대한 정신을 부여해 신들을 그 나름대로 높은 수준에 올려놓았다."[2]

"사실 옛 북유럽의 노래 안에는 진실이, 그 안에서 영원히 지속되는 진리와 위대함이 담겨 있다. 이는 단순한 육체나 거대한 크기의 위대함이 아닌, 영혼의 소박한 위대함이다."[3]

그러나 기독교와 함께 고대 그리스 로마 문화가 북유럽으로 들어왔다. 새로운 문화의 영향력은 점점 커졌고, 마침내 기존의 정서를 대체하게 되었다. 사람들은 고유의 문학과 전통을 잊어갔고, 이국의 신화와 문학이 그 자리를 채웠다.

● 더 나은 이상을 향해 어둠 속에서 마음을 열고 손을 뻗다

북유럽 신화는 영국의 관습과 법, 언어에 많은 영향을 미쳤다. 문학에도 알지 못하는 사이 큰 영감을 주었다. 북유럽 신화에는 다른 종교와 구별되는 독특한 특색이 있는데, 바로 음울한 유머와 신화 전반에 흐르는 어둡고 비극적인 줄거리다. 각각의 극단에 닿아 있는 이 특색은 영국 문학에서 광범위하게 쓰여 왔다.

하지만 겉으로 드러나는 영향은 빈약했다. 그리스 신화가 마치 농축된 영약과도 같이 영감을 불러일으켰으니 설 자리가 없었던 것이다. 현대 예술로 눈을 돌리면 그 차이는 더욱 분명해진다.

북유럽 신화에 무관심해진 원인은 여러 가지가 있을 것이다. 그러나 옛 북유럽 사람들이 믿음을 지키려고 끈질기게 노력하지 않았다는 사실을 가장 먼저 꼽을 수 있다. 초기 기독교 선교사들은 그 덕을 톡톡히 누렸다. 이교의 신앙을 혼란시켜 새로운 신앙에 녹아들게 한다는 선교 방침이 효과를 거둔 것이다. 일례로 기독교의 부활절Easter은 사실 이교도 여신 에아스트레Eastre를 상징하는 축일이었다. 이름까지 그대로 따온 흥미로운 사례가 아닐 수 없다.

이런 식으로 북유럽 신화는 완전히 꽃을 피워보지도 못하고 억압되어 기억에서 사라졌다. 또, 북유럽 신화는 일관성 없는 남쪽의 신화와 달리 포괄적이며 지적인 구성으로 이루어져 있었다. 덕분에 북유럽인들은 다소 합리적인 신앙의 토대를 형성했고, 그 결과 기독교의 교리를 쉽게 받아들이게 되었다. 다시 말해서, 북유럽 신화 스스로 자멸의 원인을 초래한 것이다.

『옛 에다the Elder Edda』에 북유럽 신앙이 세세히 기록된 것은 아니다. 사실은 신앙을 졸렬하게 모방했다고 보는 편이 맞다. 작자인 시인들이 우화를 좋아하기도 했고, 샘솟는 착상들 사이에서 풍부한 상상력을 발휘했기 때문이다.

"시인은 눈 덮인 봉우리가 사람의 형상을 띨 때까지 시선을 산에 고정했다. 그러면 바위 혹은 얼음으로 된 거인이 무거운 발걸음으로 산을 내려왔다. 그렇지 않으면 시인은 빛나는 목걸이를 한 프레이야 여신이, 황금 머리칼의 시프 여신이 나타날 때까지 봄의 찬란한 풍경이나 여름 들판을 바라보곤 했다."[4]

게다가 시인들은 예술적 표현에 도움이 되지 않으면 모두 생략했

북유럽 신화, 재밌고도 멋진 이야기

다. 희생 의식이나 종교 의식이 그러했다. 따라서 '북유럽 신화'는 스칸디나비아 사람들의 종교적 믿음이라기보다는 북유럽 운문 문학의 시작을 알려주는 유물로 받아들이는 편이 옳을지도 모른다. 옛 신앙과 새 신앙 사이에서 혼란을 겪는 과도기의 흔적도 여럿 찾아볼 수 있다.

그러나 외면한 세월만큼 한계는 있을지언정 부분적으로 옛 신앙의 얼개를 재구성하는 것은 가능하다. 일반 독자들에게는 칼라일의 눈부신 저서 『영웅숭배론』이 많은 참고가 될 것이다. 칼라일은 충분히 납득할 만한 이유로 북유럽 신화는 "삶의 전 영역에서 펼쳐지는 착각, 혼란, 거짓, 모순이 갈피를 잡을 수 없이 얽히고설킨 정글!"이라고 표현한다.

하지만 거기서 그치지 않고 더 나아가 표현하고자 하는 정신적 힘이 이처럼 모순된 본질을 숭배하게 된 핵심이라고 밝힌다. 우리에게 북유럽의 신들이란 조사 대상에 불과하다. 반면 옛 북유럽 사람들은 이들을 이해하려 들지 않고 곧장 신으로 받들었다. 추종자들이란 역사의 모든 장에서 늘 그렇게 행동해 왔다. 진정 칼라일이 생각하는 영웅숭배자 자체다. 이들의 단순한 철학 안에는 회의론이 머물 자리가 없다.

그러나 이는 우주가 신성으로 가득하다고 진심으로 믿었던 때의 이야기다. 북유럽 사람들은 스스로 알고 있는 것보다 더 나은 이상을 향해 어둠 속에서 마음을 열고 손을 뻗었다. 그러자 더 높은 이상에 맞닥뜨렸고, 자신들의 신을 몰락시키는 라그나로크^{Ragnarok}를 탄생시켰다. 이만큼 많은 설화가 보존된 것은 보기 드문 현상이니 감사할 일이다.

● 에다와 사가에 담긴 북유럽 신화

아이슬란드에 상륙하는 스칸디나비아 사람들(오스카르 베르겔란드 作)

북유럽은 외세의 영향으로 언어가 변질되었지만 이 설화들은 아이슬란드에서 거의 변함없이 보존되었다. 미발왕 하랄Harold Fairhair이 하프르스피오르에서 압도적인 승리를 거두자 그의 압제에서 벗어나기 위해 도망친 본토 스칸디나비아 사람들이 아이슬란드에 자리를 잡았기 때문이다. 전부터 시로 유명했던 이들이었다.

그들은 척박한 아이슬란드 땅에 '시'라는 뿌리를 내렸다. 옛 스칸디나비아 시인들 중 상당수가 아이슬란드 출신인 까닭이다. 기독교 사제 사이문드르Saemundr는 『옛 에다』로 알려진 에다 모음집을 펴내 북유럽 문학에 지대한 공을 세웠다(25장 관련 내용 주석 참고 - 옮긴이 주). 지금 우리가 알고 있는 지식의 기반이 여기에서 왔기 때문이다.

하지만 18세기 말까지 아이슬란드 문학은 봉인된 수수께끼나 마찬가지였다. 세간의 무관심에서 벗어날 조짐이 조금씩 보이다가 지금에 와서야 앞으로 인정받게 될 듯한 단계에 이르렀다.

칼라일은 이렇게 말한다.

"옛 신앙을 알면 우리는 과거와, 과거 속 우리 자신의 소유물과 더 가깝고 명확하게 이어지게 된다. 과거는 그 전체가 현재의 소유물이기 때문이다. 과거에는 항상 진실한 무언가가 존재하므로 과거는 소중한 소유물인 것이다."

『볼숭가 사가 The Volsunga Saga』에 관한 윌리엄 모리스의 설득력 있는 설명 역시 북유럽 신화를 모은 이 책을 소개하는 적절한 인용이 될 것이다.

"이것은 북유럽의 위대한 이야기로 우리 민족은 그리스인들이 트로이 전쟁 이야기를 받아들이는 것과 같이 이 이야기를 받아들여야 할 것이다. ─ 처음에는 우리 민족 모두가 그럴 것이나, 세상이 변하며 우리 민족이 ─ 또한 이야기가 ─ 지금까지 불려온 이름에 불과하게 되면, 다음 세대들은 우리가 트로이 전쟁 이야기를 받아들이듯이 이 이야기를 받아들일 것이다."

1909년
H. A. 거버

Contents

기획자의 말
그동안 북유럽 신화는 왜 그렇게 꼭꼭 숨었나?   005

머리말
북유럽 신화의 역사적 기원, 그 미스터리 속으로   010

01 세상의 시작   021
02 오딘   041
03 프리가   081
04 토르   105
05 티르   141
06 브라기   155
07 이둔   166
08 뇨르드   178
09 프레이르   186
10 프레이야   205
11 울르   217
12 포르세티   221
13 헤임달   226
14 헤르모드   239

15 비다르	244
16 발리	249
17 노른	255
18 발키리	265
19 헬	277
20 에기르	286
21 발데르	305
22 로키	334
23 거인 이야기	354
24 드워프 이야기	366
25 엘프 이야기	376
26 시구르드 사가	384
27 프리티오프 사가	453
28 신들의 황혼	501
29 그리스 신화와 북유럽 신화	519

주	550
옮긴이의 말 북유럽 신화, 진정한 얼음과 불의 노래	555
일러스트레이션 목록	560
북유럽 신화 소사전	565

NORSE MYTHOLOGY

세상의 시작

∵ 창조 신화

  일부 권위자들에 의하면 북유럽에 사는 아리아인들은 원래 아시아의 중앙에 있는 이란의 고원에서 왔다고 한다. 하지만 이들의 생활 방식과 초창기 종교적 신앙의 형성에는 마지막으로 정착한 지역의 기후와 풍경이 큰 영향을 미쳤다.

  웅장하고 험한 풍경, 한밤중에도 빛나는 태양, 번쩍이는 오로라, 북극의 거대한 절벽과 빙산을 향해 한없이 부딪쳐오는 맹렬한 바다는 강렬한 인상을 남겼다. 기적처럼 자라는 초목들, 끊임없이 지속되는 빛, 짧은 여름 동안 찾아오는 푸른 바다와 하늘만큼이나 선명한 인상이었다. 따라서 북유럽 신화에 관한 가장 완벽한 기록을 보존해 온 아이슬란드 사람들이 세상은 원래 불과 얼음이 뒤섞여 만들어졌다고 생각한 것도 크게 놀랄 만한 일은 아니다.

북유럽 신화는 웅장하고 비극적이다. 핵심 주제는 창조주의 선한 힘이 악에 맞서 끊임없이 분투하는 것으로, 햇빛 찬란한 남쪽의 종교처럼 우아하고 목가적인 면은 찾아볼 수 없다. 언제든 볕을 쬐고 땅에서 나는 과일을 바로 따먹을 수 있는 곳과는 환경이 다르기 때문이다.

잔뜩 찌푸린 하늘 아래에서 사냥을 하고 물고기를 잡는 일상. 햇빛이 조금도 비치지 않는 길고 혹독한 겨울. 위험하고 고통스러운 나날을 보내며 선조들은 자연스레 추위와 얼음을 악한 기운으로 여기게 되었다. 빛과 열이라는 이로운 힘을 특별히 여기게 된 것도 같은 이유 때문이다.

세상의 탄생에 관한 질문을 받고 에다^{Edda}와 사가^{Saga}에 시를 남긴 음유시인과 시인들은 막연히 이렇게 상상했다. 태초에, 땅도 바다도 공기도 아직 존재하지 않고 어둠이 모든 것을 덮고 있었을 때, 바라는 것은 뭐든 이룰 수 있는 알포드^{Alfodr}란 강력한 존재가 실재하되, 아직 보이지 않을 뿐더러 채 생겨나지도 않았다고.

시간의 여명, 우주의 중심에는 긴눙가가프$^{Ginnunga-gap}$라 불리는 공동^{空洞} 중의 공동, 끝없는 황혼에 감싸여 눈으로는 깊이를 가늠할 수 없는 거대한 심연이 있었다. 이곳의 북쪽에는 안개와 어둠의 나라, 니플헤임$^{Nifl-heim}$이라는 우주 혹은 세상이 있었다. '끓는 가마솥'이란 뜻의 샘, 흐베르겔미르^{Hvergelmir}가 한가운데에서 지칠 줄 모르고 솟아나 엘리바가르^{Elivagar}란 열두 개의 큰 강으로 물을 흘려보냈다. 강을 따라 세차게 흘러가는 물은 깊은 골에서 불어오는 차가운 돌풍을 만나 거대한 얼음 덩어리가 되었다. 그리고 깊이를 가늠할 수 없는 거대한 심연 속으로 천둥 같은 굉음을 내며 끝없이 굴러 내려갔다.

북유럽 신화, 재밌고도 멋진 이야기

이 어두운 심연의 남쪽, 안개의 나라 니플헤임의 정반대 쪽에는 빛과 온기로 가득 찬 불의 나라 무스펠헤임Muspells-heim이 있었다. 불꽃의 거인 수르트Surtr가 쉬지 않고 그 경계를 지키는 곳이었다. 수르트는 번득이는 칼을 사납게 휘두르면서 소나기 같은 불꽃을 한없이 쏟아냈고, 불꽃은 심연의 밑바닥으로 떨어진 얼음 덩어리에 부딪쳤다. 그러면 그 열기 때문에 쉿소리가 나며 얼음이 조금씩 녹곤 했다.

거대한 수르트, 불타는 칼을 들어
남쪽 무스펠헤임의 입구를 지키니,
번쩍이는 천상의 불꽃,
생명을 주는 불꽃이 불의 나라에서 나왔도다.

- 발할라(J. C. 존스)

불타는 칼을 든 거인(J. C. 돌먼 作)

∴ 이미르와 아우둠블라

　　____ 강에서 피어오른 구름이 다시 세상을 지배하는 한기와 만나자 얼음 안개와 흰 서리로 변해 겹겹이 쌓이며 거대한 세상의 중심을 채웠다. 이렇게 열기와 한기가 계속해서 만나며(어쩌면 아직 생기지도 않은, 보이지도 않는 그 분의 뜻에 따라) 얼어붙은 바다를 상징하는 이미르^{Ymir} 혹은 오르겔미르^{Orgelmir}(펄펄 끓는 진흙)란 거대한 생명체가 심연의 얼음 덩어리 사이에서 태어났다. 얼음 안개 속에서 태어났기 때문에 사람들은 그를 흐림트루스$^{Hrim-thurs}$(서리 거인)라 불렀다.

> 태초에
> 이미르가 살던 시절에는
> 모래도 바다도
> 차갑게 식히는 파도도 없었다.
> 대지도 찾을 수 없고
> 하늘도 저 위에 없으니
> 하나의 심연만이 존재하고,
> 그 어디에도 풀 한 포기 없었다.
>
> - 옛 에다(헨더슨 옮김)

　　먹을 것을 구하고자 어둠 속을 더듬던 이미르는 자신과 같은 힘, 같은 물질에 의해 생겨난 거대한 암소 아우둠블라^{Audumbla}(양육자)를 찾아냈다. 서둘러 암소에게로 다가간 이미르는 기쁘게도 암소의 배 밑에서 네 줄기의 우유가 흘러 충분한 영양분을 섭취할 수 있다는 사실을

북유럽 신화, 재밌고도 멋진 이야기

깨달았다.

　이미르의 허기가 충족되는 동안, 마찬가지로 먹을 것을 찾아야 했던 암소도 거친 혀로 근처 얼음덩어리에서 소금을 핥아 먹기 시작했다. 암소가 얼음덩어리를 계속해서 핥자 신의 머리칼이 나타나더니 곧이어 머리 전체가 나타났고, 머지않아 부리^{Buri}(생산하는 이) 신이 완전한 자유를 얻었다.

　그 사이, 잠들어 있던 거인 이미르의 겨드랑이 밑으로 땀이 흐르며 아들과 딸이 하나씩 태어났다. 이미르의 두 발도 트루드겔미르$^{Thrud\text{-}gelmir}$라는 머리 여섯 달린 거인을 낳았다. 트루드겔미르는 곧 사악한 서리 거인들의 조상이 되는 거인 베르겔미르^{Bergelmir}를 낳았다.

> 겨드랑이 아래에서 자라니
> 흐림트루스의 전설,
> 여자아이와 남자아이가 함께 태어났다.
> 발과 발이 거인을 낳으니
> 현명한 요툰의 이야기,
> 머리 여섯 달린 아들이 태어났다.
>
> - 옛 에다(소프 옮김)

:• 오딘, 빌리 그리고 베

　부리 신은 세상에 나오자마자 아들 보르^{Börr}(태어나다)를 낳았다. 이들의 존재를 눈치 챈 거인들은 신들을 상대로 전쟁을 벌였다.

신과 거인은 선과 악이란 상반된 힘을 대표하고 있었기 때문에 평화롭게 공존할 길이 없었던 것이다. 전쟁은 오랜 세월 어느 한 쪽이 결정적인 승기를 잡지 못하는 상태로 계속되었다. 그 사이 보르는 볼토른Bolthorn(악의 가시)의 딸인 여자 거인 베스틀라Bestla와 혼인하여 오딘Odin(정신), 빌리Vili(의지), 베Ve(신성) 세 아들을 낳았다. 보르의 세 아들은 곧바로 아버지와 함께 서리 거인들과 맞서 싸웠고 마침내 불구대천의 적 이미르를 쓰러뜨리는 데 성공했다. 거대한 이미르가 숨을 거두자 상처에서 엄청난 양의 피가 솟구쳐 홍수를 일으켰고, 서리 거인들의 목숨을 앗아갔다. 아내와 함께 배를 타고 세상의 끝으로 도망친 베르겔미르만이 예외였다.

> 그리고 이미르의 종족이 모두 물에 빠져 죽으니
> 단 하나 살아남은 자는 베르겔미르, 배에 올라 도망쳤네.
> 홍수를 피하였기로 그에게서 거인의 후손이 비롯되노라.
>
> - 발데르 죽다(매슈 아널드)

베르겔미르는 세상의 경계에 자리를 잡고 그곳을 요툰헤임Jötunheim(거인의 나라)이라 이름 붙인 뒤 새로운 서리 거인들을 낳았다. 이들은 아버지의 증오를 물려받아 신들과 반목했다. 그리고 언제라도 결연히 일어나 자신들이 나고 자란 황량한 나라를 버리고, 신들의 영역을 침범할 준비가 되어 있었다.

승리를 거두고 더는 전쟁에 신경 쓰지 않아도 되자 아스ASS(복수 에시르Æsir: 세상의 기둥이자 지지자) 신들은 이제 척박한 세상을 살 만한 곳

으로 만들기 위해 주변을 둘러보았다. 그리고 한참 생각한 끝에 이미르의 거대한 시체를 심연으로 굴려 시체의 여러 부위로 세상을 만들기 시작했다.

세상의 탄생

오딘, 빌리, 베는 이미르의 살로 대지, 미드가르드Midgard(중앙정원)를 만들었다. 그리고 광활한 우주의 한가운데에 자리한 미드가르드의 주변을 이미르의 눈썹으로 둘러 방벽 혹은 성벽을 만들었다. 뼈는 산을 이루고 평평한 치아는 절벽이 되었으며 곱슬곱슬한 머리칼은 나무와 갖은 종류의 식물이 되었다. 이렇게 만들어진 단단한 대지를 이미르의 피 또는 땀이 바다가 되어 둘러쌌다.

첫 작품에 상당히 만족한 신들은 거추장스러운 이미르의 두개골을 육지와 바다 위에 솜씨 좋게 올려놓아 둥근 하늘을 만들었다. 또, 그 아래에 펼쳐진 너른 천공에 이미르의 뇌를 흩뿌려 뭉게구름을 만들어냈다.

이미르의 살로
육지가 만들어지고,
피로 바다가,
뼈로 산이,
머리칼로 나무와 식물이,
두개골로 하늘이 만들어졌다.

그리고 눈썹으로
온화한 신들께서는
인간의 자손들이 살게끔 미드가르드를 만드셨다.
그러나 이미르의 뇌로
저 짙게 드리운 구름이
모두 만들어졌구나.

- 북유럽 신화(R. B. 앤더슨)

둥근 하늘을 지지해야 했던 신들은 네 명의 힘센 드워프 노르드리 Nordri, 수드리 Sudri, 아우스트리 Austri, 베스트리 Westri를 네 구석으로 보내 어깨로 하늘을 짊어지라고 명령했다. 이들로부터 나침반의 네 방향이 노스 North(북), 사우스 South(남), 이스트 East(동), 웨스트 West(서)라는 오늘날의 이름을 얻게 되었다. 이제 신들은 세상에 빛을 선사하기 위해 둥근 하늘의 천장에 무스펠헤임에서 가져온 불꽃을 박아 넣었다. 불꽃은 밝은 별이 되어 어둠 속에서 한결같이 빛났다. 하지만 가장 밝은 불꽃은 해와 달이라는 아름다운 황금 마차 몫이었다.

그리고 무스펠이 지배하는 불꽃의 나라에서
불을 가져와 빛을 만들었다.
해, 달, 별을 하늘에 매달아
밤과 낮의 길을 명확히 가르네.

- 발데르 죽다(매슈 아널드)

모든 준비를 마치고 아르바크르^{Arvakr}(일찍 깨우는 이)와 알스빈^{Alsvin}(빨리 달리는 이)이란 준마까지 황금 마차에 매고나자 신들은 불타는 태양 옆에서 괴로울 말들을 염려했다. 그래서 말들의 기갑 아래에 공기 또는 차갑게 식혀주는 물질이 든 커다란 가죽을 넣어 주었다. 또, 스발린^{Svalin}(차게 하는 것)이란 방패를 만들어 마차 앞에 붙였다. 햇빛이 직접 닿아 말과 대지를 숯으로 만들지 못하게 하려는 방책이었다. 달의 마차도 비슷하게 알스비데르^{Alsvider}(가장 빠른 이)라는 빠른 말을 매었으나 은은한 달빛으로부터 말을 보호할 방패는 필요하지 않았다.

마니와 솔

마차의 준비가 끝나고 마구를 찬 말들도 이제 날마다 달리게 될 길로 어서 떠나지 못해 안달이었다. 하지만 누가 이 말들을 바른 길로 인도할 것인가? 서로를 둘러보던 신들의 눈에 거인 문딜파리^{Mundilfari}의 아름다운 아들과 딸이 들어왔다. 문딜파리는 아이들을 매우 자랑스럽게 여겨서 새로 만든 천체의 이름을 따 마니^{Mani}(달)와 솔^{Sol}(해)이라 이름 붙이기도 했다. 태양의 여신 솔은 수르트의 아들 중 하나인 듯한 글라우르^{Glaur}(빛나다)의 아내이기도 했다.

남매가 각자 빛나는 이름에 맞는 길로 말들을 인도하게 되었으니 참으로 잘 붙인 이름이었다. 신들에게 필요한 조언을 들은 남매는 하늘로 보내졌고, 매일매일 맡은 임무대로 말들을 몰아 하늘길을 달렸다.

알라. 문딜파리를 부를 때
해와 달이 아버지라 함을.
세월이 거듭 흐르고 흐르는 동안
해와 달이 달과 날을 쓰네.

- 높으신 분이 말씀하시기를(W. 테일러 옮김)

다음으로 신들은 거인 중 하나인 노르비Norvi의 딸 노트Nott(밤)를 불러 흐림팍시Hrim-faxi(서리 갈기)라는 검은 말이 끄는 밤의 마차를 맡겼다. 말의 갈기에서는 이슬과 서리가 대지로 방울져 떨어졌다.

흐림팍시는 검은 말,
동쪽에서부터 밤을 가져오니
쏟아지는 사랑의 기쁨으로 가득하네.
거품투성이 재갈을 씹으며
여기저기 이슬방울을 흩뿌리며
대지의 골짜기를 장식한다.

- 바프트루드니르가 말하길(W.테일러 옮김)

밤의 여신은 세 번 결혼했는데, 첫 번째 남편 나글파리Naglfari에게서 아우드Aud라는 아들을 낳고, 두 번째 남편에게서 안나르Annar라는 아들과 요르드Jörd(대지)란 딸을 낳았으며, 세 번째 남편 델링게르Dellinger(새벽)에게서 눈부시게 아름다운 또 하나의 아들을 낳아 다그Dag(낮)이라 이름 붙였다.

북유럽 신화, 재밌고도 멋진 이야기

신들은 이 아름다운 존재를 알아차리자마자 그에게 눈부시게 빛나는 백마 스킨팍시Skin-faxi(빛나는 갈기)가 끄는 마차를 주었다. 스킨팍시의 갈기에서는 사방으로 밝은 빛이 퍼져 세상을 밝히고 모두에게 빛과 기쁨을 가져다주었다.

동쪽에서부터 시작해 하늘로 오르니
낮이 갈기가 빛나는 준마를 몬다.

- 발데르 죽다(매슈 아널드)

늘대 스콜과 하티

그러나 악은 언제나 선의 발자취를 바싹 따라와 선을 없애려 하는 법. 고대 북유럽에 살던 이들은 해와 달이 사나운 늘대 스콜Sköll(역겨움)과 하티Hati(증오)에게 계속 쫓긴다고 생각했다. 이 늘대

솔과 마니를 쫓는 늘대(J. C. 돌먼 옮김)

들의 유일한 목표는 앞서가는 천체를 따라잡아 한입에 삼키는 것이었다. 세상이 다시금 태초의 어둠에 뒤덮이도록.

> 스콜이라 이름 붙은 늑대가
> 아름다운 얼굴을 한 여신을
> 바다까지 쫓는다.
> 또 다른 늑대는 하티라 불리니
> 흐로드비트니르의 아들이어라.
> 빛나는 하늘의 여신이 그를 앞서리.
>
> – 옛 에다(소프 옮김)

가끔씩 늑대들은 솔과 마니를 따라잡아 그토록 노리던 먹잇감을 삼키려고 했는데, 이것이 바로 일식과 월식이었다. 하지만 겁에 질린 사람들이 귀가 먹을 정도로 큰 함성을 질러대는 탓에 늑대들은 놀라서 항상 입에 문 먹이를 황급히 뱉어냈다. 그러면 위기를 모면한 해와 달은 다시 여정을 떠나고, 전보다 더 빠르게 달아났다. 배고픈 짐승들도 다시 그들의 자취를 쫓았다. 언젠가 노력이 결실을 맺어 세상이 끝나는 날이 오기를 빌며. 이처럼 북유럽 사람들은 신들이 유한한 존재이며 그들이 만든 세상과 함께 멸망할 운명이라 믿었다. 신성(보르)과 죽음을 피할 수 없는 거인(베스틀라)의 결합으로 태어났기 때문이다.

그러나 이토록 이른 여명에서조차
희미하게 징후를 드러내는

북유럽 신화, 재있고도 멋진 이야기

그 격렬한 전투, 치명적인 충돌의 여명,
이제 라그나로크에서 막을 내리리라.
선과 악이, 죽음과 삶이
지금 시작해 서로의 반목을 끝내는 날.

- 발할라(J. C. 존스)

마니는 두 아이와 함께 다녔는데, 하나는 히우키Hiuki(차오르는 달)라 했고 다른 하나는 빌Bil(이지러지는 달)이라 했다. 잔인한 아버지의 명령으로 밤새 물을 길어 날라야 했던 아이들을 지상에서 데려왔다고 한다. 이는 "잭과 질" 이야기[1]의 기원이라고 볼 수 있다. 옛사람들은 달 표면의 거무스름한 윤곽을 보고 이 아이들이 양동이를 들고 있는 모습을 상상했다.

신들은 세월의 흐름을 기록하기 위해 해, 달, 낮, 밤을 임명했을 뿐만 아니라 저녁, 한밤중, 아침, 오전, 낮, 오후에게도 임무를 나누어 주고 여름과 겨울에게 계절을 지배하게 했다. 스바수드Svasud(온화하고 사랑스러운 이)의 직계 자손인 여름은 조상의 온화한 기질을 물려받아 모든 이들에게서 사랑받았다. 가장 큰 적인 겨울을 제외하면 말이다. 겨울은 빈드수알Vindsual의 아들로, 빈드수알 자신도 서릿바람을 상징하는 고약한 신 바수드Vasud의 아들이다.

그의 이름은 빈드수알,
겨울의 신을 낳은 자다.
수아수투르에게서 여름이 태어나니

둘 다 세월의 길을 걸으리.
신들의 황혼이 찾아올 때까지.

　　- 바프트루드니르가 말하길(W.테일러 옮김)

　　북쪽에서 차가운 바람이 끊임없이 내려와 온 세상을 다 한기로 채우자 스칸디나비아 사람들은 흐레스벨그$^{Hræ-svelgr}$(시체를 삼키는 자)란 몸집 큰 거인이 독수리 깃털 옷을 입고 북쪽 끝, 하늘의 경계에 앉아 있다고 생각했다. 그가 팔 또는 날개를 들어 올릴 때마다 세찬 한풍이 무자비하게 지면을 휩쓸고 지나가 그 얼음장 같은 입김으로 모든 것을 망친다는 것이다.

그의 이름은 흐레스벨그
하늘의 경계 너머에 앉아 있다.
그가 독수리 같은 날개를 크게 퍼덕이면
그곳에서 맹렬한 광풍이 시작된다.

　　- 바프트루드니르가 말하길(W.테일러 옮김)

❖ 드워프와 엘프

　　신들이 세상을 만들고 빛을 선사하는 일에 매진하고 있을 때, 이미르의 살에서 구더기 같은 생명체가 잔뜩 번식했다. 이제 이 낯선 생명체들이 신들의 시선을 끌 차례였다. 신들은 이들을 불러 모아 먼저 형태를 주고 초인적인 지성을 부여한 다음, 크게 두 무리로 나누었

다. 먼저 음흉하고 교활해 도통 믿음이 가지 않는 것들을 지하에 있는 검은 드워프의 나라, 스바르트알파헤임$^{Svart-alfa-heim}$으로 쫓아내고, 낮에 지상에 올라오는 것을 금하며 이를 어기면 돌이 되게 했다. 이들은 드워프^{Dwarf}, 트롤^{Troll}, 놈^{Gnome}, 코볼트^{Kobold}라 불렸고, 이곳저곳 숨은 곳을 모험하는 데 열중했다. 도중에 얻은 금과 은, 귀중한 보석은 원할 때마다 꺼내 쓸 수 있게 은밀한 바위틈에 넣어두었다. 남은 한 무리의 작은 생명체들은 모두 아름답고 선하며 이로웠다. 신들은 이들을 페어리$_{Fairy}$(요정), 엘프^{Elf}라고 부르며 땅과 하늘 사이의 고지대, 알프헤임$^{Alf-heim}$(빛의 엘프 나라)에서 살게 했다. 이들은 원할 때마다 지상에 내려와 풀과 꽃을 돌보고 새, 나비와 더불어 노닐었다. 밤이 되면 풀밭에서 은백색 달빛을 맞으며 춤을 추었다.[2]

이 모든 것을 주도한 오딘은 이제 신들, 즉, 그의 자손들에게 자신을 따라 지상보다 훨씬 높은 곳에 있는 넓은 평원 이다볼드^{Idabold}로 오라고 명령했다. 이다볼드의 한쪽 경계에는 절대 어는 법이 없는 이핑^{Ifing}이란 큰 강이 흐르고 있었다.

> 이핑의 깊고 어두운 물결
> 그 옛날 대지의 자손들과
> 신들의 거처를 나누노라.
> 큰물이 거침없이 흐르니
> 얼음도 그 길을 막을 수 없어라
> 세월의 수레바퀴가 굴러가는 동안은.
> – 바프트루드니르가 말하길(W.테일러 옮김)

오딘의 명령에 따라 태초부터 신들의 거처로 남겨두었던 신성한 우주의 중심, 아스가르드Asgard(신들의 나라)에 열두 명의 아스 신들과 스물네 명의 아시냐Asynja 신들이 모두 모였다.³ 신들은 큰 회의를 열어 왕국의 경계, 평화의 땅 안에서는 피를 보는 일이 없어야 하며 영원히 화합해야 한다고 결의했다. 그리고 의논을 계속한 끝에 대장간을 세워 무기와 연장을 벼렸다. 연장으로는 귀한 금속을 써서 웅장한 궁전을 지었다. 이 궁전에서 신들은 오랜 세월을 더할 나위 없이 행복하게 살았다. 이때를 황금기라 부른다.

❊ 인간의 탄생

신들은 세상을 만들기 시작할 때부터 인간을 염두에 두고 미드가르드Midgard 혹은 마나헤임Mana-heim을 만들었다. 하지만 그곳에서 살 인간은 아직 존재하지 않았다. 어느 날, 오딘, 빌리, 베 삼형제가 바닷가로 나갔다. 다른 견해에 따르면 오딘, 회니르Hœnir(빛나는 이), 로두르Lodur 혹은 로키Loki(불)라고도 한다. 신들은 해변을 따라 걷다가 대충 사람의 형태와 비슷한 물푸레나무 아스크Ask, 느릅나무 엠블라Embla를 발견했다. 침묵 속에 경이를 느끼며 무생無生의 나무토막을 바라보는데, 문득 그 쓰임새가 떠올랐다. 하여 오딘은 영혼을, 회니르는 움직임과 감각을, 그리고 로두르는 피와 생기 있는 얼굴을 아스크와 엠블라에 부여했다.

그 다음 말과 생각을, 사랑하고 희망하며 일할 수 있는 힘을, 삶과 죽음을 부여하자 새로이 태어난 남자와 여자가 미드가르드로 향했다.

이제부터 그들의 뜻에 따라 다스릴 곳이었다. 이들은 서서히 자손을 낳아 미드가르드를 채워나갔고, 자신들이 인간에게 생명을 주었다는 것을 잊지 않은 신들은 이들을 살피고 도와주며 보호해 주었다.

∷ 세계수 이그드라실

____ 인간을 만든 뒤 오딘은 이그드라실Yggdrasil이란 거대한 물푸레나무를 만들었다. 세계의 나무, 시간의 나무, 혹은 생명의 나무라는 뜻이다. 이그드라실은 세상을 채웠고 니플헤임의 가장 깊은 심연에 있는 흐베르겔미르 샘뿐만 아니라 미드가르드에 있는 미미르의 샘은 물론, 아스가르드의 우르다르Urdar 샘 근처까지 뿌리를 내렸다.

이 세 줄기의 큰 뿌리에서부터 이그드라실은 놀라울 정도로 높이 자랐다. 레라드Lerad(평화를 주는 이)라 불리는 가장 높은 가지가 오딘의 전당에 그늘을 드리울 정도였다. 널리 뻗어나간 가지들도 다른 세상 위로 높게 솟아 있었다. 레라드에는 독수리 한 마리가 앉아 있었고, 독수리의 두 눈 사이에는 베드폴니르Vedfolnir라는 매가 앉아 있어 하늘과 땅, 그리고 니플헤임을 꿰뚫듯이 바라보며 자신이 본 것을 보고했다.

이그드라실은 언제나 푸르고 잎이 시드는 일이 없었다. 그래서 신들의 음료(신성한 벌꿀 술)를 만드는 오딘의 염소 헤이드룬Heidrun과 뿔에서 나오는 단물을 지상으로 떨어뜨려 세상 모든 강에 물을 대주는 수사슴 다인Dain, 드발린Dvalin, 두네이르Duneyr, 두라토르Durathor를 위한 초원이 되었다.

끓는 가마솥, 흐베르겔미르 샘에서는 니드후그Nidhug라는 무시무시한 용이 쉬지 않고 이그드라실의 뿌리를 갉아먹었다. 세계수를 죽이고자 하는 수많은 벌레들도 니드후그를 도왔다. 이그드라실의 죽음이 신들이 몰락하는 도화선이 될 것을 알았기 때문이다.

우리 인생을 살아가는 동안 유혹하는 자가 악의를 품고 서성이니
세상 밑, 잔인한 니드후그.
증오하는구나. 신의 빛 인자하게
영웅의 눈썹에 내려앉고 반짝이는 칼 밝게 빛내는 것을.

- 북유럽 바이킹 이야기(R. B. 앤더슨)

이그드라실의 줄기와 가지를 지치지도 않고 재빠르게 오르내리는 다람쥐 라타토스크^{Ratatosk}(가지를 뚫는 자)는 전형적인 참견쟁이에 고자질쟁이다. 갈등이 일어나길 바라며 땅 속에 사는 니드후그에게 가서는 독수리가 한 말을 읊고, 하늘 위 독수리에게 가서는 용이 한 말을 읊으며 이간질로 시간을 보낸다.

❖ 비프로스트 다리

____ 지극히 당연하지만 세계수가 시드는 일은 결코 있어서는 안 되는 일이었다. 따라서 운명의 여신 노른^{Norn} 자매가 우르다르 샘에서 떠온 신성한 물을 주며 이그드라실을 맡아 돌보았다. 이 물은 가지와 잎을 타고 땅으로 흘러 내려가 벌들에게 꿀을 제공해 주었다.

미드가르드 위로는 신성한 다리 비프로스트^{Bifröst}(아사브루^{Asabru}, 무

지개)가 둥글게 솟아 니플헤임의 두 경계를 이었다. 불과 물, 공기로 이루어져 그 색깔이 흔들리며 변화하는 다리였다. 신들은 지상에 다녀올 때나 매일 우르다르 샘에서 열리는 회의를 하러 갈 때 비프로스트를 건너곤 했다.

> 신들이 일어나
> 말을 데려와 달리니
> 비프로스트 다리를 건너, 헤임달이 지켜보는 가운데
> 물푸레나무 이그드라실로, 이다볼드의 평원으로 간다.
> 토르만이 걷고, 나머지는 말을 달리는구나.
> – 발데르 죽다(매슈 아널드)

다만 천둥의 신 토르^{Thor}는 무거운 발걸음이나 뜨거운 번개 때문에 다리가 무너질까 염려해 비프로스트를 건너지 않았다. 헤임달^{Heimdall}은 잘 드는 칼을 차고 밤이고 낮이고 다리에서 보초를 섰다. 그리고 신들이 오고 갈 때마다 걀라르 호른$^{Giallar-horn}$이라는 뿔피리를 부드럽게 불었다. 그러나 이 뿔피리는 라그나로크가 오고 서리거인과 수르트가 세계를 멸망시키려 손을 잡는 날이 오면 엄청난 굉음을 낼 터였다.

> 남쪽에서 수르트가 온다
> 흔들리는 불꽃과 함께.
> 수르트의 칼에서 빛이 나니
> 신들을 학살하는 태양이다.

바위투성이 산들이 한번에 내동댕이쳐지고
여자 거인들이 휘청거리네.
사람은 헬 여신의 길을 밟고
하늘이 둘로 갈라지다.

- 옛 에다(소프 옮김)

반 신족

　　하늘에서 사는 이들은 주로 아스 신족이었지만 이들만이 스칸디나비아의 유일한 신은 아니었다. 사람들은 바나헤임^{Vana-heim}에 살며, 자신들의 영역을 다스리는 바다와 바람의 신, 반^{Vanr} 신족(복수-바니르^{Vanir})에 대해서도 알고 있었다. 초창기, 아스가르드에 황금 궁전이 세워지기 전에 아스 신족과 반 신족 사이에 분쟁이 일어난 적이 있었다. 신들은 무력에 의존해 서로 바위와 산, 빙산을 포탄처럼 던져댔다. 하지만 손을 잡아야만 강해질 수 있다는 것을 깨닫는 데는 긴 시간이 걸리지 않았다. 서로 다른 점을 받아들이기로 한 두 신족은 화해 협정을 공식화하기 위해 인질을 교환했다.

　　반 신족에서는 뇨르드^{Niord}가 두 아이 프레이르^{Freyr}와 프레이야^{Freyja}를 데리고 와 아스가르드에서 살게 되었다. 아스 신 중에서는 오딘의 친동생 회니르가 바나헤임에 거처를 정했다.

오딘

❈ 신과 인간의 아버지

보탄Wotan 혹은 보덴Woden으로 불리기도 하는 오딘은 북유럽의 최고신이자 가장 신성한 신이다. 북유럽 사람들에게 오딘은 전 우주에 만연한 성령이며, 공기의 화신이고, 보편적 지혜와 승리의 신이며, 군주들과 영웅들의 지도자이자 보호자이다. 북유럽의 신들이 모두 오딘의 후손으로 여겨지기에 알포드(신들의 아버지)라는 별칭으로 불리기도 한다. 신들 가운데 가장 연장자이기도 하고 지위도 제일 높기 때문에 아스가르드에서 가장 높은 자리에 앉는다. 흘리드스캴프Hlidskialf라는 이름으로 알려진 이 의자는 고귀한 왕좌일 뿐만 아니라 강력한 감시탑 역할도 한다. 오딘은 이 의자에 앉아서 전 세계를 내려다보며 신과 거인, 엘프와 드워프, 그리고 인간에게 일어나는 일을 모조리 한눈에 파악한다.

천상의 전당에서 말을 달려
흘리드스칼프, 자신의 왕좌에 앉으니
오딘의 눈이 세상을 살피는 자리.
그리고 저 머나먼 천상에서 오딘이 빛나는 눈을 돌리니
미드가르드를, 지상을, 인간을 보기 위함이네.

– 발데르 죽다(매슈 아널드)

오딘의 생김새

이 자리에 앉을 특권을 가진 신은 오딘과 그의 아내 프리가Frigga밖에 없었다. 오딘과 프리가는 왕좌에 앉을 때면 주로 남쪽과 서쪽을 바라보았다. 남쪽과 서쪽이 북유럽 국가들에 있어 모든 희망의 목적지이자 여행의 목적지였기 때문이다. 일반적으로 오딘은 키가 크고 활력이 넘치며 약 50세 정도에 검은 곱슬머리거나 흰 수염을 길게 기른 대머리로 묘사된다. 회색 옷을 입고 청색 두건을 쓰며, 근육질의 몸을 회색 반점 무늬가 있는 청색의 폭넓은 망토로 감싸고 있다. 흰 구름이 흘러가는 하늘을 상징하는 차림이다.

손에는 보통 결코 빗나가지 않는 창 궁니르Gungnir를 들고 있다. 궁니르는 매우 신성한 창이라 이 창의 끝을 두고 한 맹세는 절대 저버릴 수 없다. 손가락 혹은 팔에는 드라우프니르Draupnir라는 신기한 반지 혹은 팔찌를 끼었다. 풍요를 상징하며 그 무엇과도 비교할 수 없을 만큼 귀중한 것이었다. 왕좌에 앉을 때나 지상의 전투에 참가하려고 무장할 때는 독수리 투구를 썼다. 하지만 인간들이 어떻게 살아가는지 알아보

기 위해 인간의 모습을 하고 평화로이 지상을 유랑할 때는 챙이 넓은 모자를 깊이 눌러 써서 외눈이란 사실을 숨겼다.

오딘이 왕좌에 앉으면 후긴Hugin(생각)과 무닌Munin(기억)이란 큰 까마귀[1] 두 마리가 어깨 위에 와서 앉는다. 오딘은 이 까마귀들을 매일 아침 세상으로 보냈고, 저녁이 되면 초조해하며 이들이 돌아오기를 기다렸다. 까마귀들이 천상으로 돌아오면 그의 귀에 보고 들은 것을 속삭여주었기 때문이다. 오딘이 지상에서 일어나는 모든 일을 언제나 상세히 알 수 있었던 이유다.

후긴과 무닌
매일 날아다니네,
너른 지상 위를.
내 두려워하노라, 후긴
다시 돌아오지 못하는 것을.
그러나 더욱 근심하는 것은 무닌의 귀환이구나.

- 북유럽 신화(R. B. 앤더슨)

오딘의 발치에는 두 마리 늑대 또는 사냥개 게리Geri와 프레키Freki가 도사리고 있다. 덕분에 사람들은 길에서 늑대를 마주치면 좋은 일이 생길 징조라고 여겼다. 오딘을 섬기는 동물이기 때문이었다. 오딘은 언제나 자기 앞에 차려진 고기를 늑대들에게 직접 먹여주었다. 정작 자신은 음식을 먹을 필요가 없기 때문에 신성한 벌꿀 술 외에는 거의 아무것도 먹지 않았다.

오딘(E. 번존스 경 作)

게리와 프레키
전쟁에 익숙한 이가 배를 채워 준다.
전사들이 섬기는 승리의 아버지가.
그러나 오직 포도주만으로도
무武로 명성을 얻은 신

북유럽 신화, 재밌고도 멋진 이야기

오딘, 영원히 살리라.

- 그림니르의 노래(소프 옮김)

위엄을 갖춰 왕좌에 앉을 때 오딘은 신들이 만든 황금 발받침에 발을 올려놓는다. 오딘의 가구나 가재도구는 모두 귀중한 금속이나 은으로 만들어졌다고 전해진다.

오딘의 웅장한 궁전 글라드스헤임Gladsheim에는 지위가 높은 신들이 모여 회의를 하기 위해 열두 개의 의자를 놓은 전당이 있었다. 왕좌 흘리드스캴프는 또 다른 궁전 발라스캴프Valaskialf에 있었다. 하지만 아스가르드에는 오딘의 궁전이 하나 더 있었다. 나뭇잎들이 불그스름한 금빛으로 희미하게 반짝이는 신비의 숲 글라시르Glasir의 한가운데에.

발할라

발할라Valhalla(선택받은 전사자들의 전당)라 불리는 이 궁전에는 800명의 전사들이 나란히 지나갈 수 있을 만큼 넓은 문이 540개나 있고, 정문 위에는 멧돼지 머리 장식과 세상 구석구석까지 꿰뚫어볼 듯 날카로운 눈빛을 빛내는 독수리가 있었다.

벽은 번쩍이는 창으로 만들어졌는데, 어찌나 광을 잘 냈는지 내부를 밝히는 역할까지 했다. 지붕은 황금 방패로 만들었으며 긴 의자는 훌륭한 갑옷으로 장식했다. 갑옷은 손님들을 위한 신의 선물이기도 했다. 함께 놓은 긴 식탁 역시 넉넉한 크기였다. 전투 중에 목숨을 잃었으나 특별히 오딘의 마음에 든 전사들이 모두 앉기에 충분했다. 이 전사들은 에인헤랴르^{Einheriar}라고 불렸다.

> 쉬이 알 수 있으니
> 오딘에게 온 이들이 본
> 궁전의 모습이네.
> 지붕은 창으로 받치고
> 회장은 방패로 장식하고
> 긴 의자에는 흉갑들이 널려 있다.
>
> - 그림니르의 노래(소프 옮김)

고대 북유럽 사람들은 전쟁을 가장 명예로운 일로 여겼으며 용기를 최상의 미덕으로 여겼다. 따라서 오딘 역시 주로 전쟁과 승리의 신으로 숭배했다. 이들은 전투가 임박하면 오딘이 특별한 시종을 보낸다고 믿었다. 방패의 처녀, 전장의 처녀, 소원의 처녀. 발키리^{Valkyrie}(전사자를 선택하는 이)들이다. 발키리는 전장에서 전사자의 절반을 골라 날쌘 말에 싣고 흔들리는 무지개 다리 비프로스트를 건너 발할라로 돌아온다.

그러면 오딘의 아들 헤르모드^{Hermod}와 브라기^{Bragi}가 영웅들을 환영하며 오딘의 왕좌 아래로 안내하고 오딘이 친히 전사자들의 용기를 칭찬했다. 이처럼 전사들에 관한 일을 주도할 때 오딘은 발포드^{Valfodr}(전사자들의 아버지)라고 불렸다. 간혹 특별히 마음에 드는 전사가 아스가르드에 도착하면 발포드는 왕좌에서 일어나 거대한 정문까지 나와서 직접 그를 맞이하기도 했다.

선택받은 전사자(K. 딜리츠 作)

∵ 영웅들의 만찬

　　발할라에서는 이와 같은 특별대우를 받는 영광과 경애하는 오딘을 날마다 알현하는 기쁨 말고도 또 다른 물질적 즐거움이 전사들을 기다리고 있었다. 긴 탁자 위로 넉넉한 연회가 베풀어지고, 연회 내내 아름다운 흰 팔의 처녀, 발키리가 바지런히 시중을 드는 것이었다. 그것도 평소 입고 있던 갑옷을 벗고 순백의 의상을 걸친 모습으로(일부 학자들에 의하면 총 아홉 명이라고 한다).

　　발키리는 커다란 뿔잔 가득 맛있는 벌꿀 술을 따라주거나 양껏 먹고도 남을 만큼의 멧돼지 고기를 내왔다. 북유럽에서는 보통 맥주나 에일을 마셨지만, 선조들은 천상에서 쓰기에 에일 따위는 너무 저급이라 여겼다. 따라서 발포드라면 식탁 위에 벌꿀 술이나 꿀물을 후하게 내주었으리라 생각했다. 벌꿀 술이야 이그드라실의 가장 높은 가지, 레라드의 부드러운 잎사귀와 잔가지를 쉬지 않고 뜯어 먹는 암염소 헤이드룬 덕에 날마다 넘쳐났을 테니 말이다.

무모한 전쟁과 위험한 전투. 그들의 기쁨이어라
미숙함에 영광의 상처로 피에 젖어
평화롭지 못한 죽음은 그들의 선택. 이로써 비롯되니
마음껏 먹고 비지 않는 술잔을 비울 권리.
오딘의 전당에서 눈부시게 빛나는 지붕까지 울려 퍼진다,
영(靈)들이 친근하게 이야기를 나누는 시끌벅적한 소리가.
필사의 전투에서 전사한 이, 참된 용기를 보인 이들이라네.
 - 자유(제임스 톰슨)

에인헤랴르가 즐긴 고기는 신성한 멧돼지 세흐림니르^{Sæhrimnir}의 고기였다. 이 신묘한 짐승은 안드흐림니르^{Andhrimnir}라는 요리사가 날마다 잡아 엘드흐림니르^{Eldhrimnir}라는 큰 가마솥에 끓여 요리했다. 오딘의 손님들은 북유럽 토박이답게 식욕이 왕성했고 항상 배불리 먹었으며, 고기는 모두가 즐길 만큼 늘 넉넉했다.

안드흐림니르가 요리한다
엘드흐림니르에
세흐림니르를.

이것은 최고의 고기.
하지만 아는 이는 드무네,
에인헤랴르가 무엇을 먹는지.

- 그림니르의 노래(앤더슨 버전)

게다가 고기가 떨어지는 날도 없었다. 세흐림니르는 다음 식사 시간이 되기 전에 항상 되살아났기 때문이다. 물론 날마다 고깃간이 새로이 채워지는 것만이 발할라에서 일어나는 놀라운 일은 아니었다. 배불리 먹고 마신 전사들은 무기를 가져와 무장을 마친 뒤, 궁전 안마당으로 말을 달렸다. 그리고 지상에서 명성을 얻었던 무예를 몇 번이고 자랑하며 서로 대결을 펼쳤다. 그러다가 심각한 상처를 입어도 개의치 않았다. 저녁 식사를 알리는 뿔피리 소리가 들리면 기적적으로 상처가 완전히 나았기 때문이다.

선택 받은 오딘의 손님들 모두
날마다 전쟁의 기술을 연마하네.
즐거운 전투의 장에서
빛나는 무기를 들고 재빠르게 말을 달리네.
그리고 기쁘게, 신들의 식탁에서
거품이 이는 에일을 들이키며
맛있기로 유명한 세흐림니르의 고기를 먹나니.

- 바프트루드니르가 말하길(W.테일러 옮김)

뿔피리 소리에 온전한 몸으로 돌아가 기분이 좋아진 전사들은 서로 주고받았던 잔인한 공격에 조금도 원한을 품지 않았다. 오히려 즐거운 마음으로 말에 올라 발할라로 돌아왔다. 경애하는 오딘과 함께 다시 연회를 시작하기 위해서였다. 흰 팔의 발키리가 머리칼을 나부끼며 우아하게 미끄러지듯 술잔을 채우리라. 뿔잔에도, 전사들이 가장 좋아하는 술잔인 숙적의 두개골에도. 그리고 음유시인들은 전쟁에 대해, 신나는 바이킹 습격에 대해 노래할 것이다.

그리고 하루 종일 베고 베인다.
먼지와 신음 속에 팔다리가 잘려 나가고 피가 튄다.
그러나 오딘의 전당에 밤이 다시 찾아오면
다친 데 없이 생생하니, 이것이 천상에서 그들의 운명이리.

- 발데르 죽다(매슈 아널드)

바이킹의 습격(J. C. 돌먼 作)

이렇게 싸움과 연회를 반복하며 영웅들은 완전한 축복 속에서 살았다. 오딘 역시 강한 영웅들이 많이 모여서 기뻤다. 그러나 최후의 전투가 시작되는 날 이들이 자신의 파멸을 막아주지 못한다는 사실 역시 예견하고 있었다.

발할라에서의 삶은 북유럽의 전사들이 상상할 수 있는 최고의 즐거움이었다. 따라서 전사들이 모두 오딘을 경애하는 것도, 어린 나이에 오딘을 위해 목숨을 바치는 것도 자연스러운 일이었다. 전사들은 가능하면 무기를 잡은 채로 죽겠다고 맹세했으며, 죽음이 가까워오면 창을 들어 자기 자신을 찌르기도 했다. 불행히도 전장에서 죽지 못한다면 늙거나 병으로 죽은 이들처럼 '지푸라기 죽음'[2]을 당할 수 있다는 위협을 느꼈기 때문이다.

> 오딘에게로, 정확하고 빠르게
> 그는 선명하게 룬 문자로 비문을 새긴다.
> 죽음의 룬 문자가 그의 팔과 가슴에 깊이 새겨진다.
>
> - 북유럽 바이킹 이야기(R. B. 앤더슨)

이와 같은 헌신의 대가로 오딘은 총애하는 전사들에게 특별한 관심을 보이며 마법의 검이나 창, 말 따위를 선물했다. 선물을 받은 전사들은 무적이 되어 적과 맞서 싸우다가 마지막 순간을 맞이할 수 있었다. 그때가 되면 오딘이 직접 나타나 자신이 준 선물을 파괴하거나 돌려받았으며, 발키리가 이 영웅들을 발할라로 데려갔다.

헤르모드에게 주셨네,
투구와 흉갑을.
그리고 시그문드는
칼을 받는다.

- 힌들라의 노래(소프 옮김)

슬레이프니르

전투에 적극적으로 참여할 때 오딘은 대개 다리가 여덟 개인 회색 말, 슬레이프니르Sleipnir를 타고 흰 방패를 들었다. 병사들의 머리 위로 빛나는 창을 내미는 것이 전투 시작 신호였다. 그리고 병사들 한 가운데로 질주하며 함성을 지르곤 했다.

"너희 모두 이 오딘의 차지다!"

그리고 오딘의 의장은
눈부신 갑옷에 황금 투구.
슬레이프니르를 타고 앞장서네.

- 발데르 죽다(매슈 아널드)

때때로 오딘은 한 번에 화살을 열 개나 쏠 수 있는 마법 활을 쓰기도 했다. 이 화살들은 어김없이 적병을 쓰러뜨린다고 한다. 총애하는 전사들에게 그 유명한 '베르세르크Berserk(갑옷 혹은 옷을 입지 않은)의 광기'를 불어넣기도 했다. 그러면 전사들은 맨몸에 무기도 하나 없이, 상

처 입은 몸일지언정 듣도 보도 못한 용기와 힘을 발휘하며 불사신처럼 전장을 누볐다.

전 우주에 만연한 요소들이 그러하듯 오딘에게도 무수히 많은 특징이 있었다. 그리고 거기서 비롯된 이름도 200개에 달했다. 대부분 오딘의 활약상을 그리는 이름이다. 오딘은 뱃사람들의 옛 신이자 바람의 신으로 여겨지기도 한다.

위대한 오딘이여,
북쪽 사람들이 진심으로 그대에게 절합니다!
우리의 배를 인도하소서, 위대한 보덴이시여
파도가 밀려오는 발트 해로.
— 바일

와일드 헌트, 유령 사냥

바람의 신 오딘은 다리 여덟 달린 말을 타고 허공을 급히 달려가는 모습으로 그려진다. 북유럽에서 가장 역사 깊은 수수께끼가 탄생한 기원이기도 하다.

"둘이서 집회가 열리는 곳으로 달려가는데 과연 누굴까? 합쳐서 눈이 세 개, 발이 열 개, 꼬리가 하나. 그렇게 세상을 여행하네."

오딘은 육신을 떠난 영혼의 인도자로 숭배받기도 했다. 죽은 자의 영혼이 폭풍의 날개에 실려 날아간다는 믿음 때문이었다. 영혼의 인도자 오딘은 보통 유령 사냥꾼으로 가장 잘 알려져 있다. 세찬 돌풍이 자

아내는 굉음을 들으면 사람들은 겁에 질려 울면서, 씩씩거리는 말을 타고 사냥개를 대동한 오딘의 무리가 지나가는 모습을 보았거나 그 소리를 들었다고 생각했다. 보덴의 사냥, 맹렬한 무리, 가브리엘의 사냥개들, 아스가르드레이아Asgardreia로도 알려진 유령 사냥 행렬은 역병이나 전쟁을 가져오는 흉조로 여겨지기도 했다.

밝게 흐르는 라인 강. 그러나 그 물결은 머지않아
반드시 듣게 될지니 전쟁의 소리.
우리 언덕 가운데서 창들이 맞부딪치는 소리.
그리고 아득하게 들려오는 트럼펫 소리.
피에 젖은 풀밭 위로 용감한 이가 틀림없이 쓰러지리라.
유령 사냥꾼들이 막 지나갔으니!

- 유령 사냥꾼(헤먼즈)

유령 사냥꾼이 사냥개 부리는 소리를 흉내 내는 것은 신성모독으로 간주되었다. 만약 조롱하는 의미로 흉내 내는 사람이 있다면 즉시 사로잡혀서 사냥꾼들과 함께 바람에 휩싸여 사라진다. 반면 절대적인 신뢰를 품고 흉내를 냈다면 오히려 상을 받는다. 하늘에서 말의 다리 하나가 떨어지는데, 다음날까지 잘 보관하면 금덩어리로 변한다고 한다.

기독교가 들어온 이후에도 무지한 스칸디나비아 사람들은 여전히 다가오는 폭풍을 두려워했다. 유령 사냥꾼들이 하늘을 휩쓸고 지나가는 것이라 확고하게 믿었기 때문이다.

그리고 종종 시작되리.
머리 위로 가브리엘의 사냥개들이 휩쓸고 지나가니
불경한 주인과 더불어 하늘을 나는 수사슴의 목숨을 앗으려
영원히 공중을 달려 쫓네.

- 소네트(워즈워스)

때때로 유령 사냥꾼들은 조그만 검은 개 하나를 남겨두고 갔는데, 주로 근처에 있는 난로 주변에서 웅크리고 있거나 낑낑대고 있었다. 이 개를 발견하면 꼬박 1년 동안 데리고 있으면서 잘 돌봐야 했다. 따라서 그게 싫으면 개가 놀라서 스스로 도망치게 해야 했다. 이때는 악한 힘이 바꿔치기한 아이[3]를 쫓아버릴 때와 같은 방법을 쓰면 된다. 바로 달걀 껍데기 안에 맥주를 담그는 것이다. 그러면 그 모습을 본 유령 개가 너무 놀라서 겁을 먹고 하늘로 날아간다. 보헤미아 산맥만큼 오래 살았어도 이렇게 이상한 광경은 처음이라 소리치면서.

오래 살았구나,
베흐메르 산만큼.
그러나 살면서
이렇게 술을 만드는 것은 보지 못했네.

- 속담(소프 옮김)

유령 사냥의 목표는 크게 여러 갈래로 나뉜다. 멧돼지나 야생마의 환영일 때도 있고, 7년에 한 번 사로잡혀서 묶인 채로 끌려가는 흰 가

숲의 처녀일 때도 있다. '이끼 아가씨'라 불리는 숲의 님프도 있는데, 가을에 떨어진 낙엽이 거센 겨울바람에 실려 사라지는 것을 의미한다고 한다.

더는 이교의 신을 믿지 않았던 중세 시대에는 유령 사냥을 이끄는 이가 달라졌다. 샤를마뉴[4], 프리드리히 바르바로사[5], 아서 왕이 거론되기도 했고, 로덴슈타인의 성주[6]나 한스 폰 하켈베르크[7] 같은 안식일을 지키지 않는 자들이 거론될 때도 있었다. 죄를 지은 대가로 영원히 공기의 영역에서 사냥하는 벌을 받았다는 것이다.

가을과 겨울, 바람이 사납게 부는 계절이 오면 오딘은 사냥을 하고 싶어 했다. 특히 크리스마스와 12일절[8] 사이가 되면 농부들은 잊지 말고 마지막 남은 곡식을 한 단 혹은 그 만큼의 낱알로 밭에 남겨두어야 했다. 유령 사냥꾼들의 말에게 주는 먹이다.

유령 사냥은 북유럽의 여러 나라에서 다양한 이름으로 불리지만 전해오는 이야기는 대부분 비슷하다. 분명 하나의 신앙에 바탕을 두고 있는 것이다. 20세기 초까지만 해도 북쪽의 무지한 사람들은 폭풍이 몰아치는 밤에 사냥개가 짖으면 반드시 죽음을 가져오는 불길한 징조라고 생각한다.

계속, 계속 이 끔찍한 추적이 이어지리라,
시간, 그 자체가 끝을 맞이할 때까지.
낮이면 지상의 동굴을 뒤지고
한밤중, 마녀의 시간이 되면 하늘로 오른다.

이것이 뿔피리 소리, 사냥개 소리, 말 달리는 소리.
늦게까지 깨어 있던 농부들이 흔히 듣는다.
두려움에 사로잡혀 습관처럼 성호를 그으니
바깥의 흉흉한 소리가 귀로 들어오는 순간.

잠 못 이루는 사제는 자꾸 눈물을 흘린다.
인간의 긍지를 위해, 인간의 비애를 위해.
자정 미사를 드릴 때 사제 듣나니
지옥의 울부짖음 '어이, 이봐!'

- 윌리엄 스콧 경

   독일에서는 유령 사냥을 '맹렬한 무리'라 부르지만, 잉글랜드에서는 헐라의 무리^{herlathing}라 한다. 신화 속의 왕 헐라가 대장이다. 프랑스 북부에서는 엘캥의 식구들$^{Mesnée\ d'Hellequin}$이라고 한다. 죽음의 여신 헬^{Hel}의 이름을 따온 것이다. 중세에는 카인의 사냥이나 헤롯의 사냥으로도 알려졌다. 이 둘은 동생 아벨을 부당하게 죽인 죄, 세례 요한과 무고한 아이들을 죽인 죄로 평화롭게 잠들 수 없기 때문에 유령 사냥의 대장으로 여겨졌다.
   프랑스 중심부에서는 퐁텐블로의 위대한 사냥꾼$^{le\ Grand\ Veneur\ de\ Fontainebleau}$이라 불렀다. 이곳 사람들은 앙리 4세가 살해당하기 전날, 그리고 위대한 프랑스 혁명이 일어나기 바로 직전에도 하늘을 휩쓸고 지나가는 사냥꾼의 외침이 분명하게 들렸다고 주장했다.
   북유럽에서는 영혼이 몸에서 빠져나올 때 쥐의 형태를 한다는 믿음이 보편적이었다. 쥐로 변해 시체의 입에서 기어 나와 도망친다는 것이다. 최면 상태에 빠진 사람들의 입으로도 나갔다 들어갔다 한다. 영혼이 나가버리면 어떤 노력을 기울이든, 어떤 치료법을 쓰든 환자를 회생시킬 수 없다. 하지만 혼만 돌아오면 금방 생기를 되찾게 된다.

피리 부는 사나이

육신을 떠난 모든 영혼의 인도자이기에 중세에 오딘은 하멜른의 피리 부는 사나이와 동일시되기도 했다. 전설에 따르면, 하멜른은 쥐가 들끓어서 도저히 살 수 없는 지경이었다. 그래서 누구든 마을에서 쥐를 없애 주면 막대한 상금을 건네기로 했다. 그러자 알록달록한 옷을 입은 피리 부는 사내가 일을 맡겠다고 나섰다. 그는 자신이 원하는 보수를 약속받은 뒤, 피리를 불며 거리를 누비기 시작했다. 이윽고 놀라운 마법이 일어났다. 쥐들이 모두 홀린 듯 구멍에서 기어 나와 기나긴 행렬을 이루었던 것이다. 피리가 연주하는 곡조에는 거부할 수 없는 힘이 있었다. 마침내 베저 강에 다다른 쥐들은 모조리 물결에 휩쓸려 익사했다.

> 그리고 피리에서 날카로운 음이 세 번 나오기도 전에
> 군대를 이룰 만큼 많은 사람들이 속삭이는 듯한 소리가 들렸다.
> 속삭임이 곧 투덜거림으로,
> 투덜거림이 커다란 웅성거림으로 바뀌더니
> 집집마다 쥐들이 허둥지둥 서둘러 나온다.

큰 쥐, 작은 쥐, 마른 쥐, 뚱뚱한 쥐,
갈색 쥐, 검은 쥐, 회색 쥐, 황갈색 쥐,
근엄한 늙은 쥐가 터벅터벅, 쾌활한 어린 쥐가 까불까불
엄마, 아빠, 삼촌, 친척 다 모여
꼬리를 곧추 세우고, 수염을 쫑긋 세우고
수십, 수백 가족들,
형제, 자매, 남편, 아내 모두 다—
필사적으로 피리 부는 사내를 따른다.
거리에서 거리로 사내가 피리를 불며 걸으면
한 걸음 한 걸음 춤추며 따른다.
베저 강에 이를 때까지.
강물에 뛰어들어 목숨을 잃을 때까지.

- 로버트 브라우닝

    죽은 쥐들이 다시 돌아와 성가시게 굴 리가 없다. 이렇게 생각한 하멜른 사람들은 사내에게 약속한 보수를 지불하려 하지 않았다. 돈을 줄 수 없으니 어디 한 번 마음대로 해보라는 식이었다. 사내는 사람들의 말을 그대로 따랐다. 잠시 뒤, 마법 피리가 연주하는 기묘한 곡조가 다시 들려오자 이번에는 아이들이 집에서 몰려나오더니 신이 나서 피리 부는 사나이를 따라가기 시작했다.

    바스락바스락 소리가 북적거리는가 싶더니
    피리의 곡조를 따라 즐거운 무리가 앞 다투어 걸음을 재촉하네.

작은 발로 타박타박, 나막신 소리 달가닥달가닥
작은 손으로 손뼉 치며 작은 혀로 재잘재잘
먹이를 뿌려주면 몰려드는 농장의 새들 마냥
아이들이 모두 달려 나온다.
남자아이, 여자아이 모두.
장밋빛 뺨에 아마 빛 곱슬머리,
반짝이는 눈동자에 진주 같은 이를 가진 아이들이
경쾌하게 깡충깡충, 즐겁게도 따른다.
환성을 지르고 웃음을 터뜨리며 저 신나는 음악을 따른다.

- 로버트 브라우닝

비극을 막기에 시민들은 무력했다. 모두 넋을 잃고 서 있는 동안 사내는 아이들을 마을의 바깥 경계에 있는 코펠베르크 산으로 이끌었다. 그러자 놀랍게도 산이 열리더니 마지막 한 아이까지 모습을 감춘 뒤 원래대로 닫혀버렸다. 이 전설이 아마도 "피리 부는 사내에게 보수를 내라"[9]는 속담의 기원이 되었을 것이다. 다시는 하멜른에서 이 아이들을 볼 수 없었다. 사람들은 공공의 재앙을 두고두고 기억하게끔 모든 공식 법령에 피리 부는 사나이의 방문 이래 몇 년이 지났는지 기록하게 했다.

하멜른의 피리 부는 사나이(H. 카울바하 作)

사람들이 법령을 만드니 변호사들이여 절대
날짜를 바로 기입했다 생각지 마라,
행여 날과 달과 해를 적은 뒤에
이 말을 적지 않았다면.
'그리고 1376년 7월 22일,
이곳에서 그 일이 있은 뒤로 얼마의 시간이 지났다.'

그리고 더욱 잊지 않고자 정하기를
아이들을 마지막으로 본 곳을
피리 부는 사나이의 거리라 부르자 —
여기서 피리를 불거나 북을 치는 자는
그 뒤로 반드시 일자리를 잃으리라.

- 로버트 브라우닝

이 이야기에서 피리 부는 사나이는 오딘을 의미하고, 피리에서 나는 새된 소리는 횡횡 부는 바람 소리를 상징한다. 기꺼이 사내를 따라나서는 쥐는 죽은 자의 영혼을 대체하며, 오딘이 아이들을 인도하는 속 빈 산은 무덤의 전형이다.

∵ 하토 주교

____ 북유럽 신화에 바탕을 둔 또 다른 독일 전설에는 하토 주교 이야기가 있다. 인색한 하토 주교는 기근이 들어 가난한 자들이 도움을 청하자 버려진 헛간에 이들을 불러 모았다. 그리고 쌓아두었던 귀한 곡식을 나누어주는 대신, 곡식을 축내는 쥐와 같은 자들이라며 이들을 산 채로 불태워버렸다.

"정말 멋진 모닥불이로구나!"
주교가 말했다.
"온 나라가 내게 큰 빚을 졌도다.

이렇게 절망적인 시기에
곡식만 축내는 쥐들을 없애주었으니."

- 로버트 사우디

끔찍한 범죄가 일어나고 조금 뒤, 주교의 하인들이 어마어마하게 많은 쥐가 몰려온다고 알려왔다. 죽은 농부들의 영혼이 주교가 빗대었던 쥐의 형태로 나타난 듯했다. 달아나려 해도 소용이 없었다. 주교가 수천, 수만의 날카로운 송곳니를 피하고자 라인 강 한가운데의 돌탑에 몸을 숨겼지만 쥐들은 끝까지 쫓아왔다. 강을 헤엄쳐 탑에 이르자 돌벽을 갉아 길을 만들었고 사방에서 일제히 쏟아져 들어왔다. 그리고 주교를 발견하자 산 채로 잡아먹었다.

창문에서도 문에서도
벽에서도 마구잡이로 쏟아져 나온다.
천장에서 떨어지고 바닥에서 올라오고
왼쪽에서도 오른쪽에서도, 뒤에서도 앞에서도,
안에서도 밖에서도, 위에서도 아래에서도 나온다.
그리고 모두 한번에 주교에게 달려드네.
돌벽을 갉던 이빨
이제 주교의 뼈를 갉고
사지에서 살을 물어뜯는다.
이 쥐들은 주교를 심판하러 보내졌노라!

- 로버트 사우디

빙겐 지방 라인 강 부근에 자리한 생쥐탑 위로 붉게 물드는 석양은 지옥불을 상징한다. 불 속에서 악랄한 주교가 극악무도한 죄를 저지른 대가로 천천히 구워진다.

이르민

___ 독일 일부 지방에서 오딘은 색슨 족의 신 이르민^{Irmin}과 동일시된다. 772년, 샤를마뉴가 파더보른 근방에서 파괴한 목상 이르민술이 바로 이르민의 상이다. 이르민에게는 크고 무거운 황동 마차가 있어, 이 마차를 타고 은하수를 따라 하늘을 건넜다. 그래서 옛 독일인들은 은하수를 '이르민의 길'이라 불렀다. 사람들은 이 마차 소리가 때때로 들려오는데, 그것이 바로 천둥소리라 생각했다. 한번도 하늘을 떠난 적 없는 이르민의 황동 마차는 아직도 큰곰자리에서 찾아볼 수 있다. 북쪽에서는 '오딘의 마차' 혹은 '찰스의 마차(북두칠성)'라 부르는 별자리에서 말이다.

> 마차, 하늘 높이 올라
> 선회하는 길을 달리니 오리온이 기다린다.
> 바다의 물결에 몸을 담그지 않는 유일한 별이로다.
> - 호메로스의 일리아스 (더비 옮김)

미미르의 샘

지극히 지혜로운 것으로 유명한 오딘은 이 지혜를 얻기 위해 시간의 여명에 미미르Mimir(기억)의 샘을 찾았다. '모든 재치와 슬기의 원천'으로 가장 깊은 곳에서는 미래의 일마저 선명하게 비추고 있다는 샘이었다. 오딘은 늙은이 하나가 샘을 지키고 있는 것을 보고 샘물을 한 모금 마시게 해달라고 부탁했다. 그러나 미미르는 그 부탁의 가치를 잘 알고 있었다(그의 샘은 기억의 원천 혹은 원류로 여겨지기 때문이었다). 그래서 샘을 마시는 대가로 한쪽 눈을 달라며 부탁을 거절했다.

그러나 오딘은 망설임 없이 바로 한쪽 눈을 뽑았다. 한 모금의 가치를 그만큼 귀히 여겼던 것이다. 미미르는 오딘의 눈을 담보로 받아 샘물 깊숙이 가라앉혔다. 눈은 샘 밑바닥에서 은은한 빛을 냈다. 이제 오딘에게는 눈이 하나밖에 남지 않았다. 태양의 상징, 외눈박이가 된 것이다.

> 평생도록 우리는 태양을 향하고자 애쓴다.
> 저 불타는 이마는 오딘의 눈.
> 오딘의 두 번째 눈, 달은 그리 밝게 빛나지 않는다.
> 담보삼아 미미르의 샘에 두었기에
> 그 후로 오딘은 치유의 물을 가져다
> 날마다 눈을 강하게 하고자 한다.
>
> - 욀렌슐레게르(호윗 옮김)

미미르의 샘물을 한껏 들이마시자 오딘은 갈망하던 지식을 얻을 수 있었다. 그렇기에 자신이 치른 희생을 결코 후회하지 않았다. 오히려 이 날을 기념하기 위해 샘에 그림자를 드리우고 있던 신성한 나무, 이그드라실의 가지를 꺾어 아끼는 창 궁니르를 만들었다.

> 불굴의 신
> 그 빛에 끌려 샘물을 마시고자 하네.
> 그 샘은 신이 영원한 값을 치른 곳
> 한쪽 눈의 빛을 남겨둔 곳
> 그 후 세계수에서부터
> 보탄, 가지를 꺾네.
> 창을 만들기 위한 막대를
> 줄기에서 힘주어 꺾네.
>
> - 신들의 황혼(바그너 / 포먼 옮김)

그러나 이제 완전한 지혜를 얻었는데도 오딘은 슬프고 우울했다. 미래에 대한 통찰을 얻고 만물의 변화하는 본성을 알게 된 것으로도 모자라 신들의 운명마저 알게 된 것이다. 충격을 받은 오딘은 이후로 늘 우울하고 생각에 잠긴 표정을 짓게 되었다.

오딘은 큰 대가를 치르고 얻어낸 지혜의 가치를 알아보려고 거인 중 가장 학식이 깊은 바프트루드니르^{Vafthrudnir}를 찾아갔다. 진 사람의 목을 건 지혜 대결을 펼치기 위해서였다.

오딘 재빠르게 일어나 가니
신비로운 고대 설화를 겨루리라,
현명하고 교활한 거인과 함께.
바프트루드니르의 왕궁에
위대한 마법의 왕이 왔도다.

- 바프트루드니르가 말하길(W.테일러 옮김)

오딘과 바프트루드니르

이때 오딘은 프리가의 조언에 따라 방랑자로 변장하고 이름은 강그라드^{Gangrad}라고 밝혔다. 곧바로 바프트루드니르의 질문과 함께 지혜 대결이 시작되었다. 낮과 밤을 싣고 하늘을 달리는 말, 요툰헤임과 아스가르드를 나누는 이핑 강, 최후의 전투가 벌어질 땅 비그리드^{Vigrid}에 관한 질문이었다.

오딘은 이 모든 질문에 소상하게 답했다. 바프트루드니르의 질문이 끝나자 오딘의 차례가 돌아왔다. 천상과 지상의 기원, 신들의 탄생, 반 신족과의 싸움, 발할라의 영웅들이 맡은 일, 노른 여신들이 하는 일, 아스 신족이 자신들이 만든 세상과 함께 몰락하고 나면 이들을 대신할 통치자. 모든 질문에 오딘 못지않은 명쾌한 답이 돌아왔다.

그러자 오딘이 거인 쪽으로 몸을 숙이고 나직하게 마지막 질문을 던졌다. 알포드는 아들 발데르의 장례식 날, 장작더미 위의 아들에게 무어라 속삭였는가? 그 순간 바프트루드니르는 신성한 방문객의 정체를 깨닫고 놀라며 뒤로 물러섰다. 그리고 이렇게 대답했다. 그 질문에 답할 수 있는 자는 오딘 본인 말고는 없으며, 어리석게도 신들의 왕하고 지혜와 재치를 겨루었으니 자신은 패배한 대가로 목을 잃어 마땅하다고.

> 죽음을 면할 수 없는 종족이라면 그 누구도
> 알 수 없으니, 그대
> 지난 날 그대의 아들에게 한 말.
> 죽음이 다가오는 소리가 들리는구나.
> 죽음은 곧 앗아가리라. 신비로운 고대 설화며
> 신들의 기원에 관한 지식을,
> 이 불운한 운명의 영혼으로부터.
> 다름 아닌 오딘과 재치를 겨루었으니
> 살아 있는 현자 중 가장 지혜로운 이여.
> 목숨을 건 내기, 당신께서 승리했나이다.
> - 바프트루드니르가 말하길 (W.테일러 옮김)

북유럽 신화의 상당수가 단편적이고 모호한 것처럼 이 이야기도 여기에서 끝난다. 음유시인들은 오딘이 정말로 바프트루드니르의 목을 벴는지, 오딘이 던진 마지막 질문의 답이 무엇인지 알려주지 않는다. 하지만 신화 학자들은 과감하게 이런 추측을 내놓는다. 아들의 때 이른 죽음을 위로하고자 오딘이 발데르의 귓가에 속삭인 말은 틀림없이 '부활'이라고.

룬 문자의 발명

오딘은 지혜의 신이기도 하지만 룬^{Rune} 문자의 창시자이기도 하다. 룬 문자는 북유럽 국가에서 가장 처음 사용한 알파벳으로 신비를 상징한다. 처음에는 점을 치는데 사용했지만 나중에는 기록을 남기거나 비문을 새기는 데 사용했다. 희생을 치러야만 지혜를 얻을 수 있었던 것처럼 룬 문자를 얻기 위해 오딘은 — 직접 밝힌 바에 따르면 — 신성한 나무 이그드라실에 아흐레 밤과 낮을 매달려야 했다. 그렇게 니플헤임의 심연을 내려다보며 깊은 사색에 몰입하고, 창으로 자신을 찌르고 나서야 원하던 지식을 얻을 수 있었다고 한다.

> 나 매달렸노라.
> 바람에 흔들리는 나무에
> 아흐레 밤을 꼬박
> 창상을 입은 채로.
> 그리고 오딘에게 바치니
> 나 자신을 나 자신에게 바침이라.
> 그 나무,
> 그 누구도 알지 못하네.
> 어느 뿌리에서 자라났는지.
>
> - 오딘의 룬 노래(소프 옮김)

새로운 지식에 완벽하게 통달하고 나서 오딘은 수많은 생물과 무생물에 마법의 룬 문자를 새겼다. 창 궁니르, 애마 슬레이프니르의 이

빨, 곰의 발톱도 여기에 포함되었다. 게다가 오래도록 심연 위에 매달려 있었던 탓에 이후로 오딘은 교수형을 받은 자, 목을 매어 죽은 자들을 돌봐주는 신으로 여겨지게 되었다.

지혜와 룬 문자라는 능력을 얻고, 모든 것을 통제할 힘을 얻었는데도 오딘은 유창한 말재주와 시를 짓는 재주를 원했다. 어떻게 이 재주를 얻었는지는 뒤에서 다루도록 하겠다.

게이로드와 아그나르

앞에도 언급했듯이 오딘은 인간들의 일에 관심이 많았는데, 특히 흐라우딩 왕King Hrauding의 잘생긴 두 아들 게이로드Geirrod와 아그나르Agnar에게 각별한 관심을 보였다. 게이로드가 여덟 살, 아그나르가 아홉 살 때의 일이었다. 두 왕자가 낚시를 하러 나간 어느 날, 갑자기 폭풍이 몰아쳐 배가 바다 멀리까지 흘러가고 말았다. 겨우 섬 하나에 다다르고 보니 한 노부부가 살고 있었다. 이들은 사실 변장을 한 오딘과 프리가였다. 늘 살펴보던 아이들과 가까이 어울리고 싶다는 강렬한 욕구에 불쑥 사로잡혀서 인간의 모습을 했던 것이다. 아이들은 따뜻한 환대를 받았고 친절한 대접을 받았다.

오딘은 게이로드가 마음에 들어서 무기 다루는 법을 가르쳐 주었다. 프리가는 아그나르를 귀여워하며 소중하게 여겼다. 아이들은 길고 추운 겨울이 지나갈 때까지 친절한 보호자들 곁에 머물렀다. 하지만 봄이 오고 하늘이 맑게 개자 바다도 잠잠해졌다. 형제는 오딘이 준 배를 타고 고향의 해변으로 향했다. 순풍이 불어와 배는 금세 고향 쪽으

로 나아갔다.

그런데 뭍에 닿을 무렵이 되자 게이로드가 재빨리 뛰어 내리더니 배를 다시 바다로 밀어버렸다. 악령에게나 가버리라고 악담도 퍼부었다. 바로 그 순간 풍향이 바뀌며 아그나르는 정말로 멀리 떠내려가 버렸다. 반면, 게이로드는 아버지의 성으로 달려갔고 형의 생사에 대해서는 거짓으로 둘러댔다. 왕은 죽은 줄 알았던 아들이 돌아왔다며 기쁘게 게이로드를 맞이했다. 그렇게 게이로드는 왕위계승자가 되었다.

수년이 흘렀다. 그 사이 오딘은 다른 중요한 일에 집중하고 있었다. 그러던 어느 날, 프리가와 함께 흘리드스칼프에 앉아 있던 오딘은 문득 그해 겨울 외딴 섬에 머물렀던 때를 떠올렸다. 그리고 자신의 제자는 왕이 되어 큰 힘을 얻은 반면, 프리가가 사랑했던 아그나르는 거인 여자와 결혼해 가난하고 별 볼일 없이 살아간다며 아내를 비웃었다. 프리가는 냉혹한 것보다는 가난한 것이 낫다며 게이로드는 손님을 대접할 줄 모른다고 조용히 비난했다. 이는 북유럽 사람들이 보기에 가장 심각한 문제였다. 프리가는 더 나아가 게이로드는 큰 부자인데도 손님들에게 가혹하게 군 적이 많다고 덧붙였다.

이런 비난을 듣자 오딘은 직접 거짓임을 밝히겠다며 방랑자로 변장해 게이로드의 너그러움을 시험하러 갔다. 구름 망토에 챙이 늘어진 모자를 쓰고, 순례자의 지팡이를 들고서.

오딘(B. E. 포겔베르크 作)

세상이 나를 방랑자라 부르니,
멀리까지 발을 옮겨
대지의 반대편까지
나 경계를 모르고 갔노라.

- 바그너 (포먼 옮김)

오딘은 바로 길을 나섰지만 하필이면 둘러가는 길을 택했다. 프리

가는 발 빠른 전령을 보내 남편을 앞질렀다. 폭이 넓은 망토를 걸치고 챙이 넓은 모자를 쓴 남자를 조심하라고 게이로드에게 충고하기 위해서였다. 그 자는 해악을 끼칠 수 있는 사악한 마법사라고 말이다.

그리하여 왕궁에 도착한 오딘은 게이로드 앞으로 끌려가 거친 심문을 받게 되었다. 오딘은 이름만 그림니르^{Grimnir}라고 밝혔을 뿐, 어디에서 왔고 무엇을 원하는지에 대해서는 입을 다물었다. 이런 과묵한 태도 탓에 의심은 더 커졌다. 게이로드는 잔학한 성정을 한껏 드러내며 이방인을 사이에 두고 양쪽에 불을 피우되, 이글거리는 불꽃이 닿을락말락한 거리를 유지하라고 명령했다.

불길 사이에 묶인 오딘은 8일 밤낮 동안 완강한 침묵을 지켰다. 음식도 주어지지 않았다. 이때 아그나르는 비밀리에 동생의 왕궁으로 돌아와 하찮은 일을 맡고 있었다. 모든 것이 정지한 어느 날 밤, 아그나르는 불쌍한 죄수의 고통을 안쓰럽게 여기며 에일이 든 술잔을 죄수의 입가로 가져갔다. 이 에일이 아니었다면 오딘은 아무것도 마시지 못했을 터였다. ─ 그리고 이것은 오딘이 겪은 가장 심각한 시련이었다.

8일째 되는 날이 저물어가던 무렵, 게이로드가 왕좌에 앉아 죄수의 고통에 흡족해하고 있는데, 오딘이 노래를 부르기 시작했다. 처음에는 나직하게, 갈수록 점점 더 크게, 온 회장이 당당한 노랫소리로 메아리칠 때까지. ─ 오래도록 신의 총애를 받아왔던 왕이 자기 칼에 멸하리라.

칼에 스러지는 자
이제 이그[10]가 가지리라.
네 목숨이 이제 사그라지고 있으니
그대에게 어울리는 신은 디스[11] 신들.
내 오딘임을 이제 알았으리.
할 수 있다면 내게 다가와 보라.

- 옛 에다(소프 옮김)

    노랫소리가 멈추면서 오딘의 손목을 묶고 있던 사슬이 풀리고 불길도 가물거리더니 이내 꺼져버렸다. 회장 한가운데 선 오딘은 더 이상 인간의 모습이 아니었다. 신으로서의 힘과 위용을 모두 갖춘 모습이었다.
    불길한 예언을 들은 게이로드는 서둘러 칼을 뽑아 방자한 죄인을 베려 했다. 하지만 죄인이 돌연 변화하는 모습을 보고 당황한 나머지 발을 헛디뎠고 날카로운 칼날 위로 넘어져 목숨을 잃었다. 오딘이 예언한 그대로였다. 한편, 다른 이야기에서는 오딘에게 에일을 건넨 아그나르가 왕의 형제가 아닌 아들이라 하는데, 옛 이야기란 종종 이상하게 꼬이는 법이다. 오딘은 아그나르의 자비심을 높게 사 왕위를 물려받게 하고, 적절한 시점에 에일을 준 보답으로 모든 종류의 번영을 내려주겠노라 약속했다.
    한번은 오딘이 지상을 유랑하며 너무 오래 자리를 비운 적이 있었다. 신들은 아스가르드에서 오딘을 다시 보지 못하리라 생각했다. 그러자 오딘의 형제 빌리와 베는(일부 신화 학자들은 이 둘을 오딘의 또 다른

화신으로 보기도 한다) 형의 권력과 왕좌를 찬탈하고 심지어는 형수 프리가마저 차지했다.

> 입 다물라, 프리가!
> 표르긴의 딸,
> 그대는 남자를 사랑해본 적이 없지.
> 듣자 하니 베와 빌리에게
> 그대, 비드리르[12]의 아내가
> 젖가슴을 허락했다 하니.
>
> - 옛 에다(소프 옮김)

5월제

  그러나 오딘이 귀환하며 찬탈자들은 영원히 사라졌다. 일곱 달 동안 세상을 다스리며 불행만 일으키던 가짜 오딘이 없어지고 자애로운 신이 돌아온 것을 기념하기 위해 옛 북유럽 사람들은 해마다 축제를 열었다. 이 축제는 오래도록 이어져 5월제가 되었다. 아주 최근까지만 해도 스웨덴에서는 축제일이 되면 장대한 행진을 볼 수 있었다. 꽃으로 장식한 5월의 왕(오딘)이 모피를 두른 겨울(왕위 찬탈자)에게 꽃을 던져 공격하면 겨울이 이내 수치스럽게 도망간다. 잉글랜드에서도 5월 1일에 축제를 연다. 메이 폴 댄스, 메이 퀸[13], 처녀 마리안[14], 잭 인 더 그린[15] 등이 잘 알려져 있다.

  천상의 화신으로서 오딘은 대지의 연인이자 배우자였고, 북유럽 사람들은 대지에 세 가지 양상이 있다고 여겨 오딘이 아내를 여럿 둔 것으로 묘사했다. 하나는 원시 대지인 요르드Jörd(에르다Erda)로 밤의 딸 혹은 여자 거인 표르긴Fiorgyn의 딸이다. 그 유명한 천둥의 신 토르를 낳았다. 두 번째 아내이자 가장 으뜸가는 배우자는 문명 세계의 화신인 프리가다. 온화한 봄의 신 발데르와 헤르모드Hermod를 낳았고, 일부 권위자들에 따르면 티르Tyr도 낳았다. 세 번째 아내는 혹독하고 차가운 땅의 화신인 린다Rinda이다. 마지못해 오딘의 따뜻한 품을 받아들이긴 했지만 결국 식물의 상징 발리Vali를 낳았다.

오딘은 역사의 여신인 사가Saga 혹은 라가Laga와도 결혼했다.(이 여신의 이름에서 말한다는 뜻의 동사 say가 나왔다.) 여신은 차가운 물이 한없이 흐르는 강 밑에 소크바베크Sokvabek라는 수정궁을 짓고 살았다. 오딘은 매일 수정궁에 들러 강물을 마시고 옛 시대와 사라진 민족에 관한 여신의 노래를 들었다.

> 네 번째 집이라 불리는 소크바베크
> 그 위로 차가운 물결이 흘러가네.
> 오딘과 사가 그곳에서 기꺼이 잔을 든다.
> 매일 황금으로 만든 잔을.
>
> - 북유럽 신화(R. B. 앤더슨)

그 외에도 오딘에게는 아내가 많았다. 비다르Vidar의 어머니 그리드Grid, 브라기Bragi의 어머니 군로드Gunlod 외에도 스카디Skadi, 동시에 헤임달을 잉태한 아홉 거인까지 모두 오딘의 아내로 알려져 있다. 이들

은 정도의 차이는 있지만 여러 북유럽 신화에서 중요한 역할을 한다.

❖ 역사 속의 오딘

좀 더 가까운 시대에도 오딘이란 이름의 반쯤 역사적인 인물이 존재한다. 이름만이 아니라 신화 속 오딘의 장점과 능력, 모험심까지 꼭 빼닮았다. 바로 소아시아에 살던 아스(에시르) 족의 지도자 오딘이다. 당시 아스 족은 로마의 억압을 받고 파멸하거나 노예가 되어야 하는 처지였다. 기원전 70년, 위기에서 벗어나고자 오딘은 백성들을 이끌고 고향을 떠나 유럽으로 향했다. 그리고 러시아, 독일, 덴마크, 노르웨이, 스웨덴을 정복해 자신의 여러 아들을 각국의 왕으로 세웠다고 한다. 오덴소^{Odenso}라는 도시도 세웠으며, 스웨덴에서는 길피^{Gylfi} 왕의 환영을 받고 영토를 나누어 받았다.

이곳에서 오딘은 시그투나^{Sigtuna}라는 도시를 만들고 신전을 세워 새로이 신을 섬기는 방법을 알렸다. 전해오는 바에 따르면, 이 전설 속의 오딘은 죽음이 다가오자 추종자들을 한 자리에 불러 모아 모두가 보는 가운데 자신의 가슴을 창으로 아홉 차례 찔렀다고 한다. '게이르 오드즈$^{Geir\ odds}$ 새기기'라는 의식이었다. 의식이 끝나자 그는 고향 아스가르드로 돌아가 옛집에서 그들이 오기를 기다릴 테니, 그곳에서 연회와 술, 전투가 있는 삶을 함께 하자는 말을 남겼다.

또 다른 이야기에서는 아스가르드에서 온 아스 족의 놀라운 힘에 대해 듣고 길피 왕이 진위를 확인하고자 남쪽으로 떠난다. 머지않아 오딘의 왕궁에 도착하는데, 그의 방문은 이미 예견된 일이어서 하르^{Har},

야픈하르Iafn-har, 트리디Thridi라는 세 신이 점차 높아지는 단 위의 왕좌에 각각 앉아 그를 현혹한다. 문지기 강글레르Gangler는 길피 왕의 질문에 답하며 북유럽의 신화에 관해 이야기해준다(이는 『새 에다Younger Edda』에 기록되었다). 가르침을 모두 전하자 어마어마한 굉음이 나더니 강글레르와 성이 홀연히 사라진다.[16]

아주 오래된 시가에 따르면 오딘의 아들 벨데그Weldegg, 벨데그Beldegg, 시기Sigi, 스콜드Skiold, 세밍Sæming, 잉비Yngvi가 각각 동부 작센, 서부 작센, 프랑코니아, 덴마크, 노르웨이, 스웨덴을 다스렸으며 이들로부터 색슨 족, 헹기스트Hengist와 호르사Horsa[17], 그 외 북유럽 국가의 왕족들이 비롯되었다고 한다. 또 다른 이야기에서는 오딘과 프리가가 낳은 일곱 아들이 앵글로색슨의 일곱 왕국을 세웠다고 한다. 충분한 시간이 지난 뒤 이 수수께끼의 왕들은 자신들이 숭배하게 한 신, 오딘과 혼동되었으며 그들의 행동 역시 모두 신의 행동으로 여겨졌다.

오딘을 받드는 신전은 여러 군데 있었지만, 엄숙한 축제가 열리거나 제물을 바치는 곳은 웁살라Upsala의 대신전이었다. 제물은 보통 말이었지만 절실할 때는 사람을 바치기도 했다. 한번은 기근을 피하고자 왕이 제물이 된 적까지 있었다.

> 웁살라의 신전, 그곳에서 북쪽 사람들은
> 이곳 지상에서 아름답게 그리는 발할라의 전당을 본다.
> - 북쪽의 바이킹 이야기(R. B. 앤더슨)

이 신전에서 열리는 모든 축제의 첫 번째 건배는 오딘의 영광을 기

리는 것이었다. 그리고 5월 1일 외에도 일주일에 한 번, 오딘을 신성시하는 날이 있으니, 색슨식 이름 보덴을 가져와 보덴의 날Woden's day이라고 부른다. 여기에서 영어의 수요일Wednesday이 유래했다. 축제가 열리면 오딘의 신전에 모여 음유시인들의 노래를 듣는 것이 관습이었다. 음유시인들은 보수로 황금 팔찌나 팔뚝에 끼는 장식을 받았는데, 이 팔찌는 양 끝이 말려 올라간 모양이라 '오딘의 뱀'이라고 불렀다.

    고대 북유럽의 예술품은 현재까지 남아 있는 것이 거의 없다. 한때 매우 흔했던 소박한 오딘 상조차 모두 사라지고 없다. 오래가지 못하는 소재인 나무로 만들어진 탓에 선교사들, 특히 북유럽의 우상파괴자 올라프 성자Olaf the Saint[18]에 의해 순식간에 재가 되고 말았던 것이다.

> 신전 안에 나무에 새긴
> 위대한 오딘의 상이 서 있구나.
>
>   - 올라프 왕 이야기(롱펠로)

    에다를 이루는 시 중 하나인 하바말Havamal(높으신 분이 말씀하시기를)에 의하면 오딘은 백성들이 행동거지를 바로 하게끔 법전을 만들어 내리기도 했다. 법전에는 인간은 그릇된 일을 저지를 수 있으니 용기와 자제력, 독립심, 진실성이 필요하고, 나이 든 이를 존경하며 손님을 환대해야 한다고 적혀 있었다. 또, 자비를 베풀며 만족할 줄 알아야 한다는 가르침과 함께 장례 절차에 대한 내용도 있었다.

집에서는 즐거이 지내며
손님에게는 너그러울지라.
현명하게 행동하며
좋은 기억력과 재치 있는 말솜씨를 갖추라.
많은 지식을 얻고자 하면
종종 무엇이 선善인지 논할지어다.

- 높으신 분이 말씀하시기를(소프 옮김)

프리가

❖ 신들의 여왕

프리가Frigga(프리그Frigg)는 표르긴의 딸이자 요르드의 자매이다. 이는 일부 신화 학자들의 견해로 요르드와 오딘 사이에서 태어나 친아버지와 결혼했다고 보는 학자들도 있다. 아스가르드에서 프리가는 매우 사랑받는 존재였기에 오딘과 프리가의 결혼은 모두에게 큰 기쁨이었다. 이후로 두 신의 결혼기념일이 되면 연회를 열고 노래를 부르며 축하하는 관습이 생겼다. 결혼의 여신으로 임명된 까닭에 결혼식이 열리면 사람들은 항상 오딘, 토르와 더불어 프리가의 건강을 비는 축배를 들었다.

　프리가는 대기의 여신이다. 정확히 말하면 구름의 여신에 더 가깝다. 다소 변덕스러운 기분에 따라 순백의 옷을 걸치거나 어두운 색 옷을 걸치는 모습이 구름을 상징한다. 신들의 여왕으로, 그녀만이 존엄한 남편과 더불어 왕좌 흘리드스칼프에 앉는 특권을 누린다. 왕좌에 앉으면 프리가 역시 세상을 내려다보고 어떤 일이 벌어지는지 확인할 수 있었다. 선조들은 그녀가 다가올 미래의 일을 안다고 믿었다. 그러나 그 누구도 프리가의 입을 열게 할 수 없었다. 이는 북유럽 여성들이 비밀을 지킬 줄 안다는 사실을 증명하는 것이다.

나로부터 신들이 태어나네.
그리고 앞으로 다가올 일 모두, 나 알고 있으나
가슴 속에 묻어둘 뿐, 누구에게도 알려야 할 의무 없나니.

- 발데르 죽다(매슈 아널드)

구름을 짜는 프리가(J. C. 돌먼 作)

프리가는 주로 키가 크고 아름다우며 위엄 있는 여성으로 묘사된다. 큰 해오라기 깃털로 장식한 왕관은 침묵 혹은 망각을 상징한다. 순백의 긴 옷을 입고 허리에는 황금 허리띠를 둘렀는데, 열쇠 한 뭉치를 매달고 있다. 열쇠는 프리가가 비호하는 북유럽 주부의 독특한 특징이다. 남편과 함께 등장하는 일이 잦긴 하지만, 프리가는 자신의 궁 펜살리르Fensalir(안개의 궁 또는 바다의 궁)에 머무는 것을 더 좋아했다. 그리고 부지런히 물레와 실패를 놀려 황금 실을 잣기도 하고, 긴 천을 짜서 밝은 구름을 만들기도 했다.

보석으로 화려하게 장식한, 그녀의 물레 혹은 실패는 밤이 되면 하늘의 별자리가 되어 밝게 빛났다. 그래서 북유럽 사람들은 이 별자리를 '프리가의 물레'라고 불렀다. 남쪽에서 '오리온의 허리띠'라고 부르는 바로 그 별자리다.

자애로운 여신은 지상에서 고결하게 살았던 부부들을 자신의 궁 펜살리르로 초대했다. 죽은 뒤에도 부부가 함께 지내며 절대 헤어지지 않는 즐거움을 선사하기 위해서였다.

저 골짜기 안에 펜살리르,
프리가, 존경받는 신들의 어머니가 사는 곳이 있어
창마다 불을 밝히고 문을 활짝 열었다.

- 발데르 죽다(매슈 아널드)

따라서 프리가는 부부의 신, 모성애의 신으로서 특히 결혼한 연인들과 부모들의 숭배를 받았다. 그러나 아무리 칭송을 받더라도 프리가는 이 역할에만 전적으로 몰두할 수 없었다. 아름다운 옷을 좋아했고 치장하는 것을 좋아했기 때문이다. 신들이 모인 자리에 나갈 때면 프리가는 잘 어울리는 화려한 옷을 입고 뛰어난 미적 감각으로 눈부신 보석을 골라 장식했다.

도둑맞은 황금

프리가는 장신구를 너무 사랑한 나머지 슬프게도 유혹에 빠지고 말았다. 새로운 장신구가 가지고 싶은 나머지, 남편을 상징하는 석상에서 금을 한 조각 몰래 훔쳤던 것이다. 그것도 막 신전에 세운 새 동상에서 말이다. 훔친 금은 드워프들에게 맡겨 화려한 목걸이를 만들게 했다. 완성된 목걸이는 과연 눈부시게 아름다워 여신의 미모를 크게 돋보여 주었다. 심지어는 오딘의 사랑마저 깊어졌다.

하지만 황금을 도둑맞은 사실을 알아차리자마자 오딘은 크게 화를 내며 드워프들을 불러 모았고, 누가 감히 자신의 동상에 손을 댔는지 말하라고 명령했다. 신들의 여왕을 배반하고 싶지 않았던 드워프들은 완고하게 침묵을 지켰다. 드워프들의 입을 열 수 없으리라 판단한 오딘은 석상을 신전의 문 위에 내놓으라고 명령했다. 그리고 석상이 스스로 도둑의 정체를 밝힐 수 있도록 말하는 능력을 부여할 수 있는 룬문자를 고안하기 시작했다.

이 소식을 들은 프리가는 두려움에 몸을 떨며 총애하는 시녀 풀라^{Fulla}에게 남편의 분노를 피할 방법을 찾아 달라 애원했다. 늘 주인의 명에 복종할 준비가 되어 있는 풀라는 곧바로 흉측한 드워프 하나를 데려

왔다. 드워프는 프리가 여신이 황송하게도 우아한 미소를 보여주시기만 하면 석상이 입을 여는 사태를 막아주겠다고 약속했다. 요청이 받아들여지자 드워프는 서둘러 신전으로 가 경비병들을 깊은 잠에 빠뜨렸다. 그리고 이들이 정신을 잃고 있는 동안 석상을 받침대에서 끌어내 산산 조각내버렸다. 오딘이 말하는 능력을 주고자 그 어떤 노력을 기울이더라도 프리가의 소행을 밝힐 수 없게 말이다.

다음날 이와 같은 신성모독 행위를 보고 오딘은 정말로 크게 화가 났다. 말로 다할 수 없을 만큼 화가 치밀었던 나머지 아스가르드를 떠나, 말 그대로 사라져버렸다. 평소 신들과 인간들에게 내리던 축복을 모두 가지고서 말이다. 몇몇 학자들은 이때 앞에서 본 것처럼 빌리와 베가 오딘인 척해서 신들의 왕좌와 프리가를 전부 차지했다고 생각한다.

하지만 아무리 겉모습이 똑같더라도 오딘의 동생들은 잃어버린 축복을 되살릴 수 없었다. 게다가 서리 거인 요툰들이 지상을 침범하고 차가운 족쇄로 구속해가는 데도 지켜만 보고 있었다. 사악한 거인들은 나뭇잎과 새싹을 떼어내어 말려죽이고 나무들을 모두 벌거숭이로 만들었다. 그리고 지상을 흰 눈으로 덮고 도저히 헤쳐 나갈 수 없는 안개 장막을 쳤다.

다행히 일곱 달의 힘든 시간 끝에 오딘이 화를 가라앉히고 돌아왔다. 오딘은 이 모든 해악을 보고는 찬탈자들을 몰아냈다. 서리 거인들에게도 압박을 가해 지상에서 손을 떼게 했다. 그 다음 얼음의 속박에서 벗어난 지상에 다시금 모든 축복을 내리고 찬란한 미소로 빛을 내려 생기를 북돋아주었다.

∴ 한 수 뒤진 오딘

앞에서도 본 바와 같이 재치와 지혜의 신인데도 오딘은 가끔 아내의 적수가 되지 못했다. 프리가가 여자답게 어떤 방법을 써서라도 원하는 바를 이루었기 때문이다. 한번은 이 존엄한 부부가 흘리드스칼프에 앉아 있는데 비닐레르 족과 반달 족이 눈길을 끌었다. 두 부족은 향후의 패권을 건 전투를 준비 중이었다.

큰 소리로 오딘에게 승리를 달라고 기도하는 반달 족이 남편 쪽의 관심을 사로잡은 반면, 아내 쪽은 비닐레르 족의 움직임을 더 집중해서 바라보았다. 이들은 프리가에게 도움을 간청하고 있었기 때문이다. 이에 프리가는 남편을 바라보며 다음 날 누구 편을 들어줄 생각이냐고 구슬리듯이 물어보았다. 오딘은 확답을 하기 싫어서 아직 결정하지 않은 척했다. 곧 잠자리에 들 시간이니 내일 아침 처음 눈에 들어오는 쪽에 승리를 안겨주겠다고 말한 것이다.

사실 이것은 빠른 상황 판단 끝에 나온 답이었다. 침대가 놓인 방향을 생각하면 아침에 눈을 떴을 때, 오딘은 반달 쪽을 바라보게 되기 때문이다. 오딘은 왕좌에 올라갈 때까지 기다리지 않고 침대에서 바로 지상을 내려다볼 생각이었다. 그러나 아무리 교묘하게 세운 계획이라 해도 프리가에게는 통하지 않았다. 프리가는 남편의 의도를 예측하고 그가 깊이 잠든 틈을 타 침대의 방향을 바꾸었다. 자신이 지지하는 쪽을 마주하게 말이다. 그리고 비닐레르 족에게 전갈을 보냈다. 새벽이 되면 여성들에게 갑옷을 입히고 전장에 내보내되, 긴 머리를 볼과 가슴 위로 빗어 내리라는 내용이었다.

그대들 중 여성들을 데려오라,
처녀든 부인이든 모두.
발목 위로는 흰 전투 바지를 입고
가슴 위로는
단단한 사슬 갑옷을 두르고
입술 위로
긴 머리를 솜씨 있게 땋으라—
턱수염 덥수룩한 전사들로
오딘 왕께서 여기시게끔.
회색 해변을 떠나
동틀 녘 너희는 왕을 맞이하라.
- 롱비어드 전설(찰스 킹슬리)

비닐레르 족은 이 지시를 아주 꼼꼼하고 정확하게 따랐다. 다음날 아침, 잠에서 깬 오딘이 처음 본 것은 바로 이 여성들이었다. 오딘은 놀라서 소리쳤다.

"이 롱비어드Longbeard(긴 턱수염)들은 대체 누군가?"

(긴 턱수염을 가리키는 옛 독일어 랑고바르덴Langobarden은 롬바르드Lombard 족을 가리키는 단어로 쓰였다.)

예상한 대로 오딘이 외치는 소리가 들려오자 프리가는 승리에 찬 목소리로 알포드가 그들에게 새로운 이름을 주셨으니, 북유럽의 관습에 따라 영예롭게 세례 선물을 주어야만 한다고 말했다.

저들에게 내린 이름
당신께도 저들에게도 부끄럽지 않으니
저들이 잘 쓸 것입니다.
승리를 안겨주시기를,
당신을 처음 맞이한 이들에게.
승리를 안겨주시기를,
내 남편이시여!

- 롱비어드 전설(찰스 킹슬리)

아내의 영리한 꾀에 넘어갔다는 사실을 알게 된 오딘은 아무런 이의도 제기하지 않았다. 승리를 얻은 비닐레르 족은 기념으로 신들의 왕이 하사한 이름을 간직했다. 오딘 역시 이들을 특별히 잘 보살펴 주었으며 많은 축복을 내렸다. 그중에는 따뜻한 남쪽, 롬바르디아의 풍요로운 평원도 포함되어 있었다.

풀라

프리가는 특별히 아름다운 처녀들을 자신의 시녀로 삼았다. 이중 일부 학자들이 프리가와 자매 사이로 보기도 하는 풀라(볼라^{Volla})는 프리가의 보석함을 관리했다. 또, 항상 프리가의 몸단장을 주도하며 프리가의 황금 구두를 신을 수 있는 특권도 누렸다. 주인과 어디든 동행한 것은 물론, 비밀까지 다 털어놓을 수 있는 친구가 되어주기도 했다. 도움을 간청하는 인간들을 어떻게 도와주면 가장 좋을지 조언하

는 일도 많았다.

풀라는 실로 아름다웠다. 어깨 위로 흘러내리는 긴 금빛 머리칼은 황금 머리띠나 망 하나만 사용해 살짝 고정했다. 이 머리카락은 금빛으로 익은 곡식을 상징하며 머리띠는 곡식을 한 단씩 묶는 것을 의미한다. 독일 일부 지방에서는 풀라를 아분디아[Abundia]나 아분단티아[Abundantia]라 부르며 지구의 풍요로움을 상징한다고 여긴다.

프리가의 두 번째 시녀 흘린[Hlin]은 위로의 여신이다. 슬퍼하는 이의 눈물을 입맞춤으로 달래주고 비탄에 잠겨 고통스러운 마음에 위안을 가져다준다. 항상 인간의 기도소리에 귀를 기울이다가 주인에게 전해주는 것도 그녀의 역할이다. 때때로 기도에 어떻게 답하면 좋을지, 인간들이 구원을 희망할 때 어떻게 이루어주면 좋을지 조언하기도 했다.

그나

그나[Gna]는 프리가의 발 빠른 전령이다. 호프바르프니르[Hofvarpnir](발굽을 던지는 자)라는 빠른 말을 탔는데, 놀라운 속도로 불 속을 오가기도 하고 공중을 날기도 했다. 또, 땅 위는 물론 바다 위도 달렸다. 그러므로 그나는 산들바람의 화신으로 여겨진다. 이리저리 쏜살같이 달리며 지상에서 일어나는 일들을 모두 보고 주인에게 알린다. 한번은 후날란드[Hunaland]를 지나는데, 오딘의 직계 후손인 레리르[Rerir] 왕이 자식이 없는 것을 한탄하며 슬픔에 잠겨 바닷가에 앉아 있는 것을 보았다.

출산의 여신이기도 한 천상의 여왕은 이 소식을 듣고 저장고에서 사과(다산의 상징)를 꺼내 그나에게 주었다. 왕에게 가져다주라는 뜻이었다. 그나는 자신이 상징하는 바람처럼 쏜살같이 달려갔다. 그리고 레리르의 머리 위를 지나는 찰나, 눈부신 미소를 지으며 그의 무릎 위로 사과를 떨어뜨렸다.

"거기 무엇이 날아 그리 빨리 흘러가는가?"
그나 구름 위에서 서둘러 가며 답하길
"저는 날지도 흘러가지도 않지요. 서두를 뿐.
재빠른 후프바르프니르는 구름과 안개, 하늘 위까지 달린답니다."
- 아스가르드와 신들(바그너-맥도월)

왕은 갑작스러운 여신의 출현과 선물이 어떤 의미인지 곰곰이 생각했다. 그리고 희망으로 가슴을 두근거리며 급히 돌아가 아내에게 사과를 먹였다. 적당한 때가 되자 아들이 태어나는 경사가 있었으니 이 아이가 위대한 북유럽의 영웅 볼숭^{Volsung}이다. 훗날 크게 이름을 떨쳐 일족이 대대로 그 이름을 이어받게 된다.

∷ 로푄과 뵤푄, 그리고 신

앞서 언급한 셋을 제외하고도 프리가에게는 또 다른 시녀들이 있었다. 온화하고 우아한 처녀 로푄^{Lofn}(찬사 혹은 사랑)은 연인들의 앞길을 막는 모든 장애물을 없앤다.

순결한 나의 여인, 말안장에 꼿꼿이 앉으니
내 그녀를 사원 안으로 인도해
사제들 사이의 둥근 제단으로 데려갔다.
그녀, 망설임 없이 로푼의 맹세를 했네.

- 북유럽 바이킹 이야기(R. B. 앤더슨)

뵤푼Vjofn은 냉혹한 마음에 사랑이 깃들게 하고, 인류의 평화와 화합을 유지하는 임무를 맡았다. 신Syn(진실)은 프리가의 왕궁에서 문을 지키는 역할을 했다. 허락받지 않은 이들에게는 절대 문을 열어주지 않았고, 장래의 불청객 앞에서 한번 문을 닫으면 아무리 애원해도 그 결정을 바꾸지 못했다. 이런 성격 덕에 신은 재판과 시험을 모두 주관하게 되었다. 이때부터 거부해야 할 때면 흔히 신 여신이 반대한다고 말하게 되었다.

게피온

게피온Gefjon 역시 프리가의 왕궁에서 사는 처녀들 중 하나다. 결혼하지 못하고 죽은 이들을 도맡아 영원히 행복하게 해주었다.

일부 권위자들에 따르면, 게피온은 처녀로 남지 않고 거인 하나와 결혼해 네 아들을 두었다고 한다. 같은 이야기에서 오딘은 게피온을 자신보다 먼저 스웨덴의 왕 길피에게 보내, 그녀 앞으로 땅을 나누어 달라고 부탁하게 한다. 왕은 그 부탁을 듣고 즐거워하며 하루 낮과 밤 동안 쟁기질을 한 만큼 땅을 주겠다고 약속했다. 게피온은 조금도 굴하지 않고 네 아들을 황소로 변신시켜 쟁기를 채운 다음 아주 넓고 깊은 고랑을 만들기 시작했다. 왕과 신하들은 크게 놀랐지만 게피온은 조금도 지친 기색 없이 계속 밭을 갈았다. 그리고 쟁기질이 끝나자 그 커다란 땅덩어리를 억지로 떼어내 황소로 변한 아들들에게 바다로 끌고 가게 했다. 그 다음 땅덩이를 단단히 고정시키고 셸란 섬Sjælland이라는 이름을 붙였다.

게피온이 길피로부터,
보물을 쌓아둔 부유한 이로부터 얻으니
덴마크에 이은 땅이라.
머리 넷 눈 여덟,
뜨거운 땀을 흘리며
황소들이 끌고 온 빼앗은 땅.
그것이 이 매력적인 섬이 되었다.

- 북유럽 신화(R. B. 앤더슨)

땅덩어리가 떨어져 나간 빈 곳에는 빠르게 물이 차올라 호수가 되었다. 처음에는 로그룸Logrum(바다)이라 했고 지금은 말라렌Mälaren 호수로 알려져 있는 바로 그곳인데, 움푹 들어간 굴곡이 셸란 섬의 돌출부와 일치한다. 그후 게피온은 오딘의 아들 스키올드Skiold와 결혼해 자신이 세운 도시 흘레이드라Hleidra 또는 레트라Lethra에서 살며 덴마크 스콜둥Skioldung 왕가의 선조가 되었다. 이 도시는 훗날 덴마크 이교도(비기독교인)들의 성지가 되었다.

에이라, 바라, 보르, 스노트라

또 다른 프리가의 시녀 에이라Eira는 매우 뛰어난 의사였다. 상처와 질병을 치료하기 위해 땅 위의 모든 약초를 모았으며, 여성들에게 과학을 가르치기도 했다. 이 여성들은 고대 북유럽 국가에서 의술을 펼친 유일한 사람들이 되었다.

크게 벌어진 상처를 에이라가 묶어 주네.

- 발할라(J. C. 존스)

바라Vara는 모든 맹세를 듣고 그 맹세를 어기는 자를 벌했다. 충실하게 맹세를 지킨 자에게는 상을 주었다. 또, 세상에서 일어나는 일을 모두 아는 보르Vör(믿음)란 여신이 있었으며 모든 지식에 통달한 선善의 여신 스노트라Snotra도 있었다.

이렇게 뛰어난 여신들을 시녀로 거느리고 있었으니 프리가를 강력한 여신으로 여긴 것도 놀라운 일은 아니다. 그러나 북유럽 신앙에서 중요한 위치를 차지하는데도, 프리가에게는 특별히 신전이나 성지가 없었으며 오딘과 함께할 때를 제외하면 그렇게 숭배를 받지도 않았다.

홀다

남부 독일에서 여신은 프리가라는 이름으로 알려지지 않았다. 대신 그곳 사람들은 프리가의 특징이 그대로 있어서 분명 동일한 신이라고밖에 볼 수 없는 여신을 받든다. 고장마다 이름이 다르나, 그

중 하나는 아름다운 여신 홀다Holda(훌다Hulda 또는 홀레 부인Frau Holle)로 호화로운 선물을 많이 나누어 주는 자애로운 여신이다. 기후를 주관하는 탓에 사람들의 입에 자주 오르내렸다. 눈이 오면 홀레 부인이 침대를 털고 있다, 비가 오면 홀레 부인이 빨래를 하고 있다고 하는 식이었다.

종종 흰 구름을 가리키며 홀레 부인이 표백하려고 내놓은 침대보라 말하기도 했다. 또 길고 가는 회색 구름이 흘러가면 홀레 부인이 천을 짠다고 했다. 부지런히 천을 짜고 실을 잣는 살림꾼이라고 여겼기 때문이다. 인류에게 아마亞麻를 전해주고 어떻게 쓰는지 알려준 것도 같은 여신이라고 한다. 티롤 지방에서는 이 귀중한 선물을 받게 된 연유에 대해 다음과 같은 이야기가 전해 온다.

아마의 발견

옛날에 양들에게 풀을 먹이려 날마다 산에 오르는 농부가 있었다. 아내와 아이들은 산 밑에 남겨두었으므로 농부는 혼자였다. 양들이 산비탈에서 풀을 뜯어 먹는 걸 지켜보다 보면 종종 석궁으로 샤무아를 잡을 기회가 생기기도 했다. 그러면 며칠 두고 먹을 고기를 저장고에 채울 수 있었다.

하루는 바위 뒤로 숨은 사냥감을 쫓아갔더니 놀랍게도 근처의 빙하로 통하는 길이 있었다. 신나서 사냥감을 쫓던 흥이 가시지 않았기에 농부는 높이, 더 높이 산을 올라 마침내 만년설이 반짝이는 정상까지 올랐다.

대담하게도 열린 문으로 들어갔더니 보석으로 장식한 경이로운 종 유석 동굴이 나타났다. 그 중심에는 은빛 로브를 걸친 아름다운 여인이 서서 만병초 화관을 쓴 사랑스러운 처녀들의 시중을 받고 있었다. 농부는 놀라서 무릎을 꿇었다. 그러자 마치 꿈을 꾸는 것처럼 중앙에 서 있던 위엄 있는 여인이 무엇이든 가져가고 싶은 것이 있으면 골라 보라고 했다. 귀한 보석들이 주위에서 찬란하게 반짝거렸지만, 농부는 자애로운 여인이 손에 들고 있는 파란색 조그마한 꽃다발에서 눈을 뗄 수가 없었다. 그가 머뭇거리며 꽃다발이 가지고 싶다고 하자 여인은 기쁨의 미소를 지었다.

여인의 정체는 바로 여신 홀다였다. 여신은 현명한 선택을 했다고 칭찬하며 이 꽃이 시들지 않는 한 농부도 생生을 이어갈 것이라 축복했다. 그리고 밭에 심으라며 씨를 조금 건네주었다. 이제 돌아가라는 여신의 명령과 함께 천둥이 크게 울리고 지면이 흔들렸다. 가난한 농부는 다시 산비탈에 돌아와 있었다. 천천히 집으로 돌아간 농부는 아내에게 자신이 겪은 모험담을 이야기하고 사랑스러운 파란 꽃과 씨앗을 보여주었다.

아내는 그렇게 휘황찬란했다던 보석이 아니라 꽃과 씨앗을 받아왔다며 남편을 크게 나무랐다. 그래도 농부는 아랑곳하지 않고 씨를 심었다. 놀랍게도 씨는 몇 에이커에 심을 수 있을 정도로 많았다.

금세 녹색 싹이 솟아났다. 어떤 곡식이 자랄지 궁금했던 농부는 알 수 없는 매력에 사로잡혀 습관처럼 밭 주변을 서성이게 되었다. 달빛이 은은한 어느 날 밤, 농부가 언제나처럼 밭을 바라보고 있는데 어렴풋한 형상이 밭 위로 떠오르더니 축복을 내리는 것처럼 손을 뻗었다.

마침내 온 밭에 파란색의 작은 꽃들이 한가득 피어나 황금빛 태양을 향해 꽃잎을 활짝 펼쳤다. 그리고 꽃이 지자 열매가 여물었다. 이것이 바로 아마였다.

홀다는 다시 한 번 강림해 농부와 아내에게 아마를 거두는 법, 아마로 실을 잣고 천을 짜는 법, 그렇게 만든 리넨을 표백하는 법을 가르쳐주었다. 이웃들이 선뜻 리넨과 아마 씨를 사고자 했기에 농부와 아내는 정말 큰 부자가 되었다. 농부가 밭을 갈고 씨를 뿌려 수확하면 아내는 실을 자아 천을 짜고 표백했다. 그렇게 농부는 아주 오래 살며 손자는 물론, 증손자가 자라는 모습까지 지켜보았다. 이 긴 세월동안 그가 소중하게 간직해 온 푸른 꽃다발은 처음 집에 가져왔을 때처럼 싱싱한 모습을 유지했다. 그러던 어느 날, 농부는 밤사이에 꽃들이 시들어 죽은 것을 발견했다.

자신의 생명을 이어주던 꽃이 시들었으니 이제 죽음을 피할 길이 없다고 생각한 농부는 다시 한 번 산을 올라 빙하로 향했다. 그러자 몇 번이나 찾으려 해도 찾을 수 없었던 입구를 다시 발견할 수 있었다. 얼음문으로 들어간 농부는 그 후 다시 볼 수도, 소식을 들을 수도 없었다. 하지만 전설에 따르면, 여신이 그를 거두어 농부의 모든 소원이 이루어진 그 동굴에서 지내게 해주었다고 한다.

탄호이저

중세 전설에서 홀다는 튀링겐 지방의 회르젤베르크 산에 있는 동굴에서 지낸다. 이 지방에서는 인간을 유혹하는 여자마법사 베누

스 부인Frau Venus이라고 알려져 있다. 유혹에 넘어간 인간은 영원히 동굴에 갇혀 온갖 종류의 관능이 주는 쾌락에 빠져 지내게 된다. 가장 잘 알려진 희생자로는 탄호이저Tannhäuser가 있다.

  탄호이저는 한동안 여신의 주문에 사로잡혀 지내다가 그 생활에 혐오감을 느끼게 되었다. 그러자 그의 영혼을 속박하던 여신의 힘이 약해졌다. 이에 탄호이저는 타락한 영혼을 걱정하며 여신에게서 도망치고, 죄를 용서받고자 로마로 향했다. 그러나 사제들은 이교도의 여신을 악마나 다름없이 여겼다. 그가 이교도의 여신과 관계를 나누었다고 고백하자, 교황은 자신의 지팡이에서 싹이 트고 꽃이 피지 않는 한 사면 받지 못할 것이라 대답한다.

그대 사탄의 둥지에 몸을 뉘었는가?
그대 영혼을 그녀의 지옥에 담보로 맡겼는가?
그대 입술을 지옥의 마법사에게 내주어
악취 나는 잔에 담긴 파멸을 들이켰는가?
그러면 알아두라. 이 말라죽은 지팡이에서
내 손에 든 이 지팡이에서 푸른 잎이 자라는 것이
지옥불에 그슬린 낙인에서 다시금
구원의 꽃이 피는 것보다 빠르리라.

- 탄호이저(오언 메러디스)

탄호이저와 베누스 부인(J. 와그레 作)

교황의 판결을 듣고 슬픔에 잠긴 탄호이저는 도망치듯 로마에서 돌아왔다. 그리고 충직한 친구 에크하르트Eckhardt의 애원에도 불구하고 얼마 지나지 않아 회젤베르크 산의 동굴 속에 들어가 사라져버렸다. 그러나 그가 사라지자마자 교황의 전령이 도착해 메마른 지팡이에 꽃이 피는 기적이 일어남으로써 죄가 깊지 않고 진정 뉘우쳤음이 증명되었으니 탄호이저를 사면한다고 선언했다.

먼 길 달린 탓에 엉덩이에 불이 나고 서두른 탓에 이슬에 젖은 발 빠른 전령 손에 든 것은 메마른 지팡이, 푸른 잎이 만발하다.
— 젊은이, 늙은이 무리지어 뒤따르며
천국의 종달새 소리와 더불어 감동하라 노래한다.
'기적이오! 로마에서 온 기적이오!
메마른 가지에 잎이 나니 하느님께 영광을!' —
전령 일행 중에서 뛰어 나와 열렬히 답을 구하며 묻네,
기사 탄호이저의 소식을.

- 탄호이저(오언 메러디스)

홀다에게는 젊음의 샘하고 그 명성을 겨루는 마법의 샘 크비크보언 Quickborn과 영토를 둘러볼 때 타는 마차가 있었다. 한번은 마차가 망가져서 수레 목수를 불러 고치게 했다. 수리가 끝나자 여신은 수리하면서 생긴 파편을 품삯으로 가져가라고 했다. 목수는 형편없는 보수에 화가 나서 항의하듯 겨우 몇 조각만 주워왔다. 그러나 놀랍게도 그 조각들은 다음 날, 금으로 변했다.

프리가 그대의 아내는—
이 길로 양들의 고삐를 당기었다.
보라! 그녀가 황금 채찍을
휘두르는 모양새.
저 불운한 짐승들이
한없이 울어댄다.
바퀴를 덜컹이며 거칠게 달리니

그녀의 표정에 노여움이 가득하구나.

- 바그너(포먼 옮김)

에아스트레(자크 라이히 作)

❖ 봄의 여신 에아스트레

____ 그 이름이 영어 단어 이스터Easter(부활절)로 길이 남게 된 색슨 족의 여신 에아스트레Eastre 혹은 오스타라Ostara는 봄의 여신으로 역시 프리가와 동일한 신이다. 그녀 역시 대지의 여신으로 여겨지는데, 더 정확히는 죽음과도 같은 긴 겨울이 지난 뒤 자연이 되살아나는 것

을 주관하는 여신이다.

옛 튜턴 족은 이 여신을 매우 사랑해서 기독교가 들어온 뒤에 다른 수많은 신들이 악마로 격하될 때도 이 여신만은 예외로 하고 중요한 기독교 축제에 그녀의 이름을 붙였다. 봄의 축제가 열리면 색을 칠한 달걀을 선물로 교환하는 것이 오랜 관습이었다. 달걀이 생명의 시작을 상징하기 때문이었다. 옛 기독교인들은 이 관습 역시 계속해서 이어나갔다. 다만 이번에는 달걀이 부활을 상징하게 되었다.

독일의 여러 지방에는 아직도 돌로 만든 제단이 남아 있다. 아름다운 여신 오스타라를 위한 제단이었기 때문에 오스터슈타인Osterstein이라 불린다. 젊은이들은 제단을 꽃으로 장식한 다음 큰 모닥불을 피워 놓고 제단 주위에서 즐겁게 춤을 추었다. 이는 대중적인 놀이의 하나로 19세기 중반까지도 계속되었다. 비록 사제들은 맹렬히 비난하며 거듭 금지령을 내렸지만 말이다.

백색의 숙녀, 베르타

독일의 또 다른 지방에서는 프리가, 홀다, 혹은 오스타라를 베르타Bertha 또는 백색의 숙녀the White Lady라고 부른다. 대표적인 지역으로는 튀링겐이 있다. 이곳에서는 여신이 속이 텅 빈 산 속에 살며 하임헨Heimchen[1]이라 부르는, 태어나지 못한 아이들과 세례를 받지 못하고 죽은 아이들의 영혼을 보살핀다고 알려져 있다. 또 베르타는 농사를 주관하며 식물을 돌보는데, 그녀가 보살피는 아이들이 이 식물들에 정성들여 물을 준다. 저마다 작은 단지를 하나씩 들고 다니는 까닭이다.

합당한 존경을 받고 은신처를 방해받지 않는 한, 여신은 밖으로 나오지 않는다. 하지만 전설에 의하면, 단 한 번 살던 곳을 떠나 다른 곳에 자리를 잡고 맡은 일을 계속 했다고 한다. 이때는 여신을 따르는 아이들도 모두 여신의 쟁기를 끌고 뒤따랐다. 베르타는 여러 귀족 가문의 전설적인 조상이기도 하다. 샤를마뉴의 전설적인 어머니로 알려진 동명同名의 부지런한 여왕 역시 같은 인물로 추정된다. 이 시대는 속담으로 남았다. 프랑스와 독일의 황금기를 언급할 때 "베르타가 실을 잣던 시절"이라고 말하는 관습이 생겨난 것이다.

베르타는 끊임없이 물레의 발판을 밟다가 발이 아주 크고 평평하게 변했다고 한다. 그래서 중세 예술작품에서는 종종 평발의 여인으로 묘사되며, 그 때문에 페도크 여왕la reine pédauque²으로 알려지기도 했다.

백색의 숙녀는 독일 황실의 조상으로 가문에 죽음이나 불운이 찾아오게 되면 궁 안에 모습을 드러낸다. 이 전설은 19세기까지도 널리 퍼져 있어서 1884년 신문에는 왕궁 복도에서 백색의 숙녀가 자신을 스치고 지나갔다는 경비병의 공식 보고가 실리기도 했다.

실잣기로 유명한 베르타는 자연스레 그 분야를 주관하는 여신이 되었다. 전해오기로는 크리스마스부터 1월 6일까지 12일 동안 밤마다 온 마을을 돌아다니면서 창문이란 창문은 모조리 엿본다고 한다. 집집마다 실 잣는 솜씨가 어떤지 살피는 것이다.

세심하게 실을 뽑은 처녀는 금실이나 최상급 아마실이 잔뜩 감긴 실패를 선물로 받았다. 하지만 부주의한 처녀가 발견될 때마다 브레타는 물레를 망가뜨리거나 아마를 더럽혔다. 그리고 그 기간 동안 구운 케이크를 많이 먹어서 여신에 대한 경의를 표하지 못하는 처녀에게는

더 지독한 벌을 주었다.

메클렌부르크 지방에서는 같은 여신을 고데 부인Frau Gode 또는 보데 부인Frau Wode이라 부른다. 보탄(오딘)의 여성형으로 고데 부인의 출현은 엄청난 번영을 예고하는 것이었다. 여신은 뛰어난 사냥꾼으로 백마에 올라 유령 사냥을 이끈다. 이때 그녀의 시종들은 사냥개와 온갖 야생 동물로 변신한다.

네덜란드에서는 여신을 프라우 엘데Vrou-elde라고 부른다. 이 이름에서 은하수를 뜻하는 네덜란드어 프라우 엘덴 스트라트Vrou-elden-straat가 탄생했다. 독일 북부 지방에서는 네르투스Nerthus(어머니 대지)라고 한다. 뤼겐Rügen 섬으로 추정되는 섬에 신성한 마차를 보관하며 사제들이 조심스레 지키고 있다. 여신은 1년에 한 번 대지에 축복을 내리기 위해 자신이 다스리는 영토 전역을 둘러보는 여행을 떠났다.

이때는 두꺼운 베일로 얼굴을 완전히 가리고 황소 두 마리가 끄는 마차에 앉아 사제들의 정중한 호위를 받았다. 여신이 지나갈 때면 사람들은 전쟁을 멈추고 무기를 내려놓음으로써 경의를 표했다. 그리고 축제용 의상을 입고 여신이 성역으로 되돌아갈 때까지는 어떤 다툼도 벌이지 않았다. 성역으로 돌아간 여신은 한 비밀스런 호수(뤼겐의 슈바르체 호수)에서 몸과 마차를 씻었다. 그러면 호수가 목욕을 도운 노예들을 모두 집어 삼켰다. 이것이 마지막 일정이었다. 사제들은 다음에 여신이 모습을 드러내는 날을 기다리며 다시 성역과 네르투스 혹은 흘로딘Hlodyn의 숲을 지키기 시작했다.

스칸디나비아 반도에서 이 여신은 훌드라Huldra라는 이름으로 나타난다. 나무의 님프들을 시종으로 부리며 뽐내는 여신이라고 한다. 님프[3]들은 때때로 사람들과 어울려 마을 광장에서 춤을 추기도 했다. 하지만 순백의 긴 옷 아래를 보면 황소 꼬리 끝자락이 땅에 끌리고 있기에 항상 그 정체를 알 수 있었다. 훌드라의 무리는 산비탈에서 풀을 뜯는 소들의 특별한 보호자다. 가끔 일하는 도중 무료함을 달래려고 신비하고 아름다운 노래를 불러 외로운 여행자를 놀라게 한다.

훌드라의 님프들(B. E. 워드 作)

토르

일부 신화 학자들에 의하면 토르Thor 혹은 도나르Donar는 오딘과 요르드(에르다)의 아들이다. 하지만 신들의 여왕 프리가가 토르의 어머니라고 보는 견해도 있다. 아이는 체격이 엄청나게 크고 놀랍도록 힘이 셌다. 태어나고 얼마 지나지도 않아 열 개나 되는 거대한 곰 가죽 더미를 집어던져 그 자리에 모여 있던 신들을 놀라게 했다.

평상시에는 무던한 성격이었지만 가끔씩 격렬한 분노에 사로잡힐 때가 있었는데, 그럴 때면 매우 위험한 존재가 된다. 아들을 통제할 수 없었던 어머니는 그를 집에서 떠나보내 빙니르Vingnir(날개 달린 자)와 흘로라Hlora(열)에게 맡겼다. 막전幕電[1]의 화신으로 여겨지기도 하는 토르의 양부모는 금방 골치 아픈 양아들을 다룰 줄 알게 되었으며, 정말 현명하게 길러냈다. 신들은 이들의 도움을 두고두고 아주 고맙게 생각했다. 토르 자신도 양부모의 은혜를 잊지 않고 빙토르Vingthor와 흘로리디Horridi라는 이름을 쓰기도 했다.

> 소리쳐라, 빙토르
> 고리 갑옷과 울퉁불퉁해진 방패들이 춤추는 가운데.
> - 볼숭 가의 시구르드(윌리엄 모리스)

충분히 다 자라고 사리분별도 할 수 있게 되자, 토르는 아스가르드로 돌아와 신들과 어울릴 수 있었다. 또 심판의 전당에 마련된 열두 개의 의자 중 하나를 차지했고, 트루드방Thrud-vang 혹은 트루드헤임Thrudheim이라 불리는 영토도 하사받았다. 토르는 이곳에 아스가르드에서 가장 넓은 궁전 빌스키르니르Bilskirnir(번개)를 지었다. 방이 540개나 있었는데, 생전에 노예였던 이들이 지낼 곳이었다. 노예들은 죽고 나면 토르의 궁전에서 환영을 받았고, 발할라에서 지내는 주인들과 똑같은 대접을 받았다. 토르가 농부들과 하층민들의 수호신이었기 때문이다.

> 오백 개의 방
> 그리고 사십이 더 있다고
> 내 생각하노라
> 활처럼 굽은 빌스키르니르.
> 지붕이 있는 집 가운데
> 내 알기로 그 어느 것도
> 내 아들의 집을 능가치 못하는구나.
> - 옛 에다(퍼시 옮김)

천둥의 신 토르는 신들 중 유일하게 경이로운 다리 비프로스트를 건널 수 없었다. 그가 발하는 열로 인해 다리가 불에 탈 수 있었기 때문이다. 그래서 이그드라실의 그늘 밑, 우르다르 샘에서 동료 신들이 모일 때는 코름트Kormt 강과 오름트Ormt 강, 그리고 케를라우그Kerlaug 강의 두 줄기를 헤치고 걸어가야만 회합 장소에 도착할 수 있었다.

노르웨이에서는 토르를 최고신으로 추앙하지만, 다른 나라에서는 세 신 중 두 번째 위치에 있다고 본다. 신들의 옛 왕조에 속한다고 보는 일부 신화 학자들의 견해 때문에 '옛 토르'라고 불리기도 했다. 또 실제 나이와 상관없이 한창 나이의 남성으로 키가 크고 건장하며 근육질의 팔다리를 가졌다고 묘사된다. 화가 나면 뻣뻣한 붉은 머리칼과 턱수염에서 불꽃이 쏟아져 나온다고 한다.

먼저 토르가 이마를 찌푸리고 오니
붉은 턱수염에서 나지막한 소리가 울리고
빛나는 눈동자에서 사나운 번개가 쏜살같이 튀어나온다.
전차의 두 바퀴
천둥소리로 메아리치고,
토르의 무시무시한 망치질에
지상도 천상도 흔들려
위에서는 구름이 갈라지고 땅에서는 지진이 일어난다.

- 발할라(J. C. 존스)

토르(B. E. 포겔베르크 作)

　북유럽 사람들은 여기에서 그치지 않고 토르에게 관까지 씌웠다. 뾰족한 부분에 빛나는 별 또는 한없이 타오르는 불꽃이 달린 관이었다. 덕분에 토르의 머리는 자신이 상징하는 요소, 불꽃에 의하여 일종의 후광에 영원히 둘러싸이게 되었다.

❉ 토르의 망치

　　　토르는 묠니르Miölnir(부수는 것)라는 마법의 망치를 자랑스럽게 여겼다. 이 망치는 그의 적, 서리 거인들에게 던지면 큰 파괴력을

발휘했다. 아무리 멀리 던져도 항상 그의 손으로 되돌아오니 더욱 대단하지 않을 수 없었다.

내가 천둥의 신!
여기 내 북쪽 나라,
내 성채, 내 요새를
나 영원히 다스리리!

여기 빙산들 가운데
내가 다스리는 나라들.
이것이 나의 망치
강력한 묠니르.
거인들도 마법사들도
견뎌내지 못하리!

- 올라프 왕 이야기 (롱펠로)

벼락을 상징하는 이 거대한 망치는 대개 붉고 뜨겁게 달아올라 있었다. 그래서 토르는 망치를 단단히 쥐기 위해 야른그레이페르 Iarn-Greiper라는 쇠로 만든 장갑을 끼었다. 그러면 아주 멀리까지 묠니르를 던질 수 있었는데, 메긴교르드 Megin-giörd라는 마법의 허리띠를 하면 그 놀라운 힘이 두 배나 더 커졌다.

이것이 내 허리띠.
허리에 졸라매기만 하면
힘이 두 배로 늘어나지!

- 올라프 왕 이야기(롱펠로)

　고대 북유럽 사람들은 토르의 망치를 매우 신성하게 여겨서 훗날 기독교인들이 성호를 그으라고 가르친 것과 비슷하게 손으로 망치 모양을 그리곤 했다. 모든 악의 영향을 물리치고 축복을 받으려는 행동이었다. 따라서 아기의 머리 위에 물을 부으며 이름을 붙여줄 때도 같은 몸짓을 했다. 망치는 경계선에 말뚝을 박을 때 신성모독을 저지르고 싶지 않으면 말뚝을 빼지 말라는 의미로, 새 집에 들어갈 때 문지방을 정화하는 의미로 쓰였다.

　결혼식을 엄숙하게 치를 때도 사용했고, 장례를 치를 때는 화장에 쓰는 장작더미를 정화하는 역할을 했다. 이 장작 위에서는 영웅들의 주검을 화장했다. 보통 생전에 쓰던 무기와 말을 같이 태웠는데, 때로는 아내와 가족들까지 함께 화장하기도 했다.

　스웨덴에서는 토르가 오딘처럼 챙이 넓은 모자를 썼다고 생각한다. 그래서 폭풍우를 몰고 오는 구름을 '토르의 모자'라고 부른다. 노르웨이에서는 큰 산에 같은 이름을 붙였다. 우르릉거리는 천둥소리는 토르의 전차가 굴러가는 소리라고 한다. 토르만이 신들 가운데 유일하게 말에 타지 않고 걷거나 황동 전차를 탔기 때문이다. 이 전차는 각기 탕그뇨스트Tanngniostr(이를 드러내 보이는 자)와 탕그리스니르Tanngrisnir(이를 가는 자)라 불리는 두 마리 염소가 끌었는데, 이들의 이빨과 발굽에

서도 끊임없이 불꽃이 튀었다.

가까이 오소서, 오 전사 토르여!
망치를 어깨에 메고 전차를 타고서.
흔들흔들 은빛 고삐의 털 긴 염소들이 전차를 끄네.

- 발데르 죽다(매슈 아널드)

이리하여 여기저기 다닐 때 토르는 아쿠토르$^{Aku-thor}$, 전차를 모는 토르라 불렸다. 독일 남부 지방 사람들은 황동 전차만으로는 천둥소리를 설명하기에 불충분하다고 여겼다. 그래서 전차에 구리 주전자들이 실려 있어서 달가닥거리고 쩽그랑거린다고 생각했다. 덕분에 토르는 종종 불명예스럽게도 '주전자 장수'라 불리기도 했다.

❖ 토르의 가족

____ 토르는 두 번 결혼을 했다. 첫 번째 부인은 여자 거인 야른삭사^{Iarnsaxa}(철광석)였다. 둘 사이에서 마그니^{Magni}(힘)와 모디^{Modi}(용기)라는 두 아들이 태어났다. 이 둘은 아버지와 달리 신들의 황혼에서 살아남는다. 그리고 잿더미 속에서 불사조처럼 새로운 세계를 지배하게 된다. 토르의 두 번째 부인은 황금 머리칼의 여신 시프^{Sif}였다. 둘 사이에서는 로리디^{Lorridi}란 아들과 트루드^{Thrud}라는 딸이 태어났다. 트루드는 젊은 여자 거인으로 그 몸집과 힘이 유명했다.

그러자 서로 다른 사람들끼리 끌린다는 정설대로 알비스^{Alvis}란 드워프가 구애를 해왔다. 트루드도 그를 마음에 들어 했다. 낮의 빛을 볼 수 없는 드워프가 트루드에게 청혼하려고 아스가르드에 나타나자 신들은 굳이 반대하지는 않았다. 그렇다고 찬성의 뜻을 내비친 것도 아니었지만 말이다. 그러나 자리를 비우고 있던 토르가 돌연 나타나더니 보잘 것 없는 드워프를 경멸하는 눈빛으로 바라보았다. 그리고 신부를 얻으려면 몸집이 작은 대신 지혜를 입증해 보여야 한다고 주장했다.

알비스의 지성을 시험한다며 토르는 신들의 언어는 물론, 반 신족, 엘프, 드워프의 언어로 질문을 던졌고 교묘하게 해가 뜰 때까지 시험을 이어나갔다. 가엾은 드워프는 아침 첫 햇빛에 닿자마자 돌이 되었다. 그리고 신들의 힘을 보여주는 증거로 그 자리에 영원히 서 있게 되었다. 감히 신들의 힘을 시험하려 드는 모든 드워프들에 대한 경고이기도 했다.

> 인간의 가슴에서 결코
> 그리 많이 찾은 적 없으니
> 옛 시대에 관한 이야기.
> 그러나 교묘한 꾀로
> 나, 그대를 속였으니
> 땅 위에 선 그대, 드워프여
> 낮이 덮쳐온다.
> 밝은 햇빛 방 안을 채운다.
>
> - 옛 에다(호윗 버전)

❖ 황금 머리칼의 시프

　　토르의 아내 시프는 길고 아름다운 황금빛 머리카락을 머리부터 발끝까지 눈부신 베일처럼 늘어뜨리고 대단히 자랑스럽게 여겼다. 그녀 역시 대지를 상징했으므로 이 머리카락은 높이 자라는 풀이나 추수를 앞둔 잘 여문 곡식을 뜻한다고 한다. 토르 역시 아내의 아름다운 머리카락을 아주 자랑스러워했다. 그러니 어느 날 아침, 눈부신 머리칼을 잃고 대머리나 다름없는 모습이 된 아내를 보았을 때 얼마나 절망했을까. 마치 추수가 끝나 거칠게 잘린 밑동 외에는 아무것도 찾아볼 수 없는 대지와도 같았다!

　　토르는 화가 나서 벌떡 일어나 이런 모욕을 안겨준 범인을 반드시 벌하겠다고 맹세했다. 그러고는 곧바로 범인은 장난치기 좋아하는 로키일 것이라고 짐작했다. 물론 이 짐작은 틀리지 않았다. 로키는 항상 나쁜 짓을 할 기회만 엿보고 있었으니 말이다. 토르는 망치를 집어 들고 당장 로키를 찾아 나섰다. 로키는 모습을 바꾸어 성난 토르를 피하고자 했지만 소용이 없었다. 토르가 그보다 먼저 로키의 목을 움켜쥐었던 것이다. 당장이라도 목을 졸라 죽일 기세였다.

　　그러나 로키의 애원하는 몸짓을 보자 토르는 마음이 흔들렸다. 그 틈을 타 로키가 겨우 숨을 돌리고 용서를 구했다. 하지만 어떤 말로도 토르의 노여움은 풀리지 않았다. 시프에게 원래 머리만큼 아름답고 풍성하게 자라는 새로운 머리칼을 구해주겠다고 약속할 때까지는.

　　그러면 시프의 새로운 머리칼로 내 가져 오리,
　　해가 지기 전에 황금 머리칼을.

허먼 시프는 봄의 들판과도 같으리라.
노란 꽃무늬 옷을 걸친 들판과 같으리라.

- 드워프들(윌렌슐레게르 / 피곳 옮김)

시프와 토르(J. C. 돌먼 作)

토르가 가도 좋다고 허락하자 로키는 서둘러 땅 속 깊은 곳, 스바르트알파헤임으로 살금살금 내려갔다. 드워프 드발린Dvalin에게 귀한 머리카락과 더불어 오딘과 프레이르Freyr의 화까지 누그러뜨려줄 선물을 만들어 달라고 부탁하기 위해서였다.

드발린은 로키의 청을 흔쾌히 받아들여 절대 목표를 놓치지 않는 창, 궁니르와 언제나 순풍을 만나며 물 위에서만이 아니라 공중에서도 항해를 할 수 있는 배, 스키드블라드니르Skidbladnir를 만들었다. 특히 이 배에는 마법이 걸려 있어 신들과 신들의 말을 모두 태울 수 있는 크기인데도 아주 작게 접어 주머니에 넣고 다닐 수 있었다. 마지막으로 가느다란 금실을 자아서 시프를 위한 머리카락을 만들었다. 일단 머리에 닿기만 하면 빠르게 자라나 진짜 자기 머리카락이 되는 마법이 걸려 있었다.

지금은 죽은 듯이 보이나 여신의 머리에 닿으면
한 올 한 올 생명의 물이 채워지리.
앞으로 어떤 악의도 어떤 주문도 듣지 않으니
시프의 머리칼에 그 어떤 나쁜 일도 일어나지 않으리라.

- 드워프들(월렌슐레게르 / 피곳 옮김)

로키는 드워프들의 솜씨가 유감없이 발휘된 증거들을 받아들고 크게 흡족해 하며 이발드Ivald의 아들이 가장 솜씨가 좋다고 칭찬했다. 그러자 우연히 이 말을 들은 또 다른 드워프 브로크Brock가 끼어들었다. 자기 형 신드리Sindri라면 분명 지금 로키의 손에 들린 것들을 능가하는 보물을 만들 수 있다는 얘기였다. 그것도 보물 자체의 가치만이 아니라 그 안에 깃든 마법까지 포함해서 말이다. 로키는 곧장 솜씨를 보여달라며 지는 사람이 목을 내놓기로 하고 브로크와 내기에 들어갔다.

내기 이야기를 들은 신드리는 풀무를 불어주겠다는 동생의 제안을 받아들였다. 단, 이기고 싶으면 꾸준히 불어야지, 한 순간이라도 쉬어서는 안 된다고 경고했다. 그러고는 불 속에 금을 조금 집어넣고 마법을 이루어줄 숨은 힘들의 도움을 받으러 나갔다. 형이 없는 동안 브로크는 부지런히 풀무를 불었다. 로키는 잠시라도 손을 놓게 해야겠다는 생각에 등에로 변신해 브로크의 손을 세게 쏘았다. 그러나 브로크는 아파하면서도 풀무질을 멈추지 않았다.

잠시 후 신드리가 돌아왔고 불 속에서 거대한 멧돼지를 끄집어냈다. 이 멧돼지에는 굉장한 속도로 하늘을 날 수 있는 능력이 있었다. 또, 하늘을 나는 동안 빛을 발하는 짧고 뻣뻣한 황금 털이 빼곡히 나 있었기 때문에 굴린부르스티Gullin-bursti라는 이름이 붙었다.

> 그리고 이상하게 들리겠지만 이글거리는 화염 속에서
> 금빛 털의 굴린부르스티가 나왔으니
> 태양의 신 프레이르의 군마가 되리.
> 그래, 그 모든 멧돼지 가운데 처음으로.
>
> - 드워프들(윌렌슐레게르 / 피곳 옮김)

첫 번째 작업은 성공적으로 끝났다. 신드리는 불 속에 새로이 금을 집어넣고 동생에게 풀무질을 맡긴 다음, 다시 마법 쪽으로 도움을 받

고자 자리를 비웠다. 여전히 등에로 변신해 있던 로키가 이번에는 브로크의 볼을 쏘았다. 하지만 브로크는 아픔을 이기고 묵묵히 일했다. 덕분에 다시 돌아온 신드리는 의기양양하게 불 속에서 마법의 반지 드라우프니르를 꺼낼 수 있었다. 풍요의 상징이며 아홉 번째 밤이 되면 비슷한 반지 여덟 개를 만들어 내는 능력이 있는 반지였다.

둘이서 경이로운 재주로 두드리고 돌리며
보기 드문 능력이 깃들 때까지 멈추지 않으니
세 밤이 세 번 지날 때마다 반지의 가장자리에서
여덟 개의 반지가 떨어지되 그 아름다움 원래 것과 같으리.

- 드워프들(욀렌슐레게르 / 피곳 옮김)

신드리는 이제 한 덩이 철을 불 속으로 던져 넣었다. 그리고 한눈팔다가는 일을 망치게 된다고 다시 한 번 주의를 주고는 전처럼 동생에게 풀무질을 맡기고 자리를 비웠다. 절망에 빠진 로키는 마지막으로 브로크를 공격했다. 이번에는 눈 위를 피가 흐를 때까지 세게 쏘았다. 앞을 볼 수 없었던 브로크는 급히 손을 들어 피를 닦아 냈다. 아주 찰나의 일이었지만 잠깐 손을 놓은 탓에 돌이킬 수 없는 문제가 생겨 버렸다. 불 속에서 보물을 끄집어내며 신드리는 실망의 탄성을 내뱉고 말았다. 망치의 손잡이가 짧아진 것이다.

그러자 드워프, 아픔에 눈썹으로 손을 들어 올리니
철이 아직 충분히 펴지기 전의 일.

그 후 손잡이가 일 인치가량 짧은 것을 알았으나
고치기에는 너무 늦었구나.

- 드워프들(윌렌슐레게르 / 피곳 옮김)

이런 사고가 있었는데도 브로크는 자신이 내기에서 이기리라 확신하며 망설이지 않고 아스가르드로 향했다. 그리고 오딘에게는 반지 드라우프니르를, 프레이르에게는 멧돼지 굴린부르스티를, 그리고 토르에게는 누구도 저항할 수 없는 힘을 가진 망치 묠니르를 바쳤다.

로키는 오딘에게 창 궁니르를, 프레이르에게 배 스키드블라드니르를, 그리고 토르에게 황금 머리카락을 선물했다. 시프의 머리에서 새 머리카락이 자라나자 신들은 모두 잃어버린 머리카락보다 훨씬 더 아름답다고 입을 모았다. 하지만 신들이 내기의 승자로 결정한 것은 브로크였다. 토르에게 바친 망치 묠니르가 훗날 서리 거인과 싸울 때 그 가치를 증명해 보일 것이란 이유에서였다.

그리고 그들의 머리 위로 토르가 나타났으니
어깨에 메고 있는 망치, 거인들이 익히 잘 아는 그 망치라네.

- 발데르 죽다(매슈 아널드)

판결을 들은 로키는 목숨을 부지하고자 황급히 도망쳤다가 토르에게 붙잡혀 다시 끌려왔다. 하지만 토르는 브로크에게 로키를 넘겨주면서 머리는 정당하게 그의 소유지만 목을 건드려서는 안 된다고 말했다. 그 결과 온전한 복수를 할 수 없게 된 브로크는 로키의 입을 꿰매

북유럽 신화, 재밌고도 멋진 이야기

기로 했다. 지니고 있던 칼로는 입술을 뚫을 수 없자 형의 송곳을 빌려 오기까지 했다. 로키는 한동안 침묵하며 신들의 조롱을 견뎌야 했다. 결국 실을 끊어내고 전보다 더한 수다쟁이가 되었지만 말이다.

가공할 만한 힘을 발휘하는 망치가 있는데도 사람들은 토르를 두려운 존재로 여기지 않았다. 해로운 폭풍의 신이 느닷없이 우박과 소나기를 퍼부어 평화로운 농가를 부수고 추수를 망친다는 식으로 생각하지 않았던 것이다. 오히려 토르가 망치를 던지는 대상은 오로지 서리 거인들과 암벽이라고 믿었다. 게다가 토르가 암벽에 망치를 던지면 대지를 비옥하게 해줄 가루가 생겨나 그곳에서 자라는 나무들에 풍성한 과실이 열리게 해준다고 생각했다.

동쪽에서 차갑고 해로운 폭풍이 생겨나는 반면, 서쪽에서는 따뜻한 비와 온화한 기후가 발생하는 독일에서는 토르가 항상 서쪽에서 동쪽으로 여행을 한다고 생각한다. 자욱한 안개를 일으켜 온 나라에 얼음 족쇄를 채우려는 사악한 존재와 싸우러 간다는 것이다.

요툰헤임 여행

요툰헤임의 거인들이 계속해서 차가운 돌풍을 보내 여린 싹을 죽이고 꽃들이 자라는 것을 방해하자 토르는 이런 짓을 못하게 바로잡아야겠다고 결심했다. 그래서 로키와 함께 전차를 타고 거인 나라로 달려갔다. 요툰헤임의 국경 부근에 다다르니 밤이 되었다. 토르와 로키는 농가를 하나 발견하고 거기서 하룻밤 쉬어가며 기력을 회복하기로 했다.

농부는 친절한 사람이었지만 너무나도 가난했다. 농부 한 사람의 식욕도 결코 적지 않을 텐데, 그걸 채우기에도 음식이 모자란 지경이었다. 그런 사정을 본 토르는 자기 염소들을 죽여 요리한 다음 농부와 그 가족들을 불러 함께 먹었다. 단, 뼈는 모두 바닥에 펼쳐 놓은 염소 가죽 위로 던지되 결코 부수면 안 된다고 경고했다.

농부네 식구들은 배부르게 먹었다. 그런데 농부의 아들 티알피Thialfi가 그만 로키의 장난에 넘어가 뼈 하나를 가르고 골수를 빨아먹었다. 들키지 않으리라 생각했던 것이다. 다음 날 아침, 출발 준비를 마친 토르가 묠니르로 염소 가죽을 내리치자 염소들이 전과 같이 되살아났다. 그러나 한 마리가 다리를 저는 듯했다. 인간들이 자신의 명령을 지키지 않았다는 사실을 깨달은 토르는 화가 치밀어 올라 온가족을 몰살하려 했다. 하지만 티알피가 자신의 잘못을 시인하고 농부가 아들 티알피는 물론, 딸 로스크바Roskva까지 시종으로 바쳐 영원히 그를 섬기게 하겠다고 빌자 마음을 돌렸다.

토르는 농부에게 돌아올 때까지 염소들을 잘 돌보라고 맡겨둔 다음, 농부의 아들과 딸을 데리고 로키와 함께 걸어서 길을 나섰다. 하루 종일 걷다가 밤이 되자 짙은 회색 안개에 둘러싸인 황량하고 척박한 곳에 이르렀다. 잠시 둘러보니 안개 저편에 집처럼 보이는 이상한 모양의 윤곽이 흐릿하게 보였다. 문이 열려 있었는데 어찌나 넓고 높은지 마치 한쪽 벽을 다 차지하는 듯했다. 안으로 들어가도 빛이나 불을 찾을 수 없었기에 지친 토르와 동료들은 바닥에 누워 잠을 청했다.

하지만 이내 이상한 소리가 나고 바닥이 계속 흔들려서 도저히 잠을 잘 수가 없었다. 지진 때문에 지붕이 무너지지 않을까 염려한 토르

일행은 건물 한쪽 끝에 있는 방으로 몸을 피하고서야 잘 수 있었다. 새벽이 되어 밖으로 나온 일행은 얼마 가지 못해 누워서 자고 있는 거인과 마주쳤다. 간밤에 단잠을 방해하던 이상한 소리는 바로 거인이 코를 고는 소리였다.

그때 거인이 일어나 기지개를 켜고 자기 물건들을 챙기기 시작했다. 그리고 조금 뒤, 토르 일행이 어둠 속에서 집이라고 생각했던 물체를 집어 들었다. 놀랍게도 그것은 거대한 벙어리장갑이었다. 겨우 잠이 들었던 방은 거인의 커다란 엄지손가락이 들어가는 부분이었다!

토르 일행이 우트가르드Utgard(거인 나라의 또 다른 이름)에 가는 길이란 것을 알고 그 거인, 스크리미르Skrymir는 안내역을 자처했다. 다시 하루 종일 걷고 밤이 되었다. 거인은 쉬어가자고 하며 자기는 잠을 잘 테니 자기 배낭에 든 식량을 먹으라고 권했다. 하지만 아무리 노력해도 토르는 물론, 그 일행 중 아무도 거인이 묶은 매듭을 풀 수 없었다.

스크리미르의 가죽끈
그대에게는 풀기 어려워 보였네.
음식이라곤 찾을 수 없었을 때
기력 왕성하고 배고파 죽을 지경이었건만.

- 옛 에다(소프 옮김)

거인 나라, 우트가르드로키

거인의 코고는 소리에 계속 도통 잠을 이룰 수 없다 보니 토르는 화가 났다. 그래서 망치로 세 번 거인을 세게 내리쳤다. 하지만 거인을 끝장내기는커녕 잠꼬대 몇 마디 듣는 데 그치고 말았다. 나뭇잎이 떨어진 것 같다느니, 나무껍질이 떨어진 것 같다느니, 머리 위에 있던 새둥지에서 나뭇가지가 얼굴로 떨어진 것 같다느니 하는 식이었다.

다음날 아침 일찍 스크리미르는 토르 일행에게 우트가르드로키Utgard-loki의 성으로 가는 지름길을 알려주고는 훌쩍 떠나버렸다. 반듯하게 자른 커다란 얼음 덩어리를 쌓고 반짝이는 거대한 고드름을 기둥으로 쓴 성이었다. 문이 얼마나 큰지 문살 사이로 들어갈 수 있었다. 토르 일행은 대담하게 거인들의 왕 우트가르드로키 앞에 나섰다. 거인왕은 이들을 보자 얼른 몸집이 너무 작아서 깜짝 놀란 척했다. 그리고 재주가 대단하다고 명성이 자자한 분들이니 그 재주를 보여주면 좋겠다고 청했다.

생각보다 오래 굶었던 로키가 냉큼 나서서 누구하고든 먹기 대결을 펼칠 준비가 되어 있다고 선언했다. 그러자 왕은 큰 목제 여물통에 고기를 가득 채워 가져오라고 지시했다. 로키 앞에 여물통이 하나, 그리고 거인왕의 요리사 로기Logi 앞에 또 하나가 놓였다. 왕은 누가 이길지 보자며 대결을 시작하라고 명령했다. 로키도 굉장한 먹성을 보이며 여물통을 금세 절반이나 비웠지만 기껏해야 뼈를 깨끗하게 빨아먹은 수준이었다. 반면, 상대편은 뼈는 물론 여물통까지 같이 먹어치우고 있었다.

우트가르드로키는 경멸하는 듯한 웃음을 지으며 당신네들은 그리 많이 먹지 못하는 것이 분명하다고 말했다. 짜증이 난 토르가 나서서 로키가 저 게걸스러운 요리사만큼 먹을 수 없다면 자기가 이 집에서 제일 큰 술잔을 비울 자신이 있다고 말했다. 아까부터 심한 갈증이 나서 견딜 수가 없었다고 말이다. 그러자 즉시 뿔잔이 회장으로 옮겨졌다. 우트가르드로키는 대단한 술꾼이라면 단숨에 잔을 비우겠지만, 적당히 목이 타는 사람은 두 모금에 비울 것이고, 술이 약한 사람은 세 모금으로 나누어 마실 것이라 했다.

토르는 술잔 가장자리에 입을 가져다 댔다. 하지만 배가 터져버릴 것 같다고 생각할 정도로 깊이 들이마셔도 고개를 들면 아직 술이 가장자리 위쪽까지 찰랑거리고 있었다. 두 번째, 세 번째 시도도 마찬가지로 실패로 돌아갔다. 이번에는 티알피가 나서서 달리기 경주를 제안했지만, 후기^{Hugi}라는 젊은 거인과 맞붙어 금세 뒤처지고 말았다. 티알피도 놀랍도록 빨랐는데도 말이다.

다음에는 토르가 무거운 것을 들어 올려 힘을 보여주기로 했다. 거인왕은 자기 고양이를 들어보라고 했다. 토르는 기회를 놓치지 않고 허리띠 메긴교르드를 꼭 졸라매 힘을 크게 키웠다. 하지만 아무리 밀고 잡아당겨도 고양이의 발 하나를 바닥에서 떼어내는 것이 한계였다.

> 위대한 토르의 힘, 의심할 여지없도다. 메긴교르드
> 돌처럼 단단한 허리에 꼭 매었을 때.
>
> - 북유럽 바이킹 이야기(R. B. 앤더슨)

토르는 마지막으로 우트가르드로키의 늙은 유모 엘리Elli와 씨름을 하기로 했다. 이렇게 작고 연약한 자들과 상대가 될 만한 거인은 늙은 유모밖에 없다니 어쩔 수 없었다. 하지만 이마저도 처참하게 토르의 패배로 끝나고 말았다. 결국 토르 일행은 패배를 인정했고, 후한 대접을 받았다. 다음 날, 일행은 우트가르드의 경계까지 배웅을 받았다. 경계에 이르자 우트가르드로키가 정중하게 말했다. 이번에는 어쩔 수 없이 그들에게 마법을 걸었으니 다시는 자기를 찾아오지 않았으면 한다고.

　그의 설명에 의하면 거인 스크리미르는 바로 우트가르드로키 본인이었다. 그는 자는 척하면서 토르가 망치로 내리칠 때마다 머리 위로 산을 하나 밀어 넣었다. 그러지 않았으면 토르의 힘을 입증하는 저 산비탈의 깊은 골짜기처럼 되어 목숨을 잃었을 테니 말이다. 로키의 상대는 로기(들불)였으며 티알피가 함께 경주한 상대는 그 누구도 더 빨리 달릴 수 없는 존재, 후기(생각)였다. 또, 토르가 마신 술잔은 바다와 연결되어 있었고, 너무 깊이 들이마신 탓에 눈에 확 띄는 썰물이 만들어졌다. 고양이의 정체는 사실 전 세계를 휘감고 있는 무시무시한 미드가르드의 뱀으로 토르가 거의 바다에서 끌어낼 뻔했다.

　늙은 유모 엘리는 그 누구도 저항하지 못하는 나이(세월)를 의미했다. 우트가르드로키는 이 모든 설명을 마친 뒤 토르 일행에게 다시 돌아오면 비슷한 환상을 이용해 자신의 안위를 지키겠다고 경고하고 사라졌다. 토르가 성이 나서 망치를 휘두르며 거인의 성을 무너뜨리고자 했으나, 자욱한 안개가 둘러싸고 있는 탓에 찾을 수 없었다. 그래서 천둥의 신은 거인들에게 한 수 가르쳐주겠다는 목표를 이루지 못한 채

트루드방에 돌아와야만 했다.

강한 팔을 지닌 토르
거듭 심히 반목하니 요툰헤임으로 향했다.
그러나 천상의 허리띠가 있어도, 철로 만든 장갑이 있어도
우트가르드로키의 왕좌 공고하다.
악, 그 자체가 힘. 힘으로 굴복시킬 수 없네.

- 북유럽 바이킹 이야기(R. B. 앤더슨)

토르와 산(J. C. 돌먼 作)

토르와 흐룽니르

어느 날 오딘이 다리 여덟 달린 슬레이프니르를 타고 공중을 달리고 있을 때였다. 거인 흐룽니르Hrungnir가 자신의 말 굴팍시Gullfaxi도 슬레이프니르 못지않게 빠르다며 경주를 제안해 왔다. 흐룽니르는 자기가 어느 쪽으로 가고 있는지도 모른 채 경주에 열중했다. 그리고 단지 오딘을 앞지르겠다는 헛된 희망만으로 말을 재촉해 발할라의 문을 넘어서고 말았다. 그제야 자신이 있는 곳이 어디인지 알아차린 흐룽니르는 두려움에 하얗게 질렸다. 날 때부터 적인 신들의 본거지에 들어왔으니 목숨이 위태로우리라 생각했던 것이다.

그러나 아스 신들은 비록 적이라 해도 타인의 불리한 상황을 이용하기에는 너무 고결했다. 그래서 흐룽니르를 공격하기는커녕 오히려 연회장으로 초대했다. 거인은 자기 앞에 놓인 천상의 벌꿀 술을 아낌없이 마셔댔다. 그리고 금세 취기가 돌아서 힘자랑을 하기 시작했다. 언젠가 다시 와서 아스가르드를 손에 넣고 신들까지 몽땅 없애버리겠다며 으름장을 놓았던 것이다. 미모에 반해서 음흉한 눈빛으로 바라보고 있던 프레이야 여신과 시프 여신은 제외하겠다고도 말했다.

신들은 취해서 하는 말이란 것을 알았기에 떠드는 대로 그냥 내버려 두었다. 하지만 여행을 마치고 막 돌아온 토르는 사랑하는 시프를 데려가겠다는 소리를 듣자 화가 치밀어 올랐다. 그래서 이 허풍쟁이를 끝장내버리려고 미친 듯이 망치를 휘둘렀다. 하지만 신들이 둘 사이에 끼어들어 분노한 천둥의 신을 막았다. 손님을 후히 대접하는 신성한 권리를 존중해야 하며, 평화의 땅을 피로 더럽혀서는 안 된다고 간곡히 만류한 것이다.

결국 토르도 화를 가라앉히기로 했지만 흐룽니르가 홀름강$^{Holm-gang2}$, 다시 말해 북유럽식 결투를 벌일 장소와 시간을 정해야 한다고 주장했다. 결투 신청을 받은 흐룽니르는 요툰헤임의 경계에 있는 그리오투나가르드^{Griottunagard}에서 3일 후에 보자는 말을 남기고 돌아갔다. 이미 크게 놀라 술이 다 깬 상태였다. 흐룽니르의 이야기를 들은 동료 거인들은 그의 무모한 행동을 호되게 꾸짖었다. 하지만 최악의 상황에서 최선의 방법을 찾기 위해 모두 머리를 맞댔다.

흐룽니르는 수행원을 하나 대동할 권리가 있는데, 아마도 그가 티알피를 상대하게 될 것이라고 말했다. 그리하여 거인들은 진흙으로 키가 15킬로미터에 달하고 너비도 그에 준하는 모케르칼피^{Mokerkialfi}(안개를 건너는 자)를 만들었다. 다만 사람의 심장은 이 괴물의 가슴에 넣기에는 너무 작아서 어쩔 수 없이 암말의 심장을 넣었다. 그러나 암말은 겁이 많았기 때문에 괴물은 계속해서 불안해하며 안절부절 못하고 덜덜 떨기만 했다.

드디어 결투를 약속한 날이 되었다. 흐룽니르와 그 수행원은 땅 위에 서서 상대가 오기를 기다렸다. 흐룽니르는 심장과 두개골이 아주 단단한 부싯돌로 이루어져 있었으며, 그와 같은 재질로 만든 방패와 곤봉을 들고 있었기 때문에 스스로 거의 무적에 가깝다고 생각했다. 주인보다 앞서 티알피가 도착하자 금방 우르릉 소리가 무시무시하게 울려 퍼지고 땅이 흔들렸다. 흐룽니르는 토르가 땅속에서부터 공격해 오는 것이 아닌가 불안해졌다. 그래서 티알피가 슬쩍 내비친 힌트를 따라 방패를 내려놓고 그 위에 올라섰다.

잠시 후, 흐룽니르의 판단은 실수로 드러났다. 티알피가 삽으로 모케르칼피를 공격하는 동안 토르가 눈 깜짝할 사이에 나타나서 흐룽니르의 머리 쪽으로 망치를 힘차게 던졌던 것이다. 흐룽니르도 돌로 만든 곤봉을 들어 올려 망치를 막아보려고 했으나 곤봉이 산산조각 나고 말았다. 이때 부서진 곤봉 조각이 사방으로 퍼졌는데, 이후로 발견된 부싯돌은 모두 이 곤봉 조각이라 한다.

그런데 그중 한 조각이 날아가 토르의 이마에 깊이 박혔다. 이에 토르는 정신을 잃고 땅 위로 쓰러졌다. 그 사이 토르의 망치에 흐룽니르의 머리도 산산조각 났다. 죽은 거인의 시체가 쓰러지면서 육중한 다리 하나가 누워 있는 토르의 몸을 짓누르는 모양새가 되었다.

> 그대 지금 떠올리게 하니
> 흐룽니르와 싸웠던 일.
> 그 용감한 거인은
> 머리가 온통 돌로 이루어졌지.
> 그러나 내 거인을 꺾어
> 내 앞에 쓰러뜨렸다네.
>
> - 옛 에다(소프 옮김)

그사이 티알피는 겁쟁이 암말의 심장을 지닌 진흙 거인을 처치했다. 그리고 급히 달려와 옴짝달싹할 수 없게 된 주인을 돕고자 했으나 역부족이었다. 서둘러 다른 신들을 불러왔지만, 신들 역시 흐룽니르의 다리를 들어 올릴 수 없었다. 어찌할까 고민하며 신들이 하릴없이 서 있자, 토르의 어린 아들 마그니가 나타났다. 당시 마그니는 태어난 지

겨우 사흘이라고도 하고 삼 년이었다고도 한다.

어쨌든 마그니는 민첩하게 거인의 발을 잡더니 그 누구의 도움도 받지 않고 아버지를 구해냈다. 그러고는 조금만 더 일찍 불려왔더라면 흐룽니르와 진흙 괴물을 단숨에 해치웠을 거라고 말했다. 마그니의 엄청난 괴력을 본 신들은 크게 놀라며, 여러 예언이 과연 옳음을 인정하게 되었다. 신들의 자손은 훨씬 더 강할 것이며 신들과 달리 살아남아 훗날 새로운 천상과 대지를 다스릴 것이라는 예언이었다.

패자의 재산을 차지하는 것이 승자의 권리였다. 토르는 때맞춰 달려와 아비를 도운 상으로 마그니에게 굴팍시(황금 갈기)를 내렸다. 빠르기나 인내심 강하기로는 그 유명한 슬레이프니르에 버금가는 경이로운 말이었다. 이때부터 마그니는 언제나 굴팍시와 함께한다.

마법사 그로아

____ 아무리 애써도 이마에 박힌 돌조각을 빼낼 수 없자 토르는 비참한 심정으로 트루드방에 돌아왔다. 아내 시프가 정성을 다해 도우려 했지만 그나마도 실패로 돌아갔다. 그러자 시프는 마법사 그로아(Groa)(초원을 만드는 이)를 불러오기로 결심했다. 그로아의 마법과 주술에 효험이 있고 의학적 기술도 뛰어나기로 정평이 나 있었기 때문이다. 그간 번번이 은혜를 베풀어 준 여신이 부탁하자 그로아는 망설임 없이 자신이 할 수 있는 일은 뭐든 다 하겠다고 대답했다. 그리고 엄숙하게 강력한 룬을 암송하기 시작했다.

토르는 이마에 박힌 돌이 점점 느슨해지는 것을 느낄 수 있었다.

금방이라도 돌이 빠지겠다고 생각한 토르는 기뻐서 당장 마법사에게 상을 주고 싶었다. 세상 어머니들에게는 오랫동안 잃어버렸던 자식을 다시 볼 수 있다는 소식만큼 더 큰 즐거움은 없으리라. 이렇게 생각한 토르는 자신이 최근 얼음의 강 엘리바가르를 건너다가 그로아의 어린 아들 오르반딜Orvandil(근원)을 잔혹한 서리 거인들의 손에서 구해냈다고 알려주었다.

다만 바구니에 넣어서 데려 오던 중 맨발이었던 탓에 발가락 하나가 구멍으로 삐져나왔고, 붉은 기가 가시지 않더니 동상에 걸렸단다. 그리고 어쩌다가 그 발가락이 부러져서 하늘에 던졌더니 빛나는 별이 되었다고 했다. 그런 까닭으로 북유럽에서는 이 별을 '오르반딜의 발가락'이라고 부른다.

아들의 소식을 듣고 너무나도 기뻤던 그로아는 외우던 주문을 멈추고 기쁨을 표시했다. 그러나 어디쯤에서 주문을 멈췄는지 잊어버리는 바람에 주문을 계속 이어나갈 수 없게 되었다. 결국 부싯돌 조각은 토르의 이마에 박힌 채로 남아 다시는 빠지지 않았다.

당연한 말이지만 토르의 망치는 기대에 어긋나는 일이 절대 없었다. 그래서 토르는 전 재산 중 망치를 가장 귀하게 여겼다. 그런데 어느 날 아침, 잠자리에서 일어나니 망치가 사라진 것이 아닌가. 토르는 크게 절망했다. 분노하고 낙담해서 큰 소리로 울부짖자 곧 로키가 찾아왔다. 토르는 망치를 잃어버렸다고 털어놓으며 만약 거인들이 이 소식을 들으면 금방이라도 아스가르드를 휩쓸고 신들을 파멸시키려들 것이라고 단언했다.

토르가 분노에 사로잡힌 것은 잠이 물러가고
충실한 망치가 사라진 것을 알았을 때.
이마를 세게 치고 턱수염을 흔들고
대지의 아들은 주변을 둘러보기 시작했네.
그리고 처음으로 입을 열었으니
"그대에게 하는 말을 잘 들으라, 로키.
저 아래 땅 위에 사는 자도 알지 못하고
천상에 사는 자들도 알지 못하는 사실이다. 내 망치가 사라졌
노라."

– 트림의 노래(허버트 옮김)

∷ 토르와 거인족의 왕자

　　로키는 프레이야가 매의 깃털로 만든 옷을 빌려주기만 하면 도둑을 찾아 망치를 되찾아오겠다고 선언했다. 그리고 말이 끝나기 무섭게 폴크방Folkvang³으로 옷을 빌리러 갔다. 무사히 옷을 빌린 로키는 새로 변신해서 이핑 강을 건너 황량한 요툰헤임까지 날아갔다. 범인이 거기 있으리라 짐작했던 것이다.

　서리 거인족의 왕이자 파괴적인 뇌우의 신, 트림Thrym이 산허리에 앉아 있었다. 로키는 교묘하게 질문을 던져서 트림이 망치를 훔쳐 땅 속 깊이 묻었다는 사실을 금세 알아차렸다. 게다가 트림에게는 망치를 돌려줄 생각이 전혀 없었다. 프레이야를 데려와 신부로 삼게 해주지 않는 한.

내 천둥신의 망치를 가지고 있되
여덟 간(間) 깊이의 땅 속에 묻었도다.
그 누구도 망치를 가지고 고향으로 돌아갈 수 없으리라,
프레이야를 데려와 나와 한 침대를 쓰도록 하기 전에는.

- 트림의 노래(허버트 옮김)

거인의 주제넘은 요구에 로키는 분이 차서 씩씩거리며 트루드방으로 돌아왔다. 하지만 토르는 생각이 달라서 프레이야를 찾아가 공공의 이익을 위해 희생해달라고 설득해 보기로 했다. 그러나 여신은 목걸이가 끊어질 정도로 격하게 화를 냈다. 상대가 다른 신이라고 해도 사랑하는 남편 곁을 떠날 생각이 전혀 없는데, 하물며 혐오스러운 거인과 결혼해 요툰헤임에 살라니. 그런 데서 살다가는 즐겨 거닐던 풀밭이며 꽃으로 가득한 초원이 그리워 금방 죽어버릴 것이라고 길길이 날뛰는데, 보아하니 더 설득해봤자 소용없을 듯했다.

집으로 돌아온 로키와 토르는 망치를 되찾아올 새로운 계획을 세웠다. 헤임달의 조언을 따르기로 마지못해 겨우 결정한 것이다. 바로 토르가 프레이야의 옷과 목걸이를 빌려 치장하고 두꺼운 베일을 써 얼굴을 가리자는 얘기였다. 로키는 몸종처럼 차려입고 토르와 함께 염소가 끄는 전차에 올랐다. 그렇게 요상하게 변장한 두 신이 요툰헤임으로 향했다. 한 사람은 미의 여신이 되고, 또 한 사람은 여신의 몸종이 되어서.

처소로 데려와
그렇게 염소들을
전차에 매었다.
서둘러야만 할지니 —
산이 무너지고
대지가 화염에 휩싸였다.
오딘의 아들
요툰헤임으로 가네.

- 북유럽 신화(R. B. 앤더슨)

    트림은 문밖까지 나와 손님들을 맞이했다. 오래도록 짝사랑해온 미의 여신이 곧 온전히 자신의 소유가 된다는 생각에 크게 기뻤다. 그래서 손님들을 얼른 결혼식장으로 데려갔다. 신부, 토르는 황소 한 마리에 거대한 연어 여덟 마리, 그리고 여자들을 위해 마련한 케이크와 단 것을 모두 먹어치웠다. 갖가지 음식을 먹으면서 마신 벌꿀 술도 무려 두 통에 달했으니 주목을 받지 않을 수가 없었다.
    거인 신랑은 이 어마어마한 먹성을 놀라서 바라보았다. 그러자 신랑을 안심시켜주려고 로키가 나섰다. 신부가 신랑 때문에 상사병이 나 여드레 동안 음식이라고는 입에 대지 못했다고 은밀하게 속삭였던 것이다. 다음에는 트림이 신부에게 입을 맞추려다가 이글거리는 눈빛을 보고 질겁해서 한 발 물러나는 일이 벌어졌다. 이번에도 로키가 나서서 불타는 사랑의 눈빛이라고 얼버무렸다.
    트림의 누이가 신부에게 예단을 요구한 것은 별로 눈길도 끌지 못했다. 다시 한 번 로키가 나서서 의아해하는 트림에게 사랑에 빠지면 넋이 나가니 예단에 신경 쓰지 못했다고 설명했기 때문이다. 신부 못지않게 술을 많이 마셨던 신랑은 욕정과 벌꿀 술에 취해 하인들에게 결혼식을 축성할 신성한 망치를 가져오라고 명령했다. 그리고 그 망치를 직접 가짜 프레이야의 무릎 위에 올려놓았다. 그 순간 강인한 손이 망치의 짧은 손잡이를 움켜쥐었다. 잠시 뒤 신랑은 물론, 신랑의 누이와 초대받은 손님들까지 모조리 무시무시한 토르에게 목숨을 잃었다.

"혼인서약을 하게 망치를 가져오라.
신부의 무릎 위에 망치를 올리고
우리의 몸과 마음, 굳게 맹세하리라."
천둥 신의 영혼은 가슴 속에서 미소 짓네.
뒤이어 망치가 무릎 위에 놓이자
신, 가장 먼저 트루시의 왕 트림을 황천으로 보내고
이어 남은 거인 모두를 죽음으로 이끌었다.

- 트림의 노래(허버트 옮김)

토르와 로키는 연기 나는 폐허를 뒤로 하고 순식간에 아스가르드로 돌아와 빌린 옷가지를 프레이야에게 돌려주었다. 토르도 안심하기는 했지만 아스 신들도 한숨 돌리고 귀중한 망치가 돌아온 것을 크게 기뻐했다. 다음에 오딘이 왕좌 흘리드스칼프에 앉아 요툰헤임 쪽을 바라보자 결혼식이 있었던 폐허가 연하고 푸른 새싹으로 덮여 있었다. 적에게 승리를 거둔 토르가 그곳을 차지하게 되었기에, 이제 황량하고

적막한 곳이 아니라 과실이 풍성하게 열리는 땅이 된 것이었다.

토르와 게이로드

_____ 한번은 로키가 프레이야의 매 옷을 빌려 입고 요툰헤임의 다른 편으로 모험을 떠났다. 매의 모습으로 게이로드^{Geirrod}란 거인의 집 지붕 위에 앉으니 금방 눈에 띄었다. 거인은 하인들에게 새를 잡아오라고 명령했다. 로키는 자기를 잡으려고 어설프게 애쓰는 모습이 우스워서 손이 닿을 것 같으면 이리 날아가고 저리 날아가며 약을 올렸다. 하지만 한번 거리를 잘못 계산하는 바람에 별안간 붙잡힌 신세가 되고 말았다.

게이로드는 매의 빛나는 눈빛을 이상히 여겨 자세히 살펴보고는 신이 변장한 것이라고 결론을 내렸다. 하지만 아무리 해도 입을 열지 않자 매를 새장 속에 가두고 석 달 동안 먹을 것도 마실 것도 일절 주지 않았다. 결국 허기와 갈증에 굴복해 로키가 그 모습을 드러냈다. 게이로드는 토르를 데려오되 망치와 허리띠, 마법의 장갑은 가져오지 못하게 한다는 약속을 받고서야 로키를 풀어주었다.

아스가르드로 돌아온 로키는 토르에게 가서 게이로드에게 극진한 대접을 받고 왔다며 감언이설을 늘어놓았다. 게이로드가 강력한 천둥신의 무용담을 많이 들어서 그를 꼭 한 번 만나보고 싶어 하더라는 얘기였다. 로키의 교묘한 말솜씨 덕에 우쭐해진 토르는 로키와 함께 요툰헤임으로 우호적인 여행을 떠나기로 했다.

그렇게 두 신은 신기한 무기 세 가지를 모두 아스가르드에 남겨두고 길을 떠났다. 그리 멀리 가지 못했을 무렵, 둘은 오딘의 수많은 아내 중 하나인 여자 거인, 그리드^{Grid}의 집에 이르렀다. 그리드는 토르에게 무기가 하나도 없는 것을 보고 게이로드는 믿을 수 없는 자이니 조심해야 한다고 경고했다. 게다가 자신의 허리띠와 지팡이, 장갑까지 빌려주었다.

그리드의 집을 떠나고 얼마 뒤, 토르와 로키 앞에 베이메르^{Veimer} 강이 나왔다. 이 강에 익숙한 토르가 먼저 걸어서 건널 준비를 마친 뒤, 로키와 티알피에게 자신의 허리띠를 꼭 붙잡게 했다.

그런데 강을 반쯤 건넜을 무렵 느닷없이 소나기가 쏟아지더니 홍수가 닥쳐왔다. 금세 물이 불어나고 거친 물살이 요란한 소리를 냈다. 토르가 지팡이로 힘껏 버텨보려 했지만 맹렬한 물살 때문에 거의 떠내려갈 지경이었다.

> 차오르지 마라, 베이메르 강이여,
> 내 강을 건너
> 거인의 땅에 가고자 하니!
> 알지어다. 그대가 차오르면
> 내 신력^{神力}도 차오르리라
> 천상에 이를 만큼 높이.
>
> - 북유럽 신화(R. B. 앤더슨)

그제야 토르는 상류에 게이로드의 딸 걀프^{Gialp}가 있다는 것을 깨달았다. 이 폭풍의 원인이 걀프라고 판단한 토르는 큰 바위를 그쪽으로

집어던졌다. 강에 둑을 쌓으려면 수원水原에 쌓는 것이 제일이라고 중얼거리면서 말이다. 바위는 토르가 바라던 결과를 낳았다. 걀프가 도망치자 물살이 약해졌던 것이다. 기진맥진하기는 했지만 토르는 작은 떨기나무에 의지해 그나마 안전하게 건너편 강기슭으로 올라갈 수 있었다. 이 나무는 물푸레나무라고도 하고 마가목이라도 하는데, 이후로 '토르의 구원'이라 불리며 신비한 힘이 있는 것으로 알려지게 되었다.

토르 일행은 잠시 쉬었다가 다시 길을 떠났다. 게이로드의 집에 도착하자 토르는 녹초가 되어서 눈에 들어오는 유일한 의자에 앉아 지친 몸을 달래려 했다. 그런데 놀랍게도 의자가 점점 위로 올라가는 것이 아닌가. 토르는 서까래에 부딪칠까봐 빌려온 지팡이를 천정에 대고 온힘을 다해 의자를 아래로 밀었다. 그러자 무언가 부서지는 듯한 무시무시한 소리가 들리더니 별안간 비명과 고통스러운 신음 소리가 들렸다. 살펴보니 게이로드의 딸 걀프와 그레이프Greip가 의자 밑에 들어가 있다가 토르를 기만하고 죽이려 작당하고 있었던 것이다. 두 거인은 응당한 대가를 받고 모두 납작하게 깔려 목숨을 잃었다.

> 한번은 이 몸이
> 신력을 발휘한 적이 있지
> 거인의 땅에서.
> 걀프와 그레이프,
> 게이로드의 두 딸이
> 나를 하늘까지 들어 올리려 했던 바로 그때.
>
> - 북유럽 신화(R. B. 앤더슨)

이제 게이로드가 나타나 토르의 힘과 재주를 시험해 본다고 하고는 미리 정해둔 신호보다 앞서 빨갛게 달아오른 쐐기를 신에게 던졌다. 그러나 눈이 좋고, 던지고 받는 일에 숙달된 토르는 그리드의 쇠장갑으로 쐐기를 잡아 상대편으로 다시 던져버렸다. 천둥 신의 힘이 얼마나 강력했던지 쐐기는 기둥 뒤에 숨은 게이로드는 물론, 한쪽 벽까지 꿰뚫어 집 전체를 무너뜨렸다.

토르는 성큼성큼 게이로드의 시체 위로 올라갔다. 그리고 무기로 내리쳐 그 시체를 돌로 만들고 눈에 잘 띄는 장소에 두어 기념비로 삼았다. 가공할 만한 적, 산악 거인을 상대로 거둔 승리를 기념하는 증표이자 천둥 신의 힘을 보여주는 증표로.

토르 숭배

토르의 이름은 페로 제도의 중심 항구 등 그가 자주 다니던 여러 장소와 그의 자손이라 주장하는 가문의 이름이 되었다. 그런 이름들이 아직도 남아 있는데, 잉글랜드 서리 주의 선더힐Thunderhill이나 소르번Thorburn, 토르발트젠Thorwaldsen 등이 그것이다. 하지만 가장 두드러진 이름은 역시 요일 중 하나인 토르의 날Thor's day, 목요일Thursday 일 것이다.

온 땅을 지배하니
여전히 토르의 날이어라!

- 올라프 왕 이야기(롱펠로)

토르는 특별히 자애로운 신으로 꼽힌다. 그런 연유로 많은 지역에서 토르를 섬겼으며 그를 위한 신전도 모에리, 흘라데르, 고데이, 고틀란드, 웁살라를 비롯해 여러 곳에 세워졌다. 사람들은 12월 25일 무렵이면 반드시 토르를 위한 축제를 열고 새해의 복을 빌었다. 이때는 커다란 참나무 장작을 태우는 것이 관습이었다. 참나무는 토르를 상징하는 신성한 나무이며, 불을 피우는 것은 춥고 어두운 겨울을 몰아내줄 여름의 따뜻한 기후와 밝은 빛을 상징한다.

신부들이 붉은색 의상을 입는 것도 변하지 않는 관습이었다. 토르가 가장 좋아하는 색이자 사랑을 상징하는 색이었기 때문이다. 같은 연유로 북유럽에서는 약혼반지에 대개 붉은색 보석을 넣는다.

토르의 신전과 성상은 오딘과 다름없이 나무로 만들어졌다. 따라서 상당수가 성자 올라프 왕이 통치하던 시절 파괴되었다. 옛 연대기에 의하면, 올라프 왕은 억지로 백성들을 개종시켰다고 한다. 그런데 특히 토르의 상을 만들어 토르를 섬긴 마을 때문에 크게 골치였던 모양이다. 이 마을 사람들은 토르 상에 금장식을 두르고 섬기며 저녁마다 음식을 올렸는데, 아침이 되면 음식이 사라지는 것을 보고 토르 신이 먹은 것이라 굳게 믿었다.

1030년, 마을 사람들은 왕에게서 진정한 신을 위해 우상을 포기하라는 요구를 받았고, 다음날 날씨가 흐리면 그렇게 하기로 약속했다. 올라프 왕은 밤새 열렬하게 기도를 올렸다. 그 결과 이튿날은 정말로 흐렸다. 하지만 완강한 마을 사람들은 아직도 왕이 말하는 신의 힘을 믿지 못하겠다며 그 다음날 해가 뜬다면 믿어보겠다고 했다.

다시 한 번, 올라프는 밤새 기도를 올렸다. 하지만 새벽이 되자 원통하게도 하늘은 구름으로 뒤덮여 있었다. 그런데도 올라프 왕은 토르 상 앞에 사람들을 불러 모았다. 단, 시종에게 은밀히 명령하기를 사람들이 잠시라도 눈을 돌리면 도끼로 우상을 조각내라고 했다. 연설을 시작하고 사람들이 모두 듣고 있을 때 돌연 올라프가 수평선을 가리켰다. 태양이 구름들 사이로 조금씩 모습을 드러내고 있었다.

"우리 신을 보라!"

올라프의 말에 사람들은 일제히 그가 가리키는 쪽을 보았고, 시종은 기회를 놓치지 않고 토르의 상을 내리쳤다. 거침없이 조각난 상은 내부가 비어 있었고, 그 안에서 한 떼의 쥐와 동물들이 쏟아져 나와 재빨리 흩어졌다. 토르에게 바친 음식이 이 해로운 짐승들의 먹이가 되었다는 사실을 알게 된 사람들은 더는 토르를 섬기지 않았다. 그리고 올라프 왕이 그토록 오랫동안 강요해도 소용없었던 새로운 신앙을 확고하게 받아들였다.

티르

전쟁의 신

    티우[Tiu], 치우[Ziu]라고도 불리는 티르[Tyr] 신은 오딘의 아들이다. 어머니에 관해서는 의견이 분분하다. 신들의 여왕 프리가라고 주장하는 학자들도 있는가 하면, 아름다운 거인이라 주장하는 학자들도 있다. 후자의 경우 이름은 알 수 없지만 험한 바다의 화신이라고 알려져 있다. 티르는 전쟁의 신이었으며 아스가르드의 주신인 열두 신 중 하나였다. 비록 아스가르드에 특별히 거처를 둔 것 같지는 않지만 언제나 빙골프[Vingolf][1]나 발할라에서 환영받았다. 글라드스헤임의 장대한 회장에 놓인 열두 개의 왕좌 중에도 티르의 자리가 있었다.

    글라드스헤임의 회장, 금으로 만들어졌네.
    그곳에 황금 의자를 열둘 둥글게 놓았으되

중앙의 높은 자리가 오딘의 왕좌로다.

- 발데르 죽다(매슈 아널드)

용기의 신이자 전쟁의 신이었기에 북유럽의 많은 나라에서는 승리를 기원할 때 오딘과 더불어 티르의 이름도 자주 입에 올렸다. 티르가 오딘과 토르 다음 가는 신이라는 사실은 그의 이름 중 하나인 '티우'가 요일에 붙여졌다는 것으로 알 수 있다. 현재 화요일을 가리키는 영단어 Tuesday가 바로 티우의 날 Tiu's Day에서 비롯되었다.

슈바벤 지방에서는 티르를 '치우'라 부르며 주신으로 섬겼다. 이는 당시의 수도, 현재의 아우크스부르크의 옛 이름이 치우스부르크 Ziusburg라는 데서 찾아볼 수 있다. 또, 이 지방 사람들은 티르만의 독특한 상징인 칼 모양을 만들어 그를 섬겼으며, 경의를 표하고자 대규모로 칼춤을 추며 다양한 형상을 만들어보였다. 가끔은 참가자들이 두 줄로 길게 늘어서서 칼을 높이 들어 교차하고, 그들 중 가장 용감한 자에게 멀리뛰기 하듯 뛰어넘게 하기도 했다.

또, 때로는 병사들이 칼끝을 촘촘하게 모아 장미나 바퀴 모양을 만들기도 했다. 이때는 번득이는 칼날 위, 날이 모여 평평해진 중앙부에 대장을 세우고 의기양양하게 막사까지 행진했다. 칼끝은 더욱 신성하게 여겨서 칼끝에 맹세하는 것이 관습으로 자리 잡기도 했다.

…… 이쪽으로 오게, 신사 여러분.
그리고 내 칼에 손을 얹고
여러분이 들은 것을 절대 입 밖에 내지 않겠다고

내 칼을 두고 맹세하게.

- 햄릿(셰익스피어)

프랑크 족이나 일부 북유럽 국가에서는 독특한 방식으로 티르를 숭배했다. 드루이드^{Druid} 또는 고디^{Godi}라 하는 사제들이 티르의 제단에 사람을 제물로 바치는 것이었다. 대개 사지를 벌리고 엎드린 제물의 척추 한쪽 편을 깊게 절개하고 안쪽이 바깥으로 드러나게 갈비뼈의 위치를 바꾼 다음, 그렇게 벌어진 틈으로 내장을 잡아 뜯었다. 이렇게 끔찍한 제물 역할은 당연히 전쟁 포로들에게 돌아갔다.

북유럽 사람들은 이 순간에도 신음 소리를 내지 않고 견디는 것을 명예가 걸린 문제라 생각했다. 의식에는 돌로 만든 투박한 제단 돌멘$^{dol-men}$을 사용했는데, 아직도 북유럽에서 찾아볼 수 있다. 티르는 칼의 수호신이었으므로 사람들은 칼날마다 그를 상징하는 기호나 룬 문자를 꼭 새겼다. 이는 승리를 얻고자 하는 이에게 그렇게 하라고 권하는 에다에서 확인할 수 있다.

승리의 룬, 그대 반드시 알아 두라
승리를 얻고자 하면
그대 칼자루에 새기라.
칼집 끝자락의 쇠 장식에도
날밑에도 새기라.
그리고 티르의 이름을 두 번 부르라.

- 시그드리파의 노래(소프 옮김)

티르는 색슨 족의 신 색스놋Saxnot(칼이란 의미의 단어 'sax'에서 유래), 케루스키 족²의 주신 에르Er, 헤루Heru, 또는 케루Cheru와 동일한 신이다. 케루스키 족은 티르의 빛나는 칼날을 햇빛의 상징으로 보고 그가 태양의 신을 겸한다고도 생각했다.

바로 이 칼이 한 줄기 빛,
태양에서 낚아챈 빛이도다!

- 발할라(J. C. 존스)

티르의 검

옛 전설에 따르면 케루의 검은 오딘의 창을 만든 드워프들, 즉, 이발드의 아들들이 만들었다고 한다. 신은 인간들에게 검을 맡겨 돌보게 했다. 인간들은 누구든 이 신성한 검을 손에 넣으면 반드시 적에게서 승리를 거둔다고 확고하게 믿었다. 그래서 케루의 검을 사원에 모시고 동이 틀 때 처음 들어오는 빛을 반사할 수 있는 곳에 걸어두었다. 하지만 철통같이 보초를 섰는데도 어느 날 밤, 불가사의하게도 검이 사라졌다. 사제들은 드루이드 혹은 예언자 발라Vala를 찾아갔다. 그녀는 노른 여신들이 운명을 정했으니 케루의 검을 휘두르는 자가 세계를 정복할 것이요, 같은 검에 의해 죽을 것이라고 밝혔다.

이 일이 있고 얼마 뒤, 장신의 품위 있는 이방인이 쾰른에서 연회를 열고 있던 로마 제독 비텔리우스Vitellius를 찾아왔다. 식탐 많은 제독은 이방인을 보자 산해진미에 손댈 생각 말고 썩 물러가라고 소리쳤

다. 그러나 이방인은 아랑곳하지 않고 로마의 병사들이 지켜보는 가운데 검을 하나 바쳤다. 이 검이 제독에게 영광과 명예를 가져다 줄 것이며, 결국 황제의 자리까지 오르게 할 것이라는 예언과 함께. 소문은 집결해 있던 로마 군 전체로 퍼져나갔다. 그렇게 비텔리우스는 스스로 명예를 얻으려 애쓰지 않고도 어느새 로마의 황제로 선출되었다.

새로운 황제는 먹고 마시는 데에만 정신이 팔려서 신성한 검에는 그다지 주의를 기울이지 않았다. 자신이 쓰는 막사의 곁방에 태평스레 검을 걸어두고는 느긋하게 로마로 이동하기도 했다. 그날 게르만 병사 하나가 기회를 놓치지 않고 케루의 검을 자신의 녹슨 검과 바꿔치기 했지만, 술독에 빠져 지내던 황제는 눈치 채지 못했다. 동방의 군단에서 베스파시아누스Vespasianus를 황제로 추대하고 왕좌를 차지하러 진격하고 있다는 사실을 안 것도 로마에 들어간 뒤의 일이었다.

비텔리우스는 그제야 자신의 권리를 지키고자 신성한 검을 찾았다. 그러나 검은 이미 도둑맞은 뒤였다. 황제는 미신이 섞인 두려움에 사로잡혀 맞서 싸울 생각조차 하지 못하게 되었다. 어두운 왕궁 구석에 기어들어가 몸을 숨긴 황제를 성난 시민들이 수치스럽게 끌어내 카피톨리누스 언덕으로 데려갔다. 그리고 그곳에서 예언이 그대로 실현되었다. 케루의 검을 훔쳤던 게르만 병사가 반대편 파벌에 가담했다가 그 순간 나타나 신성한 칼로 비텔리우스의 목을 베었던 것이다.

그 후 게르만 병사는 여기저기 군대를 옮겨가며 많은 곳을 돌아다녔다. 그와 그의 검이 나타나는 곳이면 어디든 승리가 보장되었다. 큰 명예와 존경을 얻은 병사는 나이가 들자 군대에서 물러났다. 그리고 케루의 검을 몰래 도나우 강변에 묻은 뒤, 그 위에 자신이 지낼 오두막을 지었다. 살아 있는 한 보물을 지키기 위해서였다. 병사는 임종을 앞두고도 검을 숨긴 장소에 대해서는 고집스럽게 입을 다물었다.

단지 세상을 정복할 운명을 타고난 자가 검을 찾을 것이나, 저주에서 벗어나지는 못할 것이라고만 말했다. 그 후 수백 년이 흘러갔다. 그동안 게르만 족은 수많은 외세의 침입에 시달렸다. 그리고 마지막으로 '신의 골칫거리'라 불리는 아틸라Attila의 지휘 아래 공포의 대상, 훈 족이 쳐들어왔다. 강을 건너던 도중, 아틸라는 한 농부가 슬퍼하며 암소의 발을 살피는 모습을 보았다. 높이 자란 풀에 가려 보이지 않던 날카로운 물체에 발을 벤 모양이었다. 그 부근을 살펴보게 하니 흙 속에 묻혀 있던 검의 끝부분이 살짝 드러나 있었다.

습격(A. 말름스트룀 作)

아틸라는 한눈에 검의 만듦새와 보존 상태가 훌륭하다는 것을 알아보고, 즉시 이는 케루의 검이라 소리치며 머리 위로 크게 휘둘러 보였다. 세계를 정복하겠다는 외침과 함께. 사가에 의하면 그 후 훈 족은 어디에서든 승리를 거두었다.

거듭되는 전쟁에 지친 아틸라는 헝가리에 정착하고 아내를 맞이하기로 했다. 신부는 부르군트 족의 아름다운 공주 일디코^{Ildico}였다. 하지만 아틸라의 손에 아버지를 잃은 공주는 복수를 꿈꾸고 있었다. 첫날밤 신랑이 술에 취한 사이 신성한 검을 차지한 공주의 손에 아틸라는 침대 위에서 죽음을 맞았다. 그렇게 다시 한 번 수백 년 전의 예언이 실현되었다.

마법의 검은 또다시 긴 세월동안 자취를 감추었다가 신성로마제국[3] 카를 5세의 장군이었던 알바 공작에 의해 마지막으로 다시 한 번 모습을 드러낸다. 그가 뮐베르크 전투(1547)에서 승리를 거둔 직후의 일이었다. 프랑크 족은 매년 이 검에 경의를 표하며 무술 시합을 여는 관습이 있었다. 그러나 기독교의 득세로 이교도의 신은 인정받지 못했기에, 사제들은 이교도 신의 특징을 기독교 성인들에게 부여했다. 따라서 이때부터 케루의 검은 대천사 성 미카엘의 검으로 알려지게 되었다.

고대 북유럽 사람들은 이름이 곧 용기와 지혜의 동의어였던 티르 신이 오딘의 시녀인 흰 팔의 발키리를 부릴 수 있다고 생각했다. 또, 신들의 마지막 날을 대비해 전사들을 발할라로 보낼 계획을 세운 것도 티르라고 여겼다.

티르 신께서 보내셨네
곤둘과 스코굴.[4]
잉비의 민족 가운데
왕을 골라
오딘과 함께
너른 발할라에서 살게끔.

- 북유럽 신화(매슈 아널드)

펜리스 이야기

티르는 오딘이 외눈박이인 것과 마찬가지로 보통 외팔로 묘사된다. 여기에 대해서는 오직 한쪽에게만 승리를 선사할 수 있기 때문이라거나, 검에는 날이 하나밖에 없기 때문이라는 등 학자에 따라 다양한 설명이 존재한다. 하지만 선조들이 가장 선호한 설명은 다음과 같았다.

로키는 남몰래 요툰헤임에서 추악한 여자 거인 앙구르보다Angurboda(괴로움의 징조)와 혼인했다. 앙구르보다는 로키에게 기괴한 아이를 셋 낳아주었다. — 늑대 펜리스Fenris, 얼룩진 피부를 가진 죽음의 여신 헬Hel, 무시무시한 뱀 요르문간드Iörmungandr였다. 로키는 이 괴물들의 존재를 되도록 오래 감추었다. 하지만 아이들이 빠른 속도로, 그것도 너무 크게 자랐기 때문에 더는 동굴 속에 가둬둘 수 없었다.

이들이 동굴 밖으로 모습을 드러내자 왕좌 흘리드스칼프에 앉아 있던 오딘이 그 존재를 알아차렸다. 이들의 몸집이 불안할 정도로 빠

르게 커간다는 사실도 숨길 수 없었다. 오딘은 괴물들이 더 큰 힘을 키우면 아스가르드로 쳐들어와 신들을 파멸로 이끌까봐 두려웠다. 그래서 괴물들을 없애기로 결심하고 요툰헤임으로 향했다. 오딘은 먼저 헬을 니플헤임의 심연으로 던졌다. 헬에게는 죽은 자들이 가는 어둠의 세계 아홉 개를 모두 다스릴 수 있다고 말해 두었다. 그 다음에는 요르문간드를 바다로 던졌다. 바다 속에서 요르문간드는 정말 어마어마하게 커져서 대지를 한 바퀴 빙 두르고 자기 꼬리를 물 수 있을 정도가 되었다.

> 바닷속 어두운 심연으로 던지니
> 날마다 거대하게 자라
> 뱀은 곧 세상을 둘러싸고
> 꼬리를 입에 물었다. 시계방향으로.
> 그 후 무해하니
> 오딘의 의지에 의함이라.
>
> - 발할라 (J. C. 존스)

새로운 활동 영역에서 그처럼 무서운 크기로 자라난 요르문간드를 보고 썩 기분이 좋지 않았던 오딘은 펜리스를 아스가르드로 데려가야겠다고 결심했다. 아스가르드에서라면 잘 대해줘서 온화하고 다루기 쉬운 동물이 되리라 희망을 품었던 것이다. 그러나 신들은 펜리스를 보자 하나같이 당황하며 위축되었다. 음식을 주려고 나선 것은 그 무엇에도 겁먹지 않는 티르뿐이었다.

나날이 펜리스의 몸집이 커지며 힘과 식욕, 사나움도 더해가자 신들은 모여서 회의를 했다. 어떻게 하면 펜리스를 가장 잘 처리할 수 있을 것인가 머리를 맞대기 위해서였다. 그리고 만장일치로 펜리스의 피로 평화의 땅을 더럽혀서는 안 되니, 단단히 묶어서 어떤 해도 입히지 못하게 하자는 결정을 내렸다.

이 목적을 달성하고자 신들은 레딩Læding이라는 강한 사슬을 손에 넣었다. 그리고 펜리스에게 사슬을 묶어 자랑스러운 그의 힘을 시험해 보자고 장난스럽게 제안했다. 펜리스는 자기 능력이라면 사슬에서 벗어날 수 있으리라 자신했다. 그래서 참을성 있게 신들이 사슬로 꼭 묶는 것을 견뎌냈다. 그리고 신들이 모두 한편으로 물러나자 괴력을 발휘해 사슬을 손쉽게 끊어버렸다.

신들은 분한 기색을 감추고 큰 소리로 힘이 세다며 펜리스의 힘에 찬사를 보냈다. 다음으로 신들이 만든 것은 레딩보다 더 강력한 족쇄 도르마Dorma였다. 늑대는 신들이 설득하자 이번에도 족쇄를 채우도록 허락했다. 그리고 또 한번 순간적으로 강한 힘을 발휘해 가뿐히 족쇄를 끊어냈다. 북유럽에는 이를 빗대 큰 어려움을 극복해야 할 때 쓰는 속담이 있다. '레딩에서 벗어나기', '도르마 벗어나기'라고 한다.

> 아스 신들 두 차례 묶고자 애썼으나
> 그들의 족쇄 두 차례 무용지물로 밝혀졌네.
> 철도 황동도 소용없으니
> 그 무엇도 효과를 거두지 못하리, 마법이 아니라면.
>
> - 발할라(J. C. 존스)

이제 신들은 아무리 단단한 족쇄라 해도 평범한 족쇄로는 늑대 펜리스의 강인한 힘을 견뎌낼 수 없다는 것을 깨달았다. 그래서 프레이르의 시종 스키르니르[Skirnir]를 스바르트알파헤임으로 보내 드워프들에게 절대로 끊어지지 않는 족쇄를 만들라고 명령했다.

검은 엘프[5]들이 마법의 힘으로 만든 밧줄은 가늘고 비단처럼 부드러웠다. 고양이의 걸음 소리, 여인의 턱수염, 산의 뿌리, 곰의 갈망, 물고기의 목소리, 새의 침 같이 묘한 재료들로 만들었기 때문이다. 드워프들은 완성작을 스키르니르에게 넘겨주며 아무리 힘이 세도 이 끈을 끊지는 못할 것이며, 당기면 당길수록 질긴 끈이 될 것이라고 덧붙였다.

마침내 글레이프니르
검은 엘프들이 만들었네
스바르트알파헤임에서 강력한 마법을 걸어.
스키르니르가 오딘에게 가져오니
비단처럼 부드럽고 공기처럼 가벼워라
그러나 매우 희귀한 마법의 힘이 걸려 있다네.

- 발할라(J. C. 존스)

신들은 글레이프니르[Gleipnir]라 부르는 새 족쇄를 들고 펜리스와 함께 암스바르트니르[Amsvartnir] 호수 가운데 있는 링비[Lyngvi] 섬으로 갔다. 그리고 다시 한 번 힘을 시험해 보자고 제안했다. 하지만 끈이 너무 연약해 보이자 펜리스는 오히려 의심이 갔다. 전보다 힘이 훨씬 더 세졌

어도 안심이 되지 않았던 것이다. 그래서 펜리스는 아스 신 하나가 신뢰의 증표이자 마법을 사용하지 않았다는 증거로 자기 입 안에 손을 넣은 상태에서 묶는다면 모를까, 그렇지 않다면 허락하지 않겠다고 대답했다.

이 말을 들은 신들은 모두 낙담해서 뒤로 물러났다. 티르만이 예외였다. 다른 신들이 용감하게 이 제안에 따를 리 없다고 생각한 티르는 대담하게 앞으로 나서 늑대의 입 안으로 손을 밀어 넣었다. 그러자 신들이 글레이프니르를 펜리스의 목과 발에 단단히 묶었다. 펜리스가 전력을 다해도 자유를 찾지 못하자 다들 신이 나서 함성을 지르고 소리 내어 웃었다. 그러나 티르는 함께 기쁨을 나눌 수 없었다. 사로잡힌 것을 안 늑대가 티르의 손목을 물어 손을 잘라냈기 때문이다. 이후로 손목은 '늑대 관절'로 불리게 되었다.

펜리스의 속박(도로시 하디 作)

로키

입 다물라, 티르!

그대 결코 해결하지 못하지,

두 사람 사이의 갈등.

그대의 오른손에 대해서도

내 반드시 말해야겠네.

그 손을 가져간 것은 펜리스라고.

티르

손이 하나뿐인 나 원하나니

그대 정직함으로 이름을 얻기만을.

서로 잃었으니 슬프지 아니한가.

늑대는 풀려날 수 없다네.

묶인 채로 견뎌야만 하지.

신들이 파멸할 때까지는.

— 옛 에다(소프 옮김)

오른손을 잃은 티르는 이제 불구가 된 팔로 방패를 들고 왼손으로 칼을 휘둘러야만 했다. 하지만 티르는 워낙 손재주가 뛰어나서 전과 다름없이 적을 벨 수 있었다.

펜리스가 애를 쓰는 사이 신들은 그에게 겔갸^{Gelgia}라는 족쇄까지 채우고 그 끝을 골^{Gioll}이란 바위에 통과시킨 뒤 트비티^{Thviti}라는 거석에 묶고 땅 속 깊이 파묻었다. 펜리스는 무시무시한 입을 크게 벌리고 신들을 향해 정말 소름끼치도록 울부짖었다. 이에 신들은 소리를 내지 못하게 하려고 펜리스의 입에 칼을 집어넣었다. 자루는 아래턱에, 칼 끝은 입천장에 닿는 식이었다. 그러자 피가 콸콸 쏟아지기 시작하더니 본Von이라는 큰 강을 이루었다. 늑대는 이렇게 묶인 채로 지낼 운명이었다. 마지막 날, 이 속박을 끊고 자유를 얻어 복수하리라.

> 늑대 펜리스
> 속박에서 풀려나
> 대지를 달리리라.
> — 하콘 왕의 죽음(W. 테일러 옮김)

일부 학자들은 이 신화를 법의 힘으로 범죄를 억제하고 피해를 예방한다는 뜻이라 해석한다. 하지만 일각에서는 경계 안에 있을 때는 누구도 해칠 수 없지만, 풀려나면 세상을 파멸과 고통으로 물들이는 지중화地中火를 상징한다고 보기도 한다. 오딘의 한쪽 눈이 미미르의 샘 밑바닥에 가라앉아 있듯이 티르의 한 손(칼)도 펜리스의 입 안에서 찾을 수 있다는 것이다. 하늘에 두 태양이 필요하지 않듯 티르에게도 더는 두 무기가 필요하지 않을 것이다.

티르 숭배는 조금씩 다른 형태의 이름으로 독일의 튀빙겐 지방 등 여러 지역에서 이루어졌다. 티르의 이름은 바꽃(투구꽃)에도 남아 북유럽에서는 '티르의 투구꽃'이라고 부른다.

브라기

시인의 기원

____ 아스 신과 반 신 사이에 분쟁이 있은 후, 양쪽 신들은 평화를 약속하면서 항아리 하나에 엄숙하게 침을 뱉었다. 그리고 이 침을 이용해 크바시르^{Kvasir}라는 선하고 지혜로운 존재를 탄생시켰다. 크바시르는 세상을 돌아다니면서 질문에 답을 해주는 식으로 인간들을 가르치고 도와주었다. 그의 지혜가 대단하다는 얘기를 들은 드워프들은 그 지혜가 탐이 났다. 그러던 어느 날, 크바시르가 잠들어 있는 것을 본 두 드워프 퍌라르^{Fialar}와 갈라르^{Galar}가 비겁하게 그를 살해했다. 그리고 크바시르의 피를 한 방울도 남기지 않고 모두 뽑아 세 가지 용기에 나누어 담았다. — 오드레리르^{Odrerir}(영감)라는 솥과 손^{Son}(속죄), 보든^{Bodn}(제물)이라는 사발 두 개에.[1] 그 다음, 피와 꿀을 적절히 섞어 일종의 음료를 빚어냈는데, 마셨다하면 큰 영감을 불러일으켰다. 누구든

마시는 즉시 시인이 되고, 듣는 이의 마음을 반드시 사로잡는 매력적인 노래를 부를 수 있었던 것이다.

드워프들은 자기들이 마시려고 이 놀라운 술을 빚어놓고도 맛조차 보지 않았다. 오히려 비밀스런 장소에 숨겨두고 다시 모험을 찾아 떠났다. 얼마 가지 않아 이번에는 길링Gilling이란 거인이 가파른 강둑에 누워 깊은 잠에 빠져 있는 것을 발견했다. 사악한 드워프들은 길링을 둑 아래로 굴려서 익사시켰다. 그러고는 서둘러서 그의 집으로 갔다. 일부가 거대한 표석을 가지고 지붕에 기어 올라가는 사이, 나머지는 안으로 들어가 거인의 아내에게 남편이 죽었다고 알렸다.

아내는 크게 슬퍼하며 남편의 시신을 보러 급히 집을 나섰다. 막 문을 나서는 찰나, 지붕에 올라가 있던 사악한 드워프들이 표석을 아래로 굴렸다. 길링의 아내도 머리에 표석을 맞고 숨을 거두었다. 또 다른 이야기에서는 드워프들이 길링에게 낚시를 가자고 청한 다음, 물이 새는 배에 태웠다고 한다. 거인의 무게를 이기지 못한 배가 가라앉게 말이다.

두 차례에 걸친 드워프들의 범죄는 머지않아 길링의 형제 수퉁Suttung에 의해 대가를 치르게 되었다. 수퉁이 동생의 복수를 하려고 드워프들을 찾아 나섰던 것이다. 드워프들은 수퉁의 거센 손아귀에 붙잡혀 먼 바다의 모래톱으로 끌려갔다. 큰 파도가 들면 꼼짝없이 죽을 수밖에 없었다. 결국 그들은 얼마 전에 빚은 술을 내주기로 하고 목숨을 구걸했다.

수퉁은 이 귀한 술을 딸 군로드Gunlod에게 맡겨 밤이고 낮이고 지키게 했다. 신이든 인간이든 단 한 모금도 맛보게 해서는 안 된다고 단단

히 일렀다. 군로드는 아버지의 명령을 더욱 잘 따르기 위해 술이 든 솥과 사발을 속이 빈 산 속으로 가져가 정말로 성실하게 지켰다. 오딘이 자신의 은신처를 찾아냈을 거라고는 의심조차 하지 못했다. 하지만 오딘의 빈틈없는 큰 까마귀, 후긴과 무닌의 날카로운 눈을 피해갈 수는 없었다.

술을 향한 여정

오딘은 룬 문자에 관한 지식에 통달했고, 미미르의 샘물을 마신 덕에 이미 신들 중에서도 가장 현명한 신이었다. 하지만 크사비르의 피로 빚은 술에 영감을 불러일으키는 능력이 있다는 것을 알게 되자 이 마법의 술을 얻지 못해 안달이 났다. 그래서 술을 얻겠다는 일념으로 챙이 넓은 모자를 쓰고 구름무늬 망토를 걸친 다음 요툰헤임으로 떠났다. 도중에 들판이 하나 나왔다. 못생긴 트롤 아홉이 바삐 건초를 베고 있었다. 잠시 가던 길을 멈추고 트롤이 일하는 것을 지켜보니 낫이 너무 무뎌보였다. 오딘이 낫을 갈아주겠다고 하자 트롤들은 너도나도 그 제안을 받아들였다.

오딘은 품속에서 숫돌을 하나 꺼내 낫 아홉 개를 모두 갈았다. 좋은 솜씨 덕에 아홉 개의 낫이 모두 꽤 날카로워졌다. 트롤들은 흡족해하며 숫돌을 달라고 졸랐다. 오딘은 너그러이 가지라는 뜻으로 담 너머에 숫돌을 던졌다. 그러자 트롤들이 숫돌을 잡으려고 동시에 뛰어올랐고, 자연히 손에 들고 있던 예리한 낫에 베이게 되었다. 트롤들은 서로의 부주의함에 분통을 터뜨리며 싸우기 시작했다. 싸움은 아홉이 모두 치명상을 입거나 죽고 나서야 끝났다.

이런 비극이 일어났는데도 오딘은 별로 놀라는 기색도 없이 발걸음을 재촉해 금방 수퉁의 동생, 바우기Baugi의 집에 이르렀다. 바우기는 아주 친절하게 나그네를 맞이했다. 그리고 대화를 나누던 중, 추수철인데 조금 전 일꾼들이 건초 밭에서 죽은 채로 발견되었으니 정말 난처하다고 털어놓았다.

이번에는 볼베르크Bolverk(악당)라는 이름을 댄 오딘이 기다렸다는 듯이 자기가 그 일을 대신하겠다고 나섰다. 여름 내내 부지런히 일해 아홉 트롤이 할 일을 모두 하겠다고 한 것이다. 대신 농번기가 지나면 수퉁의 마법 술을 한 모금만 달라고 했다. 훨씬 남는 장사라고 판단한 바우기는 망설이지 않고 이 조건에 동의했다. 바우기의 새로운 하인 볼베르크는 여름 내내 쉬지 않고 약속한 것보다 더 많은 일을 해냈다.

가을을 알리는 비가 내릴 무렵에는 이미 모든 곡식들이 창고에 안전히 저장되어 있었다. 겨울이 찾아오자 볼베르크는 주인에게 약속한 보수를 달라고 요구했다. 바우기는 주저하다가 형한테 대놓고 영감의 술을 달라고 부탁하지는 못하겠으니, 대신 꾀를 써서 얻어 보겠다고 했다. 그렇게 볼베르크와 바우기는 군로드가 살고 있는 산으로 향했다. 하지만 비밀스런 동굴로 들어갈 방법을 찾을 수 없었다. 오딘은 라티Rati라는 땅 파는 도구를 주고 거인에게 온힘을 다해 안쪽까지 기어갈 수 있는 구멍을 내라고 명령했다.

바우기는 말없이 오딘의 명령에 따랐다. 그런데 조금 일하는가 싶더니 도구를 끄집어내고는 산을 뚫었으니 쉬이 들어갈 수 있을 거라고 하는 것이 아닌가. 오딘은 이 말을 믿지 않았기에 그저 구멍 안으로

바람만 불어넣어보았다. 그러자 먼지와 부스러기들이 얼굴로 날아들었다.

오딘은 바우기에게 다시는 속일 생각 말고 구멍을 뚫으라고 엄하게 명령했다. 바우기는 어쩔 수 없이 다시 구멍 뚫기에 착수했다. 그가 다시 도구를 빼냈을 때, 오딘은 정말로 구멍이 완성된 것을 확인할 수 있었다. 오딘은 뱀으로 변신해 가히 놀라운 속도로 꾸물꾸물 구멍을 빠져나갔다. 덕분에 바우기가 비겁하게 구멍 뚫는 도구를 밀어 넣어 죽이려고 했어도 그 날카로운 끝을 피할 수 있었다.

내 라티의 입으로
공간을 만들고
바위를 갉아내게 했거늘.
위로 아래로
요툰의 길이 있으니
내 머리 위태롭구나.
- 높으신 분이 말씀하시기를(소프 옮김)

술을 얻다

____ 산 내부에 다다른 오딘은 평소의 모습, 즉 신의 모습으로 돌아와 별처럼 빛나는 망토를 걸치고 종유석 동굴 안의 미녀 군로드 앞에 나타났다. 군로드의 마음을 얻은 다음, 그녀가 맡은 술을 용기별로 한 모금씩 맛보게 해달라고 설득할 요량이었다.

군로드는 오딘의 열정적인 구애에 넘어가 기어이 그의 아내가 되었다. 그리고 오딘과 함께 지낸 지 3일이 지나자 숨겨둔 곳에서 술을 꺼내와 한 모금씩 마시라고 권하게 되었다.

그리고 한 모금
그 귀중한 술을 얻었으니
오드레리르에서 뜬 술.

- 오딘의 룬 노래(소프 옮김)

오딘은 이 기회를 놓치지 않고 술을 마셨다. 어찌나 깊이 들이마셨는지 세 군데 들어 있던 술이 한 방울도 남지 않았다. 원하는 것을 모두 얻은 오딘은 동굴에서 나와 독수리 깃털 옷을 걸치고 하늘 높이 올랐다. 그리고 산 위에 잠시 떠 있다가 아스가르드를 향해 날아갔다. 그런데 신들의 나라까지 가려면 아직 한참 남았건만 추적자가 뒤따라왔다. 수퉁 역시 독수리로 변신해 재빨리 쫓아오고 있었던 것이다. 오딘을 사로잡아 도둑맞은 술을 돌려받으려는 목적이었다. 오딘은 마음을 졸이며 붙잡히기 전에 아스가르드에 들어가려고 빠르게, 더 빠르게 날갯짓을 했다. 아스가르드에 가까워지자 오딘과 수퉁의 추격전을 걱정스레 지켜보고 있는 신들이 보였다.

오딘이 가까스로 도망칠 수 있겠다고 판단한 아스 신들은 서둘러 눈에 보이는 대로 불에 타는 물건을 모두 모았다. 그리고 오딘이 성벽을 넘자마자 모아둔 한 무더기의 땔감에 불을 놓았다. 높이 솟은 불길은 수퉁의 날개를 그슬렸고 수퉁은 불길 한가운데로 떨어져 타죽었다.

오딘은 신들이 그릇을 준비해둔 곳으로 가서, 숨 돌릴 겨를도 없이 영감의 술을 토해냈다. 그 와중에 몇 방울이 지상으로 떨어져 엉터리 시인들과 삼류 시인들의 몫이 되었다. 신들은 술을 저장해두고, 아주 가끔 총애하는 인간들에게도 맛을 볼 수 있게 하사해주었다. 그들이 술을 마시자마자 훌륭한 시를 지어 세상에 이름을 떨치게 된 것은 말할 것도 없다.

다른 모습으로
내 변신하여 도모하니
현명한 이에게 부족함 없구나.
오드레리르
이제 모습을 드러내어
지상에 사는 인간들에게 보임이라.

- 높으신 분이 말씀하시기를(소프 옮김)

오딘 덕에 귀한 선물을 받게 된 인간들과 신들은 언제든 오딘에게 감사할 준비가 되어 있었다. 그래서 이 술을 오딘의 이름으로 불렀을 뿐만 아니라 오딘을 웅변과 시, 노래, 그리고 모든 음유시인의 수호신으로서 섬겼다.

음악의 신

　　이렇게 해서 시 짓는 재능을 얻었지만, 오딘이 이 능력을 사용하는 일은 드물었다. 그것은 군로드가 낳은 오딘의 아들 브라기[Bragi]의 몫이었다. 브라기는 아버지를 대신해 시와 음악의 신이 되었고 매력적인 노래로 세상을 사로잡았다.

> 흰 턱수염의 늙은 시인
> 브라기, 황금 하프를 들고
> 연주한다 ― 그리고 더욱 부드럽게
> 하루를 훔친다.
>
> - 북유럽 바이킹 이야기(R. B. 앤더슨 옮김)

　　오딘이 군로드의 마음을 얻었던 종유석 동굴에서 브라기가 태어났다. 드워프들은 지체 없이 그에게 마법의 황금 하프를 선물하고 자신들의 배에 태워 넓은 세상으로 내보냈다. 배는 어두운 지하 세계를 지나 죽은 드워프들의 영역, 나인[Nain]의 입구까지 부드럽게 흘러갔다. 그러자 아름답고 결점이라고는 찾아볼 수 없는 젊은 신 브라기가 그간의 죽은 듯한 모습을 떨치고 불현듯 일어났다. 그리고 옆에 놓인 황금 하프를 연주하며 경이로운 생명의 노래를 부르기 시작했다. 노래는 저 높이 천상까지 닿았으며, 저 아래 죽음의 여신 헬이 다스리는 척박한 왕국까지도 닿았다.

물푸레나무 이그드라실
모든 나무 중 가장 훌륭하고
모든 배 중에는 스키드블라드니르가,
아스 신 중에는 오딘이,
말 중에는 슬레이프니르가,
다리 중에는 비프로스트가,
음유시인 중에는 브라기가 가장 훌륭하구나.

- 그림니르의 노래(소프 옮김)

브라기가 노래하는 사이, 배는 평온하게 햇살이 반짝이는 물 위로 떠내려가더니 곧 육지에 다다랐다. 브라기는 걸어서 아무도 없는 고요한 숲을 빠져나갔다. 걷는 중에도 연주는 멈추지 않았다. 부드러운 음

이둔(B. E. 워드 作)

악 소리에 나무들은 싹을 틔우고 꽃을 피우기 시작했으며, 발밑의 풀밭에도 수많은 꽃이 보석처럼 펼쳐졌다.

　여기서 브라기는 이발드의 딸, 이둔Idun을 만났다. 시들지 않는 젊음을 가진 아름다운 여신이었다. 여신은 가끔 드워프들이 허락할 때만 지상에 올라올 수 있었는데, 여신이 가까이 다가오면 자연은 언제나 가장 사랑스럽고 온화한 형상을 띠었다.

　이런 두 신이 만났으니 서로에게 끌리는 것은 당연한 일이었다. 브라기는 기다리지 않고 아름다운 여신을 아내로 맞이했다. 둘은 걸음을 재촉했고 아스가르드에서 따뜻하게 환영받았다. 오딘은 브라기의 혀에 룬 문자를 새긴 다음, 그를 천상의 음유시인으로 임명하고 신들의 영예와 발할라의 영웅들을 위해 노래를 짓게 했다.

브라기 숭배

　　　브라기는 시와 웅변, 그리고 노래의 신이다. 북유럽 사람들은 시를 브라기라고 부르기도 했으며, 음유시인들을 부를 때 남녀 가리지 않고 브라가Braga[2]를 붙이는 일도 흔했다. 모두 브라기를 크게 공경하여 격식을 차린 자리에서나 축제 자리에서 항상 그의 건강을 빌며 건배했다. 특히 장례식이나 훗날 크리스마스로 변하는 율 축제Yuletide[3] 때는 빼놓는 법이 없었다.

　건배를 할 때는 브라가풀Bragaful이란 배 모양의 컵에 술을 내오고 그 위에서 손으로 신성한 망치 모양을 그렸다. 그리고 새로운 통치자나 가장이 용기 있는 행동을 하겠다고 엄숙하게 맹세했다.

이 맹세를 1년 안에 실행에 옮기지 못하면 매우 불명예스럽게 여겨졌다. 손님들도 모두 주인을 따라 비슷한 맹세를 하거나 무엇을 할지 선언했다. 일부는 그 전에 마신 술 때문에 취해서 너무 자유롭게 자신의 의도를 말하기도 했다. 이 관습에서부터 신들의 이름과 민중을 이어주는 듯한 점이 특히 의미심장한 영단어 '자랑하다$_{brag}$'가 나왔다.

예술 작품에서 브라기는 대개 흰 머리, 흰 수염의 노인이 마법의 가락을 연주할 수 있는 황금 하프를 든 것으로 묘사된다.

이둔

젊음의 사과

    봄의 화신 혹은 시들지 않는 젊음의 화신 이둔은 일부 신화학자들에 의하면 탄생을 겪지 않았으며, 죽음을 겪는 일도 결코 없을 운명이라고 한다. 신들은 브라기와 함께 아스가르드에 발을 들인 이둔을 따뜻하게 맞아주었다.

    신들에게 더욱 사랑받고자 이둔은 조그만 상자에 담아 가져온 신기한 사과를 매일 맛보여주기로 약속했다. 먹는 이에게 영원한 젊음과 매력을 선사하는 사과였다.

황금 사과
그녀의 정원에서 나니
그대에게 젊음을 선사하리라.

이 사과를 그대 매일 먹는 한.

- 바그너(포먼 옮김)

북유럽의 신들은 순수 혈통이 아니어서 영원히 죽음을 피할 수는 없었다. 하지만 이둔의 마법 사과 덕에 나이가 들거나 병드는 것을 피할 수 있었다. 셀 수 없이 오랜 세월 동안 신들은 미모와 청춘을 유지했고 활기 넘치는 나날을 보냈다. 정말이지 귀하디귀한 사과가 아닐 수 없었다. 이둔은 이 사과를 마법의 상자에 넣어 소중하게 보관했다. 아무리 많이 꺼내더라도 항상 일정한 개수가 들어 있어 연회 때마다 신들에게 나누어줄 수 있었다. 드워프도 거인도 사과를 얻지 못해 안달이었지만 이둔은 오로지 신들에게만 사과를 허락했다.

눈부신 이둔, 불멸의 처녀여!
발할라의 문에 서 있네.
상자에는 가득
금박을 입힌 귀한 사과들이 들어 있구나.
이 흔치 않은 사과들은 지상의 것이 아니어라.
늙어가는 신들에게 젊음을 선사한다.

- 발할라(J. C. 존스)

✦ 티아시 이야기

　　하루는 오딘, 회니르, 로키가 평소처럼 지상으로 여행을 떠났다. 한참 동안 돌아다니다 보니 어느 인적이 드문 곳에 이르렀는데, 신세를 질 만한 집이라고는 보이지 않았다. 지치고 허기진 신들은 소떼를 발견하고 황소를 한 마리 잡았다. 그리고 불을 피운 다음, 고기가 구워지기를 기다리며 불가에서 휴식을 취했다.

　　그러나 놀랍게도 활활 타오르는 불길과 달리 황소는 거의 날것이나 다름없었다. 이는 필히 마법의 힘이라 생각한 신들은 요리를 방해하는 자가 누구인지 알아내려고 주변을 둘러보았다. 그러자 머리 위의 나뭇가지에 앉아 있는 독수리가 눈에 들어왔다. 나그네들의 의심을 산 것을 눈치채고 독수리가 입을 열었다. 불이 평소처럼 작용하지 못하게 한 것은 자신이 맞지만, 먹을 수 있을 만큼만 고기를 나누어준다면 주문을 거두겠다고.

　　신들은 이 제안을 받아들였다. 그러자 독수리가 가지에서 내려와 커다란 날개로 불길을 키웠다. 고기는 금세 익었다. 독수리는 자기 몫으로 황소의 4분의 3을 가져가려 했다. 그러자 그렇게 잔뜩 나누어줄 생각이 없었던 로키가 곁에 떨어져 있던 큰 막대기를 집어 들고 탐욕스러운 독수리를 내리쳤다. 이 독수리가 마법에 능하다는 사실은 까맣게 잊고서 말이다.

　　로키에게는 안 된 일이지만 막대기의 한쪽 끝은 독수리의 등에 달라붙고, 다른 쪽 끝은 그의 손에 달라붙었다. 로키는 돌밭이며 찔레 숲으로 끌려 다니는 신세가 되었다. 가끔씩 독수리가 높이 올라가기라도 하면 팔이 어깨에서 빠져나가는 듯했다. 아무리 자비를 구하며 애원

로키와 티아시(도로시 하디 作)

해도 독수리는 로키를 놓아줄 생각이 없었다. 로키는 놓아주기만 하면 뭐든 원하는 대로 다 해주겠다고 약속한 뒤에야 겨우 풀려났.

이 독수리의 정체는 폭풍 거인 티아시^{Thiassi}였다. 거인은 한 가지 조건을 걸었고, 로키는 그 어느 때보다도 엄숙하게 맹세해야만 했다. 이둔을 아스가르드 밖으로 꾀어 티아시가 이둔과 마법의 사과를 차지할 수 있게 하겠다고.

풀려난 로키는 오딘과 회니르한테로 돌아왔다. 하지만 어떤 조건을 걸고 자유를 얻을 수 있었는지 발설하지 않으려고 각별히 조심했다. 아스가르드로 돌아온 뒤, 로키는 신들의 거처 바깥으로 이둔을 끌어낼 계획을 세우기 시작했다. 며칠 뒤, 브라기가 노래를 부르며 여행하느라 집을 비운 사이, 로키는 이둔이 살고 있는 작은 숲 브룬나케르Brunnaker에 찾아갔다. 그리고 가까운 곳에 이둔의 사과와 똑같은 사과가 자라고 있다며 능수능란하게 거짓말을 늘어놓았다.

로키의 꾐에 빠진 이둔은 그가 극찬하는 사과와 비교해 보려고 유리 접시에 진짜 사과를 가득 담아 아스가르드를 나섰다. 그러나 사기꾼 로키는 아스가르드를 벗어나기가 무섭게 이둔을 버렸다. 곧이어 북쪽에서 폭풍 거인 티아시가 독수리 날개를 펼치고 날아왔다. 천상의 집으로 돌아가려 하던 여신은 독수리의 잔인한 발톱에 붙잡혀 황량하고 적막한 거인의 집, 트림헤임Thrym-heim으로 끌려갔다.

여섯 번째는 트림헤임이라 이름 붙이니
티아시
최강의 요툰이 사는 곳이다.

- 그림니르의 노래(소프 옮김)

사랑하는 동료 신들과 떨어지게 된 이둔은 그리움에 사로잡혀 점점 안색이 창백해졌고 우울한 나날을 보냈다. 티아시는 마법의 사과를 한 입만 먹으면 힘과 젊음을 되찾고 아름다워질 수 있다는 걸 익히 잘 알고 있었다. 하지만 그가 아무리 부탁해도 여신은 고집스레 단 한 입조차 허락하지 않았다.

오딘의 전당에 찾아오는
모든 문제는

원인을 찾아 보면 로키가 나오네.
발할라의 문을 나서도록
순수한 이둔을 꾄 것은 로키 —
여신의 상자는 아름답고
그 안의 사과는 귀하구나,
신들을 불사로 만드니 —
그가 여신을 티아시의 탑에 가두었네.

- 발할라(J.C. 존스)

시간이 흘러갔다. 모두 이둔이 남편을 따라 여행을 떠난 줄만 알았다. 그러니 아무도 사라진 여신에게 주의를 기울이지 않았다. 금방 돌아오리라 생각했기 때문이다. 하지만 마지막으로 먹었던 사과의 이로운 효과가 조금씩 사라져가면서 신들은 나이가 드는 것을 느끼기 시작했다. 젊음과 아름다움이 사라지고 있었다. 그제야 신들은 놀라서 사라진 여신을 찾아 나섰다.

자세히 조사해 보니 이둔 여신이 마지막으로 목격되었을 때 로키가 함께 있었던 것으로 드러났다. 오딘은 로키를 불러 준엄하게 설명을 요구했다. 로키는 어쩔 수 없이 자신이 폭풍 거인의 힘에 굴복해 여신을 배반했던 이야기를 털어 놓았다.

그 자의 비웃고 깔보는 표정으로
곧 발할라에서 밝혀지니
배신자 로키의 계략으로

이둔이 사라졌네,
음울한 탑 속으로
요툰의 지배 하로.

- 발할라(J. C. 존스)

이둔의 귀환

　신들의 태도가 위협적으로 변했다. 어떻게든 이둔을 다시 데려올 방법을 생각해내지 못하면 이내 목숨이 위태로우리란 사실이 로키에게 절실히 다가왔다.

　로키는 분개한 신들에게 수단방법 안 가리고 이둔을 되찾아오겠다고 굳게 다짐하고는, 프레이야의 매 깃털 옷을 빌려 입고 트림헤임으로 날아갔다. 이둔은 혼자 슬픔에 잠겨 아스가르드에 돌아가지 못하는 신세를 한탄하고 있었다. 로키는 아름다운 여신을 호두로 변신시켰다. 제비로 변신시켰다는 설도 있다. 어쨌든 로키는 발톱으로 여신을 꽉 붙들고 날쌔게 아스가르드를 향해 날았다. 북쪽 바다에 낚시를 하러 간 티아시가 돌아오기 전에 아스가르드의 높은 벽을 넘어 몸을 피할 수 있기만을 바라면서.

　그 사이 신들은 아스가르드의 성벽에 모여서 로키가 돌아오기만을 기다렸다. 시인의 술 오드레리르를 찾아 떠났던 오딘의 귀환을 기다릴 때보다 훨씬 불안한 심정이었다. 그래서 그때 썼던 책략이 성공했던 것을 떠올리고 땔감을 높이 쌓아올려 언제라도 불을 피울 수 있게 준비해 두었다.

순간 로키가 돌아오는 모습이 보였다. 그러나 로키의 뒤를 커다란 독수리가 쫓고 있었다. 티아시가 불쑥 트림헤임에 돌아왔다가 여신을 데려가는 매를 보았던 것이다. 이 매가 신들 중 하나란 사실은 어렵지 않게 알 수 있었다. 티아시는 서둘러 독수리 옷을 걸치고 매를 쫓았다. 그리고 금방 목표물을 따라잡았다. 아스가르드의 성벽이 가까워지자 로키는 두 배로 더 힘을 냈다.

겨우겨우 티아시보다 앞서 목적지에 도착한 로키는 기진맥진해서 신들 사이로 내려앉았다. 한시의 지체도 없이 신들은 쌓아둔 땔감에 불을 붙였다. 로키에 이어 벽을 넘으려 하던 티아시는 치솟는 불길과 연기에 날개를 다치고 반쯤 의식을 잃은 채로 땅 위에 떨어졌다. 더할 나위 없이 쉬운 사냥감이었다. 신들은 성벽 위에서 내려와 가차 없이 거인을 저세상으로 보내버렸다.

이둔 여신이 돌아와서 아스 신들은 몹시 기뻤다. 이둔이 무사히 챙겨온 귀중한 사과를 먹는 것도 잊지 않고 서둘렀다. 한 입씩 베어 물 때마다 평소의 힘과 아름다움이 되돌아오는 것을 느낄 수 있었다. 그래서인지 신들은 거인일지언정 영원한 젊음의 사과를 원하는 것은 당연한 일이라고 너그러이 인정할 수 있었다. 그리하여 티아시의 눈을 천상의 별자리로 만들자는 결정이 내려졌다. 티아시의 죽음을 알게 될 폭풍 거인들의 분노를 조금이나마 누그러뜨리려는 의도이기도 했다.

내 그 눈들을 던졌다네.
눈의 주인은 알발디의 아들.
천상의 맑은 하늘로 던졌으니

그 눈이 증거로다,
내 행적 중 가장 위대한 행적의 증거로다.

- 하르바르드의 노래(소프 옮김)

봄의 여신

　　이 신화는 명백히 자연 현상을 설명하고 있다. 이둔은 초목의 상징으로 가을이 되면 강제로 사라지는 운명이다. 브라기가 없는 것은 새들의 노래가 멈추었다는 뜻이다. 차가운 겨울바람 티아시는 얼어붙은 황량한 북쪽 땅에 여신을 억류한다. 여신은 남쪽 바람 로키가 씨앗을 가져오거나 제비를 불러오고 나서야 다시 번성할 수 있다. 씨앗과 제비는 모두 봄소식을 알리는 선봉이다. 이둔이 선사하는 젊음과 아름다움, 그리고 활력은 겨울잠 끝에 봄이 오고 자연이 되살아나는 것을 상징한다. 잔뜩 찌푸리고 있던 회색 땅에 초록과 활력이 돌아오는 것이다.

지하 세계로 떨어진 이둔

　　이둔(초목)이 실종되는 일은 해마다 일어나는 두드러진 현상이므로 이를 설명하는 또 다른 신화가 있으리라 기대할 수 있다. 정말로 옛 음유시인들이 즐겨 읊던 노래가 있긴 하지만, 불행히도 일부만이 전해져 전체 내용을 알 수가 없다. 이 노래에 의하면, 어느 날 신성한 물푸레나무 이그드라실에 앉아 있던 이둔이 돌연 정신을 잃는다.

그리고 잡고 있던 가지를 놓치면서 니플헤임의 가장 깊은 곳으로 떨어지고 만다. 그곳에서 이둔은 창백한 얼굴로 꼼짝하지 않고 누워서 헬이 다스리는 나라의 섬뜩한 광경 앞에서 공포에 찬 시선을 고정한다. 마치 뼛속까지 치미는 추위에 압도당한 사람마냥, 사시나무처럼 몸을 떤다.

> 골짜기에서 지내니
> 예지력이 있는 디스 신
> 이그드라실
> 물푸레 나무에서 떨어졌네.
> 알프 족으로
> 이름은 이둔이라 하니
> 이발디의 나이든 자식 가운데
> 막내라네.
> 견디기 어렵도다
> 이곳으로 떨어져
> 서리 내린 나무의
> 줄기 아래에 머무는 나날.
> 행복하지 못하리.
> 노르비의 딸과 함께하는 나날이기에.
> 이미 익숙하기 때문이구나,
> 편안한 고향집에.
>
> - 오딘의 큰 까마귀 노래(소프 옮김)

이둔이 돌아오지 않자 오딘은 브라기와 헤임달, 또 다른 신에게 여신을 찾아오라고 명령했다. 더불어 그녀가 추위에 고생할 것을 저어해 몸을 감쌀 흰 늑대 가죽을 선사했다. 예언에 의하면 여신이 의식을 잃고 있으니 어떻게 해서든 깨워야 한다고도 덧붙였다.

신들이 늑대 가죽을 주니
여신이 이를 걸쳤다.
 - 오딘의 큰 까마귀 노래(소프 옮김)

이둔은 신들이 따뜻한 늑대 가죽으로 자신의 몸을 감싸는 것은 막지 않았다. 하지만 끝끝내 움직이려 하지는 않았다. 아내의 이상한 행동을 보고 브라기는 그녀가 큰 재앙을 예견한 것일지도 모른다고 생각하게 되었다. 여신의 창백한 뺨으로 끊임없이 눈물이 흘러내렸다. 브라기는 아내의 불행을 어쩌지 못하고 한참 후 다른 신들에게 아스가르드로 돌아가라고 권했다. 자신은 아내가 헬 여신이 다스리는 음울한 세계를 떠날 준비가 될 때까지 곁에서 머무를 생각이었다. 비탄에 빠진 아내 때문에 브라기는 너무 우울해서 평소처럼 즐거운 노래를 할 생각이 들지 않았다. 지하세계에 머무르는 동안 그의 하프 역시 침묵을 지켰다.

꽃이 핀 초원 위로 불어오는 목소리 같은 산들바람
마치 브라기의 하프가 연주하는 음악 같네.
 - 북유럽 바이킹 이야기(R. B. 앤더슨)

이그드라실에서 추락한 이둔은 가을이 되어 떨어지는 낙엽을 상징한다. 낙엽은 힘없이 차가운 맨땅에 눕는다. 그리고 늑대 가죽으로 표현된 흰 눈에 덮여 그 모습이 보이지 않게 된다. 오딘, 다시 말해 하늘이 낙엽을 따뜻하게 해주려고 눈을 내려 보낸다. 새들의 노랫소리가 사라진 것 역시 브라기의 하프가 침묵을 지키는 것으로 표현된다.

뇨르드

신들의 인질

____ 아스 신과 반 신이 전쟁 끝에 서로 인질을 교환한 이야기는 앞에서 살펴보았다. 오딘의 동생 회니르가 바나헤임에서 살게 되었고, 뇨르드가 두 아이 프레이르와 프레이야를 데리고 와 아스가르드에서 살게 되었다.

> 바나헤임에서는
> 현명한 이들이 그를 임명하여
> 신들에게 인질로 보냈다.
>
> - 바프트루드니르의 노래(소프 옮김)

바람의 지배자이자 가까운 바다의 지배자 뇨르드는 해변 가까이에

있는 왕궁 노아툰Noatun을 받았다. 이곳에서 그는 심해의 신 에기르Ægir
가 일으키는 맹렬한 폭풍을 잠재웠다.

> 뇨르드, 어부들은 폭풍의 신으로 아네.
> 천상에서 태어나지 않았으니 — 바나헤임에서 자랐구나,
> 인간들과 함께. 허나 인질이 되어 신들과 지내니
> 강어귀며 검은 소나무가 둘러싼
> 바위투성이 개울, 바닷새가 우는 모래사장까지 모르는 것이 없
> 어라.
>
> - 발데르 죽다(매슈 아널드)

또한 뇨르드는 무역과 어업을 보호하는 신이기도 했다. 둘 다 짧은 여름 동안에만 이익을 볼 수 있는 일이었기 때문에 뇨르드는 여름의 화신이기도 했다.

여름의 신

예술 작품에서 뇨르드는 인생의 한창 때를 보내는 아주 잘생긴 신으로 묘사된다. 짧은 녹색 튜닉을 입고 조개껍데기와 해초로 장식한 왕관을 쓰고 있다. 독수리나 해오라기 깃털로 장식한 갈색 챙 모자를 쓰기도 한다. 사람들은 겨우내 해변을 황량하게 만든 거친 폭풍우를 잠재워달라고 여름의 화신 뇨르드에게 기도했다. 또, 어서 봄의 온기를 가져와 겨우내 피우던 불을 끌 수 있게 해달라고 빌기도 했다.

여름 동안에만 농사를 지을 수 있었고, 그것도 주로 피오르[1]에 지었으므로 풍년의 기도 역시 뇨르드에게 올렸다. 뇨르드가 자신을 믿는 사람들이 번영을 누리는 모습을 보며 즐거워한다고 믿었던 것도 한몫했다.

일부 신화 학자들에 의하면 뇨르드의 첫 번째 아내는 친누이인 네르투스Nerthus라고 한다. '어머니 대지'라고도 하는데, 앞에서 언급했듯이 독일에서는 프리가와 동일시하지만 스칸디나비아에서는 각기 다른 신으로 구분한다. 뇨르드가 아스가르드로 가게 되면서 둘은 헤어져야만 했다. 아스가르드에서 뇨르드는 장대한 회장에 놓인 열두 자리 중 한 자리를 차지했고 신들의 모임에는 전부 참석했다. 아스 신들에게 자신이 필요하지 않을 때에만 노아툰으로 돌아갔다.

> 노아툰이 열한 번째.
> 그곳에서 뇨르드
> 거처를 정하니
> 인간들의 군주
> 죄를 모르는 이.
> 그가 높이 지은 궁을 지배한다.
>
> - 그림니르의 노래(소프 옮김)

해변의 왕궁에서 지내며 뇨르드는 갈매기들이 여기저기 나는 모습과 백조의 우아한 움직임을 즐거이 바라보았다. 백조는 그가 가장 좋아하는 새였기에 신성하게 여겨졌다. 또, 뇨르드는 순한 물개들이 뛰

어다니거나 그의 발밑에 와서 볕을 쪼이는 모습을 바라보며 시간을 보냈다.

⁑ 겨울의 여신 스카디

____ 트림헤임에서 이둔이 돌아오고 아스가르드의 경계 안에서 티아시가 목숨을 잃은 지 얼마 지나지 않아 신들에게 매우 당황스러운 일이 벌어졌다. 티아시의 딸 스카디^{Skadi}가 나타나 아버지를 죽인 보상을 하라고 요구한 것이다. 늙고 못생긴 흐림트루스의 딸이었지만, 겨울의 여신 스카디는 실로 매우 아름다웠다. 은빛 갑옷에 번쩍이는 창과 뾰족한 화살로 무장했으며, 순백의 짧은 사냥복을 입고 모피를 덧댄 각반으로 다리를 감싼 데다가, 넓은 눈신^{snowshoe}을 신은 모습이었다. 신들은 스카디의 요구가 정당하다고 인정하지 않을 수 없었다. 그래서 흔히 그러듯 재물로 보상하려 했다.

그러나 스카디는 너무 화가 나서 중재안을 거절하고 목숨은 목숨으로 갚으라고 요구했다. 로키는 일단 그녀의 분노를 달래줘야겠다고 생각했다. 스카디의 차가운 입가에 미소가 감돌게 할 수만 있다면 나머지는 쉬울 터였다. 그리하여 로키는 갖은 장난을 선보였다. 보이지 않는 끈으로 자신과 염소를 묶은 다음 익살스러운 행동을 해 염소가 똑같이 따라하게 하기도 했다. 너무나도 터무니없고 기이한 광경이라 신들은 모두 아주 큰 소리로 유쾌하게 떠들어댔다. 스카디도 예외는 아니라 입가에 슬며시 미소가 떠올랐다.

이렇게 분위기가 부드러워진 틈을 타 신들은 창공을 가리켰다. 티아시의 눈이 북반구에서 눈부신 별처럼 빛나고 있었다. 신들은 티아시를 최대한 기리기 위해 그의 눈을 하늘에 박았다고 스카디에게 설명했다. 그리고 이 자리에 모인 신들 중 하나를 남편으로 삼아도 된다고 덧붙였다. 단, 신들의 발만 보고 누가 매력적인 신랑감인지 가늠하라는 조건이 있었다.

남자 신들이 둥글게 서자 발만 보이게 눈을 가린 스카디가 주위를 둘러보았다. 금방 아름다운 발이 하나 눈에 띄었다. 아름다운 얼굴이 매력적이었던 빛의 신 발데르가 틀림없었다. 스카디는 그 발의 주인을 신랑감으로 지목했다.

그러나 안대를 풀자 유감스럽게도 그녀가 선택한 신은 뇨르드로 밝혀졌고, 스카디는 뇨르드에게 결혼 서약을 해야 했다. 하지만 실망도 잠시, 스카디는 아스가르드에서 행복한 신혼 첫 달을 보냈다. 모두가 경의를 표하며 그녀를 즐겁게 해주려 했기 때문이다. 그 뒤, 뇨르드는 신부를 노아툰으로 데려왔다. 하지만 단조로운 파도 소리, 갈매기들이 끼룩거리고 우는 소리, 물개들의 울음소리 때문에 스카디는 도통 잠을 이룰 수가 없었다. 결국 더는 여기서 못 버티겠으니 고향 트림헤임으로 돌려보내달라고 남편한테 애원하게 되었다.

잠을 잘 수가 없네,
바닷가의 침대에서는.
바닷새들의 날카로운 울음소리 때문에.
침대 위의 나를 깨우네.
파도와 함께 매일 아침

찾아오는 갈매기가.

- 북유럽 신화(R. B. 앤더슨)

아내의 호감을 얻으려고 애쓰고 있던 뇨르드는 트림헤임에서 9일, 노아툰에서 3일씩 옮겨가며 살기로 했다. 하지만 산악 지대로 가보니 윙윙거리는 바람 소리, 천둥과도 같은 눈사태 소리, 얼음이 갈라지는 소리, 우렁찬 폭포 소리, 늑대가 울부짖는 소리를 도저히 견딜 수 없었다. 스카디가 바다 소리를 견디지 못했던 것과 다를 것이 없었던 것이다. 그러니 매번 노아툰에 돌아올 때마다 기뻐하지 않을 수 없었다.

산에 지쳤다네.
오래 지내지도 않았지
겨우 아흐레 밤.
늑대의 울음소리
내게는 불쾌하게 들린다네,
백조의 노랫소리에 비하면.

- 북유럽 신화(R. B. 앤더슨)

∷ 뇨르드와 스카디의 이별

____ 각기 여름과 겨울의 화신인 뇨르드와 스카디는 얼마간 번갈아가며 지내는 생활을 계속했다. 아내는 짧은 여름 석 달을 바다에서 보내고, 남편은 마지못해 남은 아홉 달의 겨울을 트림헤임에서 지냈

다. 하지만 결국에는 두 사람의 기호가 일치하는 날은 오지 않으리라 결론을 내리고 영원히 헤어지는 길을 택하고 만다. 각자 자기 집으로 돌아가 좋아하는 방식대로 살아가기로 한 것이다.

> 트림헤임이라 불리네
> 티아시가 살던 곳
> 그 강인한 폭풍 거인이 살던 곳.
> 그러나 이제 스카디가 산다네
> 신들의 순수한 신부가
> 아버지의 옛 저택에서 산다네.
>
> - 북유럽 신화(R. B. 앤더슨)

스카디는 이제 사냥을 하며 익숙한 여가시간을 보내게 되었다. 트림헤임을 떠난 것은 단 한 번, 앞에서 살펴보았던 반半역사적인 인물 오딘과 결혼하기 위해서였다. 둘 사이에서는 세밍Sæming이란 아들이 태어났다. 세밍은 노르웨이의 초대 왕으로 오래도록 그 나라를 다스린 왕족의 시조로 여겨진다.

하지만 또 다른 이야기에서는 스카디가 결국에는 겨울의 신 울르Ullr와 결혼했다고 한다. 스카디는 명사수였으므로 활과 화살을 든 모습으로 묘사되며, 추적의 여신으로서 보통 늑대와 닮은 에스키모개(썰매개)를 한 마리 데리고 다닌다. 북유럽에서는 아주 흔한 개다. 스카디가 눈과 얼음 위의 썰매를 인도한다고 생각한 사냥꾼들과 겨울 여행객들은 안전하게 목적지에 갈 수 있게 해달라고 여신에게 기도했다.

폭풍 거인이었던 아버지를 죽인 신들에게 스카디가 화를 내는 것은 얼음으로 뒤덮인 대지가 아주 경직된 것을 의미한다. 그러나 이 경직은 로키(섬광, 마른번개)의 유쾌한 장난 덕에 미소를 짓고 뇨르드(여름)를 받아들이는 것으로 풀린다. 하지만 뇨르드의 사랑도 스카디를 1년에 석 달(신화에서는 세 밤으로 표현했다) 이상 잡아두지 못한다. 그녀가 겨울 폭풍과 산에서 보내던 나날을 그리워하기 때문이다.

뇨르드 숭배

뇨르드는 항구를 드나드는 배에 축복을 내린다고 알려져 있다. 그래서 그의 신전도 해변에 세웠다. 사람들은 뇨르드의 이름을 걸고 맹세를 했고, 연회가 있을 때마다 뇨르드의 건강을 빌었다. 그때마다 아들 프레이르의 이름도 반드시 거론되었다.

모든 수생 식물은 뇨르드에게 속하므로 북쪽에서는 해면동물을 '뇨르드의 장갑'이라고 불렀다. 이제는 '처녀의 손'이라고 하지만 말이다.

프레이르

요정 나라의 신

프레이르는 뇨르드와 네르투스의 아들, 혹은 뇨르드와 스카디의 아들로 바나헤임에서 태어났다. 독일에서는 프로^{Fro}라고 부른다. 반 신족에 속하며 물과 공기의 신이었지만, 아버지와 함께 아스가르드에 인질로 가게 되었다. 아스가르드에서는 따뜻한 환영을 받았다. 아이에게 처음으로 이가 나면 귀한 선물을 주는 북유럽 관습에 따라, 어릴 때 아스 신들로부터 아름다운 요정의 나라 알프헤임(빛의 엘프들이 사는 나라)을 선물 받기도 했다.

알프헤임, 신들이 프레이르에게
옛날 옛적 주었다네.
이가 난 기념으로.

- 옛 에다(소프 옮김)

황금빛 햇살과 따뜻한 여름의 소나기를 주관하는 신 프레이르는 알프헤임에서 엘프, 요정들과 어울려 지냈다. 다들 그가 내리는 명령에 절대적으로 복종했다. 특별히 선하게 태어난 존재들이기에 프레이르가 손짓만 해도 여기저기 오가며 능력을 발휘해 돕곤 했다.

또, 프레이르는 신들에게서 신기한 칼(햇빛의 상징)도 받았다. 이 칼에는 승리를 보장하는 힘이 있었다. 게다가 칼집에서 꺼내면 칼이 스스로 움직여 싸우기까지 했다. 토르 못지않게 서리 거인들을 미워하던 프레이르는 대부분 그들을 상대로 이 칼을 휘둘렀다. 이 때문에 가끔씩 칼의 신 티르나 색스놋과 동일시되기도 했다.

자루가 짧은 망치로 정복자 토르 싸우나
프레이르의 칼은 거의 4척에 이르네.

- 북유럽 바이킹 이야기(R. B. 앤더슨)

스바르트알파헤임의 드워프들은 프레이르에게 태양을 나타내는 황금빛 털의 멧돼지 굴린부르스티(황금 털을 가진 자)를 선물했다. 멧돼지의 빛나는 털은 햇빛을 상징하기도 하고, 프레이르의 명령으로 미드가르드의 추수 밭에서 물결치는 황금빛 곡식을 상징하기도 한다. 날카로운 엄니로 땅을 파헤치는 멧돼지 덕분에 인간들이 밭 가는 법을 배웠다고 전해지기 때문이다.

거기 프레이르가 앉아 있네
황금빛 털의 멧돼지 위에. 전해오기를 이 멧돼지가
갈색 대지를 일구어 프레이르를 위해 녹색으로 물들였다지.
- 구드룬의 연인들(윌리엄 모리스)

프레이르는 이 멧돼지를 직접 타고 다니기도 하고, 황금 마차에 매어 마차를 끌게 하기도 했다. 그때마다 멧돼지는 엄청난 속도를 내며 달렸고, 프레이르는 마차에 가득 실은 과일과 꽃을 아낌없이 지상에 뿌리곤 했다.

게다가 프레이르는 자랑으로 여기는 말 블로두그호피^{Blodug-hofi}까지 가지고 있었다. 그가 명령만 내리면 물불 가리지 않고 뛰어들 만큼 용맹한 말이었다. 구름을 상징하는 마법의 배 스키드블라드니르도 있었다. 땅과 바다를 모두 항해하며 언제나 순풍만 받는 배였다. 무엇보다도 탄성이 뛰어나 신들과 그들의 말, 무기를 모두 실을 만큼 커질 수도 있고, 냅킨처럼 접어서 주머니에 넣을 수도 있었다.

이발드의 아들들이
그 옛날
스키드블라드니르를 만드니
배들 중 최고의 배,

눈부신 프레이르,
뇨르드의 점잖은 아들을 위함이라.

- 그림니르의 노래(소프 옮김)

프레이르(자크 라이히 作)

∷ 게르다를 향한 구애

    ____ 에다에 실린 노래 하나에 이런 얘기가 있다. 하루는 프레이르가 과감하게 오딘의 왕좌 흘리드스칼프로 올라가 넓은 세상을 둘러보았다. 얼어붙을 듯한 추위가 휩쓸고 있는 북쪽을 바라보니, 아름다운 아가씨가 서리 거인 기미르Gymir의 집으로 들어가고 있었다. 손을 올려 걸쇠를 들어 올리는 순간, 눈부신 아름다움이 바다와 하늘을 환하게 비췄다.

    잠시 뒤, 사랑스러운 아가씨는 아버지의 집안으로 사라져버렸다. 그녀의 정체는 바로 북극광(오로라)의 화신으로 여겨지는 게르다Gerda였다. 프레이르는 수심에 잠겨 알프헤임으로 돌아왔다. 이 아름다운 아가씨를 아내로 삼고 싶은 갈망이 가득 차올라 괴로웠다. 깊은 사랑에 빠진 프레이르는 우수에 사로잡혀 넋을 놓고 지냈는데, 상사병의 정도가 너무 심했다. 얼마나 이상하게 구는지 뇨르드가 아들의 건강을 크게 염려할 정도였다. 뇨르드는 아들이 총애하는 시종 스키르니르에게 프레이르가 갑자기 변한 이유를 알아오라고 시켰다. 스키르니르는 설득 끝에 주인이 흘리드스칼프에 올라갔다가 아름다운 여인을 목격했다는 것을 알아냈다. 프레이르는 사랑에 빠졌다는 이야기를 하면서 동시에 절망에 빠진 이유도 털어놓았다. 게르다는 기미르와 앙구르보다의 딸로 신들이 죽인 거인 티아시의 친척이었다. 그러니 프레이르는 게르다가 자신을 탐탁지 않게 여길까봐 두려웠다.

    기미르의 저택에서 그녀가 거니는 것을 보았네,
    내 가슴에 사랑의 불을 지른 아가씨.

북유럽 신화, 재밌고도 멋진 이야기

> 그녀의 흰 팔과 가슴 아름다워
> 사랑스럽게 빛나 바다와 하늘을 밝힌다네.
> 소중한 그녀 내 소망이니
> 그 어떤 청년도 나만큼 원하지는 못했으리.
> 허나 신들도 엘프들도, 내 잘 알고 있으니
> 우리가 함께하는 것을 허락지 않는다네.
>
> - 스키르니르의 노래(허버트 옮김)

그러나 스키르니르는 위로하듯이 주인님이 왜 그렇게 낙담하시는지 모르겠다고 대답했다. 그리고 자기가 대신 가서 아가씨의 마음을 얻어올 테니 길을 떠날 수 있게 말을 빌려주시고, 상으로 빛나는 칼을 달라고 청했다.

프레이르는 아름다운 게르다를 얻을지도 모른다고 생각하자, 기쁨에 들떠서 스키르니르에게 빛나는 칼을 건네주고 말을 써도 좋다고 허락했다. 하지만 이도 잠시, 프레이르는 사랑에 빠진 뒤로 늘 그래왔듯이 다시 상념에 잠겼다. 그래서 스키르니르가 아직 주변을 맴돌고 있는 것도, 근처 개울의 수면에 비친 주인의 얼굴을 교묘하게 훔쳐서 뿔잔에 넣는 것도 알아차리지 못했다. 스키르니르는 '이 물을 게르다의 잔에 따라 주인의 아름다운 얼굴을 보여주고 그녀의 마음을 얻자'고 생각했다. 그리고 초상肖像과 함께 황금 사과 열한 개와 마법의 반지 드라우프니르까지 챙긴 다음, 프레이르의 사절로서 임무를 다하기 위해 요툰헤임으로 향했다.

기미르의 집에 가까워지자 집 지키는 개가 쉬지 않고 큰 소리로 짖었다. 겨울바람을 상징하는 개였다. 근처에서 양을 치고 있던 양치기에게 물으니 기미르의 집 주위는 화염 장벽이 둘러싸고 있어 들어갈 수 없을 것이라고 대답했다. 그러나 블로두그호피가 어떤 불이라도 다 통과할 수 있다는 걸 알고 있던 스키르니르는 그저 말에 박차를 가했고, 무탈하게 문 앞까지 올라갈 수 있었다. 그러자 곧 사랑스러운 게르다에게로 안내되었다.

아름다운 아가씨가 주인의 청혼을 받아들이게 하려고 스키르니르는 훔쳐온 초상을 보여주고 황금 사과와 마법의 반지를 내밀었다. 하지만 게르다는 자기 아버지에게도 차고도 넘칠 만큼 황금이 많다며 오만하게 선물을 거절했다.

> 받지 않으리, 그 놀라운 반지.
> 발데르의 화장터에서 가져온 것이라 해도.
> 내 아버지의 집에 금은 부족하지 않으니
> 아버지가 주시는 지참금으로도 충분하다네.
>
> - 스키르니르의 노래(허버트 옮김)

게르다의 멸시에 분이 치밀어 오른 스키르니르는 마법의 칼로 게르다의 목을 자르겠다고 위협했다. 하지만 이번에도 게르다는 전혀 놀라지 않고 차분하게 할 테면 해보라며 대들기만 했다. 마지막으로 스키르니르는 마법에 의지하기로 했다. 지팡이에 룬 문자를 새기며 주문을 끝내기 전에 청혼을 받아들이지 않으면 영원히 혼자 살게 되거나, 결코 사랑하지 못할 늙은 서리 거인과 결혼하게 될 것이라고 위협한

것이다.

게르다는 계속 고집을 부리면 쓸쓸한 미래를 보내게 될 것이란 얘기에 겁을 먹은 나머지 결국 프레이르의 아내가 되기로 했다. 아흐레가 되는 밤, 푸른 숲 부리^{Buri}에서 혼인하기로 정해졌다. 스키르니르는 프레이르가 행복을 되찾게 해주겠다는 다짐을 받고서야 걸음을 돌렸다.

> 부리는 사랑의 자리로 불리니
> 아흐레 밤이 지나면 이 익히 알려진 숲에서
> 용감한 뇨르드의 늠름한 아들은
> 게르다에게서 기쁨의 입맞춤을 받으리.
>
> - 스키르니르의 노래(허버트 옮김)

스키르니르는 기뻐하며 알프헤임으로 서둘러 돌아갔다. 결과가 궁금해서 초조해하고 있던 프레이르는 게르다의 승낙을 받았다는 소식을 듣자 기뻐서 얼굴이 환하게 밝아졌다. 하지만 약속한 신부를 만나기까지 아흐레 밤을 기다려야 한다는 말에 기다림이 영원히 계속될 것 같다며 다시 우울해졌다.

> 하룻밤도 기니 이틀 밤은 더하고,
> 하물며 사흘이면 내 고통을 어찌 달래리?
> 환희에 차면 한 달이 금세 지나가니
> 그 한 달이 간절한 한숨으로 보내는 하룻밤의 절반보다 빠르다네.
>
> - 스키르니르의 노래(허버트 옮김)

하지만 그것은 사랑에 빠지면 흔히 느끼게 되는 실망감에 불과했다. 기다림은 어느새 종지부를 찍고, 프레이르는 기쁜 마음으로 푸른 숲을 향해 걸음을 재촉했다. 숲에는 정말 약속한 대로 게르다가 기다리고 있었다. 이후로 게르다는 프레이르의 행복한 아내가 되어 당당하게 그와 나란히 왕좌에 앉게 되었다.

프레이르의 아내는 게르다
기미르의 딸로
요툰의 자손이다.

- 옛 에다(소프 옮김)

어떤 신화 학자들은 게르다가 오로라의 화신이 아니라 대지의 화신이라고 한다. 딱딱하고 차가우며 완고한 대지가 봄의 신이 내민 치장과 풍요(반지와 사과)를 거부하고 빛나는 햇살(프레이르의 칼)을 무시한다. 그러나 이대로 있다가는 영원히 불모지로 남거나 거인들(얼음과 눈)의 힘에 전적으로 굴복해야 한다는 사실을 깨닫고 봄의 입맞춤을 받기로 한다. 아흐레 밤 동안 기다리는 것은 전형적인 아홉 달의 겨울을 뜻하며, 기다림의 끝에 대지는 태양의 신부가 된다. 잎과 꽃이 피어나는 나무 가득한 숲에서.

전해오기로 프레이르와 게르다는 푤니르Fiolnir라는 아들을 낳았다. 아들이 태어난 덕에 게르다는 남편의 손에 남동생 벨리Beli를 잃은 슬픔을 달랠 수 있었다. 벨리는 프레이르를 공격했다가 목숨을 잃었는데, 이때 프레이르는 급히 벽에 장식해둔 수사슴의 뿔을 떼어내 방어

해야만 했다. 무적의 칼을 스키르니르에게 주었기 때문에 무기가 없었던 것이다.

충실한 스키르니르 외에도 프레이르에게는 또 다른 시종이 있었다. 베이그비르Beyggvir와 베일라Beyla 부부였다. 이들은 각기 방앗간의 찌꺼기와 거름을 상징했다. 둘 다 땅을 비옥하게 하는 데 쓰이는 재료이므로 불쾌한 것이라고 해도 프레이르의 충실한 하인으로 여겨진다.

역사 속의 프레이르

스노리 스툴루손은 고대 노르웨이 왕들의 연대기 『헤임스크링글라Heimskiringla』를 쓰면서 프레이르가 역사적으로 존재한 인물이라고 설명한다. 이름은 잉비프레이Ingvi-Frey로 역시 반半역사적인 인물인 오딘과 뇨르드가 죽은 뒤 웁살라를 다스렸다고 한다. 잉비프레이가 통치할 때 백성들은 상당한 번영과 평화를 누렸으므로, 그들의 왕을 신으로 믿고 왕의 이름을 부르며 기도하기 시작했다. 왕이 죽었을 때 사제들이 감히 그 사실을 밝히지 못했다. 그래서 당시 풍습대로 화장하는 대신 흙으로 높은 단을 쌓고 그 위에 시신을 뉘었다. 그 다음, 사람들에게 프레이 ― 이 이름은 북유럽에서 '주인'을 지칭하는 단어로도 쓰인다 ― 가 "단 위로 올라갔다"고 알렸다. 이 표현은 훗날 북유럽에서 죽음을 알리는 문구로 자리 잡게 된다.

사람들은 단에 있는 세 군데 구멍으로 금화와 은화, 동화를 넣어 왕에게 계속 세금을 바쳤다. 왕이 죽은 사실을 알게 된 것은 3년이나 지난 뒤의 일이었다. 하지만 전과 다름없이 평화와 번영이 지속되었으므로 사람들은 시신을 화장해서는 안 된다고 결정했다. 그 결과 봉분을 만들어 매장하는 풍습이 시작되었고, 머지않아 많은 곳에서 화장火葬을 대체하게 되었다.

가믈라웁살라Gamla Upsala 근처에 있는 세 봉분 가운데 하나에는 여전히 프레이르의 이름이 남아 있다. 프레이르의 상 역시 가믈라웁살라의 큰 신전에 있었으며, 엄숙한 맹세를 할 때는 순서에 맞게 그 이름을 언급했다. 보통 다음과 같은 순서를 지켰다.

"그러니 저를 도우소서. 프레이르, 뇨르드, 그리고 전능한 아스 신(오딘)이시여."

프레이르 숭배

프레이르의 신전에는 무기를 가지고 들어가는 것이 허용되지 않았다. 프레이르의 신전 중 가장 널리 알려진 곳은 노르웨이의 트론헤임에 있는 신전과, 아이슬란드 트베라에 있는 신전이었다. 이 신전들에서는 프레이르에게 제물로 소와 말을 바쳤는데, 무거운 황금 반지를 제물의 피에 살짝 담그며 앞에서 언급한 것처럼 엄숙하게 맹세했다.

프레이르의 상 역시 다른 북유럽 신들과 마찬가지로 나무를 깎아 소박하게 만든 것이었다. 따라서 마지막 남은 성상은 백성들을 억지로 개종시켰던 올라프 성인이 없애버린 듯하다. 햇빛, 풍요, 평화, 번영의 신이기도 한 프레이르는 말과 기수들의 수호신이며 포로들의 구조신이기도 했다.

프레이르
신들 가운데
최고신이 있되 그중에서도 으뜸이네.
눈물을 흘리게 하지 않으시니
처녀와 어머니들을 돌보심이며,
족쇄를 풀고자 하시니
사슬에 묶인 이들을 위함이라.

- 북유럽 신화(R. B. 앤더슨)

율 축제

북유럽에서는 1년 중 한 달을 '율 달' 혹은 '토르의 달'이라고 부르며, 토르와 프레이르에게 바치는 달로 여겼다. 어머니 밤$^{Mother Night}$이라 부르는 1년 중 밤이 가장 긴 날에 시작된다. 태양이 다시 돌아오는 것을 알리는 달이었기 때문에 축제를 열고 기쁨을 나누는 시기였다. 축제는 율(바퀴)이라고 불렀는데, 태양이 하늘 위를 빠르게 선회하는 바퀴와 닮았기 때문이다.

덕분에 잉글랜드, 독일, 모젤 강 유역 사람들 사이에서 독특한 관습이 생겨났다. 해마다 산 위에 모여 커다란 나무 바퀴에 짚을 감은 다음 불을 붙이는 것이다. 바퀴가 활활 타오르면 산 밑으로 굴려 물에 빠뜨린다. 그러면 치-익 소리가 나며 불이 꺼지는데, 이 풍습은 19세기까지도 곧잘 볼 수 있었다.

어떤 이들은 닳아서 버린 썩은 바퀴를 가져와 짚과 삼을 빽빽하게 바퀴가 보이지 않을 정도로 감는다. 그것을 산 위로 가져가 전체에 불을 붙인다. 밤이 되어 어둠이 내리면 바퀴를 세게 집어던지는데, 하늘에서 떨어진 태양과 매우 흡사해 보인다. 그러니 기묘하고 무시무시하며 두려운 광경이다. 하지만 그들은 이렇게 함으로써 그들이 저지른 나쁜 짓들이 모두 지옥으로 떨어졌다고 믿었다. 그러므로 이제 손해를 입거나 위험에 처할 걱정 없이 안전하게 살 수 있다고 생각한다.

- 나오게오르구스

북유럽 사람들은 율 축제를 한 해 중 가장 큰 축제로 여겼다. 그래서 잔치를 벌이고 춤을 추며 술을 마셨다. 신들의 이름을 하나하나 언급하며 건배하는 것도 빼놓지 않았다. 최초의 기독교 선교사들은 이 축제의 인기가 굉장하다는 것을 제대로 이해했다. 처음 북유럽의 이교도를 개종시키기 시작할 때, 차라리 이 축제 중에 예수와 열두 제자의 건강을 빌며 술을 마시게 하는 것이 최선이리라 판단했을 정도였다.

축제 기간에는 프레이르를 기리며 멧돼지 고기를 먹었다. 멧돼지 머리에 월계수 잎과 로즈마리로 만든 관을 씌우고 아주 격식을 차려 연회장으로 가져왔는데, 이 관습은 다음 노래에서 확인할 수 있듯이 상당히 오랫동안 이어졌다.

　　　　카푸트 아프리 데페로(멧돼지 머리를 내어)
　　　　레덴스 라우데스 도미노.(주를 찬양합니다.)

내 손에 든 멧돼지 머리
월계수와 로즈마리 화관을 씌웠네.
바라건대 모두 즐거이 노래합시다.
　　퀴 에스티스 인 콘비비오.(축제를 함께하는 여러분.)
- 옥스퍼드 대학 퀸즈 컬리지 캐롤[1]

이는 '속죄의 멧돼지'라고 불리는 신성한 음식이었다. 요리가 나오면 가장은 그 위에 손을 얹고 가족에게 충실하겠으며 의무를 다하겠다고 맹세했다. 계급을 막론하고 그 자리에 참석한 가장이라면 모두 어김없이 따르는 관례였다. 또, 흠 잡을 데 없이 평판이 좋고 용기가 입증된 남자만이 멧돼지 고기를 자를 수 있었다. 멧돼지 머리란 누구에게나 두려움을 불러일으키는 신성의 상징이었기 때문이다. 그런 까닭에 북유럽의 왕이나 세상에 용맹을 떨친 영웅들의 투구 장식으로 멧돼지 머리를 쓰는 일도 많았다.

프레이르의 또 다른 이름 프로Fro는 독일어에서 기쁨을 뜻하는 단어[2]와 발음이 동일하다. 따라서 프로 신은 모든 기쁨의 수호신으로 여겨졌고, 조화를 이루어 한마음으로 살아가고자 하는 부부들은 꼭 그에게 기도했다. 또, 오랜 세월 그렇게 살아온 부부는 상으로 모두가 보는 앞에서 멧돼지 고기를 한 점 받았다. 잉글랜드와 빈에서는 돼지고기 옆구리 살로 만든 베이컨이나 햄으로 대체되었다.

결혼한 남편 또는 아내로서
결혼생활에 죄를 범하지 않았다고

고해성사의 관례에 따라 맹세해야 한다.
싸운 적은 없는가, 의견이 달라 갈등한 적은 없는가.
행동이나 말로 서로 공격하지 않았는가.
교회 서기가 '아멘'이란 말로 결혼을 확정지은 뒤
다시 미혼이 되길 바란 적은 없는가.
12개월 1일 동안
어떤 식으로든 결혼을 후회한 적은 없는가.
그러나 결혼식 날, 성가대석에서 손을 잡았을 때와 마찬가지로
생각과 바람이 계속해서 진실하다면
스스로 자유로이 맹세할 것이니
베이컨 한 덩어리를 받고
떠나는 날까지 사랑으로 감내하라.
던모 지방의 이 관습은 잘 알려져 있다—
기쁨은 함께 나눌 것이나, 베이컨은 당신만을 위한 것이다.

- 브랜드의 민간 풍습

영국 에식스 주 던모 마을에서는 아직도 이 오래된 관습을 찾아볼 수 있다. 오스트리아 빈에서는 도시로 들어오는 문에 햄이나 옆구리 살 베이컨을 걸어두었다. 아내와 화목하게 살되, 그렇다고 아내에게 쥐어 살지도 않은 후보가 판사들을 모두 만족시키면 가져가게 되어 있었다. 전해오기로 이 햄은 오랫동안 주인으로 나서는 이가 없었단다. 그러다가 마침내 한 부유한 시민이 판사들 앞에 섰다. 사내는 결혼생활 12년 동안 한 번도 의견이 어긋난 적이 없다는 아내의 진술서

를 가져 왔다. 이웃들의 확인까지 받은 진술서였다. 확실한 증거를 받고 만족한 판사들은 사내에게 상을 받아가라고 했다. 사다리를 놓고 올라가서 햄을 내리기만 하면 되었다.

좋은 햄을 차지하게 된 사내는 기뻐하며 서둘러 사다리에 올랐다. 하지만 막 햄에 손이 닿으려는 순간, 한낮의 태양에 노출된 햄의 지방이 녹기 시작하는 것을 알아차렸다. 사내가 차려입은 제일 좋은 코트 위로 기름이 한 방울 떨어지려 한 것이다. 사내는 서둘러 몸을 피한 뒤 코트를 벗었다. 그리고 얼룩이 생겼으면 아내한테 잔뜩 혼났을 것이라고 익살맞게 말했다. 이 말을 들은 구경꾼들은 큰 소리로 웃음을 터뜨렸고 사내는 햄을 받지 못하게 되었다.

율 축제와 관련된 또 다른 관습에는 굵은 통나무를 태우는 것이 있다. 하룻밤 내내 계속해서 타지 않으면 아주 나쁜 일이 생길 징조라고 여겨진다. 숯이 된 장작은 난로에서 조심스레 끄집어내 잘 간직했다가 다음해에 불을 피우는 용도로 쓴다.

지난해 타고 남은 나무로
새 장작에 불을 피우라
소비한 만큼 큰 성공을 거두도록
그대의 프살테리움[3] 연주에 맞추어
이 멋진 행운이
장작이 타고 있는 사이 오리라.

- 헤스페리데스(헤릭)

율 축제는 스칸디나비아 지역에서 1월에 열렸으며 큰 인기였다. 올라프 왕은 북유럽 사람들이 이 축제를 얼마나 소중히 여기는지 알았기에 축제와 관련된 풍습을 모두 크리스마스에 시행하도록 했다. 무지한 백성들이 종교를 바꾸기 쉽게 둘을 조화시킨 것이다.

평화와 번영의 신 프레이르는 지상에 여러 번 다시 나타나 잉비프레이라는 이름으로 스웨덴 사람들을 다스렸다고 한다. 그의 자손들은 잉글링Ingling[4]이라 불렸다. 프리들레프Fridleef라는 이름으로 덴마크를 다스렸다고도 한다. 덴마크에서는 그가 프레이게르다Frey-gerda라는 아름다운 처녀를 용에게서 구해내어 결혼했다고 전해진다. 아내는 그에게 프로디Frodi라는 아들을 낳아주었다.

프로디는 '전 세계가 평화로울 때' 덴마크를 다스렸다고 한다. 막 유대의 베들레헴에서 예수가 태어났을 때였다. 백성들이 모두 화합하여 지냈으므로 그는 대체로 평화의 왕 프로디라고 알려졌다.

바다가 짠 이유

____ 어느 날, 프로디는 헨기캽트르Hengi-kiaptr라는 사람에게서 그로티Grotti라는 마법의 맷돌을 받았다. 너무 크고 무거운 맷돌이라 하인들은 고사하고 힘센 장수들조차 돌릴 수 없었다. 맷돌에 마법이 걸려 있어 원하는 것은 무엇이든 만들어낸다고 들은 왕은 정말 그러한지 확인하고 싶어서 견딜 수 없었다. 그래서 스웨덴을 방문하고 오는 길에 메냐Menia와 페냐Fenia라는 여자 거인을 노예로 사왔다. 강한 근육과 골격이 눈길을 끌었던 것이다.

덴마크로 돌아온 평화의 왕 프로디는 새로 사온 하녀들에게 맷돌을 갈아 금과 평화, 번영을 만들라고 시켰다. 메냐와 페냐는 왕이 바라는 대로 명랑하게 몇 시간이나 계속 맷돌을 갈았다. 덕분에 금고에 금이 넘쳐나고 나라 전체에 번영과 평화가 널리 퍼졌다.

맷돌을 갈아 프로디에게 금을!
맷돌을 갈아 프로디가 행복하네,
넘쳐나는 부富를 이루어서.
우리 기쁨의 맷돌이 만들어내지.

- 그로티의 노래(롱펠로 옮김)

메냐와 페냐를 조금 쉬게 해주면 좋았을 텐데, 탐욕이 절정에 달한 왕은 이들에게 계속 일하라고 명령했다. 쉬게 해달라고 간청해도 이들에게 허락된 휴식 시간은 노래 한 절을 부른 뒤 쉬어야 하는 정도밖에 되지 않았다. 잔인한 왕에게 분노한 여인들은 끝내 복수하기로 결심했다. 그리고 어느 날 밤, 프로디가 잠들어 있는 사이 맷돌을 갈며 다른 노래를 부르기 시작했다. 번영과 평화 대신 무장한 군대가 나오길 빈 것이다. 그로 인해 바이킹 미싱게르Mysinger가 대군을 이끌고 덴마크에 상륙했다. 마법의 주문이 힘을 발휘하는 사이 덴마크 사람들은 여전히 잠들어 있었다. 결국 모두 바이킹 무리를 보고 깜짝 놀라 어쩌지도 못하고 그냥 목숨을 내놓아야 했다.

군대가 반드시 온다,
지금 당장 여기에.
그리고 마을을 불태우리,
주군을 위하여.

— 그로티의 노래(롱펠로 옮김)

미싱게르는 마법의 맷돌 그로티를 차지했고 두 노예를 배에 태웠다. 그리고 소금을 만들어내라고 명령했다. 당시에는 소금의 가치가 높아서 무역하기 좋았기 때문이다. 메냐와 파냐는 명령에 복종해 맷돌을 갈았고 소금을 잔뜩 생산했다. 그러나 바이킹은 프로디만큼이나 잔인해서 가엾은 여인들은 한시도 쉴 수 없었다. 결국 바이킹 무리에게 무거운 벌이 내려졌다. 마법의 맷돌에서 나온 엄청난 양의 소금 때문에 그 무게를 견디지 못한 배가 가라앉았던 것이다. 물론 배에 탄 이들도 모두 무사할 수 없었다.

무거운 맷돌은 펜틀랜드 해협 또는 노르웨이 북서쪽 해안에 가라앉아 깊고 둥근 구멍을 만들었다. 바닷물이 빙빙 돌며 맷돌 한가운데 구멍으로 콸콸 빨려 들어갔고 메일스트롬Maelstrom이란 거대한 소용돌이가 생겨났다. 금방 녹는 소금의 성질 때문에 여자 거인들이 만들어낸 어마어마한 양의 소금은 온 바다로 퍼져나갔다. 이후로 바닷물은 늘 짠맛이 나게 되었다고 한다.

프레이야

∴ 사랑의 여신

    사랑의 여신이자 미의 여신인 프레이야Freyja는 프레이르의 누이이자 뇨르드와 네르투스 또는 뇨르드와 스카디의 딸이다. 모든 여신 중 가장 아름다우며 누구보다도 더 사랑받았다. 독일에서는 프리가와 동일시하지만 노르웨이, 스웨덴, 덴마크, 아이슬란드에서는 각기 다른 신으로 구분한다. 바나헤임에서 태어났으므로 반의 여신 바나디스Vanadis 또는 바나브리데Vanabride라 불리기도 한다.

    프레이야가 아스가르드에 처음 발을 들였을 때, 신들은 그 아름다움과 우아함에 반해 그녀에게 폴크방Folkvang이란 영토와 세스룸니르Sessrúmnir(널찍하게 자리를 둔 방)란 웅장한 궁전을 선사했다. 손님들이 아무리 많아도 걱정 없이 모두 받아들일 수 있을 만큼 넓은 궁전이었다.

폴크방이라 불리는 곳,
프레이야의 권한에 속하니
원하는 대로 회장에 자리를 마련한다.
매일 전사자들 중
그녀 절반을 택하고
절반은 오딘에게 남겨주네.

- 북유럽 신화(R. B. 앤더슨)

발키리의 여왕

_____ 사랑의 여신이라고 해서 편하고 즐거운 일만 좋아하지는 않았다. 북유럽 사람들은 프레이야가 아주 호전적이라고 생각했다. 발프레이야Valfreyja로서 종종 발키리들을 이끌고 전장으로 내려가 목숨을 잃은 영웅들 중 절반을 선택한다는 것이다. 그래서 프레이야는 상체에 갑옷을 두르고, 투구를 쓰며 창과 방패를 든 모습으로 그려지는 경우가 많았다. 하반신에만 평소에 입는 여성스러운 옷을 풍성하게 늘어뜨린 모습이다.

프레이야는 선택한 전사자들을 폴크방으로 보내 후하게 대접했다. 순결한 처녀들과 충실한 아내들도 환영을 받았다. 죽은 뒤에도 연인, 남편과 함께하는 기쁨을 누리게 한 것이다. 용감한 북유럽 여성들은 폴크방에서의 삶에 크게 매료되었다. 그래서 사랑하는 이가 전사하면 같은 운명이 기다리고 있기를 빌며 전장으로 뛰어드는 일도 적지 않았다. 자결하거나 사랑하는 이의 시신 곁에 누워 함께 화장되는 길을

선택하는 여성들도 있었다.

프레이야의 이름은 사랑에 빠진 이들의 입에 자주 오르내렸다. 여신이 연인들의 기도에 특히 호의적이라고 생각했기 때문이다. 또, 프레이야를 기리는 연가戀歌를 써서 축제 때마다 부르는 관습도 있었다. 독일에서는 여신의 이름 자체가 '구애하다'라는 의미의 동사로 쓰인다.

프레이야와 오두르

금발에 푸른 눈을 한 프레이야 여신 역시 때때로 대지의 화신으로 여겨진다. 대지의 여신으로서 프레이야는 여름 태양의 상징인 오두르Odur와 결혼했다. 여신은 남편을 몹시 사랑했고 흐노스Hnoss와 게르세미Gersemi라는 두 딸을 두었다. 어찌나 아름다운 아가씨들이었던지 사랑스럽고 귀한 것들에는 모두 이들의 이름을 붙일 정도였다.

오두르가 기꺼이 곁에 머무를 때면 프레이야는 완전한 행복을 느끼며 항상 미소를 잃지 않았다. 하지만 이럴 수가! 오두르의 가슴 속에는 방랑자가 살고 있었다. 오두르는 아내와 함께 지내는 데 싫증이 나자 훌쩍 집을 나와 저 멀리 넓은 세상으로 방랑을 떠나버렸다. 슬픔과 외로움에 여신은 한참동안 울음을 멈추지 못했고, 눈물이 흘러내려 단단한 바위 위로 떨어졌다. 여신의 눈물이 닿자마자 바위는 부드럽게 변했다. 눈물이 돌의 중심으로 흘러들어가 그 돌을 황금으로 만들었다는 설도 있다. 또, 일부는 바다로 떨어져 반쯤 투명한 호박琥珀이 되었다고 한다.

프레이야(N. J. O. 블롬메르 作)

홀로 지내는 나날에 지쳐서 다시 한 번 사랑하는 남편을 꼭 끌어안고 싶은 마음이 간절했던 프레이야는 결국 남편을 찾아 나섰다. 그리고 수많은 나라를 돌아다니며 마르델Mardel, 호른Horn, 게폰Gefn, 시르Syr, 스캴프Skialf, 트룽Thrung 등 저마다 다른 이름으로 알려지게 되었다. 여신은 만나는 사람마다 남편이 그 길로 지나갔는지 물었고 어디에서나 하염없이 눈물을 흘렸다. 이렇게 해서 세상 곳곳에서 금을 찾을 수 있게 되었다고 한다.

그리고 프레이야 옆에 가까이 오니 황금 눈물이 흐른다.
천상에서 가장 사랑스러운 여신,
오딘의 아내에 이어 가장 큰 영광을 누리는 여신이여.

오래 전 방랑자 오두르, 그녀와 연을 맺었으나
여신만 남겨두고 먼 나라로 유랑을 떠났네.
그 후로 그녀, 황금 눈물 흐느끼며 그를 찾는다.
여신 많은 이름을 가졌네. 지상에서는 바나디스라 불리고
프레이야는 천상에서의 이름이라.

- 발데르 죽다(매슈 아널드)

저 멀리 햇빛 찬란한 남쪽, 꽃이 만발한 은매화銀梅花 나무 아래에서 프레이야는 마침내 오두르를 발견했다. 사랑하는 이를 다시 얻은 여신은 행복했고 미소를 되찾았다. 마치 새 신부처럼 환히 빛나는 모습이었다. 프레이야가 만개한 은매화 나무 아래에서 남편을 찾았기 때문일까. 다른 나라와 달리 북유럽의 신부들은 아직까지도 전통적인 오렌지 화관보다 은매화 화관을 더 선호한다.

오두르와 프레이야는 손을 잡고 다정하게 집으로 향했다. 빛나는 기쁨 속에서 들판이 초록으로 물들고 꽃이 피며 새들이 노래했다. 프레이야가 슬픔에 잠겼을 때 함께 탄식했던 온 자연이 여신의 기쁨에 진심으로 공감했기 때문이다.

아침의 나라에서 나와
쌓인 눈 위로
아름다운 프레이야
스코링으로 온다, 발걸음도 경쾌하게.
하얀 들판은

여신 앞의 들판. 얼어붙은 들판.
푸른 들판은
여신이 지난 들판. 꽃이 피는 들판.
여신의 황금빛 머리칼 흔들리면
봄꽃이 떨어지고
옷이 흔들리면
남풍이 불어온다.
자작나무 주위
노래지빠귀 잠에서 깨니
순결한 아내들은 모두
그녀들의 영웅이 돌아오기만을 바라네.
다정하고 사랑을 전하는 여신이
스코링에 온다.

- 롱비어드 전설(찰스 킹슬리)

　북유럽에서는 제일 예쁜 초목과 꽃을 프레이야의 머리, 프레이야의 눈물방울이라 부르며 나비도 프레이야의 암탉이라고 부른다. 또, 프레이야는 페어리를 특별히 좋아했다. 달빛 아래에서 페어리들이 춤추는 모습을 즐거이 지켜보았으며, 이들을 위해 가장 귀여운 꽃과 달콤한 꿀을 남겨 두기도 했다. 프레이야의 남편 오두르는 태양의 화신으로 여겨지기도 하지만 열정의 상징, 사랑에 빠졌을 때 느끼는 도취적 쾌락의 화신이기도 했다. 그러니 옛사람들은 프레이야가 남편 없이 행복할 수 없는 것도 놀랄 일은 아니라고 믿었다.

프레이야의 목걸이

미의 여신 프레이야가 치장하기를 좋아하는 것은 당연한 일이었다. 여신은 반짝이는 장신구며 귀중한 보석을 아주 좋아했다. 지하 왕국 스바르트알파헤임에 가 있던 어느 날이었다. 드워프 넷이서 목걸이를 하나 만들고 있었는데, 프레이야가 지금껏 본 목걸이와는 비교할 수 없을 정도로 아름다웠다. 여신은 거의 이성을 잃을 정도로 이 목걸이를 원하게 되었다. 목걸이의 이름은 브리싱가멘Brisinga-men, 별을 상징한다고도 하고 대지의 풍요로움을 상징한다고도 한다. 프레이야는 드워프들에게 목걸이를 달라고 애원했다.

하지만 드워프들은 완강하게 거절하다가 여신이 그들에게 몸을 허락하면 목걸이를 주겠다고 했다. 프레이야는 그들이 요구한 대가를 치르고 목걸이를 손에 넣었다. 서둘러 목걸이를 걸어보니 그 아름다움에 여신의 매력도 한층 더 커졌다. 이때부터 브리싱가멘은 밤이고 낮이고 여신의 목을 떠나지 않았다. 목걸이를 빌려달라고 다른 신들이 부탁해도 들어줄까 말까였다. 하지만 토르는 이 목걸이를 걸고 요툰헤임에서 프레이야 행세를 한 적이 있다. 로키도 목걸이를 탐내 호시탐탐 노렸지만 경계심 많은 헤임달 덕에 손에 넣지는 못했다.

프레이야에게는 자랑으로 여기는 매 깃털 옷도 있었다. 입으면 새처럼 가볍게 하늘을 날 수 있는 옷이었다. 아주 귀했기 때문에 로키가 두 번 빌려 입기도 했고, 프레이야 자신도 오두르를 찾으러 나섰을 때 입은 적이 있었다.

프레이야 어느 날
매의 날개를 하고 급히 세상을 난다.
북으로 남으로 찾는구나,
깊이 사랑하는 오두르를.

- 프리티오프 사가 (텡네르 / G. 스티븐스 옮김)

프레이야는 풍요의 여신이기도 했다. 그래서 황금털의 멧돼지가 끄는 프레이르의 마차를 그와 함께 타고 돌아다니며 과일과 꽃을 아낌없이 뿌렸다. 인간들의 마음을 기쁨으로 채워주기 위해서였다. 프레이야에게도 여행할 때 쓰는 마차가 따로 있었다. 이 마차는 그녀가 가장 좋아하는 동물인 고양이가 끌었다. 고양이는 애무를 동반한 애정과 관능의 상징 또는 다산의 상징이다.

그러자 검은 턱수염을 기른 뇨르드가 오고, 그 뒤로
얇은 로브를 걸친 프레이야가 오니, 가는 여신의 발목 곁에서
회색 고양이들이 장난치며 놀고 있네.

- 구드룬의 연인들 (윌리엄 모리스)

북유럽 사람들은 프레이르와 프레이야를 매우 경배했다. 두 신의 이름이 약간 변형되어 여전히 각각 남녀 '주인'을 뜻하는 말로 쓰일 정도다. 또, 일주일 중 하루는 '프레이야의 날 Freiya's day'로 삼았는데, 이것이 영어의 금요일 Friday이 되었다.

프레이야의 신전은 그 수가 정말 많았고, 숭배자들에 의해 오래도

록 명맥을 이어나갔다. 마지막 신전은 독일의 마그데부르크에 있었는데, 샤를마뉴의 명령으로 파괴되었다.

✦ 오타르와 앙간티르 이야기

____ 북유럽 사람들이 사랑 또는 번영과 이익을 빌 때만 프레이야를 찾는 것은 아니었다. 도움과 비호를 구할 때도 있었다. 프레이야는 진정으로 자신을 섬기는 사람이 기도하면 모두 들어주었다. 오타르Ottar와 앙간티르Angantyr의 이야기에서처럼 말이다. 오타르와 앙간티르는 재산의 소유권을 두고 다투다가 이 문제를 공공집회Thing의 결정에 맡기기로 했다. 집회에서는 숭고한 조상의 혈통을 더 길게 대는 사람이 승자가 될 것이라는 판결을 내리고, 하루 날을 정해 각 청구인의 족보를 조사하기로 했다.

조상의 이름을 겨우 몇 개밖에 기억하지 못했던 오타르는 프레이야에게 제물을 바치며 도와달라고 빌었다. 기도를 듣고 자비로운 여신이 그의 앞에 나타났다. 프레이야는 그를 멧돼지로 변신시켜 올라탄 다음, 가장 이름 난 마녀 힌들라Hyndla를 찾아갔다. 그리고 협박과 애원을 반복한 끝에 늙은 마녀를 설득해 오타르의 족보가 오딘까지 거슬러 올라간다는 것을 밝혀냈다. 그것도 모자라 순서대로 한 사람씩 생전의 업적까지 간략하게 읊게 한 것은 물론, 기억의 물약까지 만들게 했다. 물론 오타르를 위한 것이었다.

오타르 마시리,
맛 좋은 물약을.
모든 신들에게 내 기도하니
오타르를 살펴주소서.

- 옛 에다(소프 옮김)

이렇게 준비를 단단히 한 오타르는 정해진 날, 집회에 나아가 자기 혈통을 유창하게 읊었다. 앙간티르가 기억할 수 있었던 것보다 훨씬 더 많은 조상의 이름을 대었으므로 손쉽게 원하던 재산을 손에 넣을 수 있었다.

이는 행해야 할 의무이니
이 젊은 군주가
조상의 유산을 소유하게 하리.
혈통에 따라.

- 옛 에다(소프 옮김)

❖ 프레이야의 남편들

프레이야는 너무나도 아름다워서 신과 거인, 드워프까지 모두 여신의 사랑을 갈망하며 결국에는 아내로 맞이하고 싶어 했다. 하지만 프레이야는 추한 거인들을 멸시했다. 거인 트림이 로키와 토르를 이용해 자신을 받아달라고 설득했지만 이조차 거절했다. 하지만 상대

가 신이 되면 그렇게까지 고집을 부리지는 않았다. 여러 신화 학자들의 견해를 신뢰한다면 대지의 화신으로서 프레이야는 오딘(하늘), 프레이르(유익한 비), 오두르(햇빛) 등과 결혼했는데, 아마도 그 수가 훗날 마왕 로키의 비난을 받아 마땅할 정도였던 듯하다. 로키는 그녀가 모든 신들과 차례대로 사랑을 나누고 결혼했다고 비난한다.

프레이야 숭배

종교 행사 때는 다른 신들과 더불어 프레이야의 건강을 빌며 축배를 마시는 것이 관습이었다. 북유럽에 기독교가 들어온 뒤로 이 관습은 성모마리아나 성녀 제르투르다를 위한 건배로 변했다. 프레이야는 다른 이교의 신들과 같이 악마 또는 마녀로 규정되어 노르웨이, 스웨덴, 독일의 산봉우리로 추방되었다. 독일의 브로켄 산이 프레이야의 특별한 거처로 알려져 있다. 발푸르기스의 밤이 되면 그녀를 따르는 악마 무리가 모이는 밀회지이기도 하다.

마녀들의 합창

브로켄 산으로 마녀들이 모인다
— 즐거이 만나고 — 즐거이 헤어지고 — 어찌나 빠르게 질주하는지,
노란 그루터기와 줄기가 흔들리네.
그리고 어린 녹색 옥수수 기쁘게도 생생하니
스쳐가는 그림자와 형태들 때문이리라.

가장 높은 정상으로 마녀들이 날아온다.
우리안 님이 높은 자리에 앉고 —
내내 여기저기서
고함과 외침 들리니
거센 호통소리 울린다,
그루터기 너머 바위 너머로.
악쓰는 소리, 웃음소리, 신음소리
마녀들 앞으로 퍼져나간다.

- 파우스트(괴테 / 앤스터 옮김)

제비와 뻐꾸기, 고양이는 프레이야를 섬기는 신성한 동물로 받아들여져 악마적인 속성을 지닌 것으로 생각했다. 그래서 오늘날까지도 마녀들은 항상 검은 고양이를 곁에 둔 모습으로 묘사된다.

울르

겨울의 신

겨울의 신 울르는 여신 시프의 아들이자 토르의 양아들이다. 북유럽 전설에는 울르의 친아버지가 한번도 등장하지 않지만, 울르가 추위를 사랑한 것으로 보아 서리 거인이 분명해 보인다. 울르는 넓적한 눈신을 신거나, 반짝이는 스케이트를 신고 온 나라를 여행할 때 기쁨을 느꼈다. 또, 북쪽 숲에서 사냥감을 즐겨 쫓곤 했다. 언제나 두꺼운 모피를 둘러 몸을 보호했기 때문에 얼음이나 눈에는 그다지 개의치 않았다.

사냥과 궁술弓術의 신이기에 울르는 화살이 가득 든 화살집을 매고 커다란 활을 든 모습으로 묘사된다. 활과 화살을 만들기에는 주목나무가 가장 좋으므로, 주목나무는 겨울의 신이 제일 아끼는 나무가 되었다. 그래서 울르는 언제든 주목나무가 필요할 때면 손에 넣을 수 있게 연중 습한 계곡, 이달리르Ydalir에서 살았다.

> 이달리르라 불리네.
> 울르 그곳에
> 거처를 정했다.
>
> - 옛 에다(소프 옮김)

겨울의 신 울르 혹은 별칭 올레르Oller는 오딘 다음가는 2인자로 여겨졌다. 겨울에 오딘이 자리를 비우면 울르가 왕좌를 차지하기 때문이었다. 이 기간 동안 울르는 아스가르드와 미드가르드를 완전히 장악했다. 일부 학자들은 빌리와 베의 신화에서 그러했듯이 울르가 오딘의 아내 프리가마저 차지한다고 생각한다.

하지만 울르는 너무 인색해서 인간들에게 어떤 선물도 내리지 않았다. 그러니 오딘이 돌아와 찬탈사를 몰아내자 인간들은 크게 환호했다. 울르는 얼어붙은 북쪽 지방 또는 알프스의 정상 중 한 곳으로 몸을 피할 수밖에 없었다. 시인들의 말이 맞는다면, 울르는 그곳에 여름 별장을 짓고 잠시 몸을 피하고 있을 뿐이다. 그리고 다시 오딘이 길을 떠나면 대담하게 계곡 쪽에 모습을 드러낸다.

울르는 죽음의 신으로 여겨지기도 해서 유령 사냥에 동참하고, 때로는 유령 사냥을 이끄는 대장이 되기도 했다. 특히 움직임이 민첩한 것으로 잘 알려졌다. 북쪽 지역에서는 가끔 뼈를 이용해 눈신을 만들었는데, 그 앞코가 뱃머리 모양처럼 생겼다. 그래서 울르가 마법의 룬을 읊어 뼛조각을 배로 변신시킨 다음, 그 배를 타고 땅과 바다를 마음

대로 돌아다닌다는 얘기도 흔히 전해온다.

또, 눈신이 방패처럼 생겼고 울르가 해마다 대지를 감싸는 얼음도 겨울 동안의 피해를 막아주는 방패 역할을 해서 울르에게는 '방패의 신'이란 별명도 있었다. 결투나 필사의 전투를 앞두고 있는 이들이 특별히 울르에게 기도를 한 까닭이기도 하다.

대중 신앙에서 울르가 차지하고 있던 자리는 기독교 시대가 되면서 사냥꾼이었던 후베르투스 성인이 대신하게 되었다. 후베르투스는 11월 22일, 한 해가 시작되는 첫 달의 수호성인이 되었다. 태양이 궁수자리를 통과하기 때문이다.

앵글로색슨 족에게 울르는 불데르Vulder라는 이름으로 알려져 있다. 하지만 독일 일부 지방에서는 아름다운 여신 홀다의 남편인 홀레르Holler라고 부른다. 홀다의 대지를 눈으로 두텁게 덮어 봄이 오면 더욱 비옥하게 해준다는 것이다.

스칸디나비아 사람들은 울르가 스카디와 결혼했다고 한다. 스카디가 뇨르드와 헤어진 뒤의 일이다. 그녀 역시 겨울과 추위의 화신이니 두 사람은 취향이 꼭 맞아서 완벽한 조화를 이루었다.

❖ 울르 숭배

북유럽에는 울르를 위한 신전이 여러 개 있었고 제단에는 다른 신들의 신전과 마찬가지로 신성한 반지를 올려두었다. 이 반지에 맹세를 하는데, 일부러 거짓 맹세를 하는 자가 있으면 순식간에 크기가 줄어들어서 손가락을 잘라낸다고 한다. 사람들은 특히 11월과 12

월에 울르의 성지를 찾았다. 풍년이 들게 많은 눈을 내려 대지를 두텁게 덮어 주십사 빌기 위해서였다. 또, 긴긴밤 북유럽 하늘을 비추는 장엄한 북극광(오로라)을 보내는 것도 울르였기에 빛의 신 발데르와 거의 비슷하게 받아들여지기도 했다.

일부 권위자들에 의하면, 울르와 발데르는 각별한 친구사이였다고 한다. 발데르도 해마다 일정 기간을 죽음의 여신 헬이 다스리는 니플헤임의 어두운 심연에서 지내야 했기 때문이다. 울르 역시 해마다 여름의 신 오딘에게 지상의 통치권을 넘겨주어야만 했기에 그때마다 니플헤임으로 추방되어 여름을 나야 했다. 그러면 한여름에 발데르가 찾아와 함께 지냈다. 발데르가 아스가르드에서 사라지는 날을 기준으로 하루가 점점 짧아지고, 빛의 지배력(발데르)이 차츰 잠식해 오는 어둠의 힘(호두르^{Hodur})에 굴복하게 된다.

포르세티

∴ 정의와 진실의 신

____ 포르세티Forseti는 빛의 신 발데르와 무구한 순결의 여신 난나Nanna의 아들로 매우 현명하며 화술이 뛰어나고 모든 신들 가운데에서도 가장 점잖았다. 아스가르드에 그의 존재가 알려지자 신들은 회장會場에 자리를 마련하고 포르세티를 정의와 법률의 수호신으로 임명했다. 또, 눈부신 궁전 글리트니르Glitnir에서 살게 했다. 은으로 지붕을 만들고 금으로 기둥을 세워 받친 궁전으로 어찌나 밝게 빛나는지 아주 멀리에서도 볼 수 있을 정도였다.

글리트니르가 열 번째라.
금으로 지탱하고
은으로도 장식했다.

포르세티 그곳에서 지내네,
언제까지나.
그리고 모든 갈등을 잠재운다.

- 옛 에다(소프 옮김)

이곳에서 포르세티는 고귀한 왕좌에 앉아 법을 제정하는 신으로서 날마다 신들 혹은 인간들 사이의 의견 차이를 해결해 주었다. 양 편의 질문 하나하나에 끈기 있게 귀를 기울인 뒤, 비로소 내리는 판결은 아주 공정해서 그 누구도 흠잡을 수 없었다. 또, 포르세티의 웅변은 설득력이 뛰어나서 언제나 듣는 이의 마음을 움직였고 불구대천의 원수조차 화해시킬 수 있었다. 포르세티의 판결을 받은 이들은 그 뒤로 하나같이 평화롭게 살았다. 아무도 감히 포르세티에게 한 맹세를 저버릴 수 없었기 때문이다. 만약 그랬다가는 신이 정당한 분노를 일으켜 곧바로 죽음에 이르는 벌을 받을까봐 두려웠던 것이다.

포르세티, 발데르의 고귀한 아들,
내 맹세를 들으셨네.
죽음을 내리리, 포르세티. 결의가 흔들려
내 맹세를 저버린다면.

- 북유럽 바이킹 이야기(R. B. 앤더슨)

정의와 영원불변의 법을 수호하는 신으로서 포르세티는 모든 사법 회의를 주재한다. 따라서 재판을 앞둔 이들은 모두 빠짐없이 포르세티

에게 기도를 올렸고, 포르세티가 자격이 있는 이를 돕지 못하는 일은 거의 없었다고 한다.

헬리골란드 이야기

옛날 프리기아[1] 사람들은 나라 곳곳에서 수월하게 법을 집행할 수 있도록 여러 가문들과 부족들의 법을 모아 통일된 법의 기초가 될 규약을 만들기로 했다. 이를 위해 아세게이르^{Asegeir}라 부르는 열두 명의 현명한 원로들을 임명했다. 원로들은 노고를 아끼지 않고 가지각색의 정보를 모은 다음, 평화롭게 회의를 할 수 있는 호젓한 장소를 찾아가고자 작은 배를 띄웠다. 하지만 배를 밀어 물에 띄우자 금세 태풍이 불어왔다. 원로들이 탄 배는 먼 바다까지 떠내려갔고, 이리저리 떠내려가다 보니 결국 어디가 어딘지 알 수 없는 상황에 이르고 말았다. 곤경에 빠진 열두 명의 법률가들은 포르세티의 이름을 부르며 뭍에 닿을 수 있게 도와달라고 빌었다. 놀랍게도 기도가 채 끝나기 전에 열세 번째 승객이 나타났다.

새로 나타난 사내는 키를 잡고 조용히 배를 돌리더니 파도가 가장 높이 밀려오는 쪽으로 배를 몰았다. 눈 깜짝할 사이에 일행은 한 섬에 도착했다. 사내는 배에서 내리라는 몸짓을 했다. 경이로움에 압도되어 열두 원로는 조용히 그 몸짓에 따랐다. 놀라운 일은 거기서 그치지 않았다. 원로들이 지켜보는 가운데 이방인이 큰 도끼를 던지자 도끼가 떨어진 풀밭에서 맑은 샘물이 솟구친 것이다.

원로들은 모두 이방인이 하는 대로 말 한 마디 없이 샘물을 마셨다. 그러고는 다 같이 둥글게 둘러앉았다. 사내가 원로 개개인의 특징을 꼭 닮았다는 점도 놀랍기 그지없었다. 하지만 전체적인 외양이나 태도는 어느 누구하고도 닮은 구석 없이 완전히 달랐다.

돌연 침묵이 깨졌다. 이방인이 낮은 목소리로 입을 열었던 것이다. 그는 열두 명의 아세게이르가 모은 기존의 여러 규칙 중 좋은 점만 모두 담은 규약에 대해 말하기 시작했다. 목소리는 점점 더 단호해지고 커졌다. 연설이 끝나자 사내는 신비롭게도 처음 나타났을 때와 같이 홀연히 사라졌다. 그제야 입이 트인 열두 법률가들은 동시에 포르세티 신께서 직접 그들 앞에 나타나 앞으로 프리기아인들을 심판할 법률을 전하셨다고 외쳤다.

원로들은 신의 강림을 기념하고자 지금 자신들이 서 있는 섬을 신성한 섬으로 정하니, 분쟁이나 피로 그 신성을 감히 훼손하는 자들에게 저주가 내릴 것이라고 엄숙하게 선언했다. 이후로 이 섬은 포르세티의 섬, 또는 헬리골란드^{Heligoland}(신성한 땅)로 알려지게 되었다. 북유럽 국가 모두 그 신성을 매우 존중했다. 심지어는 아주 대담무쌍한 바이킹조차 습격하지 않았다. 그랬다가는 배가 난파되거나 불명예스러운 죽음에 이르는 벌을 받을까 두려웠던 것이다.

이 신성한 섬에서는 엄숙한 사법 회의가 자주 열렸고, 법률가들은 언제나 포르세티의 방문을 기억하며 침묵 속에서 물을 길어와 마셨다. 샘물 역시 신성하게 여겨져서 이 물을 마신 이들까지 모두 신성시되었다. 동물도 예외는 아니라 이 샘물을 마신 소를 도살하는 것도 금지했다. 포르세티는 봄, 여름, 가을에만 재판을 열었고 겨울에 재판을 하는 일은 결코 없었다고 한다. 이로 인해 세 계절에만 재판을 여는 것

이 북유럽 국가 전체의 관습으로 자리 잡게 되었다. 사람들은 천상에서 빛이 밝게 빛날 때에만 누구에게나 옳고 그름이 명백히 보이니, 어두운 겨울에 공평한 판결을 내리는 일은 아예 불가능하다고 생각했다. 포르세티는 발데르와 함께 등장할 때를 빼면 거의 언급되는 일이 없다. 또, 다른 신들이 저마다 중요한 역할을 하게 되는 마지막 전투에서도 전혀 등장하지 않는다.

헤임달

❖ 신들의 파수꾼

___ 어느 날 해변을 따라 걷던 오딘은 아름다운 여자 거인 아홉을 발견했다. 파도의 처녀 걀프Gialp, 그레이프Greip, 에기아Egia, 아우게이아Augeia, 울프룬Ulfrun, 아우르갸바Aurgiafa, 신두르Sindur, 아틀라Atla, 야른삭사Iarnsaxa가 백사장에서 깊은 잠에 빠져 있었다. 하늘의 신은 이 아름다운 여인들에게 반했고, 『에다』에서 이야기하듯 아홉 모두와 혼인했다. 아홉 자매는 결합하여 동시에 아들 하나를 낳았다. 아이는 헤임달Heimdall이란 이름을 받았다.

> 내 아홉 어머니에게서 태어났으며
> 아홉 자매의 아들이노라.
>
> - 옛 에다(소프 옮김)

북유럽 신화, 재밌고도 멋진 이야기

어머니가 된 아홉 자매는 대지의 힘, 바다의 수분, 태양의 열을 먹여 아이를 키웠다. 이 독특한 식사가 얼마나 대단했던지 새로운 신은 놀라울 정도로 짧은 시간 사이에 성장했고, 아버지를 만나러 아스가르드로 향하게 되었다. 이때 신들은 막 무지개다리 비프로스트를 지어놓고 자랑스레 바라보고 있었다. 불과 공기, 물을 이용해 만든 다리는 완성된 뒤에도 그 긴 아치 모양을 따라 세 물질을 그대로 볼 수 있었으며, 각 물질을 상징하는 색으로 빛났다. 빨간색이 불을, 파란색이 공기를, 녹색이 차디찬 심해를 나타냈다.

무지개다리(H. 헨드리히 作)

∴ 무지개의 수호자

_____ 이 다리는 천상과 지상을 연결했고 위대한 세계수 이그드라실의 그늘 밑, 미미르가 지키는 샘 부근에 그 끝이 닿았다. 신들이 이처럼 장엄한 모습에 마음 놓고 기뻐할 수 없었던 것은 단 한 가지 결점이 있었기 때문이다. 바로 서리 거인들이 이 다리를 건너 아스가르드로 들어올 수도 있다는 점이었다.

신들은 믿을만한 수호자를 임명하자는 계책을 내고 토론을 벌였다. 그리고 이 중책을 수행하기에 꼭 맞는 인물로서 새로운 신을 반갑게 맞아들였다.

헤임달은 기꺼이 자신에게 주어진 책임을 받아들였고, 그 후로 밤이고 낮이고 아스가르드로 이어진 무지개 길을 빈틈없이 지켰다.

> 비프로스트 동쪽에서 선명한 녹색으로 빛나고
> 그 위로 순백의 광채 있으니
> 파수를 선 헤임달이 보이네.
>
> - 윌렌슐레게르(피곳 옮김)

한자리에 모인 신들은 헤임달이 먼 곳에서부터 접근하는 적을 금세 알아차릴 수 있도록 그에게 아주 예리한 감각을 부여했다. 얼마나 예리했냐 하면 언덕에서 풀이 자라는 소리, 양의 등에서 털이 자라는 소리까지 들을 수 있을 정도였다. 또, 낮이든 밤이든 상관없이 100마일 밖까지 명확하게 볼 수 있었으며, 잠도 새보다 적게 자도 되었다.

벌벌 떠는 거인들 그 누구보다도 널리 알려지리라.
높은 곳에 꼼짝없이 앉아계신 그분,
잠들 줄 모르는 눈을 가진 천상의 파수꾼보다도.
- 스키르니르의 노래(허버트 옮김)

헤임달은 더 나아가 빛나는 칼과 경이로운 뿔피리인 걀라르호른을 받았다. 언제든 적이 접근할 때 이 뿔피리를 불면 그 소리에 천상과 지상, 니플헤임의 모든 생명체를 깨울 수 있었다. 그리고 뿔피리가 마지막으로 울리는 순간, 최후의 전투를 벌일 그날이 당도했다는 것을 알릴 터였다.

신들을 부르네, 전투를 알리는 소리
그 옛날
걀라르호른의 소리
헤임달 크게 불어
그 소리 공중에 퍼진다.
- 옛 에다(소프 옮김)

초승달을 상징하는 걀라르호른을 항상 가까이 보관하기 위해, 헤임달은 머리 위의 이그드라실 가지에 걸든가 미미르의 샘에 가라앉히든가 했다. 후자의 경우, 보름달을 상징하는 오딘의 눈 옆에 자리하게 되었다.

헤임달의 궁전 히민뵤르그^{Himinbiorg}는 다리의 가장 높은 곳에 있었다. 신들은 헤임달이 내어주는 맛난 벌꿀 술을 들이키러 자주 이곳을 찾아오곤 했다.

> 히민뵤르그라 하니
> 전하기로 헤임달이
> 살며 다스린 곳이라네.
> 그곳에서 신들의 파수꾼 술을 마신다.
> 평화로운 옛 전당에서
> 즐거이, 좋은 벌꿀 술을 마신다.
>
> - 북유럽 신화(R. B. 앤더슨)

헤임달은 항상 눈부시게 흰 갑옷을 입은 모습으로 그려진다. 그가 '밝은 신'이라 불리는 까닭이다. 또, 쾌활한 신, 순수한 신, 우아한 신으로 알려졌는데 모두 잘 어울리는 별명이었다. 헤임달은 아름다울 뿐만 아니라 착하기도 했기에 모든 신이 그를 사랑했다. 바다를 상징하는 어머니 쪽 핏줄 탓에 간혹 반 신족으로 분류되기도 한다. 옛 북유럽 사람들, 특히 그중에서도 아이슬란드 사람들은 주위를 둘러싼 바다를 가장 중요한 요소로 여겼다. 그래서 만물이 바다에서 비롯되었으리라 생각했고, 헤임달이 만물을 포용하는 지식을 갖추었으며 각별히 현명하다고 믿었다.

헤임달(도로시 하디 作)

아스 신 중 가장 영리한 이 —
그도 분명 미래를 예견하네,
다른 반 신들처럼.

- 옛 에다(소프 옮김)

헤임달에게는 또 다른 특징이 있으니 바로 웃으면 드러나는 황금 치아였다. 덕분에 굴린타니^{Gullintani}(황금 치아를 가진 자)라는 별명이 생겼다. 또, 그는 황금 갈기의 날쌘 준마 굴토프$^{Gull-top}$를 자랑으로 여겼다. 무지개다리를 오갈 때는 항상 굴토프와 함께였다. 하루에도 몇 번 다리를 건넜지만, 특히 아침에 주로 나타났기 때문에 '하루의 시작을 알리는 자'라는 뜻의 이름 헤임델링게르^{Heimdellinger}(델링게르는 '새벽'을 뜻한다 - 옮긴이 주)로도 불리게 되었다.

이른 아침 비프로스트
울프룬의 아들이 달린다.
강인한, 뿔피리를 부는 이,
히민뵤르그의 주인이여.

- 옛 에다(소프 옮김)

로키와 프레이야

헤임달은 어느 밤, 고양이마냥 아주 조용한 발소리를 들었다. 극히 뛰어난 청력 덕분이었다. 소리는 폴크방, 그것도 프레이야의 궁전 쪽에서 들려왔다. 독수리 같은 눈으로 어둠 속을 샅샅이 훑으니 그 소리의 주인공이 로키라는 것이 밝혀졌다. 로키는 파리로 변신해 프레이야의 궁전에 몰래 들어간 다음, 여신의 침대 곁으로 가서 빛나는 황금 목걸이를 훔치려 하고 있었다. 다름 아닌 대지의 풍요를 상징하는 브리싱가멘을.

여신이 자는 모습을 보니 깨우지 않는 한 그 누구도 목걸이를 풀 수 없는 자세를 하고 있었다. 그러나 침대 옆에서 잠시 망설이는 듯 서 있던 로키가 재빨리 룬을 외우기 시작했다. 원하는 모습으로 변신하는 주문이었다. 로키는 곧 몸이 오그라들더니 벼룩과 같은 모습으로 변했다. 벼룩은 프레이야의 잠옷 안으로 기어 들어가 옆구리를 물었다. 깨우시 않고 여신의 자세를 바꾼 것이다.

이제 목걸이의 고리가 잘 보였다. 로키는 조심스레 탐내던 보물을 손에 넣었고 그대로 달아났다. 이에 헤임달도 즉시 한밤의 도둑을 쫓

아 나섰다. 그는 금방 로키를 가로막았고 칼을 뽑아 목을 자르려 했다. 그러자 로키는 가물거리는 푸른 불꽃으로 변신했다. 헤임달도 재빨리 머리를 굴려 구름으로 변신하고 세찬 비를 내려 불을 끄고자 했다.

그러나 로키는 지체 없이 커다란 북극곰으로 모습을 바꾸고 빗물을 삼키려 입을 크게 벌렸다. 헤임달 역시 조금도 굴하지 않고 곰으로 변신해 북극곰을 사납게 공격했다. 싸움이 불리하게 끝날 것 같은 위협이 느껴지자, 로키는 다시 물개로 변신했고 헤임달도 뒤따라 물개가 되었다. 마지막 발버둥 끝에 로키는 목걸이를 포기해야만 했고, 목걸이는 주인에게로 돌아갔다.

이 신화에서 로키는 '가뭄'을 상징한다. 해로울 정도로 지나치게 강렬한 햇빛을 뜻한다고도 한다. 어느 쪽이든 대지(프레이야)가 가장 소중히 여기는 장식(브리싱가멘)을 훔치게 된다. 헤임달은 평온하게 내리는 '비'와 '이슬'을 상징한다. 자신의 적, 가뭄과 한동안 싸운 끝에 결국 적을 굴복시키고 훔쳐간 보물을 내놓게 하는 것이다.

:• 헤임달의 이름

____ 헤임달에게는 다른 이름들이 몇 개 더 있는데, 그중 할린스키데^{Hallinskide}와 이르민이 있다. 때때로 그가 오딘의 자리를 차지하고 오딘과 동일하게 여겨지기 때문이다. 칼의 신 에르, 헤루, 케루, 티르로 여겨질 때도 있다. 모두 빛나는 무기를 든 것이 특징이다. 하지만 헤임달은 천상의 신들과 무지개를 지키는 파수꾼, 그리고 대지에 생기를 북돋아주는 풍요로운 비와 이슬의 신으로 가장 잘 알려져 있다.

헤임달은 브라기와 함께 영웅들을 발할라에 맞이하는 역할도 맡았다. 그리고 리그^{Rigr}라는 이름으로 인류를 구성하는 여러 계급을 탄생시킨 신성한 조상으로 여겨지기도 하는데, 이에 대해서는 다음과 같은 이야기가 전해온다.

리그 이야기

신성한 자손들,
귀하고 천한
헤임달의 자손들이여!

— 옛 에다(소프 옮김)

어느 날 헤임달은 신들이 곧잘 그러듯이 아스가르드를 떠나 지상을 유랑했다. 멀리 가기도 전에 해변의 초라한 오두막에 이르렀다. 그곳에서는 아이^{Ai}(증조할아버지)와 에다^{Edda}(증조할머니)라는 가난하지만 덕 있는 부부가 살고 있었다. 부부는 손님을 반갑게 맞이하며 죽밖에 없는 변변찮은 식사일지언정 나누어주었다. 리그라고 이름을 밝힌 헤임달은 이들의 초대를 받아들였고, 사흘 동안 머무르며 많은 것을 가르쳐주었다. 그가 다시 길을 떠나고 얼마 뒤, 에다는 피부가 검고 튼튼한 아들을 낳아 트랄^{Thrall}이라고 이름 붙였다.

트랄은 보기 드물게 힘이 셌고 온갖 힘든 일에 천부적인 소질을 보였다. 어른이 되자 티르^{Thyr}라는 아내를 맞이했는데, 신부 역시 몸이 튼튼했고 햇볕에 타서 손이 검었으며 평발이었다. 아내는 남편을 따라 아침부터 밤늦게까지 부지런히 일했다. 둘 사이에는 많은 아이들이 태

어났고 이들로부터 북유럽의 트랄(하인)이 이어져 내려오게 되었다(트랄과 티르는 각각 하인과 하녀를 뜻한다 - 옮긴이 주).

> 그들은 자식을 낳고
> 행복하게 살았다.
> . . . .
> 울타리를 치고
> 갈아둔 밭을 비옥하게 하고
> 돼지를 돌보고
> 염소를 치며
> 토탄土炭을 캤다.
> - 리그의 노래(뒤 샤이유 버전)

척박한 해변의 가난한 오두막을 떠난 리그는 내륙으로 향했다. 그리고 머지않아 밭을 잘 갈아둔 검소한 농가에 이르렀다. 안락한 집으로 들어가니 아비^{Afi}(할아버지)와 암마^{Amma}(할머니)가 반갑게 맞이했다. 그들은 한자리에 앉아 평범하지만 풍성한 음식을 나누어 먹었다.

리그는 주인 내외와 사흘을 머무르며 갖은 유용한 지식을 전수해주었다. 그가 떠나고 난 뒤 암마는 푸른 눈의 건강한 아이를 낳아 카를^{Karl}('농부'라는 뜻 - 옮긴이 주)이라 이름 붙였다. 카를은 자라면서 농사일에 뛰어난 재주를 보였고, 적당한 때가 오자 풍만하고 검소한 아내 스노르^{Snor}를 맞이했다. 둘 사이에서 많은 자식들이 태어나 농부들의 조상이 되었다.

그는 이후로
잘 성장했다.
황소를 길들이고
쟁기를 만들었다.
나무를 베어 집을 짓고
헛간을 짓고
수레를 만들고
밭을 갈았다.

- 리그의 노래(뒤 샤이유 버전)

두 번째 부부의 집을 떠난 리그는 여행을 계속했고 위풍당당한 성이 있는 한 언덕에 이르렀다. 성에서는 품위 있고 호사스러운 옷을 입은 파디르Fadir(아버지)와 모디르Modir(어머니)가 성심성의껏 손님을 맞았고, 맛난 고기와 신한 포도주를 내왔다.

리그는 이 부부와 사흘을 함께 지낸 뒤, 히민뵤르그로 돌아와 다시 아스 신들의 다리를 지켰다. 얼마 뒤 성의 귀부인이 잘생기고 골격이 호리호리한 아들을 낳아 야를Jarl('왕' 또는 '귀족'이란 뜻 - 옮긴이 주)이라 이름 붙였다. 이 아이는 어려서부터 사냥과 각종 무술에 뛰어난 소질을 보였으며, 룬 문자를 배웠다. 훗날 용기 있게 살아 그 이름을 떨치고 일족에게 영광을 더했다.

성인이 되어 야를은 허리가 낭창한 귀족 처녀 에르나Erna와 결혼했다. 에르나는 가솔들을 현명하게 다스렸고 많은 아이를 낳았다. 이 아이들은 모두 지배자의 운명을 타고 났으며, 그중 가장 어린 코누르Konur

야를(알베르트 에델펠트 作)

는 덴마크의 초대 왕이 되었다. 이 전설은 북유럽 종족들의 뚜렷한 계급관을 잘 보여준다.

    자라서
    야를의 아들들
    말을 기르고
    방패를 만들며
    화살을 다듬고

물푸레나무 창을 휘둘렀다.
그러나 막내 코누르는
룬 문자를 안다.
영원히 지속되는 룬,
그리고 생명의 룬을.

- 리그의 노래(뒤 샤이유 버전)

헤르모드

❖ 날쌘 신

  오딘의 또 다른 아들로는 헤르모드^{Hermod}가 있다. 밝고 아름다운 젊은 신으로 움직임이 아주 민첩해서 아버지의 특별 수행원 역할을 했다. 덕분에 '빠른 신', '날쌘 신'이라는 별명이 붙었다.

> 그러나 하나 있으니 신들 중 첫째요
> 속도의 이야기. 천상에서 그의 이름 헤르모드,
> 누구보다도 빨랐다네.
>
> - 발데르 죽다(매슈 아널드)

  헤르모드는 워낙 민첩해서 주로 신들의 전령 역할을 했다. 언제라도 오딘이 손짓만 보내면 세상 어디든 달려갈 준비가 되어 있었다. 오딘은 총애의 증거로 아들에게 훌륭한 갑옷과 투구를 내려주었고, 헤르모드는 전장에 나갈 때마다 아버지의 선물로 무장했다. 가끔 오딘은 아들에게 귀중한 창 궁니르도 맡겼다. 막 전투가 시작되려는 전장으로 아들을 보내 병사들 머리 위로 창을 내밀게 하려는 것이었다. 그러면 병사들의 열정에 무시무시한 분노의 불꽃을 당길 수 있었다.

비나이다. 오딘께서
우리 마음으로 들어오시기를.
오딘께서 주셨네,
자격 있는 자에게 황금을.
헤르모드에게 주셨네,
투구와 흉갑을.

- 옛 에다(소프 옮김)

헤르모드는 전장에 나가는 것을 좋아해서 종종 '전장의 용사'로 불렸다. 덕분에 만물의 신 이르민과 혼동되기도 했다. 이따금 발키리들과 함께 지상에 내려가 전사자들을 발할라로 이끌었기 때문에 전사한 영웅들의 대장으로 여겨지기도 했다.

헤르모드와 브라기가 말했다.

"우리 그대를 맞아 전적으로 환영하노라.
신들께서 그대의 용기 익히 알고 계시니
신들의 전당에 손님이 되기를 원하시네."

- 오언 메러디스

헤르모드의 특징에는 갑옷과 투구 말고도 그의 임무를 상징하는 지팡이(막대) 감반테인^{Gambantein}이 있다. 어디를 가든 헤르모드의 손을 떠나는 법이 없었다고 한다.

헤르모드와 예언자

____ 어느 날 오딘은 미래에 대한 두려움이 그림자처럼 덮쳐오는 것을 느꼈다. 하지만 노른 자매들에게 물어도 만족스러운 답을 얻을 수 없었다. 이에 오딘은 헤르모드에게 자신의 갑옷을 입고 슬레이프니르에 안장을 얹으라고 명령했다. 오딘 말고 슬레이프니르에 탈 수 있는 이는 헤르모드가 유일했다. 헤르모드는 명령에 따라 핀 족의 땅으로 달려갔다. 핀 족은 북극의 얼어붙은 땅에 살았고 굉장한 주술을 쓸 줄 알았다. 차가운 폭풍을 불러와 북쪽에서부터 눈과 얼음이 휩쓸고 지나가게 하는 것도 이들이었다.

핀 족의 마술사 중 가장 잘 알려진 자는 로스티오프^{Rossthiof}(말 도둑)였다. 그는 마법을 써서 여행객들을 자기 땅으로 유인한 다음 재물을 빼앗는 것으로도 모자라 목숨까지 빼앗곤 했다. 또, 본인은 그다지 내

켜하지 않았지만 미래를 내다보는 힘도 있었다.

날쌘 신 헤르모드는 로스티오프를 찾고자 북쪽으로 빠르게 말을 달렸다. 이번에는 자신의 지팡이가 아니라 룬 문자를 새긴 오딘의 지팡이를 들고 있었다. 로스티오프가 길을 막으려고 어떤 장애물을 만들어 낼지 모르니 그 마법을 모두 물리칠 수 있게 대비한 것이다. 덕분에 유령 같은 괴물이 나타나도, 보이지 않는 함정과 덫이 도사리고 있어도 헤르모드는 무사히 마술사의 집에 도착할 수 있었다. 이곳에서는 거인이 공격해 왔지만, 그의 상대가 되지 않았다. 헤르모드는 로스티오프의 손과 발을 묶은 뒤, 자신이 알고자 하는 것을 모두 알려주지 않으면 풀어주지 않겠다고 위협했다.

로스티오프는 도망칠 길이 없다는 것을 깨닫고 그 조건을 받아들였다. 자유의 몸이 된 마술사가 주문을 읊기 시작하자, 주문이 채 끝나기도 전에 태양이 구름 뒤로 숨고 대지가 흔들리며 진동했다. 거센 돌풍도 굶주린 늑대 무리처럼 날려들었다.

로스티오프는 지평선을 가리켰다. 저 멀리에서 엄청난 양의 피가 쏟아져 땅을 물들였다. 헤르모드가 놀라서 흐르는 피를 바라보고 있자, 아름다운 여인이 홀연히 나타나더니 조금 뒤에는 작은 소년이 여인의 곁에 나타났다. 놀랍게도 이 아이는 엄청난 속도로 자라 금방 성인이 되었고, 활과 화살을 격하게 휘둘렀다. 로스티오프는 그가 불러낸 환상에 담긴 징조를 설명했다. 쏟아져 흐르는 피는 오딘의 아들 하나가 살해되는 것을 의미했다. 하지만 오딘이 루테네스^{Ruthenes}(러시아)로 가서 린다^{Rinda}를 아내로 맞으면 아들을 하나 얻을 텐데, 이 아들이 단 몇 시간 만에 성장해 형의 복수를 할 것이라 했다.

북유럽 신화, 재밌고도 멋진 이야기

린다, 아들을 하나 낳으리라,
서쪽 전당에서.
그, 오딘의 또 다른 아들을 죽이리,
하룻밤 만에 자라서.

- 옛 에다(소프 옮김)

 헤르모드는 로스티오프의 말을 귀 기울여 들은 다음, 아스가르드로 돌아와 보고 들은 것을 모두 오딘에게 고했다. 오딘이 느끼는 두려움은 거짓이 아니었다. 정녕 아들이 무참한 죽음을 맞을 운명이었던 것이다. 그러나 또 다른 아들이 복수를 할 테니 참된 북유럽 사람이라면 바라 마지않는 만족감을 얻으리라. 오딘은 자신을 위로했다.

비다르

침묵의 신

　　언젠가 오딘은 사막의 동굴에 사는 아름다운 여자 거인 그리드^{Grid}를 사랑하게 되었다. 그리고 열렬한 구애 끝에 그녀를 아내로 맞이했다. 오딘(정신)과 그리드(물질) 사이에서 아들 비다르^{Vidar}가 태어났다. 무거운 입만큼이나 강력한 힘을 지닌 신이었다. 옛사람들은 그가 원시림 또는 불후한 자연의 힘을 상징한다고 생각했다.

　　신들은 헤임달을 통해 바다와 밀접한 관계를 맺었듯 비다르를 통해서도 숲, 그리고 자연과 밀접한 유대를 맺었다. '침묵의 신'이라는 별명이 붙은 비다르는 그 자연이 파괴된 뒤에도 살아남아 새로이 생겨난 대지를 다스릴 운명이었다. 녹색 나뭇가지와 싱그러운 꽃으로 장식한 비다르의 궁전 란드비디^{Landvidi}(넓은 땅)는 빽빽한 원시림 한가운데에 있었다. 그가 사랑하는 침묵과 고독이 지배하는 곳이었다.

높이 자란 떨기나무
키 큰 풀
비다르의 넓은 땅에 있네.

- 북유럽 신화(R. B. 앤더슨)

옛 스칸디나비아 사람들이 생각한 침묵의 비다르는 바위투성이 북유럽 풍경에 영향을 받아 아주 장엄하고 시적이었다.

"무시무시한 그림자와 신성한 어둠이 드리운 숲, 길도 없는 그 광활한 곳을 한참동안 목적 없이 걸으면 인간의 힘을 압도하는 자연의 숭고함과 위대함에 깊은 경외심이 차오르니, 비다르의 정수를 형성해 낸 그 생각의 장엄함을 어찌 느끼지 못하리?"

비다르의 구두

비다르는 키가 크고 풍채가 좋으며 잘생긴 신으로 묘사된다. 갑옷을 입고 날이 넓은 검을 차며 쇠 또는 가죽으로 만든 훌륭한 구두를 신는다. 이 구두는 일부 신화 학자들에 의하면 그의 어머니가 만들어 준 것이다. 최후의 날, 아들이 불에 맞서 싸워야 한다는 사실을 알고 불길에도 안전한 구두를 만들었다는 것이다. 토르가 게이로드를 만났을 때 그리드에게 빌렸던 쇠 장갑이 토르를 보호했던 것처럼 말이다.

하지만 견해가 다른 학자들도 있다. 북유럽의 구두장이들이 나누어주거나 버린 가죽 조각들로 만든 구두라는 것이다. 최후의 날, 늑대 펜리스의 날카로운 이빨을 견딜 수 있을 만큼 크고 질기게 만들어야만 했기에 북유럽의 구두장이들은 가죽 끄트러기를 되도록 많이 버렸다. 이는 하나의 종교적 의식이었다.

❈ 노른의 예언

비다르가 발할라로 동료 신들을 찾아오자 신들은 기꺼이 그를 맞이했다. 필요할 때가 오면 비다르의 강한 힘이 큰 도움이 될 것을 모두 알고 있었다. 신들은 비다르에게 황금빛 벌꿀 술을 잔뜩 권하며 잘 대접했다. 잠시 뒤 오딘이 비다르를 불렀다. 아버지와 아들은 노른 자매들이 베를 짜느라 바쁜 우르다르 샘으로 향했다. 오딘은 노른 여신들에게 자신의 미래와 비다르의 운명에 관해 물었다. 세 자매는 각각 한 문장씩 수수께끼 같은 대답을 했다.

"일찍 시작했네."

"너 돌았네."

"어느 날 끝났네."

여기에 더해 노른 자매의 어머니이자 최초로 운명을 주관한 여신 위르드Wyrd가 말했다.

"기쁘게도 다시 한 번 이겼네."

도저히 이해할 수 없는 모호한 대답이었지만, 다행히 여신이 설명을 이어나갔다. 시간이 흐르며 모든 것이 필히 변할 것이다. 하지만 최후의 전투에서 아버지가 패배하더라도 아들 비다르가 그의 복수를 하고 살아남을지니, 적을 모두 굴복시킨 뒤 새로이 생겨난 세상을 지배하리라.

저기 앉았네,
오딘의 아들이 말 위에 앉았네.
그, 아버지의 복수를 하리라.

- 북유럽 신화(R. B. 앤더슨)

위르드가 설명을 하는 동안 마치 바람이 부는 것처럼 세계수가 흔들리고, 가장 높은 가지에 앉아 있던 독수리가 날개를 퍼덕였으며, 뿌리를 갉던 니드후그도 잠시 하던 일을 멈추었다. 한자리에 있던 그리드는 아들이 나이 든 신들보다 오래 살아 새로운 천상과 지상을 다스릴 운명이라는 얘기에 오딘과 함께 기뻐했다.

그곳에 비다르와 발리가 살고 있으니
신들의 신성한 자리.
수르트의 불꽃이 꺼졌을 때의 이야기.

- 북유럽 신화(R. B. 앤더슨)

그러나 비다르는 한마디도 하지 않고 천천히 원시림의 한가운데에 있는 자신의 궁전, 란드비디로 돌아갔다. 그러고는 왕좌에 앉아 오랫동안 영원과 미래, 무한에 대해 생각했다. 생각 끝에 그 비밀을 가늠하게 되어도 결코 겉으로 드러내지 않았다. 그래서 옛 사람들은 비다르가 '무덤처럼 조용하다'고 말했다. — 살면서 자기 앞에 무엇이 기다리고 있는지 아무도 알지 못하는 것을 의미하는 침묵이다.

비다르는 불멸하는 자연의 힘을 상징할 뿐만 아니라 부활과 재생을 상징하기도 한다. 잎이 떨어지고 썩어 없어지는 곳에서 새로운 싹이 나고 꽃이 피어난다는 영원한 진리를 보여주기 때문이다.

비다르의 구두는 늑대 펜리스에 맞서는 방어구가 되었다. 이미 오딘을 멸한 늑대는 다시 비다르에게 분노를 쏟아내며 그를 삼키려고 끔찍한 입을 크게 벌릴 것이다. 그러면 비다르는 단단히 감싼 발로 늑대의 아래턱을 밟고 버티다가 위턱까지 잡고 온힘을 다해 입을 둘로 찢을 것이다.

비다르 신화에서는 구두 한 짝만 언급되므로 일부 신화 학자들은 그가 외다리라고 생각한다. 최후의 날, 늑대 펜리스가 상징하는 산불을 끄기 위해 불쑥 솟아나는 물기둥을 상징한다는 것이다.

발리

린다를 향한 구애

　루테네스의 왕 빌링은 엄청난 대군이 쳐들어오고 있다는 소식에 깊은 절망에 빠졌다. 옛날처럼 직접 나가서 싸우자니 이제 너무 늙었고, 자식이라고는 린다라는 외동딸밖에 없었던 것이다. 마침 딸의 혼기가 차서 구혼자가 많기는 했지만, 린다는 막무가내로 청혼이란 청혼은 모조리 거절했다. 그러니 이렇게도 절실하게 도움이 필요할 때 왕을 도와줄 사위도 없었다.

　빌링 왕이 절망적인 생각에 빠져 있을 때, 한 이방인이 홀연히 나타나 그의 궁전으로 들어왔다. 큰 망토로 몸을 감싸고, 챙이 넓은 모자를 이마 위로 깊숙이 눌러 써서 외눈박이란 사실을 감추고 있는 중년의 남자였다. 이방인은 왕께서 그렇게 심려하시는 일이 무엇이냐고 예의바르게 물었다. 자신감이 묻어나는 그의 태도를 보고 왕은 모든 것을 다 털어놓았다. 이야기가 끝나자 이방인은 자신이 루테네스의 군대를 맡아 적군과 싸우겠다고 나섰다.

빌링 왕은 이방인의 청을 기꺼이 허락했다. 이방인, 즉 오딘은 머지않아 대승을 거두었고 의기양양하게 돌아왔다. 그리고 린다 공주에게 청혼할 수 있도록 허락해 달라고 청했다. 구혼자의 나이가 훨씬 많았지만 왕은 망설이지 않고 허락했다. 이렇게 뛰어난 자라면 딸이 청혼을 받아들일지도 모르겠다고 생각했기 때문이다. 그리하여 아직도 정체가 밝혀지지 않은 오딘은 공주에게로 갔다. 하지만 린다는 경멸하듯 그의 청혼을 거절했다. 그뿐만 아니라 입을 맞추려 하는 오딘의 따귀를 때리기까지 했다.

어쩔 수 없이 물러났지만 오딘은 린다를 아내로 삼겠다는 목표를 포기할 생각이 없었다. 로스티오프의 예언 때문이었다. 죽은 아들의 복수를 할 수 있는 이는 오로지 그녀가 낳을 아들뿐. 오딘은 다른 방법을 쓰기로 했다. 이번에는 금속 세공인으로 변장하고 빌링의 궁전으로 가서 금과 은으로 값비싼 장신구를 만들어냈다. 솜씨 좋게 귀한 장식을 잔뜩 만들어내자 왕은 기꺼워하며 그가 공주에게 구애하는 것을 못 본 척했다. 그러나 로스테루스Rosterus라고 이름을 밝힌 세공인은 승전보를 올리고 온 장군과 마찬가지로 인정사정없이 거절당했다. 또 한 번 따귀를 맞아 귀가 얼얼했지만, 그래도 린다를 아내로 맞겠다는 오딘의 결심은 전보다 더 확고해졌다.

이제 오딘은 늠름한 전사로 변장하고 이 변덕스러운 아가씨를 만나러 갔다. 젊은 군인이라면 아마 그녀의 마음을 흔들 수 있지 않을까 싶었던 것이다. 그러나 이번에도 린다는 입을 맞추려 하는 군인을 확

떠밀어버렸다. 오딘은 비틀거리다가 한쪽 무릎을 꿇고 말았다.

> 많은 아가씨들이
> 제대로 알고 보면
> 남자들에게 변덕스럽게 구니
> 내 경험한 바.
> 내가 그 신중한 처녀를
> 얻고자 애쓸 때의 일이라네.
> 갖은 종류의 모욕
> 그 교활한 계집
> 내게 듬뿍 안겨주었지.
> 그러나 나, 그녀에게서 아무것도 얻지 못했네.
>
> - 옛 에다(소프 옮김)

세 번이나 모욕을 받자 오딘은 화가 치밀어 올라 품속에서 마법의 룬을 새긴 지팡이를 꺼내 끔찍한 주문을 외웠다. 린다는 몸이 뻣뻣해져서 의식을 잃고 시녀들 사이로 쓰러졌다.

공주가 의식을 회복했을 때 구혼자는 이미 사라지고 없었다. 완전히 제정신을 잃고 우울한 나날을 보내는 공주의 모습에 왕은 크게 절망했다. 의사란 의사는 모두 불러와 갖가지 약을 다 써봤지만 헛수고로 돌아갔다. 공주는 여전히 활기가 없었고 슬픔에 잠겨 있었다. 왕은 심란했고 거의 희망을 버리기 직전이었다.

그때 베카^Vecha 또는 바크^Vak라고 하는 노파가 찾아와 공주를 치료하겠다고 했다. 겉모습만 노파지 그 정체는 변장한 오딘이었다. 노파는 먼저 환자에게 족욕을 처방했다가 눈에 띄는 차도가 없자 더 과감한 치료가 필요한 척했다. 그러기 위해서는 주위를 다 물리고 자신에게만 환자를 맡겨야 하며 조금이라도 저항할 수 없게 단단히 묶어야 한다는 것이었다. 딸을 살리고 싶은 마음뿐이었던 빌링은 무슨 요구를 하든 다 들어줄 준비가 되어 있었다. 이렇게 린다를 자기 마음대로 할 수 있게 된 오딘은 억지로 그녀와 혼인했다. 아내가 되겠다고 굳게 약속한 뒤에야 주문의 속박에서 풀어주었던 것이다.

∵ 발리의 탄생

이제 로스티오프의 예언이 실현되었다. 때가 되자 린다는 발리^{Vali}(알리^{Ali}, 보우스^{Bous}, 베아브^{Beav})라는 아들을 낳았다. 발리는 길어지는 낮의 화신으로 놀랍도록 빨리 자라 단 하루 만에 어른이 되었다. 젊은 신은 세수를 하거나 머리를 빗는 일 따위에 시간을 지체하지 않았다. 오로지 죽은 발데르의 복수를 하기 위해 활과 화살만 들고 아스가르드로 걸음을 재촉했다. 발데르를 죽인 신, 장님으로 알려진 어둠의 신 호두르^{Hodur}를 찾아서.

그러나 보라 저기 복수를 하러 발리가 온다.
시쪽, 린다의 자궁에서 태어난
오딘의 진정한 아들이여! 태어난 지 고작 하루라네!
그, 멈추지도 지상에 머무르지도 않으니

머리에 빗질을 하는 것도, 손을 씻는 것도,
몸을 누이는 것도, 아무리 몸이 휴식을 갈망하더라도
모두 맡은 일을 마친 뒤가 되리.
그렇게 발데르의 죽음에 복수하리라.

- 발할라 (J. C. 존스)

이 신화에서 린다는 딱딱하게 얼어붙은 대지의 표면을 상징한다. 태양, 오딘이 따뜻하게 구애하지만 받아들이지 않는다. 이때 오딘은 봄이 오면 전쟁에 나가 공을 쌓을 때라는 것을 알리고, 황금빛 여름의 장식을 선물하지만 모두 허사로 돌아간다. 린다는 소나기가 내리고(족욕) 해빙기가 시작되면서 겨우 마음을 움직이기 시작한다. 그리고 태양의 거부할 수 없는 힘에 굴복한 뒤에야, 대지는 태양의 포옹을 받아들이고 자신을 차갑고 딱딱하게 만든 주문(얼음)에서 벗어난다.

이후 발리(양육자) 또는 농부 보우스를 낳는다.(보우스는 기쁜 날이 오면 검은 오두막에서 모습을 드러낸다고 한다.) 발리가 호두르를 죽이는 것은 '겨울의 어둠이 물러가면서 뿜어져 나오는 새로운 빛'을 상징한다.

글라드스헤임의 웅장한 회장에 놓인 열두 자리 중 한 자리를 차지한 발리는 아버지와 함께 발라스칼프에서 살았다. 태어나기 전부터 최후의 전투, 신들의 황혼에서 살아남아 비다르와 더불어 새로운 대지를 다스릴 운명을 타고났다.

발리 숭배

비다르가 불멸하는 자연을 상징하듯이 발리는 영원한 빛을 상징하는 신이었다. 그리고 곧게 퍼져나가는 빛을 종종 화살로 표현하듯 궁수로서 숭배를 받았다. 이런 연유로 노르웨이의 달력에서는 발리를 기념하는 달을 활 모양의 기호로 표시하고 리오스베리^{Lios-beri}라고 부른다. 빛을 가져온다는 뜻이다. 1월 중순에서 2월 중순 사이를 가리켰으므로 초기 기독교인들은 이 달을 성자 밸런타인에게 헌정했다. 발리와 마찬가지로 뛰어난 궁수였으며 더 밝은 날이 찾아오는 것을 예고하고, 부드러운 감정을 일깨우며 모든 연인들을 수호하는 성자였기 때문이다.

노른

⁌ 세 가지 운명

    북유럽에서 노른Norn('노르넨'이라고도 한다. 복수는 노르니르Nornir – 옮긴이 주)이라 불리는 운명의 여신들은 결코 다른 신들에게 종속된 존재가 아니었다. 여신들이 예언하는 운명에 그 어떤 신도 의문을 제기하거나 영향력을 미치려 하지 않았다. 이들은 세 자매로 아마도 여신 노트(밤)의 아버지, 거인 노르비의 자손으로 보인다. 신들의 황금기가 끝나자 아스가르드에마저 슬며시 악이 숨어들어오기 시작했다.

    그러자 노른 자매들이 위대한 물푸레나무 이그드라실 아래에 모습을 드러냈고, 우르다르 샘 옆에서 머무르기 시작했다. 일부 학자들에 의하면 다가올 악에 대해 경고하고, 신들이 최선을 다해 현재를 살아가며, 과거에서 유익한 교훈을 배우게 하는 것이 노른의 임무였다.

    세 자매의 이름은 우르드Urd, 베르단디Verdandi, 스쿨드Skuld로 각각 과거, 현재, 미래의 화신이었다. 이들은 주로 운명의 베를 짜거나 이그드라실을 돌보았다. 여신들이 우르다르 샘에서 물을 길어다주고 뿌리에 신선한 진흙을 발라주었기에 이그드라실은 언제나 푸르고 생기가 넘쳤다.

> 그곳에서 처녀들이 나오니
> 진정 많은 것을 알고 있네.
> 세 처녀 전당에서 나오네,
> 나무 밑 전당에서.
> 첫째는 이름이 과거요,
> 둘째는 현재,
> 셋째가 미래다.
>
> - 발라의 계시 (헨더슨 옮김)

일부 권위 있는 신화 학자들은 노른이 생명의 나무, 경험의 나무, 지식의 나무에 열린 황금 사과를 지켰다고 주장한다. 이둔 여신 외에는 누구도 사과를 딸 수 없었고, 신들은 이 사과를 먹고 젊음을 되찾았다.

또, 노른 여신들은 우르다르 샘의 거울 같은 수면을 가르고 헤엄치는 두 마리 백조도 먹이를 주고 자상하게 돌봐주었다. 지상의 모든 백조는 이 한 쌍에서 이어져 내려왔다고 한다. 이따금 노른 자매들은 백조 깃털 옷을 입고 지상으로 내려왔다. 아니면 인어처럼 꾸미고 인간들이 사는 해변이나 여러 호수, 강가에서 인간들에게 그 모습을 드러냈다. 미래를 예지해 주거나 현명한 조언을 들려주기 위해서였다.

노른의 베

　　　간혹 노른 자매들이 베를 너무 크게 짜는 때도 있었다. 한 명이 먼 동쪽의 높은 산 위에 올라가 한쪽 끝을 들면 다른 하나가 반대쪽 끝을 들고 저 멀리 서쪽 바다까지 갈 수 있을 정도였다. 베를 짜는 데 쓴 실은 노끈과 비슷해 보였고, 색깔이 매우 다양했는데 앞으로 일어날 사건들의 본질에 따라 달라졌다. 북쪽에서 남쪽을 향하는 검은 실은 반드시 죽음을 가리키는 징조로 여겨졌다.

여신들은 베틀의 북을 이쪽저쪽으로 움직이며 엄숙한 노래를 불렀다. 스스로 원해서 베를 짜는 것이 아니라 맹목적으로, 마치 오를로그^{Orlog}의 바람을 마지못해 따르는 것으로 보였다. 오를로그는 우주의 영원한 법칙으로 신들보다 더 오래되고 우월한 힘을 의미했으며, 탄생도 종말도 겪지 않는다.

자매 중 우르드와 베르단디는 상당히 인정 많은 여신으로 알려졌지만, 셋째 스쿨드는 달랐던 모양이다. 베를 다 짜기 직전에 화를 내며 조각조각 찢어 버리는 일이 종종 있다는 것이다. 조각난 베는 천상의 바람에 실려 흩날렸다. 시간의 화신이기에 노른은 각기 나이와 성격이 다른 것으로 묘사된다. 우르드는 나이가 들어 늙은 모습이며 계속해서 뒤를 돌아본다. 마치 과거의 일과 사람들을 생각하느라 다른 생각을 할 겨를이 없는 듯하다.

둘째 베르단디는 젊고 활동적이며 용감하고 앞을 똑바로 보고 있다. 미래를 상징하는 스쿨드는 보통 빈틈없이 베일을 드리우고, 우르드가 보고 있는 것과는 정반대 방향으로 고개를 돌리고 있다. 손에는 책이나 두루마리를 들고 있는데 아직 펼치지 않은 것들이다.

노른(C. 에렌베르크 作)

신들은 날마다 세 여신을 찾아가 의견을 구했다. 오딘마저도 툭하면 우르다르 샘으로 직접 내려가 여신들의 도움을 청했다. 여신들이 오딘이나 동료 신들의 운명에 대해서는 침묵을 지켰지만, 다른 질문에는 보통 답을 해줬기 때문이다.

한참을 말 달렸네, 빠르게 달렸네.
먼저 위대한 생명수 아래

신성한 샘에서 찾으니
우르드, 과거의 노른.
그러나 그녀의 눈, 뒤를 보니
지금 어떤 지식도 줄 수 없으리.
베르단디의 책을 가로질러 드리운
어두운 그늘이 언제나 화가 있으리라 예견하네.
아스가르드를 서성이는 그림자
그 악의적인 어둠을 펼친다.
책에는 적혀 있지 않으니
순수하고 공정한 발할라를 구할 비밀.
세 자매의 막내
스쿨드, 미래의 노른.
말을 해 달라 애원해도 묵묵히 서 있구나 —
시선을 피한다, 눈물 그렁그렁한 눈으로.

- 발할라(J. C. 존스)

수호신

    노른은 세 자매 말고도 많았으나 이들의 영향력은 그리 크지 않았다. 주로 인간의 수호신이었던 것으로 보인다. 인간들에게 자주 모습을 나타내며 마음에 드는 인간들에게는 가지각색의 선물을 안겨 주고 탄생, 혼인, 죽음의 순간에는 반드시 함께했다.

오, 그들 일족이 그리 많은데 어찌 다 말할 수 있으리.
사람들을 다스리는 이들도, 뜨고 지는 별들을 다스리는 이들도
있다네.

- 볼숭 가의 시구르드(윌리엄 모리스)

노르나게스타 이야기

한번은 세 자매가 덴마크의 한 귀족 집에 찾아간 적이 있었다. 막 첫 아이가 세상에 태어난 참이었다. 자매는 산모가 누워 있는 방으로 들어갔다. 첫 번째 노른이 약속했다. 이 아이는 수려하고 용감하게 자라리라. 두 번째 노른도 말했다. 이 아이는 성공을 거두고 훌륭한 음유시인이 되리라. 예언을 들은 부모의 마음이 기쁨으로 차올랐다. 그 사이 놀라운 일이 벌어지고 있다는 소식이 퍼지면서 이웃 사람들이 떼를 지어 방으로 몰려왔다. 그 수가 얼마나 많았는지 호기심에 찬 무리들이 밀고 밀다가 의자에 앉아 있던 세 번째 노른까지 무례하게 떠밀고 말았다.

모욕을 받아서 화가 난 스쿨드는 거만하게 일어나더니 이렇게 큰 소리로 외쳤다.

"언니들의 선물은 모두 소용이 없을 거야. 이 아이는 침대 옆에 켜둔 양초와 그 수명을 같이할 테니까!"

불길한 예언을 듣고 어머니는 공포에 몸을 떨며 아이를 가슴에 꼭 끌어안았다. 양초가 이미 다 타서 수명이 그리 오래갈 수 없었기 때문이다. 첫째 노른은 자신의 약속이 무효로 돌아가는 것을 보고 싶지 않

았다. 하지만 그렇다고 막내에게 예언을 취소하라고 억지로 강요할 수도 없었다. 그래서 재빨리 초의 불을 끈 다음 연기가 피어오르는 양초 토막을 아이의 어머니에게 건넸다. 조심해서 잘 간직하되 아들이 삶에 지치는 날이 올 때까지 다시는 불을 붙이지 말라고 덧붙이며.

저택은 밤이었다.
노른 자매들이 오니
이들이 귀공자의
인생을 결정하리라.

- 옛 에다(소프 옮김)

아이의 이름은 노른 여신들을 기리는 의미에서 노르나게스타^{Nornagesta}가 되었다. 아이는 세상 모든 엄마들이 더 바랄 수 없을 정도로 아름답고 용감하며 재능 있는 청년으로 성장했다. 그가 진실의 무게를 이해할 수 있을 나이가 되자 어머니는 노른이 찾아왔던 얘기를 해주고 손에 그 양초를 쥐어주었다.

노르나게스타는 긴 세월 동안 양초를 하프의 몸통 속에 넣어 안전하게 보관했다. 그 사이 부모님이 돌아가시고 그는 세상을 떠돌아다녔다. 전투란 전투에는 모두 참가해 용맹을 떨쳤고 어디를 가든 자신의 모험담을 노래했다. 열정적이고 시인다운 기질이 있었기에 그가 세상에 지치는 날은 그렇게 빨리 오지 않았다. 다른 영웅들이 주름진 얼굴로 늙어가는 동안에도 노르나게스타의 마음은 청춘을 잃지 않았고 몸도 활기가 넘쳤다. 따라서 그는 영웅시대의 활약상을 모두 지켜보았고 옛 전사들의 좋은 친구가 되었다.

그렇게 300년을 살다보니 기독교 선교사들의 가르침에 따라 옛 신들에 대한 믿음이 점차 사라지는 것도 보게 되었다. 결국 노르나게스타는 올라프 1세[1]의 궁정에 출두하게 되었다. 왕은 늘 그래왔듯 거의 강제로 그를 개종시켰고 세례를 받으라고 강요했다. 미신의 시대가 갔다는 것을 백성들에게 납득시킬 기회였다. 왕은 늙은 음유시인에게 양초를 꺼내 불을 붙여보라고 억지를 부렸다. 3세기 동안이나 소중하게 지켜온 그 양초에.

막 기독교인이 되었는데도 노르나게스타는 불안을 떨칠 수 없었다. 그리고 가물거리는 불꽃을 바라보다가 마침내 양초의 수명이 다하자 그 자리에서 고꾸라졌다. 그것이 그의 최후였다. 세례를 받기는 했어도 여전히 노른의 예언을 믿었던 것이다.

그로부터 훨씬 뒤, 중세 시대에도 노른은 마녀와 요정으로서 여러 이야기나 신화에 등장했다. 『잠자는 숲속의 공주』나 셰익스피어의 비극 『맥베스』가 그 예다.

  첫 번째 마녀 언제 우리 셋 다시 만날까,
        천둥번개가 치고 비가 내릴 때?
  두 번째 마녀 야단법석이 끝날 때,
        이 싸움에서 지고 또, 이겼을 때.
  세 번째 마녀 그때는 해가 지기 전이 되겠지.

  - 맥베스(셰익스피어)

디스(도로시 하디 作)

∵ 발라

    때때로 노른들은 발라Vala라는 이름으로 불렸다. '예언하는 여인'이라는 뜻으로 점을 치는 능력이 있었기 때문에 붙은 이름이었다. 북유럽에 사는 민족들은 이 능력을 매우 숭고하게 여겼고, 여성에게만 주어지는 능력이라고 생각했다. 발라의 예언에는 결코 의문을 제기하지 않았다. 전해오기로 로마의 장군 드루수스도 발라 중 하나인 벨레다Veleda의 경고를 들었다. 벨레다는 그에게 엘베 강을 건너서는 안 된다고 경고했고, 장군은 겁에 질려 실제로 후퇴 명령을 내렸다. 벨레다는 계속해서 그에게 죽음이 엄습해온다고 예지했다. 예언은 얼마 뒤 그가 낙마하면서 그대로 이루어졌다.

예언하는 여인들은 이디스^{Idis}, 디스^{Dis}, 하게디스^{Hagedis}라는 이름으로도 불린다. 숲속의 성지나 신성한 숲에서 예언을 했고, 군대가 다른 지역을 침략할 때는 반드시 동행했다. 군인들보다 앞장서거나 그들 사이에서 열렬하게 승리를 촉구하고 전투가 끝나면 포로들의 몸에 피의 독수리를 새기는 것²이 그들의 역할이었다. 디스들은 이때 나오는 피를 큰 통에 모았다가 의식의 마지막을 알리는 격렬한 춤을 추기 전에 이 피에 맨팔을 어깨까지 담갔다.

그러니 사람들이 이 여인들을 크게 두려워한 것도 놀라운 일은 아니었다. 이들의 비위를 맞추기 위해 제물을 바치는 이들도 있었다. 이 여인들은 나중에 마녀로 격하되고 브로켄 산, 또는 블록스베르크에서 발푸르기스의 밤을 보내는 악마 무리에 포함되었다.

노른과 디스는 보호의 신으로 여겨지기도 했다. 북유럽에서는 사람들마다 필기에^{Fylgie}라는 이름의 수호신이 있다고 생각했다. 그 사람의 일생을 함께하는데, 인간의 모습일 수도 있고 짐승의 모습일 수도 있다. 선택받은 소수를 제외하고는 평생 그 모습을 볼 수 없지만 누구나 죽는 순간에는 보게 된다고 한다.

노른과 그들이 짜는 운명의 베에 담긴 비유적 의미는 아주 명백해서 설명이 필요 없을 정도다. 그런데도 일부 신화 학자들은 이들을 공기의 정령으로 본다. 이 경우 운명의 베는 구름을 의미한다. 나무에서 바위로, 산에서 산으로 걸친 안개는 느닷없이 이는 바람에 찢어진 베 조각이다. 이뿐만 아니라 권위 있는 신화 학자들 중에는 세 번째 노른 스쿨드가 때로는 발키리가 된다고 주장하는 이들도 있고, 소름끼치는 죽음의 여신 헬 역할을 한다고 보는 이들도 있다.

발키리

∴ 전장의 처녀

　　전장의 처녀 발키리^{Valkyrie}는 오딘의 특별한 수행원이다. 브룬힐드^{Brunhild}처럼 오딘의 딸일 수도 있고 인간일 수도 있다. 후자의 경우 왕족 중에서 선택되었으며 영생을 누리고 상처를 입지 않는 특권을 누렸다. 단, 오딘에게 절대적으로 순종하고 처녀로 살아야만 했다. 발키리와 그녀들이 타고 다니는 말은 구름을 상징하며, 손에 든 반짝이는 무기는 번쩍이는 번갯불을 상징한다.

　　옛사람들은 이들이 발포드(오딘)의 명령에 따라 지상에 내려온다고 생각했다. 전장에서 목숨을 잃은 영웅들 중 발할라의 쾌락을 즐길 자격이 있으며, 마지막 전투가 벌어질 때 신들을 도울 만큼 용기 있는 자들을 선택하기 위해서다.

> 사람이 끊임없이 쓰러지는 전장,
> 말의 구절球節까지 피에 잠기는 전장에서 말 달리며
> 가장 용기 있는 전사들을 골라 죽음을 선사한다.
> 밤이 되면 이들을 천상으로 데려오니
> 신들에게 기쁨이요, 오딘의 전당에서 연회를 펼치리라.
>
> - 발데르 죽다(매슈 아널드)

발키리는 젊고 아름다운 처녀로 묘사된다. 흰 팔이 눈부시고 금빛 머리칼이 풍성하게 흘러내린다. 은이나 금으로 만든 투구를 쓰고, 가슴에는 피처럼 붉은 갑옷을 두르며, 번쩍이는 창과 방패를 든다. 그리고 혈기왕성한 백마에 올라 대담하게 전장을 누빈다. 발키리의 말은 아름다운 주인만이 아니라 전사한 영웅들까지 태우고 하늘을 달려 무지개다리 비프로스트를 건넌다. 발키리에게서 죽음의 입맞춤을 받은 영웅들을 곧장 발할라로 데려가는 것이다.

∵ 구름의 말

　　발키리의 말은 구름을 상징한다. 사람들은 발키리의 말이 하늘 위를 빠르게 오가는 사이 그 반짝이는 갈기에서 서리와 이슬이 떨어져 내린다고 생각했다. 풍요로운 대지, 아름다운 계곡과 비탈, 장관을 이루는 소나무들, 풍부한 양식을 주는 초원. 사람들은 이 모든 것이 발키리의 말 덕분이라 생각하고 이들을 신성시하며 마음 깊이 경애했다.

❖ 전사자를 선택하는 이

____ 발키리의 영역은 지상에서 벌어지는 전투만이 아니었다. 발키리는 종종 바다로도 말을 달려 용선龍船(뱃머리를 용의 머리 모양으로 장식한 배 - 옮긴이 주)과 함께 가라앉는 바이킹을 잡아채곤 했다. 때로는 해변에 서서 손짓을 하기도 했다. 다가오는 전투가 최후의 전투가 될 것이라는 절대 빗나가지 않는 경고였지만, 북쪽의 영웅들은 모두 발키리의 경고를 기쁘게 받아들였다.

그들은 천천히 파도가 치는 쪽으로 움직였다.
그러자 형태가 점차 선명해지니
저마다 키가 큰 백마를 타고
어슴푸레 보이는 투구 장식 꼿꼿하며
흰 손을 들어 손짓한다.
어두운 바위투성이 해변에서
빛나는 창으로 가리킨다.

그의 영혼에 고요가 찾아오니
이들은 이 세상의 무리가 아니요,
발할라의 딸들을 익히 알고 있음이라.
전사자를 선택하는 이들임을!

- 발키리들의 노래(헤먼즈 부인)

발키리의 수와 의무

발키리의 수는 신화 학자들에 따라 세 명에서 열여섯 명까지 크게 달라진다. 하지만 대부분의 전문가들은 아홉이라고 주장한다. 발키리는 공기의 신으로 여겨진다. 소망의 처녀, 노른으로 불리기도 하며 프레이야와 스쿨드가 이들을 전장으로 이끈다고도 한다.

> 바라보니 발키리
> 저 멀리서 오고 있다.
> 말 달릴 준비를 마치고
> 신들에게로 가려 하네.
> 스쿨드 방패 들고 앞장서니
> 스카우굴이 뒤를 따르고
> 군르, 힐드, 가운둘,
> 그리고 게이르스카우굴이 따른다.
> 지금 이름을 말한 이들이
> 전사들의 노른이로다.
>
> - 옛 에다(헨더슨 옮김)

앞에서 살펴보았듯이 발키리는 발할라에서도 중요한 임무를 맡았다. 피투성이 무기를 내려놓고 에인헤랴르에게 천상의 벌꿀 술을 따르는 것이다. 술이 새로 온 영웅들의 영혼을 기쁨으로 채우니 모두 아름다운 발키리를 따뜻하게 반길 수밖에 없었다. 처음 전장에서 그녀들을 보고, 자신이 원하는 곳으로 가게 되리라 깨달았을 때만큼이나.

그늘 속으로 이제 키가 큰 형체들이 다가오고 있었다.
그들의 파리한 손이, 마치 눈송이 같은 손이 달빛에 어슴푸레 빛났다.
손짓한다. 속삭인다. '오! 용기로 단단히 무장한 이여,
저 창백한 손님들이 그대를 기다리네 — 발할라의 벌꿀 술에 거품이 넘치나니.'

- 핀의 사가(휴이트)

볼룬드와 발키리

발키리들은 백조 깃털로 만든 옷을 입고 하늘을 날아 지상으로 내려오는 일이 많았다. 그러다가 인적이 드문 시내를 찾으면 백조 깃털 옷을 벗어버리고 목욕을 했다. 이때 사람이 몰래 들어가 그 옷을 차지해버리면 발키리가 천상으로 돌아가는 것을 막을 수 있었다. 그뿐만 아니라 바란다면 이 자존심 센 처녀들에게 하룻밤을 같이 보내달라고 강요할 수도 있었다.

어느 날, 올룬Olrun과 알비트Alvit, 스반흐비트Svanhvit 이렇게 세 발키리가 물에 들어가 즐거이 놀고 있었다. 이때 에길Egil, 슬라그핀Slagfinn, 그리고 볼룬드Völund 삼형제가 느닷없이 나타나 백조 옷을 감춰버렸다. 그리고 천상으로 돌아가지 못하게 된 발키리들과 억지로 혼인했다. 이렇게 발이 묶인 발키리들은 9년 동안 남편과 더불어 살다가 백조 옷을 찾았든가, 아니면 다른 식으로 주문이 깨졌든가 해서 결국 도망쳤다.

백조의 처녀(거투르드 드메인 해먼드 作)

그곳에서 그들 머무르니
일곱 번의 겨울이 갔네.
그러나 여덟 번째 겨울은 내내
갈망하며 보내었고
아홉 번째 겨울이 오자
운명이 그들을 갈라놓았다.
처녀들 갈망하니
어두운 숲이구나.

젊은 알비트는
운명을 수행하고자 한다.

- 볼룬드의 노래(소프 옮김)

삼형제는 아내를 잃은 슬픔에 사무쳤다. 에길과 슬라그핀은 눈신을 신고 사랑하는 아내를 찾아 추위와 안개가 지배하는 북쪽으로 떠났다. 하지만 막내 볼룬드는 집에 남았다. 어차피 찾아봐야 소용이 없으리라 생각했던 것이다. 대신 그는 알비트가 정표로 주었던 반지를 하염없이 바라보며 마음의 위안을 얻었다. 아내가 돌아올 것이라는 희망이 솟아나기 때문이었다.

볼룬드는 아주 뛰어난 대장장이였다. 금과 은으로 아주 섬세한 장식을 만드는가 하면 결코 부러지지 않는 마법의 무기를 벼릴 줄도 알았다. 이때부터 볼룬드는 시간이 날 때마다 아내가 남겨준 반지와 똑같은 반지를 만들었고 그 수가 700개에 이르렀다. 볼룬드는 반지들을 하나로 묶어 두었다. 그런데 어느 날, 사냥을 갔다 돌아오니 반지 하나가 보이지 않았다. 누군가 나머지 반지는 모두 두고 하나만 가져가버렸던 것이다. 볼룬드는 아내가 다녀갔을 거라고, 이제 곧 돌아와 영원히 떠나지 않을 거라고 생각하며 희망에 부풀었다.

하지만 그날 밤, 잠들어 있던 볼룬드는 꽁꽁 묶여 스웨덴의 왕 니두드Nidud의 포로 신세가 되었다. 왕은 마법의 힘을 불어 넣어 만든 볼룬드의 칼을 차지해 자기 칼로 삼았다. 또, 순수한 라인의 황금으로 만든 사랑의 반지를 빼앗아 딸 보드빌드Bodvild에게 주었다. 불행한 볼룬드는 가엾게도 근처 섬에 감금되었다. 왕은 다리 힘줄을 잘라 그가 도

말을 탄 발키리(J. C. 돌먼 作)

망칠 수 없게 한 다음, 끊임없이 무기와 장신구를 만들게 했다. 또, 복잡한 미궁을 짓게 했는데, 오늘날에도 아이슬란드에서는 미로를 '볼룬드의 집'이라고 부른다.

매번 니두드 왕에게 모욕을 당할 때마다 볼룬드의 분노와 절망도 깊어졌다. 밤이고 낮이고 볼룬드는 복수할 생각뿐이었다. 도망칠 궁리를 하는 것도 잊지 않았다. 일을 쉴 때마다 한 쌍의 날개를 만들었던 것이다. 그의 아내가 발키리였을 때 사용한 것과 비슷한 날개였다. 볼룬드는 복수를 마치면 곧바로 날개옷을 입을 작정이었다.

그러던 어느 날, 왕이 포로를 찾아왔다. 훔쳐갔던 볼루드의 칼을 수리하기 위해서였다. 볼룬느는 영리하게 마법의 칼과 똑같이 생긴 칼을 하나 만들었다. 칼을 찾으러 다시 온 왕은 감쪽같이 속아 넘어갔다. 며칠 뒤 볼룬드는 왕자들을 대장간으로 유인해 죽였다. 그리고 교묘하게도 그들의 두개골로 술잔을 만들고 눈과 이로 보석을 만들어냈다. 이 술잔과 보석은 왕과 왕비, 그리고 공주의 차지가 되었다.

> 그러나 그들의 두개골
> 머리칼 아래에 있던 두개골에
> 은을 입히고
> 니두드에게 주었네.
> 그리고 그들의 눈으로
> 귀한 보석을 만들었으니
> 이는 니두드의
> 교활한 아내에게로 보냈네.
> 이제 이를 뽑으니
> 그 둘의 이로
> 가슴 장식을 만들어
> 보드빌드에게 보냈구나.
>
> - 볼룬드의 노래(소프 옮김)

왕의 가족들은 이것들이 어디에서 비롯되었는지 조금도 의심하지 않았기에 기쁜 마음으로 선물을 받았다. 가엾은 어린 왕자들은 모두 바다로 떠내려가 물에 빠져 죽었다고 생각할 뿐이었다.

이로부터 얼마 뒤, 보드빌드가 반지를 고치려고 대장장이의 오두막으로 찾아왔다. 수리가 끝나기를 기다리며 공주는 아무런 의심 없이 마법의 약을 마셨고 잠이 들어버렸다. 그렇게 볼룬드는 공주까지 손에 넣었다. 마지막 복수마저 이루고 난 볼룬드는 곧바로 오늘을 위해 준비해 두었던 날개를 걸쳤다. 그리고 칼과 반지를 챙겨 천천히 하늘 위로 날아올랐다. 그가 곧장 향한 곳은 바로 왕궁이었다. 닿을 수 없을 정도로 거리를 두고 앉아 볼룬드는 자신이 한 일을 니두드에게 알렸다.

왕은 이성을 잃을 정도로 격노하여 볼룬드의 형 에길을 불렀다. 에길 역시 니두드의 지배를 받는 처지였던 것이다. 왕은 에길에게 그 대단한 활솜씨를 발휘해 저 건방진 새를 잡으라고 명령했다. 그러나 에길은 볼룬드의 신호에 따라 날개 아래 불룩 튀어나와 있는 곳으로 활을 쏘았다. 숨겨둔 것은 다름 아닌 어린 왕자들의 피로 가득한 주머니였다. 볼룬드는 털끝 하나 다치지 않고 당당히 날아가며 외쳤다. 오딘이 내 칼을 시그문드Sigmund에게 주시리라. — 이 예언은 훗날 그대로 이루어진다.

그 후 볼룬드는 알프헤임으로 향했다. 전설대로라면 이곳에서 그는 사랑하는 아내를 찾았고 신들의 황혼이 오는 날까지 아내와 행복하게 살았다고 한다.

재주 많은 대장장이 볼룬드는 알프헤임에서도 계속 솜씨를 발휘했던 모양이다. 결코 꿰뚫을 수 없는 갑옷을 여러 벌 만들었다고 훗날 영웅들을 기리는 시에서 전해진다. 그 외에도 시그문드의 칼 발뭉Balmung과 샤를마뉴의 칼 주아외즈Joyeuse 같은 명검은 물론 아들 헤이메Heime를 위해 미밍Miming이라는 섬도 만들었고, 그 외에도 많은 명검이 그의 손에서 탄생했다.

이 검은 미밍과 한 짝이니
모든 칼 중에 으뜸이요
만든 이는 볼룬드라.
비테르페르라 부른다네.

- 앵글로색슨 시 모음집(코니베어 옮김)

백조의 처녀 혹은 발키리가 인간과 어울리는 이야기는 이밖에도 무수히 많다. 하지만 가장 유명한 이야기는 시그문드의 자손으로 북유럽 영웅 중 가장 잘 알려진 시구르드Sigurd의 아내, 브룬힐드Brunhild 이야기일 것이다.

브륀힐트와 지그문트(J. 와그레 作)

윌리엄 모리스는 「태양의 동쪽, 달의 서쪽에 있는 땅」에서 백조의 처녀에 관한 또 하나의 환상적인 북유럽 전설을 전한다. 그의 서사시 모음집 『지상낙원 The Earthly Paradise』 중 가장 매력적인 이야기다(아버지의 농장을 망치는 범인을 잡으려고 밤을 새던 주인공이 백조의 처녀를 만나 인연을 맺었으나 금기를 어겨 연인과 헤어지게 되고, 다시 연인을 찾아간다는 이야기다 - 옮긴이 주).

브룬힐드

____ 브룬힐드의 이야기에는 다양한 종류가 있다. 어떤 이야기에서는 주인공은 왕의 딸로 오딘이 데려와 발키리로서 섬기게 했다고 하고, 다른 이야기에서는 발키리의 대장이자 오딘의 딸이라고 한다. 위대한 음악가 리하르트 바그너는 악극 〈니벨룽겐의 반지〉에서 특히 매력적인 브륀힐트를 그려낸다. 비록 더 근대적인 개념에 가깝기는 하지만, 이 이야기 속에서 브륀힐트는 청년 지그문트를 그의 연인 지크린데의 곁에서 떼어내어 축복 받은 이들의 전당으로 데려오라는 오딘의 명령에 불복한다(독일 작곡가의 작품이므로 독일식 인명을 쓴다. 브륀힐트, 지그문트, 지크린데는 각각 북유럽 신화의 브룬힐드, 시그문드, 시그니에 해당한다 - 옮긴이 주).

북유럽 신화, 재밌고도 멋진 이야기

헬

로키의 자손

죽음의 여신 헬은 악의 신 로키와 해악의 징후를 나타내는 거인 앙구르보다의 딸이다. 요툰헤임의 어두운 동굴에서 요르문간드(뱀), 펜리스(늑대)와 함께 태어났다. 이 셋은 고통, 죄, 죽음을 상징한다.

이제 로키의 차례, 만악萬惡의 근원이라!
사람과 아스 신들 아직도 그를 욕하니
신들의 비난 하염없이 이어지리,
시간이 끝난다 하여도.
로키, 아스가르드의 언덕을 비열하게 기만했다.
한편, 요툰헤임 깊숙이 그 무엇보다도 악랄한 존재
펜리스와 뱀 그리고 공포의 헬.

고통과 죄 그리고 죽음 세 자식을
소중하게 길렀으니 이들로 인하여 로키
세상의 고통이 되리라.

- 발할라(J. C. 존스)

로키는 아이들을 소중하게 길렀다. 그러나 늦기 전에 이 아이들의 존재를 알아차린 오딘은 앞에서 본 것과 같이 이들을 지상에서 추방하기로 결심했다. 뱀은 바다로 던져졌다. 바다에서 험한 폭풍이 일어나는 것은 이 뱀이 몸을 뒤틀기 때문이다. 늑대 펜리스는 대담한 티르 덕에 사슬로 묶어둘 수 있었다. 그리고 죽음의 여신 헬 혹은 헬라^{Hela}는 니플헤임의 심연으로 던져 넣었다. 이때 오딘은 그녀에게 니플헤임의 아홉 세계를 다스릴 권한을 주었다.

그대 헬라를 니플헤임으로 던지고
아홉 개의 빛이 없는 세상을 다스리게 하니
죽은 이를 다스리는 제국의 여왕이로다.

- 발데르 죽다(매슈 아널드)

❋ 헬의 왕국

____ 시하에 있는 헬의 왕국에 가려면 험한 길을 따라 북쪽 끝에 있는 춥고 어두운 지역을 지나야만 했다. 고통스러운 여정이 아닐 수 없었다. 왕국의 입구는 사람들이 사는 곳과 아주 멀리 떨어져 있었다.

날쌘 신 헤르모드조차 슬레이프니르를 타고도 아홉 밤 동안 달려야 겨우 니플헤임의 경계를 이루는 골$^{Gi\"oll}$ 강에 도착할 수 있을 정도였다. 강 위로는 둥근 활 모양의 수정 다리가 있는데, 금으로 장식했으며 단 한 가닥의 머리카락에 매달려 있었다. 모드구드^{Modgud}라는 무자비한 해골이 종일 지키고 서서 다리를 건너는 모든 영혼에게 통행료로 피를 받아냈다.

> 유리 다리 한 가닥 머리카락에 매달려
> 끔찍한 강 위로 뻗으니
> 강의 이름은 골, 헬의 경계라네.
> 거기 모드구드라는 처녀 지키고 서서
> 피의 통행료를 기다리네.
> 보기에도 끔찍한 처녀,
> 살이라고는 찾아볼 수 없고, 수의와 관 덮는 천을 차려입었구나.
> — 발할라(J.C. 존스)

영혼들은 대개 말이나 마차를 타고 이 다리를 건넜다. 이를 염두에 두고 식구들이 장례식 때 같이 화장해준 덕분이었다. 또, 북유럽 사람들은 반드시 고인에게 아주 튼튼한 신발을 신겼다. '헬 신'이라고 했는데, 험한 길을 가야 하니 고생하지 않게 하려는 것이다. 걀라르^{Giallar} 다리를 건너면 바로 철의 숲이 나왔다. 아무것도 없는 황무지에 나무만 있는데, 잎사귀가 모두 철로 이루어진 곳이었다. 이 숲을 지나면 '헬의 문'이 나왔다. 피에 얼룩진 사나운 개, 가름^{Garm}이 그니파^{Gnipa} 굴이라는 어두운 구멍 속에 웅크리고 앉아 문을 지키고 있었다. 가름의 화를 달랠 수 있는 것은 오로지 '헬 케이크'를 던져주는 것뿐이었다. 도움이 필요한 이에게 빵을 나누어준 적이 있는 사람이라면 결코 실패하지 않았다고 한다.

가름 크게 짖네,
그니파 굴 앞에서.
— 옛 에다(소프 옮김)

문 안으로 들어가면 극심한 추위와 도저히 헤쳐 나갈 수 있을 것 같지 않은 어둠이 만연한 가운데, 거대한 가마솥 흐베르겔미르가 끓어오르는 소리가 들려왔다. 엘리바가르와 헬의 다른 강에서 빙하가 굴러가는 소리도 들렸다. 이 강들 중에는 엄숙한 맹세를 하는 강 레이프테르^{Leipter}와 탁한 강물 속에 칼집 없는 칼들이 굴러다니는 슬리드^{Slid}라는 강도 있었다.

이렇게 섬뜩한 곳에 헬 여신의 왕궁 엘비드네르^{Elvidner}(고통)가 있었다. 여신의 접시는 배고픔이었고, 여신의 나이프는 탐욕이었다.

"여신의 정부는 그 이름이 게으름이었으며 하녀는 나태라 했다. 문턱은 파멸이라 하고, 침대는 슬픔이었으며, 드리운 장막은 큰불이었다."

엘비드네르, 헬라의 전당.
거대한 벽에 철창을 대었다.
극히 높은 왕궁!

헬라의 빈 식탁은 배고픔,
나이프는 쓰레기, 침대는 격렬한 슬픔.
불타는 괴로움이 여신의 연회에 퍼져나간다.
손님들 앞에는 표백한 뼈를 내오고
전염병과 기근이 룬을 노래하니
절망도 거친 곡조로 끼어든다.
절망과 고통
헬의 집에서 영원하리!

- 발할라(J. C. 존스)

여신에게는 매일 찾아오는 손님을 위한 거처가 여러 군데 있었다. 맹세를 어긴 이들과 각종 범죄자만 여신을 찾아오는 것이 아니라, 불행히 피를 흘리지 못하고 죽은 이들도 찾아왔기 때문이다. 나이가 들거나 병들어서 죽은 사람들이었다.(이들을 화장할 때는 보통 짚을 썼기 때문에 경멸조로 '지푸라기 죽음'을 맞았다고 했다.)

서리와 폭풍, 고생을 겪으며
그들의 아들들은 대담한 용기를 갖추었으니
유일한 공포는 피를 흘리지 않는 죽음이었다.

- 톰슨

발할라로 가는 길(세베린 닐손 作)

:: 사후의 삶

____ 죄 없는 이들은 헬 여신에게서 친절한 대접을 받았고 그나마 행복하게 지낼 수 있었다. 그래도 생기라고는 찾아볼 수 없는 헬의 왕국을 꺼리는 것은 당연한 일이었다. 그래서 남자들은 창끝으로 자해하거나 절벽에서 몸을 던지는 쪽을 택했다. 명이 다하기 전에 화장되는 쪽을 택하기도 했다. 여성들도 서슴없이 남자 못지않게 영웅적인 죽음을 택했다. 사랑하는 사람이 죽어서 슬픔이 극에 달한 여성들은 주저 없이 산기슭에서 몸을 던지거나 결혼할 때 받은 칼로 자결했다. 함께

화장되고 싶었기 때문이다. 그러면 두 사람의 영혼이 신들의 밝은 왕국에서 다시 만난다고 믿었다.

하지만 진정한 공포는 범죄를 저지르거나 부도덕하게 살았던 사람들 몫이었다. 이들의 영혼은 나스트론드^{Nastrond}(시체들의 해안)로 추방되었다. 이들은 자신들 쪽으로 독니를 내밀게끔 뱀을 엮어 만든 동굴에서 얼음장처럼 차가운 독을 헤치며 걸어야만 했다. 이곳에서 말로 다 할 수 없는 고통을 겪고 나면 부글부글 끓는 흐베르겔미르로 들어가야 했다. 그러면 옆에서 이그드라실의 뿌리를 갉던 니드후그가 가끔씩 하던 일을 멈추고 그들의 뼈를 씹어 먹었다.

저택이 서 있다,
태양에서 멀리 떨어진
나스트론드에.
문은 북쪽을 향하고
독이 방울져 떨어지네,
작은 구멍으로.
저택을 휘감고 있는 것은
뱀의 등뼈.
그곳에서 보았으니
완만하게 흐르는 개울을 힘겹게 헤치고 걷는 이들.
피에 목마른 살인마,
맹세를 어긴 위증자,
타인의 아내를 꾀어낸 자.

그곳에서 니드후그 빨아먹는다.
죽은 이의 시체를.

- 옛 에다(소프 옮김)

✢ 전염병과 기근

 ____ 헬 여신은 가끔 음산한 니플헤임을 떠나 다리가 셋 달린 백마를 타고 지상을 유랑했다고 한다. 역병이 돌거나 기근이 찾아와 사람들이 떠난 곳은 헬 여신이 갈퀴질을 한 곳이라고 했다. 흑사병이 돌았을 때처럼 한 마을이나 지방 전역에서 사람들이 죽어나가면 헬이 빗자루를 탄 곳이라고 했다.

북유럽 사람들은 여기에서 그치지 않고, 죽은 이들의 영혼이 가끔 지상에 돌아와 연인이나 친지들에게 나타날 수 있다고 생각했다. 또, 살아 있는 이들의 슬픔이나 기쁨이 고인에게 영향을 미친다고 믿었는데, 덴마크의 서정시 오게르와 엘세 Aager and Else에서 확인할 수 있다. 이 시에서는 죽은 연인이 나타나 미소를 지어달라고 부탁한다. 그러면 연인의 눈물이 변하여 생긴 핏방울 대신, 장미가 관 속에 가득 찬다는 것이다.

들어주세요, 친애하는 오게르 님!
사랑하는 나의 신랑. 제가 원하는 것은 오직
당신께서 어찌 지내고 계시는지 아는 것뿐이랍니다.
그 외로운 무덤 안에서요.

그대가 기뻐할 때마다
그대 마음에 행복이 찾아올 때마다
내 외로운 무덤 속
장미 잎으로 가득하다오.

사랑하는 이여, 그대 슬퍼할 때마다
눈물을 흘릴 때마다
내 외로운 무덤 속
역겨운 검은 피 가득하다오.

- 오게르와 엘세(롱펠로 옮김)

에기르

바다의 신

바다의 신으로는 뇨르드와 미미르가 있었다. 뇨르드는 해변 근처의 바다를 다스렸고, 미미르는 만물이 탄생한 근원, 태초의 바다를 다스리는 신이었다. 하지만 북유럽 사람들은 이 둘 외에도 바다를 다스리는 신을 하나 더 알고 있었다. 에기르Ægir 혹은 흘레르Hler였다. 자신이 다스리는 차가운 바다 깊이 산다고도 하고, 흘레세이Hlesey에서 산다고도 전해진다. 오늘날로 치면 카데카트 해협에 있는 레쇠 섬이다.

물로 이루어진 둥근 천장 아래
수정처럼 찬란하며
빛나는 위엄을 갖춘

바다신의 왕궁이 서 있다.
파도 거품보다 눈부시고
깊은 동굴 속에서 영원토록 어렴풋이 빛을 발하니
바닥의 모래 반짝이는 것이
잔잔한 호수에 잔물결 퍼지듯 하네.

- 발할라(J. C. 존스)

에기르(바다)는 형제 카리^{Kari}(공기)와 로키(불)처럼 신들의 옛 왕조에 속한 것으로 보인다. 아스 신족도 반 신족도, 거인도 드워프도 엘프도 아니지만 자신의 영토 안에서는 전능한 것으로 여겨지기 때문이다.

바다 위로 몰아치는 거센 폭풍을 일으키기도 하고, 잠재우기도 하는 에기르는 보통 백발에 길고 흰 수염을 기른, 빼빼마른 노인으로 그려진다. 마치 만물을 움켜쥐고 싶은 듯 짐승의 발톱 같은 손가락을 발작적으로 꽉 쥐고 있다. 그가 파도 위로 나타날 때는 오로지 배를 쫓거나 뒤집을 때, 아니면 탐욕스레 바다 아래로 끌어들일 때였다. 그때마다 에기르는 사악한 기쁨을 느꼈다.

여신 '란'

에기르는 누이인 란^{Ran} 여신과 혼인했다. 란이란 이름은 '강도'라는 뜻이다. 여신은 남편처럼 탐욕스럽고 잔인했으며 만족할 줄 몰랐다. 위험한 암초 주변에 숨어 있다가 뱃사람을 유인하는 것이 제일 좋아하는 유희였다.

그래서 그물을 가장 소중하게 여겼다. 바위 주변에 그물을 펼쳐 놓아 그물에 걸린 배가 울퉁불퉁한 절벽에 부딪치게 하는 것이다. 그리고 그 배에 타고 있던 사람들을 잡아들였다. 이들은 말없이 쓸쓸한 여신의 영토로 끌려갔다.

> 파도 소리 울려 퍼지는 해변의
> 깊은 바다 동굴 속.
> 거친 폭풍이 몰아치는 사이
> 돌진해 오는 파도 속.
> 북쪽 피오르
> 차가운 녹색 그늘 아래.
> 란, 몸을 숨기고 노려보다
> 붙잡아 비축하니
> 저 튼튼한 그물 사냥감을 잡으려 펼쳤네.
>
> - 지크프리트 이야기(볼드윈)

란은 죽음의 여신으로 여겨진다. 단, 바다에서 죽은 이들에게만 해당된다. 북유럽 사람들은 란이 산호 동굴에서 물에 빠져 죽은 이들을 맞아 대접한다고 생각했다. 동굴에는 손님들을 맞이하기 위한 긴 의자가 많이 놓여 있고, 발할라처럼 벌꿀 술이 끝없이 나온다고 말이다.

또, 여신은 '바다의 화염'이라 불리는 황금을 아주 좋아해 왕궁을 밝히는 데 썼다고 한다. 이러한 믿음은 뱃사람들에게서 비롯되었다. 파도가 칠 때 보이는 인광燐光을 금이 발하는 빛으로 생각한 것이다.

그래서 바다에서 위험이 닥쳐올 경우, 란의 환심을 사기 위해 약간의 금을 반드시 몸에 지녔다.

> 구애하러 가는 길, 황금
> 큰 힘이 되고 좋으니
> 누가 빈손으로 내려가
> 푸른 바다의 란 여신을 만나는가?
> 그녀의 입맞춤 차디차고,
> 포옹 덧없노라 —
> 그러나 순금이 있으면
> 바다의 신부 달랠 수 있네.
>
> - 북유럽 바이킹 이야기(R. B. 앤더슨)

에기르(J. P. 몰린 作)

파도의 처녀들

에기르와 란은 아름다운 딸을 아홉 두었다. 이들을 파도의 처녀 혹은 큰 물결의 처녀라고 한다. 눈처럼 흰 팔과 가슴, 금빛의 긴 머리칼, 짙은 푸른색 눈, 호리호리하면서 관능적인 몸매가 지극히 매력적이었다. 이들은 속이 다 비치는 파란색, 흰색, 녹색 베일을 가볍게 드리우고 아버지가 다스리는 광대한 영지의 표면으로 올라와 즐거운 시간을 보내곤 했다. 하지만 이 아가씨들은 아주 변덕스럽고 감정의 기복이 심해서 장난기 넘치다가도 시무룩해지거나 냉담해지곤 했다.

또, 때로는 광기에 가까울 정도로 흥분해서 머리와 베일을 쥐어뜯거나 조심성 없이 단단한 침대(바위)에 몸을 내던졌다. 정신없이 서두르며 서로를 쫓기도 하고, 기쁨 혹은 절망에 사로잡혀 큰 소리로 날카로운 비명을 지르기도 했다. 하지만 이들이 놀러 나오는 것은 오로지 형제인 바람이 있을 때뿐이었다. 그리고 바람의 기분에 따라 온화하고 장난기 넘칠지 거칠고 난폭할지가 정해졌다.

파도의 처녀들은 보통 세 명씩 함께 다녔다. 좋아하는 바이킹의 배 근처에서 노닐면서 뱃길에 장애물을 없애주거나 빨리 목적지에 다다를 수 있게 도와주었다.

그리고 에기르의 딸들, 파란 베일 드리우고 있네.
키를 빙빙 돌리니 항해를 재촉한다.

- 북유럽 바이킹 이야기(R. B. 앤더슨)

란(M. E. 빙에 作)

∵ 에기르의 찻주전자

앵글로색슨 족에게 바다의 신 에기르는 에아고르^{Eagor}라는 이름으로 알려져 있다. 보기 드문 큰 파도가 해변으로 쏜살같이 밀려올 때면 선원들은 트렌트 강의 뱃사공들이 그러듯 이렇게 외쳤다.

"조심해. 에아고르가 온다!"

에기르는 북유럽에서 흘레르^{Hler}(보호하는 이) 혹은 기미르^{Gymir}(숨겨주는 이)라는 이름으로 불리기도 한다. 언제든 원하는 물건을 바다 깊은 곳에 숨겨줄 수 있고, 그에게 털어놓은 비밀은 누설될까봐 걱정할 필요가 없었기 때문이다. 북유럽 사람들은 파도 소리가 마치 바닷물이 끓어올라 쉭쉭거리는 것 같다며 바다를 '에기르의 찻주전자'라고 부르기도 했다.

에기르의 시종으로는 엘데^{Elde}와 푼펭^{Funfeng}이 있다. 바다의 푸른빛을 상징하는 이들로 민첩하게 바다 속 연회에 초대된 손님들의 시중을 들곤 했다. 때때로 에기르는 아스가르드를 방문해 아스 신들을 만났다. 신들은 언제나 에기르를 융숭하게 대접했다. 그는 특히 신들의 모험과 업적에 대한 브라기의 노래를 좋아했다. 신나는 이야기와 거품이 이는 벌꿀 술에 몹시 즐거워진 에기르는 아스 신들을 흘레세이로 초대했다. 이번에는 자기가 추수를 축하하는 연회에 신들을 초대해 대접하겠다는 것이었다.

토르와 히미르

초대를 받고 놀란 신들 중 하나가 대담하게 나서서 신들은 맛난 음식에 익숙하다고 에기르의 주의를 환기시켜 주었다. 그러자 에기르는 음식에 관해서라면 걱정할 필요가 없다고 단언했다. 아무리 까다로운 입맛이라도 만족시켜줄 자신이 있다는 말이었다. 하지만 에기르는 술에 관해서라면 그렇게 자신할 수 없다고 털어놓았다. 술 빚는 솥이 다소 작기 때문이었다. 이 말을 듣자마자 토르가 나서서 적당한 솥을 구해주겠다며 티르와 함께 길을 떠났다.

두 신은 염소가 끄는 토르의 전차에 타고 엘리바가르의 동쪽으로 향했다. 그리고 티알피의 아버지인 농부 에길^{Egil}의 집에 이르자, 염소를 맡겨두고는 걸어서 거인 히미르의 집으로 떠났다. 히미르는 깊이와 지름이 1마일에 이르는 큰 솥을 가진 것으로 유명했다.

> 동쪽에 살고 있으니
> 엘리바가르의 동쪽.
> 누구보다도 현명한 히미르가
> 천상의 경계에서 살고 있다.
> 성미가 사나운 내 아비요.
> 솥을 하나 가지고 있으니
> 아주 큰 가마솥,
> 깊이가 일 마일은 되지.
>
> - 옛 에다(소프 옮김)

하지만 집에는 여자들만 남아 있었다. 티르는 나이든 여인을 하나 알아보았다. 머리가 900개나 달린 추한 노파였는데, 바로 티르의 할머니였다. 반면 젊은 여자 거인은 아름다웠는데, 알고 보니 그의 어머니였다. 그녀는 아들과 아들의 동행을 기쁘게 맞이하며 술을 내주었다.

티르의 어머니는 아들이 찾아온 이유를 듣자, 방 한쪽의 대들보 위에 놓인 커다란 솥 밑에 가서 숨으라고 시켰다. 히미르는 성질이 아주 급하기 때문에 손님으로 대접해야 마땅한 사람들을 곧잘 죽여 버린다는 것이었다. 그것도 한번 험악하게 쳐다보는 것만으로 말이다. 신들은 재빨리 충고에 따라 몸을 숨겼다.

거의 동시에 늙은 거인 히미르가 들어왔다. 그는 손님들이 왔다는 아내의 말을 듣자마자 무시무시하게 인상을 찌푸리고는 신들이 숨은 쪽으로 노기등등한 눈길을 보냈다. 그러자 들보가 둘로 쪼개지더니 신들이 숨은 가장 큰 솥을 제외한 나머지 솥들이 요란한 소리를 내며 떨어졌다. 떨어진 솥들이 산산 조각난 것은 두말할 필요도 없었다.

기둥이 산산 조각났네,
요툰의 눈빛에.
대들보가 먼저
두 동강이 났다.
솥이 여덟 개 떨어지고
하나만 남으니
망치로 단단히 두드려 만든 가마솥
기둥에서 떨어지고도 온전하네.

- 옛 에다(소프 옮김)

하지만 아내의 설득 끝에 히미르도 티르와 토르를 환영하게 되었다. 히미르는 황소를 세 마리 잡아서 신들을 대접했다. 그러나 천둥의 신 토르가 그중 두 마리를 저녁으로 해치우자 경악하지 않을 수 없었다. 히미르는 이렇게 식욕이 왕성한 손님에게 아침을 대접하려면 내일 아침 일찍 낚시나 가야겠다고 중얼거리며 식탁에서 물러났다.

다음날 새벽이 되자 히미르는 정말 바닷가로 향했다. 토르도 돕겠다며 동행을 자처했다. 뻔뻔하게도 히미르가 기르는 소 중에서도 제일 큰 황소, 히민브료테르Himinbrioter(천상의 파괴자)를 잡아 그 머리를 잘라 들고 말이다. 히미르가 미끼를 스스로 구하라고 한 것이 문제였다. 둘은 먼 바다로 나아갔다. 노를 잡은 것은 토르였다. 히미르가 평소 고기 잡는 곳에 다 왔다며, 더 갔다가는 무시무시한 미드가르드의 뱀과 만

날 수도 있다고 말렸지만 헛수고였다. 토르는 고집스레 노를 저었고, 뱀이 바로 밑에 있다는 생각이 들 때까지 멈추지 않았다.

> 커다란 소금 호수 어두운 밑바닥에
> 거대한 뱀 갇혀 누워 있으니
> 무엇도 그 음울한 잠을 깨우지 못하리.
>
> - 토르의 낚시(윌렌슐레게르 / 호윗 옮김)

토르는 튼튼한 낚싯바늘에 황소의 머리를 매달아 요르문간드를 향해 던졌다. 그 사이 히미르는 고래를 두 마리 낚았는데, 이른 아침식사로는 충분해 보였다. 그래서 막 돌아가자고 하려는 참에 토르가 입질을 느끼고 최대한 힘껏 낚싯줄을 당기기 시작했다. 그 저항으로 보아, 또 미친 듯이 몸부림치면서 거센 폭풍을 일으키는 것으로 보아 미드가르드의 뱀이 걸려든 것이 틀림없었다. 토르는 배의 바닥에 발을 단단히 붙이고 버텼다. 반드시 뱀을 수면 위로 끌어올리겠다는 결연한 의지였다. 그 결과 배가 버티지 못해 어느 샌가 토르는 바다의 밑바닥을 딛고 서게 되었다.

말로 다 설명할 수 없는 고군분투 끝에 독을 뿜어내는 뱀의 머리가 드러나기 시작했다. 토르가 망치를 움켜쥐고 막 뱀을 끝장내려는 순간, 히미르가 낚싯줄을 잘라버렸다. 요르문간드가 가까이 모습을 드러내자 겁에 질린데다가, 곧 배가 가라앉아 괴물의 먹이가 될지도 모른다고 생각하니 두려웠던 것이다. 뱀은 마치 돌이 바닷속으로 가라앉듯이 다시 물속으로 들어갔다.

칼이 우세하구나. 큰 바다 저 깊은 곳으로
뱀, 몸부림과 고통에 지쳐
바닥으로 다시 가라앉는다.

- 토르의 낚시(윌렌슐레게르 / 호윗 옮김)

토르는 결정적인 순간에 끼어든 히미르 때문에 분통이 치밀어 올랐다. 그래서 망치로 히미르를 내리쳐 배 밖으로 날려버렸다. 하지만 히미르는 태연하게 물을 헤치며 바닷가로 걸어 나왔고, 돌아오는 토르와 다시 합류했다. 그러고는 자신의 전리품인 고래 두 마리를 등에 메고 집으로 향했다. 자기도 힘자랑이 하고 싶었던 토르는 배와 노, 낚시 도구까지 모두 어깨에 짊어지고 히미르를 따라갔다.

아침을 먹고 나자 히미르가 토르에게 굽이 달린 술잔을 주고, 이 잔을 깨뜨려 천둥신의 힘을 보여 달라고 했다. 하지만 토르가 아무리 전력을 다해 기둥이며 벽으로 술잔을 던져도 술잔은 깨지기는커녕 조금 휜 구석조차 보이지 않았다. 그때 티르의 어머니가 토르에게 몇 마디 속삭였다. 그러자 토르는 돌연 그 술잔을 히미르의 이마를 향해 던졌다. 유일하게 술잔보다 단단한 것은 바로 거인의 이마였던 것이다. 잔은 조각조각 부서져 땅에 떨어졌다. 이렇게 토르의 힘을 시험해 본 히미르는 두 신이 찾으러 온 솥을 주기로 했다. 티르는 아무리 애써도 솥을 들 수 없었다. 토르도 힘이 늘어나는 허리띠를 마지막 구멍에 꿰어 꼭 졸라매고서야 겨우 바닥에서 조금 들어 올릴 수 있었다.

북유럽 신화, 재밌고도 멋진 이야기

티르 두 번 시도했네,

솥 옮기기를.

그러나 매번

솥 꿈쩍하지 않는구나.

그러자 모디의 아비

솥의 가장자리를 잡고는

발에 힘주어 서니

바닥이 버티지 못하네.

- 히미르의 노래(소프 옮김)

  마침내 토르가 솥을 뒤집어 들어 올리자, 거인의 집이 크게 부서지고 그 무게를 버티지 못해 바닥이 내려앉기까지 했다. 그렇게 티르와 토르는 다시 길을 떠났다. 토르는 모자 대신 머리에 솥을 이고 갔다. 히미르는 형제 서리 거인들을 불러 모아 이 숙적들을 쫓아가 죽이자고 제안했다. 그러나 문득 뒤를 돌아본 토르가 추적이 있다는 것을 눈치채고 거듭해서 묠니르를 던졌다. 덕분에 거인들은 미처 토르를 따라잡기도 전에 모두 목숨을 잃고 말았다. 티르와 토르는 다시 걸음을 재촉해 에기르에게 솥을 가져다주었다. 에기르는 이 솥에 추수 축하연에서 마실 에일을 빚었다.

  이 신화를 자연에 대입해 보면 다음과 같이 설명할 수 있다. 천둥을 동반한 폭풍(토르)이 사나운 바다(미드가르드의 뱀)와 충돌하고 북극의 얼음(히미르의 술잔과 방바닥)이 여름의 열기에 부서진다.

  신들은 이제 축제 의상으로 갈아입고 즐거이 에기르의 연회에 참석했다. 신들이 곧잘 에기르의 산호 동굴에서 추수를 축하하게 된 것은 이때부터였다.

반 신과 아스 신,
지상과 공기, 그리고 아스가르드, 군주들의 위대한 신들 —
아름다운 여신들 저마다
재기 넘치는 시종 대동하고 나아가니 실로 보기 드문 광경 —
위대한 오딘 참석했도다.
그 모습에 파도에 닳은 북도 눈부시다.

- 발할라(J. C. 존스)

사랑받지 못한 신들

앞에서 살펴봤듯이 에기르는 탐욕스런 여신 란의 도움을 받아 바다를 다스렸다. 북유럽 사람들은 이 두 신을 잔인하다고 여겼다. 바다에서 고생을 너무 많이 했기 때문이다. 사방이 바다였고 내륙 깊숙이 파고드는 수많은 피오르까지 바닷물이 들어왔으니 그럴 수밖에 없었다. 또, 툭하면 전사들이 가득 탄 바이킹 배를 집어삼키는 것도 역시 바다였다.

:: 바다의 정령

____ 이들이 바다의 주신이라면 북유럽 사람들은 또 다른 존재도 믿었다. 바로 인어였다. 아름다운 인어 아가씨가 해변에 잠깐 벗어둔 백조 깃털 옷이나 물개 가죽을 사람이 발견하고 다시 물로 돌아가지 못하게 하는 이야기가 많이 남아 있다.

> 아름다운 달이 빛날 때 그녀 파도를 타고 오니
> (완만히 흐르는 파도, 거품이 이는 바다)
> 나 홀로 모래 위를 걷던 곳.
> 그녀의 마음 더할 나위 없이 가벼웠네.
> - L. E. R.

니코르Nicor 라는 사악한 바다 괴물도 있었다. 속담에 잘 나오는 올드 닉Old Nick(사탄, 악마라는 뜻 - 옮긴이 주)이란 이름이 니코르에게서 비롯되었다. 많은 물의 정령이 물고기와 같은 꼬리가 있다. 여자들은 운디네Undine라 하고, 남자들은 스트롬카를Stromkarl, 닉스Nix, 넥Neck, 넥카르Neckar라고 한다.

> 늪지대, 해오라기 소리 높여 우는 곳에
> 영혼 없는 넥카르, 기턴(옛 기타의 일종 - 옮긴이 주)을 들고 앉았네,
> 가늠 수 없는 슬픔에 잠겨, 친구도 적도 없이
> 자신의 운명에 통곡하네, 영혼 없는 넥카르.
> - '파비안 수사의 기록'에서 발췌

중세에는 물의 정령들이 가끔씩 물에서 나와 마을 무도회에 나타난다고 생각했다. 입고 있는 옷의 단이 젖어 있는지 살펴보면 그 정체를 알 수 있다. 또, 물의 정령들은 시냇가나 강가에 앉아서 하프를 연주하거나 금색 혹은 녹색의 긴 머리카락을 빗어 내리며 유혹적인 노래를 하는 것으로 묘사되곤 했다.

넥, 여기 유리 궁전에서 하프를 연주하고
인어 아가씨들 언제나 녹색 머리를 빗으며
여기에서 표백하네, 눈부시게 흰 옷을.

- 스탕넬리우스(키틀리 옮김)

특히 닉스와 운디네, 스트롬카를은 온화하고 사랑스러운 존재로, 마지막 날 자신들이 구원받을 수 있다는 사실을 몇 번이고 다짐받지 못해 초조해하는 모습으로 그려진다.

이들이 등장하는 이야기는 대개 다음과 같은 줄거리다. 사제들이나 아이들이 개울에서 노니는 닉스나 운디네를 보고 훗날 지옥에 떨어질 운명이라고 조롱한다. 그러면 즐거운 음악을 연주하던 정령들은 백이면 백 모두 연주를 멈추고 슬프게 통곡한다. 그 뒤 정령들이 고통스러워하는 모습에 감동했던 사제들과 아이들은 자신들의 실수를 깨닫는다. 그리고 서둘러 개울로 돌아와 물의 정령들에게 그들도 구원받을 수 있다고 알려준다. 그러면 물의 정령들은 누런 이를 드러내고 웃으며 다시 행복한 선율을 연주하기 시작한다.

명랑하고 아름다운 닉스를 아는가?
눈은 검고 머리칼은 녹색이며 —
사초가 우거진 물가에 숨어 있다네.

- 매시슨

넥칸(J. P. 몰린 作)

∷ 강의 님프

　　　물의 요정 엘프Elf 혹은 엘브Elb에서 그 이름이 유래한 독일의 엘베Elbe 강과 넥Neck에게서 그 이름이 유래한 넥카Neckar 강, 그리고 아버지 라인 강과 그의 많은 딸들(지류들) 외에 물의 정령 중 가장 유명한 것은 바로 로렐라이^{Lorelei}다. 장트고어 지역 근방, 라인 강에 자리한 로렐라이 바위 위에 앉아 유혹적인 노래를 불렀다. 수많은 뱃사람들을 죽음으로 이끈 사이렌(그리스 신화에 등장하는 마녀로 아름다운 노래를 불러 뱃사람을 유혹해 배를 난파시킨다 - 옮긴이 주)이다. 로렐라이에 관한 전설은 여러 가지가 있지만 가장 오래된 것은 다음과 같다.

로렐라이 전설

____ 로렐라이는 사람이 아닌 물의 정령으로 아버지 라인 강의 딸이다. 낮에는 차가운 강바닥에서 지내지만, 늦은 밤이 되고 달빛이 비치면 모습을 드러냈다. 강을 오가는 이들은 모두 높은 바위 꼭대기에 앉아 있는 로렐라이를 볼 수 있었다. 때때로 그녀의 노랫소리가 밤바람에 실려 뱃사람들의 귀에 들어오면 모두 그 매혹적인 가락에 사로잡혔다. 시간이 흐르는 것도, 배가 떠내려가는 것도 알 수 없을 정도였다. 결국 그들은 모두 날카로운 암초에 부딪쳐 유명을 달리했다.

처녀, 위에 앉았으니
경이로운 모습 아름답다.
눈부신 보석으로 장식하여
빛나는 황금 머리칼 땋았네,
황금 빗으로.
현혹하는 노래를 부르는 것이 그녀의 일.

후렴이 변덕스러운 노래구나 —
지나친 광기에 사로잡힌 그 가락.
강 위의 뱃사람
노래에 홀려 주문에 걸리네.
오! 무엇이 그를 구하리?
위협하듯 다가오는 위험에서.
깊은 강물 사로잡네,
배와 용감한 뱃사람을.
거품이 이는 물결 아래로
그들을 데려갔네, 로렐라이의 노래.

- 노래(하이네 / 셸처 옮김)

로렐라이를 가까이에서 본 사람은 딱 한 사람뿐이라고 한다. 오베르베젤 출신의 젊은 어부였는데, 그는 밤마다 강가에서 로렐라이를 만났다. 어부는 그녀의 아름다움에 취해 매혹적인 노래를 들으며 매일 즐거운 시간을 보냈다. 헤어질 무렵이 되면 로렐라이는 다음날 어부가 그물을 던질 곳을 알려주었다. — 어부는 항상 로렐라이의 조언을 따랐고, 덕분에 언제나 고기를 잔뜩 낚았다.

어느 날 밤, 강으로 나갔던 어부가 다시 돌아오지 않았다. 아무리 찾아도 어부의 행방을 알 수 없자 곧이곧대로 믿는 경향이 큰 튜턴 사람들은 마침내 이렇게 전했다. 로렐라이가 그녀의 산호 궁전으로 어부를 데려가 영원히 함께 지내기로 했다고.

다른 이야기에 따르면, 험준한 바위 위에 앉아 황홀한 노래를 부르는 로렐라이 때문에 라인 강은 너무나도 많은 어부들의 무덤이 되었다. 그러던 어느 날 밤, 무장한 군인들이 라인 강으로 나가 로렐라이를 포위했다. 그러나 로렐라이는 대장과 병사들에게 강력한 주문을 걸어 손도 발도 꼼짝하지 못하게 했다. 그리고 장신구를 벗어 물결 아래로 던진 다음 주문을 외웠다. 곧 물이 로렐라이가 앉아 있는 바위 꼭대기까지 올라왔다. 또, 놀랍게도 그 물결을 따라 갈기가 흰 말이 끄는 바다색 마차가 나타났다. 로렐라이는 가볍게 마차에 올랐고 순식간에 사라져버렸다.

잠시 뒤 라인 강의 수위가 원래대로 돌아가자 주문이 풀렸다. 다시 움직일 수 있게 된 군인들은 돌아가서 그들이 겪은 일에 대해 전했다. 그 후로 로렐라이를 다시 볼 수 없었다고 한다. 시골 사람들은 로렐라이가 아직도 그때의 모욕에 분노하고 있으며, 다시는 산호 동굴을 떠나지 않을 것이라고 믿는다.

발데르

❋ 가장 사랑받은 아들

오딘과 프리가에게는 쌍둥이 아들이 있었다. 그런데 이 둘은 성격이나 외모가 남남으로 보일 만큼 극명하게 달랐다. 어둠의 신 호두르Hodur는 침울하며 무뚝뚝한 성격으로 죄를 상징했다. 또, 마치 죄의 어두운 속성을 투영하는 듯 앞을 보지 못했다. 반면, 쌍둥이 형제 발데르Balder는 외모가 아름답고 순결과 빛을 상징했다. 순수하고 빛나는 신은 모두로부터 숭배를 받았다. 발데르의 눈처럼 흰 이마와 금빛 머리칼은 태양이 빛을 발하는 듯한 모습이었다. 따라서 그를 볼 때마다 신들과 인간들의 마음은 기쁨으로 가득 찼다. 누구 하나 그를 사랑하지 않는 이가 없었다.

오딘의 왕좌를 둘러싼 열두 신 중
아름다운 발데르,
선하며 순수하고 밝은 태양의 신 홀로
모두에게서 사랑받았네, 누구나 빛을 사랑하듯.

- 발할라 (J. C. 존스)

젊은 발데르는 놀랍도록 빠르게 성장해 금방 신들의 회의에 한 자리를 차지하게 되었다. 금 기둥에 은 지붕을 얹은 궁전, 브레이다블리크^{Breidablik}가 그의 거처였다. 너무나도 깨끗한 곳이라 천하거나 더러운 것은 절대 안으로 들어갈 수 없었다. 발데르는 이곳에서 젊은 아내와 함께 완벽한 화합을 이루며 살았다. 니프^{Nip}(꽃봉오리)의 딸로서 아름답고 매력적인 여신 난나^{Nanna}(꽃)가 그의 아내였다.

빛의 신은 룬 문자에 조예가 깊었고, 자신의 혀에도 룬을 새기고 있었다. 약초에 대해서도 잘 알았다. 약초 중에서도 카모마일은 티 없이 깨끗한 꽃이 꼭 발데르의 이마와 같다고 해서 '발데르의 이마'라고 불렸다. 발데르의 빛나는 두 눈이 보지 못하는 것은 오로지 자신의 최후뿐이었다.

자신의 집

브레이다블리크 기둥에 발데르 새겼으니
죽은 이를 불러내는 마법이요,
현명하고 호기심 많은 까닭에
룬의 형세며 치유의 약초도 알았네.

슬프도다! 발데르 알지 못하는 것이 있으니
자신의 목숨을 지키는 길, 언제까지나 태양을 보는 길이구나.

- 발데르 죽다(매슈 아널드)

∴ 발데르의 꿈

____ 아름다운 신 발데르는 언제나 입가에 행복한 미소를 머금고 있었다. 신들은 그런 그의 모습을 너무나도 당연하게 여겼다. 그러니 어느 날 갑자기 발데르의 태도가 달라지자 크게 당황하지 않을 수 없었다. 발데르의 푸른 눈동자는 점차 빛을 잃었고 얼굴에는 근심이 감돌았다. 발걸음마저 갈수록 무거워지고 느려졌다. 사랑하는 아들이 눈에 띄게 침울해진 모습을 본 오딘과 프리가는 그가 말없이 괴로워하는 이유를 알려달라고 다정하게 청했다. 걱정하는 부모님의 모습을 보자 발데르도 결국 입을 열었다. 전에는 평온하게 푹 잘 수 있었는데, 요즘 들어 암울하고 괴로운 꿈에 늦게까지 시달린다는 것이었다. 또, 꿈에서 깨어나면 또렷이 기억할 수는 없지만, 막연한 두려움을 떨칠 수 없다고 했다.

그 신에게는 잠이
가장 괴로운 것이라.
상서로운 꿈은
잃은 듯하네.

- 베그탐의 노래(소프 옮김)

이 이야기를 들은 오딘과 프리가는 몹시 불안해졌다. 모든 이가 아들을 사랑하니 해치려 드는 이도 없을 것이라 자신했지만, 불안은 해소되지 않았다. 부부는 아들의 일에 관해 더 대화를 나누다가 자신들도 이상한 예감에 억눌린 적이 있다는 것을 털어놓았다. 정말로 발데르의 목숨을 위협하는 존재가 있는 것이다. 닥쳐오는 위험을 피할 방도를 마련해야 했다.

프리가는 사방으로 시종을 보냈다. 모든 살아 있는 동물과 식물, 금속과 돌에게 — 사실상 모든 생물과 무생물에게 — 발데르를 해치지 않겠다는 맹세를 받아내는 것이 그들에게 주어진 막중한 임무였다. 만물이 흔쾌히 맹세를 했다. 지상의 그 무엇 하나 빛나는 신을 사랑하지 않는 것이 없었기 때문이다.

시종들은 돌아와 프리가에게 모두 정식으로 맹세했다고 보고했다. 그리고 덧붙이기를, 딱 하나 예외가 있었으니 발할라의 문 옆, 참나무 줄기에서 자라는 겨우살이라고 했다. 하지만 겨우살이는 너무나도 작고 연약해 해롭지 않은 식물이니 걱정할 일은 없을 터였다.

> 두 신神, 방책을 정했네.
> 전령을 보내어
> 만물에게
> 확언을 받아내리,
> 발데르를 해치지 않겠다고.
> 세상 모든 종種이 다 맹세했으니
> 발데르 죽음을 면하게 하리라는 맹세.

프리가 모두 받았도다,
그들의 맹세와 동의.

- 옛 에다(소프 옮김)

프리가는 매우 만족하며 평소처럼 다시 실을 잣기 시작했다. 이제 누구보다도 사랑하는 아들을 그 무엇도 해칠 수 없다고 믿었던 것이다.

❖ 발라의 예언

그 사이 오딘은 죽은 발라(예언하는 여인)를 만나서 이야기를 들어보기로 결심했다. 다리 여덟 달린 슬레이프니르에 오른 오딘은 흔들리는 다리 비프로스트를 건너 걀라르 다리와 니플헤임의 입구에 이르는 험한 길을 달렸다. 그리고 가름이 지키는 헬의 문을 지나 헬 여신이 다스리는 어두운 왕국으로 돌진했다.

인간들의 왕 재빨리 일어나
석탄처럼 검은 말에 꼿꼿하게 앉는다.
입을 크게 벌린 낭떠러지로 말달려 내려가니
헬의 음울한 왕국으로 가는 길이구나.

- 오딘 내려가다(그레이)

놀랍게도 오딘은 어둠의 왕국에서 연회가 펼쳐지고 있는 광경을 보았다. 긴 의자들에는 태피스트리가 덮여 있고, 금반지들이 쌓여 있어 아주 귀한 손님을 위해 마련해 둔 자리처럼 보였다. 하지만 오딘은 지체하지 않고 걸음을 옮겼다. 그리고 발라가 오랜 세월 그 누구의 방해도 받지 않고 잠들어 있었던 곳에 이르렀다. 오딘은 엄숙하게 죽은 이를 일으키는 룬 문자를 그리며 마법의 주문을 외우기 시작했다.

세 번 입에 올리니 무서운 억양이네.
죽은 이를 깨우는 오싹한 주문.
텅 빈 땅 속에서
느릿느릿 속삭이는 음울한 소리 들릴 때까지.

— 오딘 내려가다(그레이)

불현듯 무덤이 열리고 예언하는 여인이 서서히 일어났다. 그리고 이렇게 물었다.

"누가 감히 나의 오랜 휴식을 방해하느냐?"

위대한 신들의 아버지, 오딘은 정체를 밝히고 싶지 않았다. 그래서 이렇게 대답했다.

"나는 발탐Valtam의 아들 베그탐Vegtam이며 물어볼 것이 있어서 그대를 깨웠노라."

그리고 먼저 헬이 긴 의자를 펼쳐놓고 축제 음식을 마련한 것은 누구를 위해서냐고 물었다. 발라는 공허한 목소리로 오딘의 두려움이 모두 진실이라는 것을 확인해주었다.

"헬이 기다리는 손님은 발데르요, 형제인 어둠의 신, 장님 호두르의 손에 죽을 운명이로다."

북유럽 신화, 재밌고도 멋진 이야기

호두르 여기로
영광스러운 형제를 보내리.
그가 발데르의
살인자가 될지니
오딘의 아들
목숨을 잃으리라.
강요에 못 이겨 말해주었나니
이제 침묵하리라.

- 옛 에다(소프 옮김)

발라는 더 말하려 하지 않았으나 아직 만족하지 못한 오딘은 그녀를 설득했다. 누가 살해된 신의 복수를 할 것이며, 살인자에게 책임을 지울 것인가. 북유럽 사람들에게는 복수와 보복이 신성한 의무였다.

그러자 발라는 로스티오프가 이미 예견한 바와 같이 이렇게 대답했다.

"대지의 여신 린다가 오딘에게 아들을 낳아줄 것이니, 이름은 발리라 하며 세수도 하지 않고 머리도 빗지 않으리라. 발데르를 죽인 호두르에게 복수를 하기 전까지는."

서쪽 동굴에서
오딘의 격렬한 포옹으로 인하여
린다, 경이로운 아들을 낳으리.
검은 머리 빗지도 아니하고

개울에 얼굴을 씻지도 않으며
태양의 빛나는 햇살을 보지도 않으리라.
호두르의 시체를 보고 미소 지을 때까지.
화장용 장작더미에 불꽃 넘실거리는 때까지.

- 오딘 내려가다(그레이)

발라가 마지못해 대답해주자 오딘이 다시 물었다.
"발데르의 죽음을 슬퍼하며 울어주기를 거절하는 자는 누구인가?"
경솔한 질문이었다. 인간이 알 수 있을 리가 없는 미래의 일을 언급했으니 말이다. 발라는 즉시 방문자의 정체를 알아차리고, 다음과 같이 선언하며 다시 침묵의 무덤 속으로 들어갔다.
"세상이 끝나는 날까지 그 누구도 나를 다시 불러내지 못하리라!"

그대 어서 돌아가 고향에서 자랑하라
답을 구하러 오는 이 다시는
내 강철 같은 잠을 깨우지 못하리.
로키가 열 겹의 사슬을 끊을 때까지
결코. 기나긴 밤이
옛 권리를 다시 취할 때까지.
화염에 감싸여 폐허로 내팽개쳐진
세상의 틀이 가라앉을 때까지.

- 오딘 내려가다(그레이)

오딘은 오를로그(운명)의 뜻을 거스를 수 없다는 사실을 깨닫고, 다시 말에 올라 아스가르드를 향해 슬픈 발걸음을 옮겼다. 머릿속에는 머지않아 사랑하는 아들을 천상 어디에서도 볼 수 없는 날이 다가올 것이며, 발데르와 함께 존재하는 빛이 영원히 사라지는 날이 올 것이라는 생각뿐이었다.

그러나 오딘은 글라드스헤임으로 돌아온 뒤, 조금 마음을 놓을 수 있었다. 태양 아래 모든 존재가 발데르를 해치지 않겠다고 약속했다는 소식을 프리가에게 들었기 때문이다. 사랑하는 아들을 그 무엇으로도 죽일 수 없다면, 아들은 분명 언제까지나 죽지 않고 그 존재만으로 신들과 인간들을 기쁘게 하리라. 꼭 그럴 것만 같은 기분이 들었다. 오딘은 걱정을 잊고 호화로운 연회를 즐기러 갔다.

신들의 놀이

푸른 이다 평원, 이다볼드는 신들의 놀이터였다. 신들은 몸을 움직이고 싶은 기분이 들 때면 자주 이다볼드를 찾았다. 신들이 제일 좋아하는 놀이는 황금 원반을 던지는 것이었는데 하나같이 솜씨가 훌륭했다. 이날 구름이 떠서 기분이 썩 좋지 않았던 신들은 프리가가 일러준 대로 구름이 걷히자, 평소보다 더 신나게 원반을 던지며 놀기 시작했다. 하지만 늘 하던 놀이라 이내 질리고 말았다.

그래서 새로운 놀이를 생각해냈다. 갖은 무기며 돌 따위를 발데르에게 던지는 것이었다. 어떤 무기를 던져도 발데르를 다치게 할 수 없다는 것을 잘 알고 있었던 것이다. 정말로 발데르를 해치지 않겠다고 맹세한 물건들은 옆으로 비켜가거나 맞기도 전에 떨어졌다. 아무리 꾀를 내고 정확하게 던져도 어김없이 빗나갔다. 새로운 유희가 얼마나 재미있었는지 금세 거의 모든 신들이 발데르의 주위에 모였다. 그리고 발데르를 맞추지 못할 때마다 한참동안 큰 소리로 웃으며 즐거워했다.

발데르의 죽음

이렇게 유쾌한 웃음소리가 터져 나오자 펜살리르에서 실을 잣던 프리가도 호기심이 일었다. 마침 한 노파가 지나가고 있었다. 프리가는 노파를 불러 신들이 무엇을 하고 있기에 저렇게 재미있어 하는지 물었다. 이 노파의 정체는 바로 변장한 로키였다. 로키는 신들이 발데르에게 돌은 물론, 각종 둔한 무기, 예리한 무기를 가리지 않고 모두 던지는 중이라고 대답했다. 발데르는 무탈하게 중앙에 서서 웃으며 맞춰보라고 신들을 부추긴다고도 덧붙였다.

여신은 미소를 짓더니 하던 일을 다시 손에 잡으며 말했.

"우리 발데르를 해칠 수 있는 것은 없으니 아주 당연한 일이지. 그가 상징하는 빛을 세상 만물이 사랑하고, 모두 그를 해치지 않기로 엄숙하게 맹세했거든."

로키는 이 말을 듣자 분통이 터질 지경이었다. 사실 그는 발데르를 질투하고 있었다. 발데르가 태양을 상징하기 때문에 불의 화신인 자신의 존재가 무색해지지 않았는가. 또, 모두 자신을 두려워하며 되도록 피하려 하는 반면, 발데르는 누구에게나 사랑받지 않는가. 하지만 로키는 분한 기색을 교묘하게 감추고는 이렇게 물어보았다.

로키와 호두르(C. G. 크바른스트룀 作)

"정말로 빠짐없이 맹세를 받았습니까?"

프리가는 뿌듯해하며 모든 것들에게서 엄숙한 맹세를 받았다고 대답했다. 유일하게 발할라의 문가 참나무에서 기생하는 겨우살이가 빠졌지만, 겨우살이는 너무 작고 연약해서 겁낼 필요가 없다는 얘기도 덧붙였다. 바로 로키가 원하던 사실이었다. 로키는 프리가에게 작별을 고하고 다리를 저는 척하며 물러났다. 그러나 프리가의 시선이 닿지 않는 안전한 곳으로 오자마자 원래 모습으로 돌아가 서둘러 발할라로 향했다. 프리가가 말한 대로 문 옆에 참나무와 겨우살이가 있었다. 로키는 마법을 써서 겨우살이를 비정상적으로 크고 단단하게 바꾸었다.

그리고 그 줄기를 꺾어 솜씨 좋게 화살을 만든 다음, 서둘러서 이다볼드로 돌아갔다. 신들은 아직도 발데르에게 무기를 던지고 있었다. 호두르만이 놀이에 참가하지 못하고 내내 슬픔에 잠겨 나무에 기대 서 있었다. 로키는 무심한 듯이 앞 못 보는 신에게로 다가가, 그에게 관심이 있는 양 왜 그렇게 우울하냐고 물었다. 동시에 그가 놀이에 참여하지 않는 것은 자존심이나 무관심 때문이 아니냐는 뜻을 넌지시 비쳤다.

호두르는 새로운 놀이를 함께하지 못하는 것은 오로지 앞을 보지 못하기 때문이라고 대답했다. 그러자 로키는 겨우살이로 만든 화살을 호두르의 손에 쥐어주고 중앙에 있는 신성한 목표의 방향을 일러주었다. 호두르는 대담하게 화살을 던졌다. 그러나 절망스럽게도 기대하고 있던 큰 웃음소리 대신 공포에 질린 오싹한 비명만이 들려왔다. 치명적인 겨우살이를 맞고 아름다운 발데르가 쓰러졌기 때문이다.

신들은 지독한 불안감에 휩싸여 사랑하는 동료 곁으로 모여들었다. 아아! 목숨이 경각에 달려 있었다. 그러나 쓰러진 태양의 신을 되살리려는 노력은 모두 수포로 돌아갔다. 발데르를 잃고 가눌 수 없는 슬픔에 사로잡힌 신들은 이제 호두르에게 분노의 화살을 겨눴다. 당장이라도 죽여 버리고 싶었지만 고의적인 폭력 행위로 평화의 땅을 훼손해서는 안 된다는 신들의 법 때문에 실행에 옮기지는 못했다. 크게 애통해 하는 소리가 들려오자 프리가가 그 끔찍한 현장으로 허둥지둥 달려왔다. 사랑하는 아들의 죽음을 확인한 프리가는 신들에게 니플헤

임으로 가달라고 미친 듯이 애원했다. 발데르 없이는 지상에 행복이란 없으니 그를 풀어달라고 헬에게 부탁해 달라는 것이었다.

헤르모드의 심부름

____ 하지만 니플헤임으로 가는 길은 너무나도 험하고 고통스러웠다. 선뜻 나서는 신은 아무도 없었다. 프리가는 자신과 오딘의 총애를 내걸었다. 그 어떤 아스 신보다도 사랑받으리라고 약속했다. 그러자 헤르모드가 프리가의 뜻을 따를 준비가 되었다고 나섰다. 오딘은 그에게 고귀한 말馬 슬레이프니르를 빌려주었다. 이때까지 오딘을 제외하고는 아무도 태우려 하지 않았던 슬레이프니르였지만, 이번에는 고분고분 헤르모드를 태웠다. 그리고 이미 두 번 밟아본 적이 있는 어둠의 길을 향해 출발했다.

그 동안 오딘은 발데르의 시신을 브레이다블리크로 옮기게 하고, 신들에게 숲으로 가 큰 소나무를 잘라오라고 명령했다. 시신을 화장할 단을 쌓기 위해서였다.

신들이 숲으로 향했을 때
헤르모드는 발할라에서 슬레이프니르를 데려와
안장을 얹었구나. 그 전에는 슬레이프니르 용납하지 않았으니
오딘보다 못한 이들은 그 갈기를 잡지 못했고,
그 너른 등에 타지 못했다.
허나 이제 슬레이프니르 고분고분 헤르모드 곁에 서서

목을 둥글게 구부리고 그를 태울 수 있어 기뻐한다,
그들이 찾으러 가는 신이 얼마나 소중한지 알기에.
헤르모드, 말에 올라 슬프게 나아가네,
침묵 속에 인적 없는 어둠의 길을.
이 길 천상의 북쪽으로 뻗었으며
종일 가야 하는 길. 햇빛 시들어가고 밤이 찾아온다.
밤에도 말달린다, 북쪽의 얼음을 향한 여행,
아홉 번의 낮과 아홉 번의 밤이 걸렸으니
포효하는 강물로 에워싸인 가파른 골짜기를 지났구나.
그리고 열 번째 날 아침, 헤르모드 다리에 이르니
푤 강을 가로지는 다리, 활처럼 굽은 금장식을 했다.
한 처녀 무장하고 다리에서 지켜보며
반대쪽 끝 유일한 길을 차지하고 있네.
벽처럼 우뚝 선 바위 사이의 길.

- 발데르 죽다(매슈 아널드)

화장火葬

헤르모드가 니플헤임으로 가는 음산한 길을 달리고 있을 무렵, 신들은 해변으로 엄청난 양의 장작을 모아왔다. 그리고 발데르의 배 링호른Ringhorn의 갑판에 장작을 쌓아 화장할 단을 공들여 만들었다. 관습에 따라 이 단은 태피스트리 벽걸이와 화환, 항아리, 갖은 무기들, 금반지 외에도 수많은 값진 물건들로 장식했다. 그 뒤 시신을 아주 깨

북유럽 신화, 재밌고도 멋진 이야기

끗이 하고 호화로운 옷을 입힌 뒤 단 위에 뉘였다.

신들은 차례대로 하나씩 사랑했던 동료, 발데르의 곁으로 다가가 마지막 작별인사를 고했다. 남편의 시신 가까이 몸을 숙이던 난나는 비통한 심정을 견디지 못하고 그 자리에 쓰러져 세상을 떠났다. 신들은 난나가 저 세상에서도 남편과 함께할 수 있도록 경건하게 부부를 나란히 뉘여 주었다. 그리고 발데르의 말과 사냥개 등을 죽여 올리고, 잠을 상징하는 가시나무로 장작더미를 둘러쌌다. 마지막으로 오딘이 아들 곁에 다가갔다.

앞서 신들은 모두 가장 아끼는 물건들을 장작더미 위에 올렸다. 고인에 대한 애정의 증거이자 동료를 잃은 슬픔의 증거였다. 오딘도 몸을 숙이고 신들의 제물 위에 마법의 반지 드라우프니르를 올렸다. 그

발데르의 죽음(도로시 하디 作)

자리에 있었던 신들은 모두 오딘이 죽은 아들의 귓가에 무언가 속삭이는 모습을 보았다. 하지만 뭐라고 말했는지 들을 수 있을 만큼 가까이에 있었던 신은 아무도 없었다.

슬픈 의식이 끝나자 신들은 이제 배를 띄우려 했다. 하지만 장작더미와 보물들이 너무 무거워서 신들이 모두 힘을 합쳐도 배는 단 한 치도 움직이지 않았다. 이러지도 저러지도 못하는 광경을 보고 멀리서 산악 거인들이 달려왔다. 그들은 요툰헤임에 사는 히로킨Hyrrokin이란 여자 거인이 다른 이의 도움 없이도 배를 띄울 수 있을 만큼 힘이 세다고 알려주었다. 신들은 폭풍 거인 중에서 마땅한 자를 골라 서둘러 히로킨을 불러오라고 시켰다.

이내 히로킨이 거대한 늑대를 타고 나타났다. 고삐를 손에 쥐고 있는데, 몸부림치는 뱀을 엮어 만든 것이었다. 해변으로 내려온 히로킨은 늑대에서 내리더니 신들이 늑대를 맡아준다면 그 사이에 도와줄 의향이 있다고 거만하게 말했다. 오딘은 곧장 광기로 충만한 베르세르크 넷을 보내 늑대를 붙들고 있게 했다. 하지만 베르세르크의 경이적인 힘으로도 괴물 같은 늑대를 다룰 수 없었다. 결국 히로킨이 직접 늑대를 넘어뜨리고 단단히 묶어야 했다.

베르세르크들이 난폭한 늑대를 잘 다룰 수 있게 되자 히로킨은 해변으로 걸음을 옮겼다. 물가에 발데르의 장엄한 배 링호른이 우뚝 서 있었다.

삼백 자ℝ 하고도 더 되니
풀밭 위, 배의 용골.

그보다 더 위에 금빛 찬란한

사나운 얼굴의 선수상船首像 있고

철로 만든 장식을 달았다.

- 올라프 왕의 전설(롱펠로)

    히로킨은 배의 고물에 어깨를 대고는 아주 큰 힘으로 빠르게 밀었다. 배의 무게가 어마어마했고 바다로 밀려 나간 속도가 매우 빨랐기 때문에 지상은 마치 지진이라도 난 듯이 흔들렸고, 배를 받치고 있던 굴림대는 마찰 때문에 불이 붙었다. 생각지도 못한 충격 때문에 신들조차 넘어질 뻔했다. 토르는 화가 나서 망치를 집어 들기까지 했다. 동료 신들이 말리지만 않았으면 히로킨을 죽일 기세였다.

    하지만 토르는 쉽게 달아올랐다가 쉽게 식는 성격이었으므로 신들은 평소처럼 금방 달랠 수 있었다. 토르는 다시 한 번 배에 올라 신성한 망치로 화장용 장작을 축성했다. 의식을 진행하는 동안 리트^{Lit}라는 드워프가 발을 헛디디는 바람에 토르를 방해하게 되었다. 아직 채 화가 가라앉지 않았던 토르는 울컥 성이 나서 리트를 발로 차버렸다. 막 가시나무에 불을 붙인 장작더미 위로 말이다. 드워프는 신성한 부부의 시신과 함께 재가 되었다.

    발데르의 거대한 배는 먼 바다로 흘러갔다. 시신을 화장하는 불길이 장엄한 광경을 선사했다. 불길이 커질수록 매 순간 더욱 더 웅장한 장관이 연출되었다. 배가 서쪽 수평선까지 나아갔을 때는 마치 바다와 하늘이 모두 불타는 듯했다. 신들은 슬픔에 잠겨 불타는 배와 발데르 부부를 지켜보았다. 배가 파도에 휩쓸려 돌연 시야에서 사라질 때까지, 마지막 불빛이 시야에서 사라지는 순간까지 그 누구도 고개를 돌리거나 아스가르드로 돌아가지 않았다. 이윽고 선량한 발데르의 죽음을 탄식하는 증거로 어둠이 세상을 덮었다.

이내 엄청난 불길이 맹렬하게 타오르고
장작더미 불타는 소리 들리네. 장작 사이로
불길 흔들리는 혓바닥 날카롭게 내밀고
굼실굼실 날름날름 더 높이 뛰어올라 핥는다.
단 위의 고인을, 돛대를
그리고 돛까지 집어 삼킨다. 그래도 배는
떠내려가네, 선체 위로 타오르는 불길을 싣고.
해변에서 신들 바라보니
태양 붉게 지네,
연기로 가득한 바다 속으로. 그리고 밤이 온다.
밤과 함께 바람도 멎으니 정적만 남았으나
어둠 속에서도 신들 불타는 배를 바라보았다.
먼 바다로 떠내려가
더 멀리, 더 멀리 떠내려가 불의 눈동자처럼
칠흑 같은 어둠 속에서도 보인다, 발데르의 화장火葬.
그러나 별이 높이 떠오르며 그 빛 점차 희미해지니
시신은 이미 타고 없어 재가 장작을 덮는구나.
겨울 난로 속에서 불길 사그라질 때
숯이 된 장작 불티를 날리며 부서지듯,

발데르 누운 장작더미도 불티 날리며 부서진다.
바다 붉게 물들이며. 그리고 모든 것이 어둠이었다.

- 발데르 죽다(매슈 아널드)

∴ 헤르모드의 원정

신들은 슬픈 마음으로 아스가르드에 돌아왔다. 웃음소리도 연회를 즐기는 소리도 들려오지 않았다. 세상의 마지막이 목전에 다가왔다는 불안과 염려가 신들의 마음을 가득 채웠다. 자신들의 죽음을 예고하는 혹독한 핌불베트르^{Fimbulvetr}('극도의 겨울'이란 뜻으로 라그나로크가 직전에 찾아온다는 세 번의 겨울을 듯한다 – 옮긴이 주)가 다가왔다는 생각 때문에 동요를 떨칠 수 없었다.

프리가만이 홀로 희망을 품고 날쌘 신 헤르모드가 돌아오기만을 기다렸다. 그 동안 헤르모드는 흔들리는 다리를 건너 어두운 헬의 길을 따라 여정을 이어갔다. 그리고 열 번째 밤, 거센 물결이 흐르는 쾰 강을 건넜다. 걀라르 다리를 지키고 있던 모드구드가 물었다.

"어찌 해서 대군이 지나갈 때보다 그대의 말이 지날 때 다리가 더 크게 흔들리는가? 그리고 어찌 해서 살아 있는 자가 무서운 헬의 왕국으로 가려 하는가?"

사나운 검은 말에 탄 자여, 그대 누구이기에
말발굽에 쾰 강을 가로지르는 다리
덜컹거리고 떨리는가? 그대 종족과 고향을 밝히라.

어제 아침 저 아래 헬의 왕국으로 가야만 하는
군인 다섯 무리 지날 적에도
다리, 그대 홀로 지나는 만큼 흔들리지 않았거늘.
더불어 그대 육체를 지녔고 뺨에 혈색이 도니
마치 살아서 생명의 공기를 마시는 사람 같구나.
안색도 죽은 이와 같이 창백하거나 파리하지 않으니
저 아래에 영혼이 묶인 이들, 매일 이곳을 지나는 이들과는 다
르도다.

- 발데르 죽다(매슈 아널드)

    헤르모드는 모드구드에게 그곳을 찾은 이유를 설명했고, 발데르와 난나가 그보다 앞서서 다리를 건넜다는 사실을 알아냈다. 헤르모드는 서둘러 걸음을 재촉했다. 곧 불길하게 솟은 큰 문이 나타났다.
    헤르모드는 앞을 가로막는 문을 보고도 조금도 기죽지 않았다. 대신 말에서 내려 매끄러운 얼음 위에 섰다. 안장 끈을 단단하게 묶기 위해서였다. 그리고 다시 말에 올라 슬레이프니르의 날렵한 옆구리로 깊숙하게 박차를 가했다. 슬레이프니르는 어마어마하게 높이 뛰어올랐고 헬의 문 반대편에 무사히 착지했다.

헤르모드, 얼음 들판에서 여정을 이어가
계속 북쪽으로 달리니 끝없는 벽을 만나네.
벽에 달린 격자문, 그의 길을 막기에
헤르모드, 말에서 내려 매끄러운 얼음 위에서

> 오딘의 말, 슬레이프니르의 안장 끈을 조였다.
> 그리고 격자문을 뛰어넘게 하여 안으로 들어가네.
>
> - 발데르 죽다(매슈 아널드)

안으로 들어간 헤르모드는 마침내 헬의 연회장으로 들어갔다. 발데르가 창백하고 실의에 잠긴 모습으로 긴 의자에 누워 있었고, 아내인 난나도 옆에 있었다. 발데르의 시선은 벌꿀 술이 담긴 술잔에 고정되어 있었지만 마실 생각은 없어 보였다.

발데르를 되찾을 조건

헤르모드는 혈육 발데르에게 그를 되찾으러 왔다고 알렸지만 허사였다. 발데르는 슬프게 고개를 가로저으며 자신은 마지막 날이 올 때까지 이 음산한 곳에 남아 있어야 한다고 말했다. 그래도 어둠이 드리운 곳은 난나처럼 밝고 아름다운 이가 지낼 곳이 못 되니, 난나만은 데려가 달라고 부탁했다. 하지만 난나는 남편에게 더 꼭 달라붙으며 그 누가 설득해도 자신은 발데르와 헤어지지 않을 것이라고, 니플헤임에서라도 그와 영원히 함께하겠다고 잘라 말했다.

기나긴 밤, 신들은 세심하게 대화를 나누었다. 마침내 헤르모드가 헬의 앞으로 나아가 발데르를 풀어달라고 간청했다. 심술궂은 여신은 헤르모드의 부탁을 말없이 듣더니 발데르를 풀어주겠다고 말했다. 단, 세상의 모든 생물과 무생물이 발데르를 잃은 슬픔에 눈물을 흘려야 한다는 조건이 붙었다.

헬 앞의 헤르모드(J. C. 돌먼 作)

그럼 좋다! 발데르가 그렇게 사랑받는 자라면
그것이 사실이라면 천상의 상실이 그토록 크다면 —
들어라, 천상에서 발데르를 다시 얻을 길.
세상 만물이 비탄하는 증거를 내게 보이라!
하나라도 슬퍼하지 않는다면 실패하게 될지니, 발데르 여기 머
무르리!
생명이 있어 움직이는 모든 것이
그를 위해 울고, 생명 없는 것들도 울게 하라.

신들도 인간들도, 짐승들도 그를 위해 울게 하라. 식물도 돌까지도.
그러면 내 그 상실이 실로 쓰라림을 알리라.
허면 내 마음을 돌려 그를 다시 천상으로 보내주리.

- 발데르 죽다(매슈 아널드)

고무적인 대답이 아닐 수 없었다. 온 자연이 발데르를 잃고 슬퍼하고 있었으니 그 어떤 피조물도 발데르에게 바치는 눈물을 거절할 리가 없었기 때문이다. 헤르모드는 기분 좋게 헬의 어두운 왕국을 떠났다. 발데르가 오딘에게 돌려보낸 드라우프니르와, 난나가 프리가에게 보내는 수를 놓은 융단, 풀라를 위한 반지를 싣고서.

327

헤르모드의 귀환

____ 헤르모드가 돌아오자마자 신들은 간절한 마음으로 한자리에 모였다. 헤르모드는 선물을 전하며 헬이 내건 조건을 이야기했다. 아스 신들은 생물과 무생물 모두 발데르를 위해 울어달라는 전갈을 세상 곳곳에 보냈다.

서둘러 온 세상을 돌아다니며
생명이 있는 것과 없는 것들에게 울어 달라 청하라.
발데르를 위하여. 어쩌면 발데르를 되찾게 되리라!

- 발데르 죽다(매슈 아널드)

북쪽, 남쪽, 동쪽, 그리고 서쪽으로 전령들이 말을 달렸다. 그들이 지나간 자리에는 모든 초목들에서 눈물이 떨어져 대지를 흠뻑 적셨다. 차가운 금속이나 돌 역시 눈물을 흘렸다.

마침내 아스가르드로 돌아가는 길, 전령들은 길가에 어두운 동굴이 있는 것을 발견했다. 그 안에는 토크Thok라는 여자 거인이 쭈그리고 앉아 있었다. 신화 학자들은 변장한 로키라고 본다. 눈물을 흘려달라는 부탁을 듣고 토크는 전령들을 비웃으며 어두운 동굴 깊숙이 들어가 버렸다. 눈물 따위 흘릴 생각도 없고 자기는 조금도 신경 쓰지 않으니 헬이 아마도 사냥감을 영원히 차지하게 되리라 외치면서.

> 토크, 울어도
> 마른 눈물이니
> 발데르의 죽음을 위함이라 ―
> 살든 죽든
> 그는 내게 기쁨을 주지 않으니
> 헬더러 사냥감을 가지라 하라.
>
> ― 옛 에다(호윗 옮김)

전령들이 아스가르드에 돌아오자 신들이 몰려들어 그들을 에워쌌다. 결과가 어떻게 되었는지 알고 싶었던 것이다. 모두 기대에 부풀어 환한 얼굴을 하고 있었다. 그러나 단 하나, 눈물을 바치려 하지 않은 자가 있었다는 소식을 듣자 절망감에 안색이 모두 어두워졌다. 이제 더는 아스가르드에서 발데르를 볼 수 없으리라.

발데르, 아름다운 신 결코
헬에서 하늘 위로 돌아오지 못하리!
로키 배신하니 두 번 배신이라
죽음의 죄수가 탄생했다.
파멸의 땅을 절대 벗어나지 못하리라
돌이킬 수 없는 라그나로크 오는 날까지!

- 발할라(J.C. 존스)

복수하는 자, 발리

운명의 수레바퀴는 아직 멈추지 않았다. 간략하게 살펴볼 비극의 마지막 장이 남아 있다.

앞에서 보았듯이 오딘은 거듭 퇴짜를 맞은 끝에 린다를 아내로 맞이하는 데 성공했다. 그리고 이 결합으로 태어난 아들이 발데르의 죽음에 복수를 할 운명이었다. 이윽고 그 경이로운 아들이 태어났다. 복수하는 자, 발리는 태어난 날에 곧장 아스가르드로 들어갔다. 복수를 위해 화살 한 뭉치를 들고 가서 그중 하나로 같은 날 호두르를 죽였다. 그렇게 발데르의 살해자는 진정한 북유럽인의 관례에 따라 피로 죗값을 치르게 되었다. 자신도 모르는 사이 이용당했을 뿐이지만 말이다.

신화의 의미

　　이 신화는 자연법칙으로 설명할 수 있다. 태양(발데르)은 매일 서쪽 바다로 지게 정해져 있으며, 태양을 몰아내는 것은 어둠(호두르)이다. 짧은 여름이 끝나고 긴 겨울이 찾아오는 것으로도 볼 수 있다.

"발데르는 밝고 맑은 여름을 상징한다. 이 북쪽 나라들에서는 황혼과 햇빛이 서로 입을 맞추고 나란히 손잡고 가는 시기다."

발데르 누운 장작더미, 태양의 표시
신성한 난로 붉게 물들다.
그러나 마지막 희미한 불티를 날리며 이내 사그라지니
어둠으로 이제 호두르 다스린다.

- 북유럽 바이킹 이야기(R. B. 앤더슨)

"호두르에 의한 발데르의 죽음은 어둠이 빛에 승리하는 것을 의미한다. 겨울의 어둠이 여름의 빛을 이기는 것이다. 발리의 복수는 겨울의 어둠이 가고 새로운 빛을 불러오는 것을 의미한다."
　불의 상징 로키는 천상의 순수한 빛, 발데르를 시기한다. 발데르는 북유럽의 신 중 유일하게 한번도 싸운 일이 없으며 언제나 화해와 평화를 제안할 준비가 되어 있었다.

그러나 그대 입술에서 오! 발데르여, 밤이고 낮이고
그 누구도 상처 주는 말 들은 이 없으니
신에게나 영웅에게나 같았으며 그대 말리니

언쟁하는 이들 화해하게 애썼구나.

- 발데르 죽다(매슈 아널드)

사랑하는 신을 위하여 만물이 흘리는 눈물은 봄이 되어 눈이 녹는 것을 상징한다. 모든 것이 단단하게 얼어붙었던 추운 겨울이 가면 모든 나무와 가지에서, 심지어는 돌에서도 물이 흘러내린다. 그러나 토크(석탄)만은 부드러워질 기색이 보이지 않는다. 어두운 땅 속 깊이 묻혀 있으므로 햇빛이 필요하지 않기 때문이다.

그리고 겨울, 얼음이 깨지는 때,
겨울의 끝자락 봄이 시작되기 전,
따뜻한 서쪽 바람 불어와 해빙기 시작된다 —
한 시간 물 떨어지는 소리 들려온 뒤
온 숲의 나무 밑에 부드럽게 덮인 눈
떨어진 물방울로 구멍이 나 있네.
그리고 가지마다 쌓인 눈 이리저리 떨어진다.
남쪽으로 경사진 들판에 듬성듬성 보이는 검은 땅
둘러싸인 눈 사이로 풀이 고개를 내민다.
점차 퍼져나가니 농부의 마음 기쁘네 —
그렇게 온 세상 눈 녹은 물 떨어지는 소리로
만물 발데르를 데려오려고 울었나니.
이 소리를 듣는 신들에게 기쁨이 내렸다.

- 발데르 죽다(매슈 아널드)

지하 감옥의 깊은 곳에서 태양(발데르)과 초목(난나)은 하늘(오딘)과 대지(프리가)의 기운을 북돋아 주려고 선물을 보낸다. 드라우프니르는 풍요를 상징하며, 꽃을 수놓은 태피스트리는 다시금 대지를 뒤덮어 그녀의 매력과 아름다움을 빛내줄 초록 융단을 상징한다.

이 신화에 담긴 윤리 또한 앞의 설명 못지않게 아름답다. 이 신화에서 발데르와 호두르는 선과 악의 충돌을 상징하며, 로키는 유혹하는 역할을 맡는다.

그러나 모든 사람의 영혼에 있으니
밤의 어둠 호두르, 발데르의 눈 먼 형제
태어나 차츰 강해진다.
모든 악은 장님으로 태어나니 능소니가 그러하며
밤은 악을 은폐한다. 그러나 선은 모두
언제나 빛나는 옷을 입고 서 있다.
옛날부터 유혹하느라 바쁜 로키
여전히 발걸음 멈추지 않고
눈먼 자의 손, 살인자의 손을 잡는다. 그 손이 빠르게 던진 창
젊은 발데르, 발할라의 하늘 위 태양의 가슴을 꿰뚫었다.

- 북유럽 바이킹 이야기(R. B. 앤더슨)

발데르 숭배

북유럽 사람들은 하지, 또는 한여름의 날이라 부르는 6월 24일 전날에 선한 신 발데르를 기리는 가장 중요한 축제를 열었다. 그 날이 발데르의 기일이며 그가 지하 세계로 내려간 날이라고 여겼기 때문이다. 일 년 중 낮이 가장 긴 날, 사람들은 집에서 나와 한자리에 모였다. 그리고 큰 모닥불을 피운 다음 태양을 바라보았다. 위도상 최북단에 있는 나라에서는 태양이 수평선에 채 닿기도 전에 다시 새로운 하루가 시작된다.

한여름의 날이 지나면 하루가 점점 짧아지고 햇빛의 온기가 점점 줄어든다. 이는 '어머니 밤'이라고 불리는 일 년 중 밤이 가장 긴 날, 동지까지 이어진다.

한때 발데르를 기리던 한여름의 날은 이제 '세례 요한 축일'이라 불린다. 성 요한이 선한 신 발데르를 완전히 대신하게 되었기 때문이다.

로키

∴ 악의 신

장난과 악의 화신으로는 흉악한 거인 우트가르드로키가 있다. 토르가 일행을 이끌고 요툰헤임까지 찾아갔던 바로 그 거인이다. 하지만 옛 북유럽 사람들에게는 또 다른 죄악의 신이 있었다. 사람들은 이 신을 로키Loki라고 불렀다. 우리가 이미 여러 이야기에서 만난 적이 있는 그 신이다.

처음에 로키는 단지 난롯불의 화신이자 생명의 정령에 지나지 않았다. 그러나 신이었던 로키는 점차 '신과 악마가 합쳐진' 존재가 되었다. 그리고 마지막에는 중세 시대에 언급되는 악마 루시퍼Lucifer와 같이 보편적인 혐오의 대상이 되었다. 로키는 거짓말의 달인, '속임수의 창시자, 아스 신의 험담꾼'이 되었다.

일부 권위 있는 신화 학자들은 로키가 오딘의 동생이라고 주장하지만, 다른 학자들은 혈연관계를 인정하지 않는다. 두 신은 단지 피로 의형제를 맺은 사이일 뿐이라는 것이다. 북유럽에서 흔히 그러듯이 말이다.

> 오딘! 그대 기억하지 못하는가,
> 우리 젊은 시절
> 서로의 피를 섞었던 일을.
> 술을 마실 적에도
> 그대 한없이 거절하지 않았던가
> 우리 둘이 같이 받지 않으면 안 된다고.
>
> - 옛 에다(소프 옮김)

로키의 성격

토르가 북쪽 지방에서 살아가는 데 필요한 활동을 상징한다면 로키는 오락을 상징했다. 따라서 처음 두 신 사이에 형성된 가까운 우정은 이 두 가지 요소가 인간의 행복에 필수적이란 사실을 옛사람들이 아주 빨리 깨달았다는 명확한 증거다. 토르는 항상 부지런히 일했고 성실했다. 하지만 로키는 모든 것을 놀림감으로 삼았다. 장난을 너무 좋아한 나머지 끝내 완전히 잘못된 길로 들어선 것이다. 로키는 더는 선善을 추구하지 않았다. 완벽하게 이기적이고 사악한 신이 되었던 것이다.

로키는 아름답고 매혹적인 겉모습을 이용해 세상에 퍼져나가는 악悪을 상징한다. 본질을 속이는 외견 때문에 신들은 로키를 피하지 않았다. 오히려 자기들과 동등한 신으로 대접하고 우정을 쌓아갔다. 어디를 가든 함께 가고, 즐거운 시간을 보낼 때뿐만이 아니라 회의를 할 때도 함께했다. 그리고 불행히도 너무나 자주 로키의 조언에 귀를 기울였다.

앞서 살펴보았듯이 로키는 인간을 창조하는 데 중요한 역할을 했다. 인간에게 움직이는 힘을 주고, 혈관으로 피가 자유로이 흐르게 해서 열정을 갖도록 했다. 불의 화신이자 장난의 화신인 로키(번개)는 토르(천둥)와 함께 등장한다. 망치를 찾으러 요툰헤임에 갔을 때도, 우트가르드로키의 성에 갔을 때도, 게이로드의 집에 갔을 때도 함께였다.

그러나 프레이야의 목걸이를 훔친 것도, 시프의 머리카락을 없앤 것도, 티아시의 힘에 굴복해 이둔을 배신한 것도 역시 로키였다. 때로는 신들에게 좋은 충고를 해주었고 정말로 도움이 되기도 했다. 하지만 이것은 로키의 감언이설에 속아서 신들이 곤경에 빠졌을 때뿐이다. 결국 병 주고 약 주는 식이었다.

일부 학자들은 로키가 인간을 창조한 세 신(오딘, 회니르, 로두르 또는 로키)에 속하는 것이 아니라 오딘이 나타나기 전의 신족에 속한다고 본다. 거인 포른요튼Fornjotnr(이미르)의 아들이며 카리Kari(공기)와 흘레르Hler(물)의 형제이고 사악한 바다의 여신 란을 누이로 두었다는 것이다. 하지만 또 다른 학자들은 그가 거인 파르바우티Farbauti의 아들이라고 본다. 대홍수 때 살아남은 베르겔미르와 동일한 인물이다. 어머니는 라우페야Laufeia(녹음이 우거진 섬) 또는 날Nal(사발)이라고 한다. 따라서 로키와 오딘의 관계는 북유럽식으로 형제의 정을 맹세한 사이에

북유럽 신화, 재밌고도 멋진 이야기

지나지 않는다고 본다.

로키(불)는 가장 먼저 글루트^{Glut}(빛나다, 타다)와 결혼했다. 두 사람 사이에서는 에이사^{Eisa}(타다 남은 불)와 에인미리아^{Einmyria}(재)라는 두 딸이 태어났다. 로키가 난롯불의 상징이었다는 것을 명백히 보여주는 이야기다. 난로 속 장작이 불타면서 탁탁 소리가 나면 북유럽 주부들은 로키가 아이들을 때린다고 말하곤 했다. 그 후 로키는 요툰헤임에 사는 거인 앙구르보다와 혼인했다. 앙구르보다는 앞에서 언급했듯이 세 괴물을 낳았다. 죽음의 여신 헬과 미드가르드의 뱀 요르문간드, 그리고 무시무시한 늑대 펜리스였다.

로키, 늑대를 낳으니
앙구르보다가 어미다.

- 옛 에다(소프 옮김)

시간

로키의 세 번째 아내 시긴^{Sigyn}은 남편에게 누구보다도 다정하고 헌신적이었다. 둘 사이에서 나르비^{Narvi}와 발리^{Vali}라는 두 아들이 태어났다. 발리는 발데르의 복수를 하는 신과 동명이인이다. 시긴은 언제나 남편에게 충실했다. 신들이 로키를 아스가르드에서 영원히 추방했을 때도, 땅 속 깊이 가두었을 때도 그를 저버리지 않았다.

북유럽 사람들은 로키를 악의 화신으로 생각했기 때문에 그들에게 로키는 두려움의 대상일 뿐이었다. 따라서 그를 위한 신전도 짓지 않았으며 제물을 바치는 일도 없었다. 제일 해로운 잡초를 로키라고 부르기도 했다. 여름에 공기가 뜨거워져서 아지랑이가 보이면 로키가 나타났다고 했다. 로키가 메귀리 씨를 뿌리고 있다고 상상한 것이다. 또, 구름 사이로 태양빛이 뻗어 나오면 로키가 물을 마시고 있다고 말했다.

로키에 관한 이야기는 다른 신들의 이야기와 뗄 수 없을 정도로 얽혀 있어 대부분 이미 앞에서 다루었다. 이제 로키의 삶에 관한 이야기는 두 가지밖에 남지 않았다. 하나는 로키가 교활한 사기꾼으로 타락하기 전, 그의 좋은 면을 보여주는 이야기다. 다른 하나는 로키의 조언을 따랐다가 신들이 결국 의도적인 살인을 하게 되고, 평화의 땅을 더럽히게 되는 이야기다.

∴ 스크림슬리와 농부의 아들

____ 어느 날, 거인 하나와 농부가 체스를 두고 있었다(북유럽 바이킹들은 겨울 여가시간을 보낼 때 주로 체스를 두곤 했다). 물론 내기가 걸려 있는 승부였다. 승리는 거인에게 돌아갔고, 농부의 외아들이 그의 차지가 되었다. 거인은 다음날 아이를 데려가겠다고 말했다. 단, 농부가 꾀를 써서 아이를 잘 숨긴다면 내기를 무효로 해주기로 약속했다.

농부 부부는 자기들 힘으로는 거인을 속일 수 없다는 사실을 잘 알고 있었다. 그래서 오딘에게 간절히 도움을 청했다. 이들의 기도를 들은 오딘이 지상으로 내려왔다. 그리고 농부의 아들을 작은 밀알로 변신시켜 넓은 들판 한가운데 있는 이삭 속에 숨기고 거인이 절대 찾을

수 없으리라 단언했다. 그러나 거인 스크림슬리Skrymsli는 오딘이 생각한 것보다 훨씬 지혜로운 자였다. 집에서 아이를 찾을 수 없자 곧바로 들판에 나갔다. 그리고 아이가 숨어 있는 바로 그 이삭을 골라 큰 낫으로 베었다.

스크림슬리는 밀알의 수를 일일이 세기 시작했다. 거인의 손이 막 아이가 변신한 ㄴ밀알을 집으려는 순간이었다. 오딘이 아이의 고통스러운 비명을 듣고 나타나 거인의 손에서 밀알을 잡아챘다. 그리고 아이를 농부 부부에게 데려다 준 다음, 자기 힘으로는 더 도울 수 없겠다며 물러나 버렸다. 속은 것을 안 거인은 다음날 다시 아이를 데리러 오겠다고 말했다. 농부 부부가 재치를 발휘해 아이를 숨길 수 없다면 말이다.

가엾은 부부는 이번에는 회니르에게 도움을 청했다. 회니르 역시 자비롭게 그들의 기도를 들어주었다. 아이를 작은 깃털로 변신시켜 가까운 연못에서 헤엄치는 백조의 가슴 속에 숨겨준 것이다. 얼마 지나지 않아 스크림슬리가 나타났다. 하지만 거인은 무슨 일이 있었는지 금방 알아내고는 백조를 잡아 목을 분질러버렸다. 백조를 막 통째로 삼켜버리려는 찰나, 회니르가 거인의 입가에서 백조를 쳐냈다. 그리고 아이를 농부 부부에게 무사히 데려다주고는 더는 도와줄 수 없겠다며 물러났.

스크림슬리는 다음날 다시 아이를 데리러 오겠다고 말했다. 절망에 빠진 부부는 이제 로키에게 애원했다. 로키는 아이를 망망대해로 데려가 아주 작은 물고기 알로 만든 다음 도다리 알 속에 숨겼다. 일을 마치고 뭍으로 돌아오던 로키는 해변에서 스크림슬리와 딱 마주쳤다.

거인은 낚시를 나갈 준비에 여념이 없었다. 로키는 이 흉악한 거인이 자신이 한 일을 모두 알아차렸을까봐 불안해졌다. 그래서 자기도 같이 낚시를 하러 가겠다고 우겼다. 도움이 필요할지 모르니 자신도 함께 있는 편이 좋으리라 판단했던 것이다. 스크림슬리는 바늘에 미끼를 끼워 던졌다. 결과는 성공적이었다. 로키가 아이를 숨겨 놓은 그 도다리를 낚아 올렸기 때문이다. 거인은 물고기를 무릎에 올리고 배를 가르더니 알을 하나하나 꼼꼼하게 살펴보았다. 자신이 찾던 바로 그 알을 발견할 때까지 말이다.

아이가 위험에 처하자 로키는 기회를 놓치지 않고 거인의 손에서 알을 잡아챘다. 그리고 아이를 다시 원래 모습으로 돌려놓은 다음, 집까지 뛰어가라고 일렀다. 단, 눈에 띄지 않도록 배를 넣어두는 창고를 통과해서 가되, 들어간 다음에는 문을 닫으라고 시켰다. 겁에 질린 아이는 뭍에 닿자마자 지체 없이 로키가 일러준 대로 달려갔다. 아이가 도망치는 모습을 본 스크림슬리도 그 뒤를 쫓았다.

창고 안으로 돌진하자마자 거인은 날카로운 못에 머리를 정면으로 부딪쳤다. 영악한 로키가 미리 준비해둔 것이었다. 거인은 신음을 내뱉으며 땅 위로 쓰러졌다. 그 무력한 모습을 보고 로키가 나타나 그의 다리를 잘랐다. 그런데 잘린 다리가 즉시 원래 자리로 가서 다시 붙는 것이 아닌가. 경악할 노릇이었지만 꾀라면 로키도 지지 않았다. 이는 필시 마법이리라, 생각하고 다른 쪽 다리를 자르자마자 몸통과 다리 사이에 부싯돌과 쇠를 던져 넣은 것이다. 마법이 힘을 발휘할 수 없게 말이다.

거인이 죽은 것을 알고 농부 부부는 크게 안도했다. 그 후로 이들

이 로키를 가장 위대한 신으로 섬긴 것은 두말할 나위도 없다. 다른 신들이 잠시 힘을 빌려주었을 때, 로키만이 진정으로 그들을 구해주었기 때문이다.

거인 건축가

경이로운 다리 비프로스트에서 헤임달이 밤낮없이 보초를 서고 있어도, 신들은 아스가르드가 안전하다고 생각하지 않았다. 오히려 서리 거인이 쳐들어올까봐 시도 때도 없이 두려워했다. 그래서 생각 끝에 서리 거인이 아스가르드를 침범할 수 없도록 견고한 요새를 만들기로 했다. 어떻게 요새를 지을지 계획을 세우던 도중, 처음 보는 건축가가 나타나 건축을 맡겨달라고 했다. 단, 대가로 해와 달, 그리고 젊음과 미의 여신 프레이야를 달라고 했다. 주제넘은 제안이 아닐 수 없었다.

신들은 모두 격노하여 이방인을 몰아내려고 했다. 그때 로키가 흥정을 하자고 신들을 설득했다. 이방인이 결코 해낼 수 없는 조건을 걸자고 말이다. 결국 신들은 건축가에게 원하는 보수를 주기로 했다. 겨울이 끝나기 전에 요새를 완공해야 하고, 그의 말 스바딜파리(Svadilfari) 외에 그 누구의 도움도 받아서는 안 된다는 조건이었다.

아스가르드에 건축가가 와
성을 세워주겠다고 하니 —
높은 성

막아내리라
요툰의 음험한 꾀, 거인의 습격.
그리고 더없이 약삭빠른 계약을 맺었네.
아름다운 프레이야와 더불어 달과 해를
요새 지은 대가로 받으리라.

- 발할라(J. C. 존스)

이방인 건축가는 도저히 불가능할 것 같은 조건에 동의하고 곧장 요새를 짓기 시작했다. 밤에는 육중한 석재를 나르고 낮에는 요새를 지었다. 그 속도가 어찌나 빠른지 신들은 다소 불안해지기 시작했다. 머지않아 성의 절반이 완성되었다. 모두 훌륭한 말 스바딜파리의 공이었다. 겨울의 끝이 다가왔을 무렵, 요새는 거의 완성되어 입구 하나만 남겨두고 있었다. 하룻밤만 지나면 마무리될 터였다.

공포와 두려움 신들을 괴롭히네.
성이 거의 완성되었구나!
삼일이 지나면
건축이 끝나리라.
그러면 신들은 계약을 지켜야만 하리.
어마어마한 대가를 치러야 하리.

- 발할라(J. C. 존스)

해와 달뿐만 아니라 프레이야까지 떠나보내야만 한다는 생각이 들

자 신들은 덜컥 겁이 났다. 그래서 로키에게 달려가 건축가가 시간 내에 일을 끝내지 못하게 할 방법을 생각해 내라고 종용했다. 그러지 못하면 죽여 버리겠다고 협박하기도 했다.

로키와 스바딜파리(도로시 하디 作)

로키의 교활한 꾀가 다시 한 번 빛을 발했다. 로키는 마지막 날 밤이 오기를 기다렸다. 밤이 되자 스바딜파리가 힘겹게 거대한 석재를 끌며 숲의 경계를 지나갔다. 마무리에 쓸 석재였다. 로키는 암말로 변신해 어둠이 내린 숲속의 빈터로 달려 나갔다. 너무나도 유혹적인 암말의 모습을 본 순간 스바딜파리는 마구를 벗어버리고 암말의 뒤를 쫓았다. 그 뒤를 성난 건축가도 바짝 쫓았다.

암말은 교묘하게 말과 건축가를 어두운 숲 속 깊이, 더 깊이 데려갔다. 그 사이 밤이 거의 새버렸고 시간 안에 요새를 완공할 수 없게 되었다. 건축가의 정체는 다름 아닌 무시무시한 서리 거인이었다. 모습을 바꾸고 있었던 것이다. 그는 신들이 자신을 기만했다는 것을 알고 어마어마한 분노에 휩싸여 원래 모습으로 아스가르드에 돌아왔다. 마침 여행에서 돌아온 토르가 아니었다면 신들은 전멸했을 것이다. 거인은 토르가 전력을 다해 던진 마법의 망치 묠니르를 얼굴에 맞고 세상을 떠났다.

이때 신들은 속임수와 토르의 폭력 덕에 목숨을 구할 수 있었다. 그러나 이로 인해 큰 슬픔을 초래하게 될 운명이었으니, 결과적으로는 신들의 몰락을 기정사실화하며 라그나로크의 도래를 앞당기게 되었다. 하지만 로키는 자신의 행동에 죄책감을 느끼지 않았다. 그리고 때가 되자 다리가 여덟 개 달린 말, 슬레이프니르를 낳았다고 한다. 앞서 몇 번이나 등장한 오딘의 애마 말이다.

그러나 로키, 슬레이프니르 낳으니
아비는 스바딜파리라.

- 힌들라의 노래(소프 옮김)

로키가 살면서 저지른 수많은 악행을 고려하면 '교활한 사기꾼'이란 별명이 정말 마땅해 보인다. 로키는 언제나 교묘해서 알아차리기 어려운 방식으로 악행을 저질렀고, 이 때문에 대부분의 사람들에게서 미움을 받았다. 또, 상습적으로 발뺌하거나 핑계를 대서 '거짓말의 달인'이라는 별명까지 얻었다.

로키의 마지막 악행

로키의 마지막 악행은 부당한 방법을 써서 호두르가 발데르에게 치명적인 겨우살이를 던지게 한 것이었다. 로키는 발데르가 더할 나위 없이 순수하다는 이유 하나만으로 그를 미워했다. 어쩌면 이 범죄는 용서받을 수 있었을지도 모른다. 로키가 토크라는 노파로 변신해 발데르를 위해서는 눈물을 흘리지 않겠다고 고집을 부리지만 않았어도 말이다. 이 행동으로 신들은 로키에게 악한 마음만 남았다고 확신하며 만장일치로 그를 아스가르드에서 영구추방 되도록 결정했다.

에기르의 연회

로키의 배반으로 발데르를 잃은 신들이 잠시나마 슬픔에서 벗어날 수 있게 하고자 바다의 신 에기르가 나섰다. 바다 밑 산호 동굴에서 연회를 열고 신들을 초대했던 것이다.

> 이제 높은 신들의 슬픔을 달래고자
> 신들의 한탄을 덜어주고자
> 대양의 파도 아래
> 산호 동굴에서
> 에기르 위대한 왕
> 에시르를 초대하네
> 흘레세이의 전당에서 열리는
> 연회에.

> 발데르를 생각하며 손님들 모두
> 아직 슬픔에 잠겨 있으나
> 잊을 수도 있겠구나,
> 비통한 마음 잠시라도. 화기애애한 연회 중에는.
>
> - 발할라(J. C. 존스)

신들은 에기르의 초대를 기꺼이 받아들였다. 그리고 가장 호화로운 옷을 차려입은 다음, 기쁜 미소를 띠고 약속한 시간에 산호 동굴을 찾았다. 빛의 신 발데르와 사악한 로키를 제외한 모든 신이 참석했다. 발데르의 부재를 슬프게 여기는 한숨 소리는 여기저기서 들려왔지만, 로키의 부재를 안타까이 여기는 이는 아무도 없었다. 하지만 연회 도중 회장의 중앙에 어두운 그림자처럼 로키가 나타났다. 로키는 떠나라는 말을 듣자 신들에게 욕설을 퍼부으며 악감정을 분출했다.

> 아스 신들과 엘프들,
> 지금 이 자리에 있는 이들 중
> 그대를 위해 호의적으로 말할 자 없다네.
>
> - 에기르의 주연酒筵 또는 로키의 언쟁(소프 옮김)

또, 에기르의 시종 푼펭이 시중을 민첩하게 잘 든다고 신들에게 칭찬을 받자 질투에 사로잡혀서 느닷없이 그를 죽이기까지 했다. 로키가 이렇게 마구잡이로 악행을 저지르니 신들은 화가 나서 그를 다시 한번 끌어냈다. 그리고 다시 한 번 신들 앞에 나타난다면 끔찍한 벌을 내

리겠다고 위협했다.

　간신히 불쾌한 기분을 떨쳐버리고 신들이 자리에 앉으려 하는데 다시 로키가 기어들어왔다. 그리고 악의에 차서 신들의 약점이나 결점을 들먹이며 비방하고 조롱하기 시작했다. 신체적 결함을 일일이 곱씹고 과거의 실수를 들먹이며 조소했다. 막아보려 해도 소용이 없었다. 로키의 목소리는 점점 더 커졌다. 막 시프에게 천한 욕설을 내뱉었던 로키는 순간적으로 입을 다물었다. 토르가 격노하며 망치를 휘두르는 모습을 본 것이다. 그 팔의 괴력을 잘 알고 있었던 로키는 지체 없이 도망쳤다.

　　입 다물라, 이 더러운 것!
　　내 강력한 망치 묠니르
　　주절대는 그 입 막을지니
　　네놈 머리를
　　목에서 떨어뜨려 주리라.
　　그러면 네 목숨도 끝날지어다.

　　- 에기르의 주연酒筵 또는 로키의 언쟁(소프 옮김)

쫓기는 로키

　　로키는 이제 아스가르드로 돌아갈 희망이 사라졌다는 사실을 깨달았다. 게다가 그의 악행에서 비롯된 결과를 곱씹어 보니 신들이 자신을 자유롭게 내버려둘 리가 없었다. 죽이지 않으면 속박하리

라. 이렇게 생각한 로키는 산속으로 들어가 오두막을 짓고, 언제든 도망칠 수 있게 사방으로 낸 문을 활짝 열어두었다. 도망칠 계획도 치밀하게 세웠다. 만약 신들이 찾아온다면 근처의 폭포(전설에 따르면 프라난게르 폭포)에 뛰어들 생각이었다. 연어로 변신해 추적을 따돌리는 것이다. 그런데 생각해 보니 낚싯바늘이라면 쉬이 피할 수 있어도 바다의 여신 란이 쓰는 것과 같은 그물을 쓴다면 도망치기가 어려울 듯했다.

한번 이렇게 생각하니 무서워졌다. 로키는 그물을 벗어날 수 있을지 시험해 보기로 했다. 그러나 노끈으로 그물을 만들던 도중, 돌연 저 멀리에 오딘과 크바시르, 토르의 모습이 나타났다. 은신처가 발각된 것이다. 로키는 반쯤 만들다 만 그물을 불 속에 던져 넣고 서둘러 열린 문으로 뛰쳐나갔다. 그 다음 폭포로 뛰어 들어가 연어의 모습을 하고 바닥의 돌 틈에 숨었다.

신들은 오두막이 빈 것을 보고 돌아가려 했다. 그때 크바시르가 난로에서 타다 남은 그물을 발견했다. 조금 생각하니 문득 한 가지 가능성이 떠올랐다. 크바시르는 신들에게 비슷한 그물을 만들어 근처 개울에서 로키를 찾아보는 것이 좋겠다고 조언했다. 로키라면 추적을 따돌리기 위해 그런 방법을 쓸 법하다고 말이다. 신들도 크바시르의 말이 일리가 있다고 생각했다. 그물이 완성되자 신들은 개울로 나갔다. 로키는 강바닥의 돌 틈에 숨어 처음 던진 그물을 빠져나갔다. 그러자 신들은 그물에 추를 달아 다시 던졌다. 로키는 펄쩍 뛰어서 그물을 빠져나갔다.

마지막 세 번째 시도는 신들의 승리로 돌아갔다. 이번에도 펄쩍 뛰어서 빠져나가려 하는 로키를 토르가 공중에서 재빨리 붙잡아버린 것

이다. 연어는 미끄러워서 잡기 힘들다고 북유럽 속담에도 나오는데, 꼬리만은 눈에 띄게 가늘다. 이를 두고 북유럽에서는 토르가 붙잡은 탓이라고 한다.

로키의 처벌

로키는 침울하게 원래 모습으로 돌아왔다. 신들은 그를 한 동굴로 끌고 가서 꽁꽁 묶었다. 사슬 대신 로키의 아들 나르비의 내장을 사용했다. 게다가 나르비를 죽일 때는 그의 형제 발리를 늑대로 변신시켜 갈기갈기 찢어죽이게 했다. 내장 하나는 로키의 어깨 아래로 묶고, 또 하나는 엉덩이 아래를 묶어 팔도 다리도 쓸 수 없게 했다. 하지만 신들은 질기고 튼튼한 내장으로도 완전히 안심하지 못해서 내장을 단단한 돌 혹은 쇠로 바꾸었다.

> 그대, 바위 꼭대기에
> 얼음처럼 차가운 아들의 창자로
> 신들이 묶으리라.
>
> - 옛 에다(소프 옮김)

산 속을 흐르는 차가운 강의 화신인 스카디는 지중화를 상징하는 숙적 로키가 속박되는 모습을 즐거이 바라보고 있다가, 로키의 머리 위에 뱀 한 마리를 묶어 두었다. 위를 바라보게 묶인 로키의 얼굴 위로 뱀독이 한 방울씩 떨어지게 한 것이다. 그러나 로키의 충실한 아내 시긴이 서둘러 그릇을 가져왔다. 시긴은 라그나로크가 오는 날까지 로키의 옆에서 방울방울 떨어지는 독을 받아낸다.

하지만 결코 로키의 곁을 떠나지 않는 시긴도 그릇이 다 차면 어쩔 수 없이 그릇을 비워야 했다. 그 짧은 동안에도 독은 로키의 얼굴로 떨어졌다. 그러면 로키가 격렬한 고통에 괴로워하며 몸을 뒤틀었는데, 자유를 얻고자 하는 그 몸부림이 지상을 흔들어 지진을 일으켰고 사람들을 놀라게 했다.

신들이 로키를 비통 속에 남겨두고 떠나기 전,
배은망덕한 배반자의 이마 위로
스카디 증오에 사로잡혀 뱀을 한 마리 걸으니
독이 방울져 영원히 떨어지네.
로키, 공포에 사로잡혀 괴로운 나날을 보낼지어다.
그의 곁에 끈기 있는 아내 여전히 무릎을 꿇고 있다.
시긴, 고통에 시달리는 남편의 곁에 있다 —
충실한 아내여! 술잔을 받치고
방울져 떨어지는 독 —
고통스러운 독을 모두 받아내는구나!
잠도 자지 않고, 옷도 갈아입지 않고, 영원히
안락을 나누며 곁에 머무르네.
잔이 넘칠 때에만
새로이 쓰라린 아픔 비롯되니
시긴, 지켜보던 일 멈추고

재빨리 잔을 비우러 가야 하네.

그러면 로키

큰 소리로 울부짖나니.

두려움의 비명

공포의 신음

천둥같이 큰 소리 내며

몸부림치면 대지도 겁을 먹고 휘청거린다.

떨림과 흔들림

저 높은 천상마저 뒤흔드는구나!

그렇게 로키, 끔찍한 운명을 하루하루 소모한다.

공포의 라그나로크 오는 날까지.

- 발할라(J. C. 존스)

로키는 신들의 황혼이 오는 날까지 이렇게 고통스러운 상태로 지낼 운명이다. 그날이 오면 속박이 느슨해지며 로키도 전투가 벌어지는 비그리드Vigrid에서 최후의 결전에 참여한다. 그리고 헤임달의 손에 최후를 맞이할 것이다. 헤임달 역시 동시에 목숨을 잃을 운명이지만 말이다.

앞에서 언급했듯이 이 신화에서 독을 떨어뜨리는 뱀은 때때로 지중해에 떨어지는 차가운 계곡물을 뜻한다. 물은 증기가 되어 지면의 갈라진 틈으로 빠져나가고, 지진을 일으키거나 간헐 온천을 분출시킨다. 아이슬란드 사람들에게는 아주 익숙한 현상이다.

로키와 시간(M. E. 빙에 作)

로키의 날

___ 기독교가 들어오면서 신들이 악마로 격하되었을 때, 로키는 로마 신화의 사투르누스Saturnus(로마 신화에 나오는 '농경의 신'으로 그리스 신화의 크로노스와 동일한 신이다. 영어로는 Saturn으로 표기한다. 한때 신들의 왕이었지만 아들에게 지위를 빼앗긴다는 예언을 듣고 태어나는 아들을 차례로 잡아먹다가 이에 맞선 아들 제우스에게 패배해 감금된다 - 옮긴이 주)와 혼동되었다. 둘 다 신성을 박탈당하고 사탄의 원형으로 여겨지기 때문이다.

북유럽에서는 매주 마지막 날을 로키를 위한 날로 정하고 라우가르다그^{Laugarda}(빨래하는 날)라고 했다. 영어권에서는 이 날이 토요일^{Saturday}로 바뀌었으나, 사투루누스에게서 이름을 따온 것이 아니라 튜턴족이 섬기는 농업의 신 사테레^{Sataere}(매복한 도둑)에게서 따왔다고 한다. 로키의 또 다른 모습으로 여겨지는 신이다.

거인 이야기

요툰헤임

앞에서 이미 살펴봤듯이 북유럽 사람들은 긴눙가가프의 거대한 심연을 채운 빙산 사이에서 최초로 태어난 생명이 거인이라고 생각했다. 거인들은 아주 초창기부터 신들의 적이자 경쟁자였다. 그러나 신들이 선하고 사랑스러운 것을 상징한 반면, 거인은 흉하고 악한 것을 모두 상징했다.

그가 온다 ─ 그가 온다 ─ 서리의 신이 온다! 북쪽에서 광풍을 몰고
짙은 노르웨이 소나무 그의 무서운 입김 지나니 고개 숙여 절하네.
불타지 않은 날개로 서두른다. 헤클라 불길이 타오르는 곳,

위로는 검고 아름다운 하늘이, 아래로는 고대의 얼음이 있는 곳으로.

- J. G. 휘티어

토르와 거인들(M. E. 빙에 作)

최초의 거인 이미르가 신들의 손에 목숨을 잃고 얼음 위에 쓰러졌을 때 흘러나온 피에 그의 자손도 모두 익사해버렸다. 베르겔미르 부부만이 요툰헤임으로 도망칠 수 있었다. 부부는 그곳에 자리를 잡고 모든 거인족의 조상이 되었다. 북유럽에서는 거인을 여러 가지 이름으로 부르는데, 이 이름마다 특별한 의미가 있다.

예를 들어 요툰Jötun은 '대식가'라는 뜻이다. 거인들은 거대한 몸집과 더불어 식욕이 왕성하기로도 유명했기 때문이다. 또, 먹는 것 못지 않게 술고래였다고 해서 투르스Thurs라고도 했다. 투르스가 갈증thirst을 뜻한다고 보는 일부 작가들의 주장에 의하면 말이다. 거인들이 지었다는 높은 탑의 이름(투르세이tursei)에서 따온 것이라는 주장도 있다.

신들은 언제나 숙적인 거인들이 추운 북극 지방의 요툰헤임을 떠나지 못하게 막았다. 거인들과 신들이 만나는 경우 대개 승리는 신들에게로 돌아갔다. 거인은 몸이 무겁고 어리석었으며 청동 무기를 쓰는 아스 신들과 달리 돌로 만든 무기밖에 없었던 것이다. 하지만 이렇게 차이가 나는데도 신들은 가끔씩 거인들을 매우 시기했다. 거인들은 과거에 관한 모든 지식에 정통했기 때문이다.

심지어는 오딘조차 이런 거인들의 능력을 부러워했다. 그래서 미미르의 샘물을 한 모금 마시자마자 거인족 중 가장 박식하다는 바프트루드니르와 지혜를 겨루러 달려갔다. 하지만 과거에 대한 질문을 멈추고 미래에 관한 질문을 하지 않았다면, 이 기묘한 대결에서 바프트루드니르를 결코 꺾지 못했을지도 모른다.

요툰이 가장 두려워한 신은 토르였다. 토르는 서리 거인이나 산악 거인과 계속해서 전쟁을 벌였다. 거인들이 툭하면 딱딱한 얼음으로 대지를 감싸 인간이 밭을 일구지 못하게 했기 때문이다. 거인들과 싸울 때 토르는 이미 언급했듯이 경이로운 망치 퓰니르의 힘을 빌렸다.

∴ 산의 기원

독일 전설에 따르면, 지구의 표면이 고르지 않은 것은 땅이 막 만들어져서 아직 부드러울 때 거인들이 밟고 다녀 망쳐버렸기 때문이다. 또, 남편의 발자국 때문에 골짜기가 만들어진 것을 본 거인 부인들이 엉엉 우는 바람에 강이 생겨났다. 튜턴 족은 그렇게 믿었기 때문에 거인이 산을 상징한다고 보았다. 그리고 이들은 오직 어둠이나 안개 속에서만 움직일 수 있으며, 어둠이나 구름을 뚫고 아침 첫 햇살이 비추면 돌이 되는 기이한 종족이라고 생각했다.

큰 산맥에 리젠 산맥(거인 산)이라고 이름 붙이게 된 것도 이런 믿음이 바탕에 있었기 때문이다. 스칸디나비아 사람들 역시 비슷하게 생각했다. 그래서 오늘날까지 아이슬란드 사람들은 가장 높은 산봉우리를 요쿠틀Jökull이라고 부른다. 다름 아닌 '요툰'이 변형된 말이다. 우뚝 솟은 산꼭대기에 만년설이 쌓여 있는 스위스에서는 거인들이 돌아다니던 시절에 관한 옛 이야기가 전해온다. 특히 눈사태가 일어나 산비탈로 눈이 쏟아져 내리는 것은 거인이 어깨와 이마에 쌓인 눈과 얼음을 마구 털어내는 것이라고 한다.

∴ 최초의 신

거인들은 눈과 얼음, 추위와 돌, 지중화地中火의 상징이기도 하다. 따라서 태초에 존재한 거인 포른요튼Fornjotnr의 자손으로 여겨진다(일부 권위 있는 신화 학자들은 포른요튼과 이미르를 동일시한다). 포른요튼 신화에서는 그가 세 아들을 두었다고 한다. 바다의 신 흘레르, 공기의 신 카리, 불의 신 로키다. 이 세 신이 최초의 신으로 가장 역사 깊은 삼위일체를 형성했다. 그리고 각각 자손을 낳으니 바다의 거인 미미르와 기미르, 그렌델이 태어났고, 폭풍 거인 티아시와 트림, 벨리가 태어났으며, 불의 거인 늑대 펜리스와 죽음의 거인 헬이 태어났다.

메로빙 왕조[1]는 그들의 시조가 바다 거인이라고 주장한다(모든 왕조가 신화적인 인물의 자손이라고 주장하듯이 말이다). 그들의 시조는 파도 속에서 황소의 모습을 하고 일어나 해변을 홀로 걷던 왕비를 놀라게 해 억지로 아내로 맞이했단다. 왕비는 메로베우스Meroveus(혹은 메로베치Merovech)라는 아들을 낳았고, 그가 프랑크 왕국의 첫 왕조를 세웠다.

거인들에 관한 중요한 이야기는 앞에서 많이 다루었다. 거인들은 이후에도 신화나 동화에 다시 등장한다. 기독교가 들어온 이후에는 성당의 종소리나, 수도사 혹은 수녀의 노랫소리를 특히 싫어하는 모습으로 잘 나온다.

❖ 사랑에 빠진 거인

____ 스칸디나비아 반도에서는 이와 관련해 올라프 성인 시대에 살았던 거인 센예만드Senjemand의 이야기가 전해온다. 센예만드는 센옌 섬에 살았는데, 그립토 섬에 사는 한 수녀가 날마다 아침이면 성가를 불러서 몹시 화가 났다. 그런데 이 거인은 유테르나예스타Juterna-jesta라는 아름다운 처녀를 사랑하게 되었다. 센예만드는 한참을 망설인 끝에 겨우 청혼할 용기를 냈다. 하지만 머뭇거리며 결혼해 달라고 말하는 센예만드를 처녀는 조롱하듯 거절했다. 자기 취향에 비해 너무 늙

고 못생겼다고 대답했던 것이다.

> 비참한 센예만드 — 추하고 늙었네!
> 크베드피오르의 처녀를 얻기에는!
> 아니 — 그대 같은 시골뜨기는 영원히 시골뜨기로 남으리.
>
> - 발라드(브레이스 옮김)

비웃음과 함께 거절당한 센예만드는 화가 나서 복수를 맹세했다. 그리고 얼마 뒤 멀리 떨어진 곳에 사는 처녀를 향해 커다란 돌화살을 쏘았다. 그때 처녀를 사랑하고 있던 또 다른 거인 토르게Torge가 그녀를 보호하고자 날아오는 화살에 모자를 던졌다. 높이가 3백 미터나 되고, 폭이나 너비도 그에 맞는 크기였으니 어마어마하게 큰 모자였다. 덕분에 모자를 뚫고 지나간 화살은 목표에 이르기 전에 땅에 떨어졌다.

센예만드는 토르게의 분노가 두려워 말에 올랐다. 되도록 빨리 도망치려는 속셈이었다. 그때 태양이 막 수평선 위로 고개를 내밀었고 센예만드를 돌로 바꾸어버렸다. 그가 쏜 화살과 토르게의 모자까지 한꺼번에 돌이 되었다. 그 바람에 거대한 덩어리가 생겨났는데, 이것이 노르웨이의 토르가텐 산(노르웨이어로 '모자 산'이라는 뜻이다 - 옮긴이 주)이다.

아직도 사람들은 토르가텐 산의 오벨리스크를 가리키며 돌화살이라고 부른다. 또, 이 산에는 높이가 88미터이고 폭이 26미터인 구멍이 있는데, 화살이 모자를 뚫고 지나간 구멍이라고 한다. 그리고 센엔 섬

(현재의 헤스트모나 섬을 말하는 것으로 보인다 – 옮긴이 주)에는 말에 탄 남자처럼 보이는 바위산이 있다. 누가 봐도 거대한 말을 타고 폭이 넓은 승마용 망토를 끌어당겨 여미는 모습이다. 센예만드를 괴롭히던 수녀 역시 돌이 되어 다시는 성가를 불러 누군가를 괴롭히는 일이 없었다고 한다.

토르가텐(사진 : S. J. 베킷)

∷ 거인과 성당 종소리

_____ 또 다른 전설에서는 산악거인 하나가 80킬로미터 떨어진 성당의 종소리에 짜증이 나서 커다란 바위를 들어 성당 쪽으로 던진다. 다행히 바위는 성당에 못 미쳐서 떨어졌고 두 동강이 났다. 그 후로 크

리스마스이브가 되면 트롤들이 와서 둘 중 큰 조각을 황금 기둥 위에 올리고 그 아래에서 춤추며 축제를 벌인다는 이야기가 떠돌았다.

이 이야기가 사실인지 한 귀부인은 궁금해 했다. 그래서 마부를 보내 그 진위를 알아오게 했다. 소문의 장소에 가니 정말로 트롤이 앞으로 나와 마부를 친절하게 맞아주었다. 그리고 룬 문자를 새긴 금 받침에 뿔잔을 올려 술을 내왔다. 마부는 뿔잔을 움켜쥐고 술을 쏟아버린 다음, 미친 듯이 전속력으로 질주해 도망쳤다. 트롤들이 바싹 쫓아왔지만 마부는 수확이 끝난 들판을 지나고 물을 건너서 겨우 도망쳤다.

다음날, 트롤 무리 중 몇몇이 귀부인을 찾아와 뿔잔을 돌려달라고 요구했다. 하지만 그래도 잔을 돌려받지 못하자, 트롤들은 저주를 내렸다. 만약 뿔잔을 다른 곳으로 옮기면 성이 불타버릴 것이라는 저주였다. 이 저주는 그 후 세 차례 실현되었다. 지금도 그 부인의 가문에서는 이런 미신을 믿고 뿔잔을 조심스럽게 보관하고 있단다. 올덴부르크 가문에서도 같은 식으로 비슷한 술잔을 얻었다고 하는데, 이 술잔은 덴마크 왕의 수집품으로 전시되고 있다.

거인들은 가만히 있지 않고 어둠이 내리면 이곳저곳으로 옮겨 다녔다. 가끔씩 땅덩어리나 모래를 들고 가서 여기저기 떨어뜨리기도 했다. 독일 북부지방과 덴마크의 모래언덕도 그렇게 생긴 것이라고 한다.

거인의 배

　　　북 프리지아 제도에서 전해오는 전설에 의하면, 거인들에게는 어마어마하게 큰 배가 있었다. 배의 이름은 만니그푸알Mannigfual이었으며 대서양을 끊임없이 항해했다. 크기가 얼마나 컸는지 선장이 갑판 위를 둘러보려면 말을 타야 했다. 돛대를 고정하는 밧줄도 엄청나게 긴데다가 돛대도 어찌나 높은지 올라가려면 중간중간 커다란 도르래 안에 마련된 방에서 쉬며 기운을 차려야 했고, 젊을 때 올라가서는 백발이 되어 내려오곤 했다.

　　한번은 조타수가 잘못해서 이 어마어마한 배를 북해로 몬 적이 있었다. 어서 대서양으로 돌아가고 싶었지만 그렇게 좁은 공간에서 배를 돌릴 엄두는 나지 않았다. 그래서 조타수는 배를 영국 해협으로 몰았다. 그러나 갈수록 길이 좁아졌으니 배에 탄 사람들 모두 심히 절망했을 것이다. 칼레와 도버 사이, 가장 좁은 지점이 가까워졌다. 조류를 타면 가까스로 밀고나갈 수 있을까 말까였다.

　　선장은 감탄할 만큼 침착했다. 즉시 배의 옆면에 비누칠을 하되 도버의 울퉁불퉁한 절벽이 위협하듯 서 있는 우현에 특히 더 두껍게 칠하라고 명령했다. 선원들이 비누칠을 마치자마자 배가 좁은 지점에 들어섰다. 그리고 선장의 방책 덕에 배는 무사히 미끄러져 나갔다. 도버 해안의 바위들은 너무나도 많은 비누에 닦여 나갔지만 말이다. 그날 이후 이 바위들은 특히 더 하얗게 되었고, 절벽에 부딪쳐 오는 파도는 아직도 특이하게 거품이 난다고 한다.

　　만니그푸알의 모험담은 여기서 그치지 않는다. 한번은 대체 어떻게 한 건지 발트 해海로도 들어갔다고 한다. 그런데 발트 해는 배를 띄

우기에는 너무 얕았다. 선장은 무거운 바닥짐을 모두 배 밖으로 버리라고 명령했다. 그렇게 배의 양쪽 편으로 던져진 짐들이 보른홀름 섬과 크리스티안쇠 섬을 만들었다고 한다.

거인 나라의 아름다운 일제 공주

독일의 튀링겐 지방과 검은 숲Black Forest 일대에는 거인 이야기가 아주 많이 전해 내려온다. 그중에서도 거인 일젠슈타인Ilsenstein의 사랑스러운 딸, 일제Ilse에 관한 이야기가 특히 사랑을 받는다. 일제는 아주 매력적인 아가씨여서 아름다운 일제 공주라고 널리 알려졌다. 많은 기사들이 그녀에게 구애했지만, 베스터부르크 영주만이 그녀의 마음을 얻었다.

하지만 일제의 아버지는 딸이 한낱 인간과 어울리는 것을 절대 용납할 수 없었다. 그래서 딸에게 애인을 만나러 가지 말라고 명령했다. 하지만 일제도 고집이 만만치 않아서 아버지의 명령을 거역하고 날마다 연인을 찾아갔다. 딸이 말을 듣지 않자 거인은 크게 화가 났다. 그래서 결국 커다란 손으로 바위를 집어 들어 자신들이 살고 있는 언덕과 베스터부르크 성 사이에 거대한 골짜기를 만들어버렸다. 길을 끊어버린 것이다.

일제 공주는 자신과 연인 사이를 갈라놓는 절벽으로 갔다. 그리고 절벽 밑, 세차게 흐르는 물에 몸을 던졌다. 이후 일제 공주는 매혹적인 운디네가 되어 맑은 물에서 기나긴 세월을 살았다. 그리고 가끔씩 사람들 앞에 나타나 그들을 매료시켰다고 한다. 심지어는 하인리히 왕마저 그녀에게 반해 일제의 폭포를 자주 찾았단다. 많은 사람들은 일제 공주가 19세기 초, 성령강림절에 마지막으로 모습을 드러냈다고 믿는다. 그러나 현지인들은 아직도 아름다운 공주를 찾고 있다. 여전히 강에 머물며 흰 팔을 흔들어 차가운 폭포 아래로 여행객들을 부르는 일제 공주를.

나는 일제 공주
일젠슈타인에서 산답니다.
제 성으로 오세요.
축복은 저와 당신의 것이에요.

유리처럼 맑고 차가운 물로
당신의 이마와 머리칼 씻겨드리겠어요.
그러면 그대 더는 슬픔을 떠올리지 않을 거예요.
아무리 심각한 표정을 짓고 있더라도요.

그대 내 흰 팔을 몸에 감고
눈부시게 흰 내 가슴에 안겨
누워서 꿈을 꾸겠지요. 엘프의 나라를 —
엘프 나라의 사랑과 격렬한 기쁨을.

— 하이네(마틴 옮김)

거인의 장난감

지상이 인간의 것이 되기 전, 거인들은 지상 곳곳에 퍼져서 살았다. 어쩔 수 없이 인간에게 지상을 내주게 된 이후로는 황량하고 척박한 곳으로 물러나 자손을 낳고 길러내면서 아주 엄격하게 은둔생활을 했다. 따라서 그 자식들은 세상사를 잘 알지 못했다.

어느 날, 거인의 딸이 집에서 나와 거닐다가 사람이 있는 골짜기까지 나왔다. 비탈에서 농부가 밭을 갈고 있었다. 사람을 처음 본 거인의 딸은 농부를 귀여운 장난감이라고 생각했다. 그래서 농부와 말을 집어 앞치마에 담고 신나게 집으로 돌아왔다. 그리고 아버지에게 보여주었다.

거인은 당장 농부와 말을 원래 있던 자리에 돌려놓으라고 명령했다. 딸이 시키는 대로 하고 돌아오자 거인이 슬퍼하며 말했다. 그들은 단순한 장난감이 아니라 언젠가 거인족을 몰아내고 지상의 왕이 될 자들이라고.

드워프 이야기

◦ 작은 종족

1장에서 우리는 검은 엘프, 다시 말해 드워프(스바르트알프[1])가 거인 이미르의 시체에서 구더기처럼 번식했다는 것을 살펴보았다. 신들은 채 형태를 갖추지 못한 작은 생명체가 기어 다니는 것을 보고 이들에게 형태와 생김새를 부여했다. 이후 이들은 '검은 엘프'라고 알려지게 되었다. 얼굴빛이 거무스름했기 때문이다. 검은 피부에 녹색 눈, 큰 머리와 짧은 다리, 눈가에 깊게 패인 주름 때문에 보기 흉하다는 이유로 신들은 이들을 지하에서 살게 했다.

그리고 낮에 지상에 올라오면 돌로 변하게 했다. 그래도 드워프는 신들보다는 못했지만 인간보다는 훨씬 뛰어난 종족이었다. 이들의 지식은 끝이 없어서 미래의 일까지 소상하게 알 정도였다. 따라서 신들과 인간들은 궁금한 일이 있으면 모두 드워프의 대답을 듣고 싶어

했다.

드워프는 나라에 따라 트롤, 코볼트, 브라우니, 고블린, 퍽, 훌드라 일족으로 불리기도 한다.

너는 잿빛, 잿빛 트롤
커다란 녹색 눈이 있지.
그래도 난 네가 좋아. 잿빛, 잿빛 트롤
넌 정말 지혜로우니까!

말해 주렴, 이 상쾌한 아침에.
말해 주렴, 네가 아는 모든 것을.
말해 주렴, 내가 태어났는지?
말해 주렴, 내가 자라났는지?

- 작은 요정의 전설(뷰캐넌)

타른카페

____ 이 작은 종족은 아주 민첩해서 툭하면 여기저기 돌아다녔다. 그리고 바위 뒤에 숨어 사람들이 하는 말을 엿듣다가 장난삼아 마지막 단어를 따라하곤 했다. 그래서 사람들은 메아리를 드워프의 말소리라고 불렀다. 드워프의 장난이란 사실을 잘 알고 있었던 것이다. 그리고 메아리 소리를 내는 드워프들이 보이지 않는 이유는 조그만 붉은 두건을 쓰고 있기 때문이라고 생각했다. 몸이 보이지 않게 해주는 두

건, 타른카페Tarnkappe였다. 해가 떠 있을 때 드워프들은 돌이 될까봐 두려워서 감히 지상으로 올라올 수 없었다. 하지만 타른카페를 쓰면 그런 위험에서 벗어날 수 있었다.

> 가거라! 태양이 나를 보게 해서는 안 되니 ―
> 감히 더는 머무를 수 없구나.
> 요정 같은 아이야, 그랬다가는 네 눈에
> 햇빛에 닿은 이 몸이 돌로 변하는 모습 비치리.
> ― 라 모트 푸케

칼룬보르 전설[2]

네스베크 영주의 딸 헬바는 에스베른 스노레와 사랑하는 사이였다. 그러나 오만한 영주는 에스베른을 멸시하며 그의 청혼을 물리쳤다.

"그대가 칼룬보르에 위엄 넘치는 성당을 짓는 날, 헬바를 아내로 주겠네."

신분은 낮았지만 에스베른에게도 영주 못지않은 자존심이 있었다. 에스베른은 무슨 일이 있어도 사랑하는 헬바를 신부로 맞이하겠다고 결심하고, 울쇼이 언덕에 사는 트롤을 찾아가 내기를 제안했다. 트롤이 멋진 성당을 지어주면, 성당이 완성되기 전에 에스베른이 트롤의 이름을 알아맞히기로 한 것이다. 만약 알아맞히지 못하면 눈과 심장을 주기로 했다.

북유럽 신화, 재밌고도 멋진 이야기

트롤은 밤낮으로 열심히 일했다. 그러나 성당이 점점 모양을 갖춰 갈수록 에스베른 스노레는 슬퍼졌다. 밤에는 언덕의 갈라진 틈에 귀를 기울이고 낮에는 트롤에게서 눈을 떼지 않았다. 엘프들에게 도와달라고 간청하기도 했다. 하지만 모두 소용이 없었다. 아무리 귀를 기울이고 열심히 지켜보아도 트롤의 이름을 추측할 수 있는 단서를 찾을 수 없었다. 불안한 마음에 에스베른은 점차 여위어갔다.

그 사이 소문이 퍼져나가 아름다운 헬바도 이 불길한 계약에 대해 알게 되었다. 헬바는 불행한 에스베른의 영혼을 위해 기도했다.

시간이 흘러 드디어 성당은 기둥 하나만을 남겨두게 되었다. 암담해진 에스베른은 절망에 사로잡혀 지친 몸을 강둑에 뉘였다. 지하의 채석장에서 트롤이 마지막 석재를 다듬는 망치 소리가 들려왔다. 에스베른은 씁쓸하게 중얼거렸다.

"나는 정말 바보로구나. 내 무덤을 짓고 말았으니."

그때 가벼운 발걸음 소리가 들렸다. 올려다보니 사랑하는 이의 얼굴이 보였다.

"원컨대 제가 대신 죽게 해주세요."

헬바가 눈물을 흘리며 말했다. 에스베른은 그녀의 사랑을 얻고 싶어서 눈과 심장, 영혼까지 내줄 계약을 했다고 털어 놓았다.

지하에서 트롤의 바쁜 망치질 소리가 들려오는 가운데, 헬바는 연인의 옆에서 기도했다. 그녀의 기도는 트롤의 주문보다 강력했다. 에스베른에게 문득 트롤의 아내가 아이를 달래며 부르는 노랫소리가 들려왔다. 내일이 되면 아버지 핀이 인간의 눈과 심장을 가져오리라.

트롤은 내기에서 이길 것을 자신하며 서둘러 마지막 석재를 칼룬보르로 옮겼다. 그때 에스보른이 말했다.

"너무 늦었어, 핀!"

이 말을 듣자 트롤은 들고 있던 석재와 함께 사라졌다. 그 후 사람들은 밤이 되면 땅 속에서 여인이 흐느끼는 소리와 트롤이 꾸짖는 소리를 들었다고 한다.

사람들이 교회를 지은 트롤의 이야기를 노래하네,
북쪽 바다에 추수철 보름달이 뜨면.
그리고 셸란 섬의 어부들은 아직도 듣지
울쇼이 언덕에서 트롤이 아내를 꾸짖는 소리.

자작나무 숲 너머 바다를 향해
아직도 칼룬보르 성당의 첨탑 보이니
그 제단에서 처음으로 혼인한 연인
네스베크의 헬바와 에스베른 스노레라네!

- J. G. 휘티어

드워프의 마법

드워프 역시 엘프와 마찬가지로 왕의 지배를 받았다. 드워프 왕은 북유럽의 여러 나라에서 안드바리 Andvari, 알베리히 Alberich, 엘베가스트 Elbegast, 곤데마르 Gondemar, 라우린 Laurin, 오베론 Oberon이라고 불렸다. 왕은 지하에 있는 웅장한 궁전에서 살았다. 궁전에는 백성들이 땅속 깊은 곳에서 캐낸 보석들을 박아 장식했다. 드워프 왕은 말로 다 표현하지 못할 정도로 부유했다. 게다가 마법의 두건 타른카페는 물론, 마법의 반지와 무적의 칼, 힘의 허리띠 같은 보물도 가지고 있었다. 그의 백성들은 모두 솜씨 좋은 대장장이였다. 이들이 명령에 따라 훌륭한 보석이나 무기를 만들어내면 왕은 그것을 마음에 드는 인간들에게 하사했다.

시프의 황금 머리칼부터 프레이르의 배 스키드블라드니르와 황금 털의 멧돼지 굴린부르스티, 오딘의 창 궁니르의 날과 반지 드라우프니르, 토르의 망치 묠니르, 프레이야의 황금 목걸이 브리싱가멘까지. 앞에서 우리는 드워프가 만들어낸 많은 보물을 보았다. 이것 말고도 드워프는 마법의 허리띠도 만들었다고 한다. 스펜서는 서사시 〈선녀 여왕Faerie Queene〉에서 이 허리띠에 순결한 이와 위선자를 구분해주는 힘이 있었다고 전한다.

이 허리띠 미덕을 더해주니 그 사랑 순결하며
아내로서의 본분에 충실하다는 뜻.
그러나 반대되는 자라면 입증해 보이리.
허리에 맨 모습 같지 않을지니
느슨하게 풀리지 않으면 갈기갈기 찢어지리라.

- 선녀 여왕(스펜서)

드워프들은 또한 티르핑Tyrfing이라는 전설적인 검도 만들었다. 쇠와 돌도 벨 수 있는 검이었는데, 드워프들은 이 검을 앙간튀르에게 주었다. 프레이르의 검처럼 의지가 있어 스스로 싸우는 검이었다. 또, 한 번 뽑으면 피를 맛볼 때까지 검집에 다시 넣을 수가 없었다. 앙간튀르는 이 검을 무척 자랑스러워해서 죽을 때 자신과 함께 묻게 했다. 하지만 그의 딸 헤르보르Hervor가 한밤중에 무덤으로 찾아가 마법의 주문으로 그를 무덤에서 일으켰다. 티르핑을 억지로 받아내기 위해서였다. 헤르보르는 용감하게 검을 휘둘렀고, 훗날 이 검은 또 다른 북유럽 영웅의 손에 들어간다.

동쪽의 드워프가 만들었다고 전해지는 유명한 무기도 있다. 바로 프리티오프가 아버지에게서 물려받은 검 앙구르바델Angurvadel이다. 이 검은 칼자루를 금으로 만들고 날에는 룬 문자를 새겼는데, 평소에는 흐릿해서 잘 보이지 않았다. 하지만 전쟁터에서 휘두르면 룬이 싸움닭의 볏처럼 붉게 변했다고 한다.

영웅들 빠르게 쓰러졌다,
전투가 있는 밤, 룬 문자 붉게 달아오른 칼을 만나면.
세상에 이름을 떨치는 칼, 북쪽 땅에서 첫째가는 칼이구나.

- 프리티오프 사가(텡네르 / G. 스티븐스 옮김)

:: 떠나간 드워프

____ 드워프는 대체로 선하고 인간에게 도움이 되는 종족이었다. 가끔씩 빵 반죽, 밀 갈기, 맥주 빚기 등 여러 집안일을 해주었다. 또, 농부를 위해 추수와 탈곡을 도와주기도 했다. 하지만 나쁜 대접을 받거

나 놀림을 받으면 그 집을 버리고 떠나 다시는 돌아오지 않았다. 북유럽에서 옛 신들을 더는 숭배하지 않게 되자 드워프들도 모두 떠나버렸다.

이와 관련해서 한 뱃사공의 이야기가 전해 온다. 사공은 어느 날 밤, 수수께끼의 인물에게 고용되어 몇 번이고 강을 오갔다. 그때마다 보이지 않는 손님이 배에 탔는데, 너무 무거운 나머지 배가 거의 가라앉을 지경이었다. 일이 끝나자 사공은 높은 보수를 받았고, 그가 드워프들을 강 건너편으로 데려다주었다는 설명을 들었다. 사람들이 믿음을 잃었기 때문에 드워프들이 영원히 떠났다는 얘기였다.

바꿔친 아이

대중적인 미신에 의하면 드워프들은 인간들의 키가 더 큰 것을 시기한다. 그래서 인간 아내를 얻거나 아직 세례를 받지 않은 아이를 자기 자식과 바꿔치기해서 인간 어머니의 보살핌을 받게 했다. 그러면 키가 커지리라 생각했기 때문이다. 이 드워프 아이들은 바꿔친 아이changeling라 불리며 몸집이 작고 주름이 쪼글쪼글한 것으로 알아볼 수 있었다.

진짜 아이를 되찾고 바꿔친 아이를 내쫓으려면 두 가지 방법이 있었다. 하나는 달걀껍데기 안에 맥주를 담그는 것이었다. 그리고 또 하나는 바꿔친 아이의 발바닥에 기름칠을 하고 불에 아주 가까이 가져가는 것이었다. 그러면 비명 소리를 듣고 드워프 부모가 나타나 훔쳐갔던 아이를 돌려주고 바꿔친 아이를 데려갔다.

트롤 여성들은 마라^{Mara}(악몽)로 변신해서 원하는 사람을 괴롭힐 수 있었다. 하지만 마라가 방으로 들어오는 구멍을 찾아 막으면 오히려 그 사람이 마라의 운명도 좌지우지할 수 있었다. 원한다면 아내가 될 것을 강요할 수도 있었다. 하지만 이렇게 얻은 아내는 구멍이 막혀 있는 동안에만 함께 지냈고, 우연이든 고의든 마개가 빠지면 곧장 도망쳐서 다시는 돌아오지 않았다.

트롤드틴데르네, 롬스달 (사진 : S. J. 베킷)

트롤산

　　드워프에 대한 전설은 자연히 북유럽 전역으로 퍼져나갔고 많은 장소에 그 흔적을 남겼다. 노르웨이의 유명한 트롤산$^{\text{Trold-Tindterne}}$은 트롤 두 무리가 싸우던 곳이라고 한다. 싸움에 열중하다가 해가 뜨는 것을 보지 못해 작고 뾰족한 바위로 변한 것이다. 바위는 산마루 위에 도드라지게 서 있다.

추측

　　드워프는 옛 사가와 동화에 너무나도 자주 등장한다. 그래서 일부 작가들은 드워프가 실제로 존재한 종족, 아마도 페니키아인 광부일 것이라고 추측한다. 실제 이들은 영국과 노르웨이, 스웨덴 등지의 석탄, 철광, 구리, 금, 주석 광산에서 일했다. 당시 사람들이 단순하고 뭐든지 쉽게 믿는 경향이 있었기에, 이를 이용해 자신들이 초인적인 종족이며 지하에 산다고 믿게 했다는 것이다. 검은 엘프들의 나라, 스바르트 알파헤임에.

25
엘프 이야기

요정의 왕국

____ 드워프 외에 또 몸집이 작은 종족은 빛의 엘프 또는 흰 엘프(료스알프)¹라고 불렸다. 이들은 천상과 지상 사이 공기의 영역, 알프헤임에서 살았다. 그곳에 왕궁을 둔 프레이르가 이들을 온화하게 다스렸다. 엘프들은 사랑스럽고 이로운 존재였다. 너무나도 순수하고 순진해서 일부 학자들은 엘프라는 이름이 흰색을 가리키는 라틴어 알부스albus와 그 어원을 같이한다고 보기도 한다. 언제나 흰 눈이 쌓여 있는 알프스나 잉글랜드의 옛 이름, 앨비언Albion도 알부스가 변형된 이름에 속한다. 앨비언은 멀리 분필처럼 흰 절벽이 보인다는 이유에서 탄생한 이름이다.

엘프들은 아주 작아서 이리저리 돌아다니며 꽃과 새, 나비를 돌보았지만 모습이 보이지는 않았다. 이들은 또 춤추기를 정말 좋아했다.

그래서 종종 달빛을 타고 지상으로 내려와 풀밭 위에서 춤을 추곤 했다. 서로 손을 맞잡고 둥글게 서서 춤을 추면 '요정의 고리fairy ring'가 생겨났다. 엘프들이 밟은 곳의 풀이 더 짙고 무성해서 주위의 풀과 구별되며 붙은 이름이다(실제 이 고리는 버섯 때문에 생긴다 - 옮긴이 주).

즐거운 엘프들 모리스 춤을 추네,
허공의 음유시인 노래에 맞추어.
갈색 황야에 에메랄드 고리 남으니
엘프 경쾌하고 즐거이 춤춘 흔적.

- 월터 스콧 경

엘프의 춤(N. J. O. 블롬메르 作)

영국에서는 사람이 이 고리 가운데 서면 요정들을 볼 수 있으며, 그들의 호의를 얻게 된다고 믿었다. 그러나 스칸디나비아 사람들과 튜턴 족은 정반대로 생각했다. 고리 가운데 선 사람은 반드시 죽음에 이른다고 말이다. 올라프 경 이야기가 이런 미신을 잘 보여준다. 이 이야기에서는 결혼식을 올리러 말을 타고 달려가던 올라프 경을 요정들이 고리 안으로 유인한다. 그리고 다음날, 신랑의 친구들은 행복한 결혼식 대신 세 사람의 장례식에 참석하게 된다. 그들이 올라프의 시체를 발견했을 때, 그의 어머니와 신부도 세상을 떠났던 것이다.

올라프 경, 동이 트기 전에 말을 달리다
엘프 족이 춤추는 곳에 이르렀네.
그 춤 너무나도 즐거워
너무나도 즐거워, 푸른 숲에서.

다음날 아침 햇빛 붉게 물들기 전
올라프 경의 집에 시체가 셋 누워 있네.
그 춤 너무나도 즐거워
너무나도 즐거워, 푸른 숲에서.

첫 번째는 올라프 경, 두 번째는 젊은 신부,
그리고 세 번째는 그의 노모老母 — 슬픔에 겨워 죽었네.
그 춤 너무나도 즐거워
너무나도 즐거워, 푸른 숲에서.

- 올라프 경과 엘프의 춤(호윗 옮김)

⁑ 엘프의 춤

____ 이 엘프들을 영국에서는 '페어리' 또는 '페이'라고 불렀다. 이들은 열렬한 음악가이기도 했다. 특히 '엘프의 춤'이라는 곡을 즐겨 연주했는데, 도저히 거부할 수 없는 선율이었다. 그래서 이 곡을 듣는 이는 누구나 춤을 추지 않을 수 없었다고 한다. 또, 인간이 이 곡조를 엿듣고 감히 따라서 연주했다가는 지쳐서 죽을 때까지 연주를 멈출 수 없게 되었다. 아주 능숙해서 곡을 거꾸로 연주할 수 있거나, 누군가 자비롭게 바이올린 현을 끊어주는 것만이 연주를 멈출 수 있는 방법이었다. 이 음악을 들은 사람들도 자기 의사와 무관히 연주가 계속되는 동안 끝없이 춤을 춰야 했다. 죽어야만 춤을 멈출 수 있었다.

⁑ 도깨비불

____ 중세 북유럽에서는 도깨비불을 '엘프의 빛 Will-o'-the-wisp'이라고 했다. 작은 요정이 나그네들을 잘못된 길로 이끈다고 생각했기 때문이다. 또, 살해되어 편히 잠들지 못하는 혼도 도깨비불 Jack-o'-lantern로 나타난다고 생각했다. 혼령은 자신의 의지와 무관하게 밤마다 살해당한 곳에 나타나는데, 매 걸음 집요하게 "이 길이 맞아!"라고 말하며 걸어간다. 그러나 곧 "이 길이 아니야……"라고 슬프게 중얼거리며 다시 같은 자리로 돌아온다고 한다.

오베론과 티타니아

훗날 페어리 혹은 엘프는 드워프 왕의 지배를 받는 것으로 알려졌다. 드워프 왕은 지하에서 살고 있어서 악마로 간주되었다. 또, 선교사들이 원래 요정들을 다스리던 프레이르의 능력을 억지로 갖다 맞춘 덕에 마법을 쓸 줄 아는 것으로 여겨졌다. 잉글랜드와 프랑스에서는 오베론이라는 요정 왕이, 왕비 티타니아와 함께 요정의 나라를 다스린다고 생각했다. 이들은 한여름 밤이 찾아오면 지상에서 가장 떠들썩한 축제를 열었다. 축제일에는 요정들이 모두 오베론의 주위에 모여 더할 나위 없이 신나게 춤을 추었다.

> 모든 엘프와 요정들
> 찔레 덤불 위로 날아오르는 새처럼 가볍게 뛰어라.
> 그리고 나를 따라 이 짤막한 노래
> 함께 부르며 경쾌하게 춤을 추자.
>
> - 한여름 밤의 꿈(셰익스피어)

엘프들은 브라우니, 훌드라 일족, 코볼트 따위와 마찬가지로 인간의 집을 찾아왔다. 말의 갈기와 꼬리를 헝클어뜨리거나 매듭으로 묶는 것이 이들이 즐겨 하는 장난이었다. 헝클어진 말갈기를 엘프락ᵉˡᶠ⁻ˡᵒᶜᵏ이라고 부르게 된 연유이다. 농부들은 마구간에 묶어둔 말의 갈기가 헝클어져 있으면 엘프가 밤새 타고 다닌 말이라고 자랑했다.

흰 엘프(찰스 P. 세인턴 作)

알프블로트

_____ 스칸디나비아 지방과 독일에서는 행운을 빌며 엘프에게 제물을 바쳤다. 대개 작은 동물이나 꿀, 우유 한 사발을 바쳤는데, 이를 두고 알프블로트Alf-blot라고 했다. 아주 보편적인 관습이었다. 기독교 선교사들이 엘프도 악마에 지나지 않는다고 가르친 이후에도 대상을 천사로 바꾸어 꽤 오랫동안 이어졌다. 천사에게 도움을 청하며 똑같은

선물을 바쳤던 것이다.

많은 엘프들이 직접 돌보던 나무나 풀에서 살다가 죽는 것으로 알려져 있다. 이들은 이끼, 숲, 나무의 처녀라고 불렸고 정면에서 보면 놀랍도록 아름다웠다. 그러나 뒤에 가서 보면 마치 여물통처럼 속이 빈 모습이었다. 엘프들은 이야기 속에서 대부분 인정 많고 도움을 주는 요정으로 등장한다. 언제나 인간들을 돕고 좋은 관계를 맺고 싶어서 안달하는 모습이다.

∷ 문설주의 엘프

스칸디나비아 지방에서는 빛의 엘프와 검은 엘프를 모두 가택신家宅神으로 숭배했다. 그래서 문설주에 엘프의 그림을 새겨두었다. 874년, 미발왕 하랄의 압제로 고향을 떠나야 했던 스칸디나비아 사람들은 이 문설주를 들고 배에 올랐다. 신들과 영웅들을 새겨 장식한 높은 의자(바이킹 시대 스칸디나비아 지방에서는 가장이 양쪽에 나무 기둥을 받친 높은 의자에 앉았다 – 옮긴이 주) 받침 등 비슷한 조각품도 역시 가져갔다.

망명자들은 그들의 신을 신뢰했다. 그래서 아이슬란드의 해안이 가까워오자 이 조각상을 바다로 던졌다. 파도에 실려 간 조각이 닿은 곳이 그들이 자리를 잡을 터전이 되었다. 썩 살기 좋은 환경이 아니라도 말이다.

"그렇게 이들은 종교와 시, 부족의 법률을 함께 가져갔다. 그리고 척박한 화산섬에서 수백 년 동안 변함없이 그 기록을 보존했다. 반면,

튜턴 족이 세운 다른 나라는 로마와 비잔틴 제국과 교류하며 점차 기독교의 영향을 받게 되었다."

후에 아이슬란드에 보존된 기록은 역사가 사이문드르가 세심하게 수집하여 『옛 에다』로 펴냈다(현대 학자들은 사이문드르보다 앞선 시대부터 이름 모를 음유시인skald들이 집대성한 것으로 본다 - 옮긴이 주). 『옛 에다』는 옛 북유럽 문학을 담고 있는 가장 귀중한 유물이다. 만약 『옛 에다』가 없었다면 옛 선조들의 종교에 관해 지금처럼 많은 지식을 얻지 못했을 것이다.

사가에 의하면, 처음 그린란드나 빈란드(11세기 경에 바이킹이 북아메리카에 정착한 뒤 해당 지역에 붙인 이름이다. 오늘날의 뉴퍼들랜드 지역으로 추정되기도 한다 - 옮긴이 주)에 자리잡은 이들도 같은 방식으로 정착할 곳을 정했다고 한다. 어디든 가택신이 흘러간 해변이 바로 신앙심 깊은 북쪽 사람들이 머무를 곳이었다.

문설주에 조각을 한 옛 집

시구르드 사가

이야기의 시작

　『옛 에다』의 전반부는 두운체 운문으로 세상의 창조, 신들의 모험과 궁극적 몰락을 이야기한다. 그리고 이를 통해 북유럽의 윤리관을 철저하게 보여준다. 후반부는 볼숭 가문의 위업을 그리는 일련의 영웅 시가를 담고 있다. 특히 북유럽에서 가장 사랑받는 영웅이자 볼숭 가문의 대표적인 인물, 시구르드의 이야기를 중심으로 한다.

볼숭가 사가

　『볼숭가 사가(볼숭 일족의 모험기)』는 스칸디나비아 지역의 위대한 서사시가 탄생한 기반이라고 할 수 있다. 독일의 서사시 「니벨룽겐의 노래」를 비롯한 수많은 설화는 물론, 바그너의 유명한 오페라

〈라인의 황금〉, 〈발퀴레〉, 〈지크프리트〉, 〈신들의 황혼〉[1] 역시 『볼숭가 사가』의 영향을 받았다. 영국에서는 윌리엄 모리스가 영어로 다시 썼으며, 이는 아마도 영국 문학에 길이 남을 것이다. 이번 장에서는 에다보다 모리스의 장대한 서사시를 우선하여 인용하겠다(이 장에서 제목이 표시되지 않은 시는 모두 윌리엄 모리스의 시다 - 옮긴이 주).

시기

볼숭 가문의 이야기는 오딘의 아들 시기[Sigi]로부터 시작된다. 시기는 강하고 널리 존경받는 인물이었다. 그런데 어느 날 질투에 사로잡혀서 사람을 하나 죽이고 만다. 같이 사냥을 했는데 자기보다 사냥감을 더 많이 잡았다는 이유였다. 죄를 지은 시기는 나고 자란 땅에서 쫓겨났고 범죄자로 낙인 찍혔다. 하지만 오딘의 총애를 전부 잃은 것은 아닌 듯싶다. 오딘은 그에게 좋은 배와 용감한 부하 몇 명을 하사했다. 게다가 참여하는 모든 전투에서 승리할 것이라는 약속까지 해주었다.

이처럼 오딘의 가호가 있으니 시기의 적들은 그가 습격해 올까봐 두려워했다. 시기는 거듭 승리를 거두며 결국 영예로운 훈 족의 땅(후날란드[Hunaland]를 말한다 - 옮긴이 주)을 모두 차지했고, 긴 세월 동안 강력한 군주로서 나라를 다스렸다. 하지만 그가 아주 늙었을 무렵 운명이 바뀌었다. 시기는 오딘의 버림을 받았고, 아내의 혈족에게 배신의 칼을 맞고 숨을 거두었다.

레리르

____ 그러나 당시 원정에 나가 있었던 아들 레리르가 돌아와 아버지의 복수를 했다. 왕좌에 앉자마자 그가 처음 한 일은 살인자들을 처단하는 것이었다. 레리르의 통치 하에 백성들은 풍요롭게 지냈다. 그러나 그가 가장 바라는 소원은 오랜 세월 이루어지지 않았다. 바로 왕위를 계승할 아들을 얻는 것이었다.

하지만 레리르는 끊임없이 기도했고 마침내 프리가의 마음을 움직였다. 프리가는 그가 그토록 원하던 후계자를 점지해주기로 하고, 발빠른 전령 그나^{Gna} 혹은 료드^{Liod}에게 신비로운 사과를 들려 보냈다. 그나는 언덕에 홀로 앉아 있는 레리르의 무릎 위로 사과를 떨어뜨렸다. 레리르는 위를 올려다보고 여신의 사절을 알아보았다. 그리고 기뻐하며 급히 집으로 돌아가 아내와 함께 사과를 나누어 먹었다.

얼마 뒤, 이 모든 길조 속에 잘생긴 사내아이가 태어났다. 레리르 부부는 아이에게 볼숭이라는 이름을 붙였다. 볼숭은 아직 어린 아이에 불과할 때 부모님을 여의고 왕국의 새로운 지배자가 되었다.

볼숭

____ 해가 갈수록 볼숭은 부유하고 강대해졌다. 볼숭처럼 용감한 지도자가 없었기에 수많은 용맹한 전사들이 그의 주위에 모여들었다. 볼숭의 왕궁 한가운데에는 거대한 떡갈나무가 지붕을 뚫고 자라 그늘을 드리우고 있었다. 나무의 이름은 바른스토크$^{Barnstokkr\,2}$. 전사들은 그 그늘 밑에 둘러앉아 벌꿀 술을 잔뜩 들이키곤 했다.

북유럽 신화, 재밌고도 멋진 이야기

다른 모든 것을 막론하고 지상의 모든 집들 중 최고여라.
벽에 건 방패 중 가장 못한 것이 전장에서 이름을 떨친 것이요,
집 안에도 이와 같이 놀랍고 영예로운 물건이 있으니
회장의 바닥 한가운데에서 거대한 나무가 자라난다.
축복받은 가지 우뚝 솟아 지붕을 소중히 감싸니
여름의 영광, 그해의 화관으로 장식한다.

볼숭에게는 충직한 아들이 열 명이나 있었고, 그밖에도 외동딸 시그니^{Signy}가 있어 집안을 환하게 밝혀 주었다. 시그니는 정말이지 사랑스러운 아가씨로 자라났다. 혼기가 차자 수많은 구혼자들이 몰려들었다. 그중에서 볼숭의 허락을 받아낸 것은 고트 족의 왕 시게이르^{Siggeir}였다. 비록 시그니는 그의 얼굴을 한번도 보지 못했지만 말이다.

∴ 시그니의 결혼

____ 결혼식 날, 신부는 처음으로 남편이 될 사람을 보고 절망에 빠졌다. 신랑의 왜소한 몸집과 침울한 눈빛이 오빠들의 건강한 몸, 정직한 얼굴하고 매우 대조적이었던 것이다. 하지만 이제 와서 결혼을 취소하기에는 너무 늦어버렸다. 집안의 명예가 달려 있는 문제였던 것이다. 시그니는 아주 철저하게 싫은 마음을 숨겼다. 덕분에 쌍둥이 오빠 시그문드를 제외하고는 그 누구도 시게이르의 아내가 되고 싶지 않은 그녀의 심정을 알아차리지 못했다.

❃ 바른스토크에 꽂힌 칼

____ 결혼 축하연이 한창이고 흥이 최고조에 올랐을 때, 회장의 입구가 돌연 어두워졌다. 청회색 망토를 빈틈없이 두른 장신의 외눈박이 사내가 나타났기 때문이다. 낯선 이는 한 마디 말도 없이 아무에게도 눈길을 주지 않고, 바른스토크로 성큼성큼 다가갔다. 그리고 아름드리 나무줄기에 빛나는 칼 한 자루를 깊숙하게 찔러 넣었다. 사람들은 모두 그의 위엄에 압도되어 침묵했다. 이방인이 천천히 돌아서서 외쳤다.

"떡갈나무 칼집에서 이 칼을 뽑아내는 자가 칼의 주인이 될 것이며, 모든 전투에서 승리를 보장 받으리라!"

그리고 사내는 처음 왔을 때처럼 성큼성큼 걸어 나갔다. 그 자리에 있는 모든 이들에게 신들의 왕, 오딘이 다녀갔다는 확신을 남기고서.

말소리 너무나도 달콤하고 너무나도 현명하게 들리니
그곳에 앉은 이 모두 움직이지 못함은 마치 행복한 꿈을 꾸는 이가
깰까봐 두려워 움직이지 않는 것과 같았음이라. 하지만 사내 말을 마치고
천천히 회장을 걸어 밖으로 나가는 동안에도
누구 하나 질문을 던지거나 뒤를 따르지 못했다.
온 세상이 찬사를 보낼 칼, 그것이 오딘의 선물임을 알았으므로.

제일 처음 입을 열 수 있었던 것은 볼숭이었다. 가장 먼저 칼을 뽑

을 권리는 그에게 있었다. 하지만 볼숭은 사위에게 그 권리를 양보했다. 시게이르는 안간힘을 쓰며 칼을 잡아당겼다. 그러나 칼은 떡갈나무에 단단히 박힌 채로 꼼짝도 하지 않았다. 시게이르는 분한 마음으로 자리에 돌아올 수밖에 없었다. 다음으로 볼숭이 칼을 뽑아보려 했지만 역시 실패했다. 이 두 사람을 위한 칼이 아니라는 사실이 명백했다. 이제 볼숭 가의 젊은 왕자들이 그들의 힘을 시험해 볼 차례였다.

내게 귀히 여기는 아들들이 있으니 너희 앞으로 나와 뽑아보아라.
오딘, 신들의 집에 돌아가, 길을 잘못 들어
엉뚱한 자에게 칼을 주었다고 이야기하지 않도록.

시그문드

____ 아홉 왕자가 모두 실패하고 막내 시그문드의 차례가 왔다. 젊은 시그문드가 단단한 손으로 칼자루를 쥐자 칼이 언제 그랬냐는 듯 쉽게 빠졌다. 시그문드는 평범한 칼집에 꽂힌 칼을 뽑듯 의기양양하게 오딘의 칼을 뽑아 보였다.

마지막으로 시그문드 볼숭, 바른스토크 옆에 섰네.
전투에 익숙한 오른손으로 귀중한 칼자루를 잡았으나
모두 소용없다 여겼기에 무심했다.
그때, 보라. 바닥에서 서까래까지 뒤흔들 듯 엄청난 함성이 터져 나오니 하늘 위로 뻗은 시그문드의 손에 뽑아낸 칼날이 빛나는구나. 시그문드 머리 위로 칼을 흔든다. 칼이 빠져 나왔구나, 단단히 죄고 있던 브란스토크의 심장부에서, 마치 느슨하게 꽂혀 있었던 것처럼.

그 자리에 있던 거의 모든 사람들이 젊은 왕자의 성공을 흐뭇한 마음으로 축하해주었다. 하지만 시게이르의 마음은 질투와 그 칼을 소유하고 싶은 욕망으로 차올랐다. 그래서 어린 처남에게 칼을 사겠다고 제안했다. 하지만 시그문드는 아무리 많은 값을 쳐주더라도 팔지 않겠다며 거절했다. 자신을 위한 칼이라는 사실이 명백하다는 이유였다. 몹시 불쾌해진 시게이르는 오만한 볼숭 일족을 몰살하기로 남몰래 결심했다. 그러면 신성한 칼을 손에 넣는 동시에 처가 식구들에게 마음껏 분풀이도 할 수 있을 터였다.

시게이르는 분한 기색을 숨기고 짐짓 정중하게 볼숭 일가를 자신의 왕궁에 초대했다. 날짜는 한 달 뒤였다. 볼숭은 주저 없이 초대를 받아들였다. 오직 시그니만이 이 초대에 악한 의도가 있으리라 의심했다. 시그니는 남편이 자는 틈을 타 몰래 아버지를 찾아갔다. 약속을 거두고 고향에 머물러 달라고 간청하기 위해서였다. 그러나 볼숭은 약속을 철회해 두려운 기색을 보일 수는 없다며 시그니의 애원을 물리쳤다.

∷ 시게이르의 배신

　　신혼부부가 돌아오고 몇 주 뒤, 볼숭 일족이 탄 배가 시게이르의 왕국 해안으로 들어왔다. 불안한 마음으로 계속 지켜보고 있던 시그니는 배를 보자마자 서둘러 해변으로 달려갔다. 그리고 상륙해서는 안 된다고 외쳤다. 남편이 그들을 기만하고 매복을 해두었으니 살아서는 도망칠 수 없을 것이라고 경고했다. 그러나 볼숭과 그의 아들들은 어떤 위험에도 겁을 먹지 않았다. 그들은 침착하게 시그니를 남편에게로 돌려보내고 갑옷을 입은 다음, 용감하게 해변에 발을 내디뎠다.

　　그러자 볼숭, 다정하게 딸에게 입을 맞추었다. "너를 생각하니 슬프구나.
　　하지만 네가 태어나기 전에 내 맹세한 말 대지가 들었노라. 칼과 불이 내 앞을 가로막더라도 절대 돌아서지 않겠다는 맹세 ― 그 맹세를 오늘까지 지켜왔거늘, 오늘 어겨서야 쓰겠느냐?
　　그리고 네 형제들을 보거라. 이토록 잘생기고 훌륭한 청년들이 이 시련이 지나간 뒤, 처녀들에게 놀림을 받아야 쓰겠느냐, 훗날 연회에 참석해서 목숨 걸고 싸우지 않았다는 말을 들어야 하겠느냐?
　　일족의 찬사와 영광을 위해 오늘 우리가 실력을 발휘해 할 일을 하게 두려무나.
　　만약 노른 여신들이 볼숭 일족이 패배하리라 예언하더라도 나는 불멸하는 행동과 영원히 가치 있는 이름을 택하리라."

시그니가 경고했듯이 왕궁으로 향하는 길에는 시게이르의 매복이 기다리고 있었다. 볼숭 일족은 모두 영웅적인 용기를 발휘해 싸웠으나 적의 숫자가 그들을 압도했다. 볼숭은 전사했고 그의 아들은 모두 포로가 되었다. 이들은 꽁꽁 묶여, 전투에 참여조차 하지 않은 겁쟁이 시게이르의 앞으로 끌려갔다. 시게이르는 시그문드의 칼을 억지로 빼앗고 왕자들에게 사형 선고를 내렸다.

잔인한 선고를 들은 시그니가 형제들을 살려달라고 호소했지만 소용없었다. 애원과 간청 끝에 얻어낸 것이라고는 고작 왕자들을 숲 속의 쓰러진 떡갈나무에 묶어두는 것이었으니 말이다. 당장 죽음을 면했을 뿐, 산짐승에게 잡아먹히지 않으면 배고픔과 갈증으로 죽을 터였다. 시게이르는 형제들을 찾아가서 도와주지 못하도록 시그니를 왕궁에 감금하고 감시를 두어 밤낮으로 지켰다.

매일 아침 일찍 시게이르는 숲으로 시종을 보내 볼숭 왕자들이 아직도 살아 있는지 확인했다. 그러면 날마다 시종이 돌아와 간밤에 왕자 하나가 짐승에게 잡아먹혀 뼈만 남았다고 알려주었다. 마침내 시그문드만이 남았다. 시그니는 한 가지 계획을 생각해내고 시종 하나를 설득해 숲으로 꿀을 가져가게 했다. 그리고 그 꿀을 시그문드의 얼굴과 입 위로 바르라고 시켰다.

그날 밤, 산짐승이 꿀 냄새에 이끌려 다가와 시그문드의 얼굴을 핥았다. 심지어는 그의 입에 혀를 밀어 넣기까지 했다. 시그문드는 그 혀를 이로 꽉 깨물었다. 약해지고 상처 입은 몸이었지만 결코 짐승을 놓아주지 않았다. 그렇게 미친 듯이 몸부림치는 사이 그를 얽매던 속박이 끊어졌다. 자유의 몸이 된 시그문드는 밤마다 형제들을 먹어치운

짐승을 죽이고 숲 속으로 들어가 모습을 감추었다. 평소와 같이 왕의 시종이 다녀가자 감시에서 풀려난 시그니가 숲으로 달려와 형제들의 유골 앞에서 서럽게 울기 시작했다.

    시그니의 슬픔은 말로 다할 수 없을 정도였다. 누이가 시게이르의 잔인한 계획에 동참하지 않았다는 사실을 알고 있었던 시그문드는 은신처에서 나와 최선을 다해 누이를 위로했다. 둘은 함께 형제들의 백골을 땅에 묻었다. 시그문드는 가문의 치욕을 복수하고야 말겠다고 엄숙하게 맹세했다. 시그니 역시 진심으로 복수에 찬성했다. 단, 도와 줄 사람을 보낼 테니 적당한 시기가 올 때까지 기다려달라고 부탁했다. 그 뒤 남매는 슬퍼하며 각자의 길로 떠났다. 시그니는 혐오스러운 왕궁으로 돌아갔고, 시그문드는 먼 숲으로 들어가 작은 오두막집을 짓고 부지런히 대장장이의 기술을 익혔다.

> 그리고 사람들이 말하길 시그니 흐느꼈네,
> 마지막 혈육 곁을 떠나며. 그러나 더는 울지 않았으니
> 시게이르의 신하들이 있는 곳에서는 전과 같이 사랑스러운 얼굴이라
> 남자들 모두 그리 생각했다. 슬픔에도 전혀 달라지지 않았으며
> 두려움에도, 열망에도 달라지지 않았네. 그러나 진실을 입에 담는 이 없으니
> 시그니, 이후로 죽는 날까지 다시는 웃지 않았다.

시그니의 아들

이제 볼숭 왕국은 시게이르의 차지가 되었다. 그는 몇 년 동안 장남의 성장을 자랑스럽게 지켜보았다. 그러나 아이가 열 살이 되자 시그니는 몰래 아들을 시그문드에게 보냈다. 훈련을 시켜서 가치가 증명되면 복수를 돕게 하라는 뜻이었다. 시그문드는 마지못해 아이를 맡았다. 하지만 시험을 해보니 아이에게는 위험에 맞설 용기가 부족했다. 결국 시그문드는 아이를 다시 엄마에게로 돌려보냈다. 다른 이야기에 의하면 죽였다고도 한다.

얼마 뒤 시그니가 둘째 아들을 숲으로 보냈다. 같은 의도였다. 하지만 둘째 아들 역시 용기가 부족했다. 복수라는 엄숙한 임무를 맡으려면 순수한 볼숭 핏줄이 아니고서는 소용이 없었던 것이다. 이 사실을 깨달은 시그니는 죄를 범하기로 결심했다.

어느 날 어둠 속에서 시그니 나직하게 말했다. "그런 옛 노래가 있지 않았던가,
신들 한시에 쌍생아로 태어났으나 그르다 여기지 않으니
세상을 위해 몸을 섞음이요, 그렇게 아스 신들 태어나고
반 신족과 드워프 일족, 대지 위의 모든 종족이 태어났다는 노래가?"

결심이 굳어지자 시그니는 젊고 아름다운 마녀를 불렀다. 그 다음 서로 모습을 바꾸고 어두운 숲 속 깊은 곳, 시그문드의 오두막을 찾아갔다. 시그문드는 변장한 누이를 알아보지 못했다. 겉모습 그대로 집

북유럽 신화, 재밌고도 멋진 이야기

시인 줄만 알았다. 그래서 그녀의 교태에 넘어가 금방 부부의 연을 맺었다. 시그니는 오두막에서 사흘을 그와 함께 지낸 뒤 왕궁으로 돌아왔다. 그 후 다시 아들이 태어났다. 시그니는 기쁨에 차서 아들을 바라보았다. 용감한 눈빛과 강인한 체형을 보아 진정한 볼숭 가의 영웅이 틀림없었기 때문이다.

신표틀리

아이의 이름은 신표틀리 Sinfiotli가 되었다. 그가 열 살이 되자 시그니는 아들의 용기를 미리 시험해 보기로 했다. 옷과 피부를 같이 꿰매다가 확 잡아 뜯은 것이다. 용감한 신표틀리는 그다지 움츠러들지 않았고 오히려 소리 내서 웃었다. 시그니는 자신 있게 신표틀리를 숲 속 오두막으로 보냈다. 시그문드는 지금까지 그래왔듯 지체 없이 아이를 시험해 보았다. 자기가 집을 비우는 사이 자루에 든 밀가루를 반죽해 빵을 구워두라고 시킨 것이다. 돌아와서 시킨 대로 했는지 물어 보자 신표틀리는 대답 대신 빵을 보여주었다. 시그문드가 조금 더 캐문자 그제야 꾸밈없이 대답했다. 밀가루 속에 큰 독뱀이 들어 있어서 어쩔 수 없이 빵 반죽에 넣어야 했다고.

시그문드는 묘하게 정이 가는 아이를 기쁘게 바라보았다. 형제들조차 겁먹었던 시험에 통과하지 않았는가. 그러나 신표틀리가 이 빵을 먹는 것은 허락하지 않았다. 뱀에게 물려도 멀쩡하다는 사실은 입증해 보였지만, 자신처럼 독을 먹어도 무사할지는 알 수 없었기 때문이다(『에다』에 의하면 시그문드는 독을 먹어도 해를 입지 않았다. 그의 아들인 신표틀리와 시구르드도 아버지의 피를 물려받아 맨살에 독이 닿아도 해를 입지 않았다. 하지만 아버지처럼 독을 먹고도 무사하지는 못했다 - 옮긴이 주).

여기서 옛 사람들의 이야기 놀랍기 그지없으니 자세히 말하자면
지상의 왕들 가운데 시그문드의 몸 대단하여
독뱀이나 치명적인 것들을 만져도 다치지 않았으며
독을 마셔도 해를 입지 않았다. 그러나 신표틀리는 매우 단련
했기로
기어 다니는 생물이 독니를 찔러도 그의 몸에 상처 하나 입힐
수 없구나.

늑대인간

그 후 시그문드는 신표틀리에게 북쪽의 전사가 알아야 할 모든 것을 끈기 있게 가르쳤다. 금세 두 사람은 떨어질 수 없는 가까운 사이가 되었다. 하루는 둘이 같이 숲속을 거닐다가 오두막을 하나 발견했다. 안에는 남자 둘이 깊은 잠에 빠져 있었다. 근처에는 늑대 가죽 두 장이 걸려 있었다. 시그문드와 신표틀리는 이들이 늑대인간이라는 사실을 곧바로 알아차렸다. 잔인한 주문에 걸려 아주 잠시만 인간의 모습으로 돌아올 수 있는 것이다. 시그문드와 신표틀리는 호기심을 이기지 못하고 늑대 가죽을 걸쳐 보았다. 둘은 금방 늑대의 모습을 하게 되었고, 숲속을 내달리며 길을 막는 모든 동물을 잡아먹었다.

늑대의 감정에 격렬하게 사로잡힌 두 사람은 얼마 지나지 않아 서

로를 공격하기 시작했다. 사납게 물고 뜯은 끝에 어리고 약한 신표틀리가 목숨을 잃고 쓰러졌다. 이처럼 엄청난 참사에 맞닥뜨리자 시그문드는 퍼뜩 이성을 되찾았다. 그리고 절망에 빠져 자기 손으로 죽인 늑대 위에 매달렸다. 그때 숲에서 족제비 두 마리가 나오더니 맹렬하게 싸우기 시작했다. 싸움은 하나가 죽고서야 끝났다.

그러자 살아남은 족제비가 덤불 속으로 뛰어 들어가 잎사귀를 하나 가지고 돌아왔다. 그 잎을 죽은 족제비의 가슴 위에 올려놓으니 곧 놀라운 일이 벌어졌다. 마법의 약초가 닿자 죽은 족제비가 되살아난 것이었다. 잠시 후, 큰 까마귀가 머리 위로 날아오더니 비슷하게 생긴 잎사귀를 시그문드의 발치에 떨어뜨렸다. 신들이 그를 도우려 하는 것이었다. 시그문드는 잎사귀를 신표틀리의 몸 위에 올렸고, 신표틀리는 즉시 살아났다.

늑대인간(J. C. 돌먼 作)

서로를 해칠지 모른다는 지독한 두려움이 두 사람을 사로잡았다. 시그문드와 신표틀리는 집으로 돌아가 원래 모습으로 풀려나기만을 인내심 있게 기다렸다. 다행히 아홉 번째 밤이 되자 늑대 가죽이 벗겨졌다. 두 사람은 급히 늑대 가죽을 불 속에 던져 넣어 완전히 태워버렸다. 그렇게 주문도 영원히 깨졌다.

붙잡힌 시그문드와 신표틀리

그 후 시그문드는 자신이 당한 치욕을 신표틀리에게 털어놓았다. 신표틀리는 시그문드의 복수를 돕겠다고 맹세했다. 시게이르가 자기 아버지였는데도 말이다(두 사람 모두 신표틀리의 출생에 관한 비밀을 알지 못했다). 밤을 틈타 두 사람은 왕의 궁전으로 들어갔다. 아무도 그들을 보지 못했다. 그들은 지하 저장고의 거대한 맥주 통 뒤에 몸을 숨겼다. 그런데 시그니의 어린 두 아들이 금반지를 가지고 놀다가 굴러간 반지를 찾으러 왔다. 그리고 숨어 있던 두 사람과 마주쳤다.

두 왕자는 큰 소리로 아버지와 손님들에게 적의 존재를 알렸다. 하지만 시게이르와 그의 측근들이 무장을 하기 전에 시그니가 두 왕자를 지하 저장고로 끌고 왔다. 시그니는 오라버니에게 어린 배신자들을 처형하라고 요구했다. 시그문드는 동생의 지시를 거부했지만, 신표틀리가 적들과 싸우러 가기 전에 동생들의 목을 베었다.

시그문드와 그의 어리고 용감한 조력자는 최선을 다해 싸웠으나 고트 족에게 사로잡히는 신세가 되었다. 시게이르는 두 사람을 산 채로 함께 묻되 사이에 석판을 세워 서로를 보지도 닿지도 못하게 하라

고 명령했다. 포로들을 묻고 머리 위에 마지막으로 돌을 덮으려는 순간, 시그니가 밀짚을 한 묶음 들고 다가왔다. 신표틀리의 발치에 던져 줘도 좋다는 허락을 받았던 것이다. 고트 족은 밀짚은 양식이 된다고 해도 극히 미량이라 줘봐야 고통만 길어질 뿐, 도망치는 데 도움이 되지는 못하리라 생각했다.

사방이 고요할 때 신표틀리는 밀짚 묶음을 풀고 기쁨을 감추지 못했다. 그 안에는 빵이 아니라 오딘이 시그문드에게 주었던 칼이 들어 있었다. 그 무엇도 이 날카로운 칼날을 무디게 하거나 부러뜨리지 못한다는 사실을 신표틀리는 잘 알고 있었다. 그는 먼저 가운데 놓인 석판으로 칼을 찔러 넣었다. 그리고 시그문드의 도움을 얻어 밖으로 나갈 구멍을 냈다. 그 결과, 둘 다 지붕을 뚫고 도망칠 수 있었다.

그러자 어두운 무덤 속에서 시그문드 왕이 일어섰다.
그리고 맨손으로 칼날을 잡았다.
오딘의 선물을 서로 가슴 쪽으로 세게 끌어당기니
시그문드 톱질하고 신표틀리 톱질하네, 석판이 둘로 갈라질 때까지.
두 사람 다시 만나 입을 맞추고 온 힘을 다하여 자르고 들어 올렸다.
부서진 지붕 사이로 별이 빛나는 겨울 하늘이 보인다!
기쁜 마음으로 뛰어 나온 두 사람,
어디로 향할지 말이 필요 없었다네.

∷ 시그문드의 복수

  자유를 되찾자마자 시그문드와 신표틀리는 왕궁으로 돌아갔다. 불에 타는 것을 모두 모아 왕궁 주변에 쌓아 올리고 불을 붙였다. 그 다음 문 양 옆에 서서 여자를 제외하고 밖으로 나오는 자는 모두 죽였다. 둘은 늦기 전에 도망치라고 큰 소리로 시그니를 불렀다. 그러나 시그니는 살고 싶은 마음이 없었다. 그녀는 문으로 나와 두 사람과 마지막 포옹을 나누며 신표틀리의 출생에 관한 비밀을 털어 놓았다. 그리고 다시 화염 속으로 몸을 던져 유명을 달리했다.

  그때 시게이르 왕의 지붕이 솟아오르더니 바닥으로 내려앉았다.
  거대한 벽 서로 맞부딪치고 미천하고 보잘 것 없는 것들과
  왕의 징표, 죽음의 불길 가리지 않고 모두 태웠네.

∷ 헬기

  볼숭 일족을 죽인 원수에게 오래 기다려왔던 복수를 마쳤으니 더 이상 고트족의 땅에 머무를 이유가 없었다. 시그문드는 신표틀리와 함께 배에 올라 후날란드로 돌아갔다. 고향 사람들은 그들을 따뜻하게 맞이해 주었다. 시그문드는 대대로 내려온 나무, 위대한 바른 스토크의 그늘 아래에서 권좌에 올랐다. 그리고 왕권이 완전히 안정화된 후, 아름다운 공주 보르그힐드Borghild와 결혼했다. 둘 사이에서는 하몬드Hamond와 헬기Helgi라는 두 아들이 태어났다. 헬기가 아직 요람에 누워 있을 때 노른 여신들이 찾아왔다. 여신들은 헬기에게 지상에서의

삶이 끝나면 발할라에서 호화로운 대접을 받게 될 것이라 약속했다.

그리고 여인은 아름답고 사랑스러우니 명성을 얻을 아들을 둘
낳아주었다.
사람들, 그들을 하몬드와 헬기라 불렀으니 헬기가 처음 빛을
보았을 때
노른 여신들 그의 요람을 찾아 빛으로 가득한 삶을 주었네.
여신들 그를 태양이 빛나는 언덕, 날카로운 칼, 반지의 땅이라
부르며
아름답고 위대한 이가 되어 왕들의 이야기 속 기쁨이 되라고
명했다.

북유럽의 왕들은 보통 아들의 양육을 다른 사람의 손에 맡겼다. 집에서 기르면 응석받이가 된다고 생각했기 때문이다. 따라서 헬기는 하갈Hagal의 손에서 자랐다. 하갈의 보살핌을 받으며 어린 왕자는 두려움을 모르는 전사로 성장했다. 겨우 열다섯 살의 나이에 볼숭 일족과 반목해온 훈딩Hunding의 왕궁을 침입할 정도였다. 그것도 그 누구의 눈에도 띄지 않고, 그 누구의 방해도 받지 않고 말이다. 헬기가 남기고 간 무례한 글귀를 보고 훈딩은 즉시 겁 없는 왕자를 쫓기 시작해 하갈의 처소까지 따라왔다. 붙잡힐 수밖에 없는 상황이었지만, 헬기는 하녀로 변장하고 익숙한 듯 바쁘게 옥수수를 갈았다. 침입자들은 하녀의 큰 키와 우람한 팔을 보고 다소 놀라기는 했지만, 자신들이 찾던 영웅이 그렇게 가까이 있으리라고는 생각조차 못하고 돌아갔다.

영리하게 추적을 따돌린 헬기는 신표틀리와 합류해 군대를 소집했다. 두 사람은 용감하게 훈딩의 땅으로 진격해 큰 전투를 벌였다. 공중에서는 전사자들을 발할라로 데려가기 위해 발키리들이 맴돌고 있었다. 그중 하나인 시그룬Sigrún은 헬기의 용기에 깊은 감명을 받았고, 그 길로 그를 찾아가 그의 아내가 되겠다고 약속했다. 훈딩 일족 중에서는 다그Dag 하나만이 살아남았다. 그는 일족의 죽음에 복수를 하지 않겠다고 약속한 뒤 풀려났다. 하지만 이 약속은 지켜지지 않았다. 훗날 다그는 오딘의 창 궁니르를 얻어 비열하게 그 창으로 헬기를 죽였다.

그 사이 약속한 대로 헬기의 아내가 된 시그룬은 남편의 죽음 앞에 통곡하며 다그를 저주했다. 얼마 뒤 죽은 헬기가 무덤 속에서 계속 아내를 부른다고 몸종 하나가 전해왔다. 그날 밤, 시그룬은 겁내지 않고 무덤 속으로 들어갔다. 그리고 남편에게 다정하게 물었다. 자신을 부른 까닭은 무엇이며, 죽은 뒤에도 상처에서 피가 멈추지 않는 까닭은 무엇이냐고. 헬기는 부인이 슬퍼하니 편히 잠들 수 없으며, 그녀가 눈물을 흘릴 때마다 자신도 피를 흘려야만 한다고 대답했다.

그대 눈물 흘리니, 황금으로 장식한 이여!
비참한 눈물,
햇빛 찬란한 남쪽의 따님!
잠들기 전마다 흘렸네.
그 눈물 방울방울 피가 되어
내 가슴 위로 떨어지니
축축하고 차가워 살을 에는 아픔,

크나큰 슬픔 탓이라오.

- 옛 에다(소프 옮김)

영웅의 작별(M. E. 빙에 作)

사랑하는 남편의 혼을 달래기 위해 시그룬은 그때부터 울지 않았다. 그러나 부부가 헤어져 있는 시간은 길지 않았다. 비프로스트를 건너 발할라로 들어간 헬기가 에인헤랴르의 대장이 되자 시그룬도 다시 발키리가 되어 돌아왔던 것이다. 시그룬은 전과 같이 정성스레 남편의 시중을 들었다. 남편의 옆자리를 비우는 것은 오직 오딘의 명령으로 인간들의 전쟁터에 내려갈 때뿐이었다. 그때마다 그녀는 신들의 황혼이 오는 날, 오딘이 전장으로 이끌고 나갈 전사를 찾는 발키리의 임무를 수행했다.

신표틀리의 죽음

시그문드의 장남 신표틀리도 젊은 나이에 죽었다. 다툼 끝에 보르그힐드의 남동생을 죽인 것이 계기가 되었다. 보르그힐드는 앙심을 품고 그를 독살하기로 결심했다. 신표틀리는 두 차례 이를 알아차리고 술잔에 독이 들어 있다고 부왕에게 알렸다.

독을 마셔도 무해한 시그문드는 그때마다 아들의 잔을 대신 비웠다. 보르그힐드가 세 번째로 독을 넣자 시그문드는 신표틀리에게 술이 수염 사이로 흐르게 하라고 시켰다. 그러나 신표틀리는 아버지의 말뜻을 오해했고 술을 마시자마자 그 자리에 쓰러져 세상을 떠났다. 그만큼 치명적인 독이었다.

신표틀리, 말한 바와 같이 술을 마시니 곧 독이 돌아
차가운 피 심장을 범하고 강한 이 쓰러졌구나.
죽음 앞에 말 한마디 남기지 않고, 표정 하나 바꾸지 않고.
그가 쓰러지니 볼숭 왕궁의 바닥이 흔들렸다.
세월이 흘러 늙은 시그문드 큰 소리로 고통스럽게 울부짖으며 일어나
쓰러진 아들의 머리를 들어 올리네. 누구도 감히 다가가
슬픔의 탄식 들을 수 없었으나 시그문드 무슨 말을 할 수 있으랴,
만인의 아버지가 발데르의 죽음 앞에서 한 말이 아니라면.
그리고 다시 죽음이 덮쳐오기 전처럼 볼숭의 왕궁 점차 어두워지고

다시 한 번 숲으로 돌아간 듯하니, 그때는 신표틀리 외에 이야기를 나눌 이 없었네.

시그문드는 비통함에 말을 잇지 못하고 죽은 아들을 부드럽게 안아 올렸다. 그리고 왕궁을 나서 해변으로 가 뱃사공을 불렀다. 늙은 외눈박이 사공이 작은 배와 함께 나타났다. 시그문드는 귀한 아들의 시신을 배에 눕히고 기꺼이 자신도 함께 바다로 나가려 했다. 그러나 배에 오르려는 찰나 사공이 그를 밀어냈다. 다시 보니 낡은 배도 사라지고 없었다. 아들을 잃은 아버지는 위안을 느끼며 천천히 집으로 걸음을 옮겼다. 오딘이 직접 젊은 영웅을 데리러 나와 그와 함께 '서쪽으로' 노를 저어갔다고 생각했기 때문이다.

효르디스

시그문드는 신표틀리를 죽인 벌로 보르그힐드를 아내의 자리는 물론, 왕비의 자리에서도 내쳤다. 그리고 아주 나이가 든 뒤 효르디스Hiordis 공주에게 구혼했다. 오크니 제도의 왕, 에일리미Eylimi의 딸이었다. 젊고 아름다운 공주에게는 구혼자가 많았다. 그중에는 훈딩 일족의 리그니Lygni 왕도 있었다. 하지만 시그문드의 명성이 대단했기 때문에 효르디스는 기꺼이 그의 아내가 되었다. 거절당한 리그니는 효르디스의 결정에 격노하여 즉시 대군을 소집하고 연적宴寂을 처러 왔다. 시그문드는 수적으로 열세였지만 필사의 용기를 내어 싸웠다.

효르디스는 몸종과 함께 전장이 내려다보이는 곳으로 갔다. 그리고 덤불 안에 숨어서 전투 상황을 지켜보았다. 시그문드가 주위에 시체를 쌓아올리고 있었다. 그 누구도 시그문드의 적수가 되지 못했다. 그때 키가 큰 외눈박이 전사가 홀연히 나타났다. 공포를 불러일으키는 그 존재 앞에 한창이던 전투도 잠시 멈춰졌다.

새로이 나타난 전사는 조금도 주저하지 않고 시그문드에게 날카로운 일격을 내리쳤다. 늙은 영웅은 칼을 들어 공격을 막았다. 두 무기가 맞부딪치자 절대 부러지지 않는 명검이 조각조각 부서졌다. 낯선 전사는 나타났을 때처럼 사라지고 없었지만, 시그문드는 무방비로 남았고 곧 적들에 의해 치명상을 입게 되었다.

그러나 보라, 창으로 둘러싸인 곳에 위대한 이가 왔다.
외눈박이에 늙은 듯하나 그 얼굴 불꽃처럼 빛나네.
강력한 양날의 창을 들고 무수히 날아드는 창칼 헤치고 나아가
시그문드와 마주서니 창을 들어 내리친다.
다시금 볼숭의 가장, 머리 위로 바른스토크의 빛 번득이니
오딘이 준 칼이구나. 시그문드 다시 한 번 내지른다
전쟁의 함성, 머리 위 하늘까지 크게 울려라.
최후의 일격에 날과 날이 부딪치고
세상 사람들 두려워하던 칼 조각조각 땅으로 떨어졌네.
시그문드의 눈빛 변했으니 그의 낯빛에서 전의가 사라졌다.
회색 옷을 걸친 위대한 조력자 사라지고, 그 자리에
막을 길 없는 나무 창, 빈 손의 볼숭을 향해 들어온다.
그곳에서 그들 세상의 경이驚異, 시그문드를 꺾었으니

시그문드, 적들 위로, 그날 그가 쌓아올린 시체 더미 위로 쓰러졌다.

전쟁에서 이기고 볼숭 일족을 몰살한 리그니는 서둘러 전장을 떠났다. 왕국을 손에 넣고 아름다운 효르디스를 강제로나마 아내로 삼기 위해서였다. 그러나 젊고 아름다운 왕비는 리그니가 떠나자마자 덤불 속에서 나와 죽음을 앞둔 남편에게로 달려갔다. 그리고 고통스러워하는 영웅을 가슴에 안았다. 열렬한 최후의 포옹이었다. 효르디스는 눈물을 흘리며 남편의 유언을 들었다. 아들이 곧 태어나 아비의 복수를 하고 그보다 더 훌륭한 영웅이 될 테니, 칼 조각을 모아 간직하고 있다가 물려주라는 것이 그가 남긴 마지막 말이었다.

내 볼숭 가문을 위하여 진실로 헌신했으나 잘 알고 있다오.
나보다 훨씬 뛰어난 자가 나타나 세상에 그의 이야기를 알릴 것을.
그를 위해 이 조각들 망치질해야 할 것이오. 그자는 곧 내 아들이니
내가 잊은 일을 기억하고 내가 하지 못한 일을 하리라.

바이킹 엘프

____ 시그문드의 주검을 안고 슬퍼하는 효르디스에게 몸종이 다가와 바이킹 한 무리가 오고 있다고 경고했다. 둘은 다시 덤불 속으로

들어가서 옷을 바꾸어 입었다. 효르디스는 몸종에게 앞장서 걸으며 왕비 행세를 하라고 시켰다. 그렇게 둘은 바이킹 엘프Elf(헬프라트Helfrat 또는 헬페리히Helferich)를 만났다. 엘프는 그들을 자비롭게 받아주었다.

두 여인은 조금 전까지 벌어진 전쟁 이야기를 들려주었다. 듣고 보니 엘프는 시그문드에 대한 존경심이 훨씬 더 깊어졌다. 그래서 예를 갖추어 영웅의 시신을 적당한 곳으로 옮기고 격식에 맞게 묻어주었다. 엘프는 왕비와 몸종에게 안전한 자신의 왕궁으로 몸을 피하라고 권했다. 여인들은 기꺼이 그와 함께 바다를 건넜다.

장례식 행렬(H. 헨드리히 作)

처음 만났을 때부터 왕비와 몸종의 관계를 의심했던 엘프는 왕국에 도착하자마자 별 뜻 없어 보이는 질문을 던졌다.

"겨울이 되면 낮이 짧고 아침을 알리는 햇빛도 없는데 어떻게 일어날 시간인지 알 수 있겠습니까?"

누가 진짜 왕비인지 진실을 알아내기 위해 무심한 척 던진 질문이었다.

가짜 왕비는 이렇게 대답했다.

"젖소에게 여물을 주기 전에 우유를 마시는 습관이 있어 목이 말라서 잠에서 깨어나지요. 그래서 아침이 온 걸 알게 됩니다."

하지만 진짜 효르디스는 잠시 생각에 잠기더니 다음과 같이 나직하게 답했다.

"아버님께서 주신 금반지가 차가워지면 아침이 왔다는 사실을 알 수 있습니다."

시구르드의 탄생

과연 의심한 대로였다. 엘프는 몸종 행세를 하던 효르디스에게 청혼했다. 곧 태어날 아들도 소중하게 길러주겠다고 약속했다. 약속은 훌륭하게 지켜졌다. 아이가 태어나자 엘프는 직접 아이에게 물을 뿌려주고 — 북유럽의 이교도 선조들이 성실하게 지켰던 의식이다 — 시구르드라는 이름을 지어주었다. 시구르드는 왕의 외아들 대접을 받으며 성장했다. 그의 교육은 레긴이 맡았다. 누구보다도 현명하며 모르는 것이 없는 자였다. 자신의 운명조차 예외가 아니어서 젊은이의 손에 죽게 될 것을 알고 있었다고 한다.

또한 헬페르의 집에 한 남자가 살았으니
수염도 없고 키도 작으며, 낯빛도 창백하고 파리했다.
레긴 너무나도 늙어 사람의 아들 중
그가 이 땅에 와서 산 지 몇 년 며칠이 지났는가 말할 자 없었네.
엘프 왕 어린 시절, 그가 맡아 길렀으며 헬페르 왕 어린 시절 또한 그랬다.
그 아비의 아비까지 길렀구나. 사람의 지식은 모두 알았으며
칼솜씨만 빼고 모든 재주에 통달했나니.
혀끝에서 나오는 말, 실로 달콤하여 사람들 토씨 하나까지 믿었고
그의 손 하프의 현과 어우러지면 기쁨도,
최후의 날 느낄 슬픔도 뒤섞여 나왔다. 그가 하는 모든 이야기가 옳구나.
대장간 일이라면 스승들의 스승이었으며
바람과 기후를 다루고 바다를 잠재울 줄도 알았네.
의술도 빠지지 않으니 누가 있어 더 가르치리. 그 혈족 나기도 전,
그 민족 생겨나기도 전, 살아간 모든 나날의 무게를 그가 짊어지고 있음이라.

스승 밑에서 시구르드는 나날이 지식을 쌓아가 더 뛰어난 사람을 찾아보기 힘들 정도로 경지에 올랐다. 대장장이의 기술, 갖은 종류의 룬 문자를 새기는 법에도 숙달했고 언어와 음악, 웅변을 배웠다. 또,

이런 기술들 못지않게 무예를 연마하여 누구도 꺾을 수 없는 용맹한 전사가 되었다. 시구르드가 성인이 되자 레긴은 왕에게 군마軍馬를 청하라고 권했다. 왕은 시구르드의 청을 듣자 곧바로 왕실 마구간지기 그리피르Gripir를 불렀다. 그리고 시구르드가 마음에 드는 말을 고르게 하라고 명령했다.

말을 풀어 놓은 목초지로 가는 길에 시구르드는 낯선 사람과 마주쳤다. 외눈박이에 회색과 청색 옷을 입고 있었다. 그는 시구르드에게 다가오더니 말들을 강으로 데려가 스스럼없이 물살에 맞서는 녀석을 고르라고 말했다.

시구르드는 이 충고를 기꺼이 받아들였다. 그래서 목초지에 도착하자마자 말들을 한쪽에 흐르는 강으로 데려갔다. 말 한 마리가 강을 건너가 반대편 목초지를 뛰어 다니더니 다시 강으로 뛰어들어 원래 풀을 뜯던 곳으로 돌아왔다. 지친 기색이라고는 전혀 보이지 않았다. 시구르드는 망설임 없이 이 말을 골라 그라니Grani 혹은 그레이펠Greyfell이란 이름을 붙였다. 이 말은 오딘의 다리 여덟 달린 말 슬레이프니르의 자손이었다. 보기 드물게 튼튼하고 끈기가 있었을 뿐만 아니라, 주인과 마찬가지로 두려움을 몰랐다.

어느 겨울 밤, 시구르드는 스승과 함께 불 옆에 앉아 있었다. 레긴이 하프를 켜며 북유럽 음유시인들이 늘 그러듯이 노래를 했다. 그가 살아온 이야기였다.

드워프 왕의 보물

드워프 족의 왕 흐레이드마르^{Hreidmar}에게는 세 아들이 있었다. 장남 파프니르^{Fafnir}는 용감하고 팔 힘이 셌다. 차남 오테르^{Otter}는 덫과 그물을 잘 썼으며 원하는 대로 변신하는 능력이 있었다. 막내 레긴은 온갖 지혜와 빠른 손재주를 타고 났다. 욕심 많은 아버지를 기쁘게 해주려고 번쩍이는 금과 눈부신 보석으로 가득찬 집을 지어주기도 했다. 장남 파프니르는 보초를 섰다. 그의 사나운 눈빛과 머리에 쓴 에기스^{Ægis} 투구를 보면 그 누구도 감히 다가가지 못했다.

이제 이야기는 오딘과 회니르, 그리고 로키에게로 넘어간다. 세 신이 인간으로 변장하고 언제나처럼 사람들의 마음을 시험해 보러 지상을 유랑할 때의 일이다. 세 신은 어느덧 흐레이드마르가 사는 땅까지 오게 되었다.

세 신은 현명한 오딘, 전사자들의 아버지와
로키, 세상 제일의 시샘꾼, 모든 노력이 수포로 돌아가게 하는 신,
그리고 회니르, 한 점 부끄러움 없는 이, 인간에게 희망과
마음, 가슴 깊은 곳의 갈망을 준 신이니, 처음 인간을 만들었을 때의 일이다.
신들은 전에도 후에도 같으리라.
누구도 꿈꾼 적 없는 새로운 빛이 땅과 바다 위로 빛나야 한다면.

신들은 흐레이드마르의 집 근처에 이르렀다. 햇볕을 쬐고 있는 수

달(영어로 otter, 오테르와 철자가 일치한다 - 옮긴이 주) 한 마리가 로키의 눈에 들어왔다. 다름 아닌 흐레이드마르의 둘째 아들 오테르였다. 하지만 그는 늘 파괴를 일삼는 로키의 희생양이 되었다. 로키는 가엾은 수달을 죽여서 어깨에 둘러멨다. 식사 시간이 되면 맛있게 먹을 수 있겠다고 생각하면서 말이다.

로키는 서둘러 일행들을 따라 흐레이드마르의 집에 들어갔다. 그리고 짊어지고 있던 수달을 바닥에 내려놓았다. 수달에게 눈길이 닿은 순간 드워프 왕은 어마어마한 분노에 사로잡혔다. 신들은 제대로 저항도 해보지 못하고 꽁꽁 묶여서 바닥에 내팽개쳐지는 신세가 되었다. 황금을 향한 흐레이드마르의 욕망을 채우는 것만이 자유의 몸이 될 수 있는 유일한 길이었다. 왕은 수달의 가죽을 벗겨 그 안에 귀한 보물을 가득 채우라는 조건을 내걸었다.

이제 내가 말해주는 운명에 귀를 기울이라! 그대, 낯선 이들 자유를 찾으려면
내게 바다의 불꽃, 바다의 금을 모아 가져와야 하니,
무덤처럼 어슴푸레한 어둠의 왕국에 안드바리가 숨겨둔 기쁨의 보물들.
술수의 달인 그대가 가져와 결코 나눌 줄 모르는 손으로,
영원히 시샘하는 마음으로 보물을 모아 내게 주고 후회하리라.
자! 이것이 현명한 이의 운명이노라. 새로운 운명을 정해주지는 않을 테니.

수달 가죽은 잘 늘어나기 때문에 웬만한 보물로는 그 안을 가득 채울 수 없었다. 그러니 신들 입장에서는 곤란하지 않을 수 없었다. 하지만 흐레이드마르가 한 사람을 풀어주기로 해서 조금이나마 희망이 생겼다. 보물을 가져올 사절로는 로키가 뽑혔다. 로키는 지체 없이 드워프 안드바리Andvari가 사는 폭포로 향했다. 안드바리라면 그곳에 어마어마한 보물을 축적해 두었을지도 모를 일이다.

세상에서 가장 먼 곳에 두려움의 황야가 있었네.
높은 산 절벽으로 어마어마한 파도가 부딪쳐오고
그 정상 숨어 있어 아무도 알지 못하며, 바다와 만나는 곳도 알 수 없는 곳.
이는 안드바리의 힘이니, 검은 엘프의 힘.
안드바리는 구름 속, 황야에서 홀로 살았네.
돌로 만든 집에 보물을 채우며 살았네.

그러나 아무리 부지런히 찾아도 안드바리의 모습은 보이지 않았다. 그때 거품이 이는 물결 아래로 연어 한 마리가 노니는 모습이 보였다. 문득 로키에게 안드바리가 모습을 바꿨을지도 모른다는 생각이 떠올랐다. 로키는 란의 그물을 빌려와서 연어를 사로잡았다. 역시 의심했던 대로 연어의 정체는 안드바리였다. 달리 풀려날 방법이 없었기에 안드바리는 마지못해 그 엄청난 보물을 로키에게 모두 넘겨주었다.

그중에는 공포의 투구도 있었고 금으로 만든 사슬 갑옷도 있었다. 이때 안드바리는 반지 하나만을 남겨두었다. 놀라운 힘이 숨어 있는

반지였다. 자석처럼 귀한 광석을 끌어당기는 힘이었다. 그러나 탐욕스러운 로키는 이를 두고 보지 않았다. 반지마저 잡아 빼고 웃으며 돌아가는 로키에게 안드바리는 분노에 찬 저주를 퍼부었다.

"누구의 손에 들어가든 그 반지는 영원히 고통의 근원이 될 것이야. 그리고 수많은 죽음을 불러오리라!"

그 금
드워프가 소유했던 금,
두 형제에게
죽음의 원인이 될 것이며
여덟 군주가
반목하리라.
내 재산으로부터 그 누구도
행복을 얻지 못하리.

- 옛 에다(소프 옮김)

흐레이드마르의 집에 돌아온 로키는 안드바리의 어마어마한 보물도 그다지 대단한 것이 아니라는 것을 알게 되었다. 보물을 넣으면 넣을수록 수달 가죽이 늘어났던 것이다. 결국 로키는 자기 몫으로 남겨두려고 했던 반지, 안드바라나우트^{Andvaranaut}(안드바리의 베틀)까지 던져 넣어야 했다. 자신을 비롯해 신들이 풀려나려면 그 길밖에 없었다. 안드바리의 저주는 즉시 힘을 발휘하기 시작했다.

흐레이드마르는 밤낮없이 보물을 바라보며 흡족해 했다. 파프니르와 레긴도 제 몫을 나누어 받았으면 했지만, 그에게는 단 하나라도 아들들에게 나누어줄 생각이 없었다. 누구에게도 지지 않는 파프니르는 결국 한 가지 방법밖에 없다는 사실을 깨달았다. 아버지를 죽여야만 욕망을 채울 수 있었다. 그렇게 보물을 모두 차지한 파프니르는 자기 힘으로 살라며 동생 레긴도 쫓아내버렸다. 레긴 역시 자기 몫을 요구했기 때문이다. 쫓겨난 레긴은 사람들 틈으로 들어갔다. 그리고 씨 뿌리는 법, 수확하는 법을 가르쳤다. 금속을 달구어 연장을 만드는 법도, 바다에 나가 배를 모는 법도, 말을 길들이는 법도 가르쳤다. 짐승에게 멍에를 씌워 짐수레를 끌게 하는 법, 집을 짓는 법, 실을 잣고 천을 짜고 바느질하는 법도 예외가 아니었다. — 한 마디로 문명인으로 살기 위해 필요한 모든 일을 가르친 것이다.

그때까지 아무도 알지 못했던 지식이었다. 세월이 흐르고 레긴은 끈기 있게 때가 오기만을 기다렸다. 언젠가 파프니르에게 당한 치욕을 복수해줄 강한 영웅을 찾기만을 기다렸다. 반면, 파프니르는 그니타헤이드Gnitaheid(빛나는 황야)에 거처를 두고 오랜 세월 보물을 만끽하며 지냈다. 그 사이 무시무시한 용으로 변하여 더욱 두려운 존재가 되었다.

이야기가 끝나자 레긴은 열심히 듣고 있던 시구르드를 바라보았다. 그라면 자신의 바람대로 용을 죽여줄 수 있을 터였다. 레긴은 시구르드에게 자신의 치욕을 복수해줄 준비가 되었냐고 물었다.

그리고 레긴이 말했다. "잘 들었느냐, 시구르드? 이 늙은이를 도와
아버지의 복수를 할 수 있게 해주지 않겠느냐? 황금을 차지하여

지상의 왕을 능가하는 자가 되지 않겠느냐? 내가 당한 치욕을 없애고
마음속으로 오랫동안 견뎌온 슬픔과 괴로움을 씻어주지 않겠느냐?"

시구르드의 칼

　　시구르드는 망설이지 않고 이렇게 대답했다.
"제가 반드시 그 원한을 갚아드리겠습니다. 그러나 조건이 있습니다. 저주는 레긴 당신이 책임져야 합니다. 그리고 용과 싸우려면 무기가 필요하니 결코 부러지지 않는 칼을 만들어 주십시오."

　　레긴은 두 번이나 경이로운 칼을 만들었다. 하지만 시구르드가 칼을 모루에 내리치자 두 칼 모두 조각나 버렸다. 그제야 시구르드는 어머니가 간직하고 있던 시그문드의 칼 조각을 떠올렸다. 효르디스에게서 받아온 조각은 그가 직접 벼렸다고도 하고 레긴이 벼렸다고도 한다. 어쨌든 강력한 칼이 만들어졌다. 크게 힘들이지 않고 내리쳤는데도 큰 모루가 둘로 갈라질 정도였다. 게다가 얼마나 잘 단련했던지 강물을 따라 천천히 떠내려 오는 양털 뭉치도 깨끗하게 둘로 갈라 놓았다.

　　시구르드는 작별을 고하기 위해 그리피르를 찾아갔다. 미래를 알고 있던 그리피르는 앞으로 시구르드의 인생에 다가올 일들을 알려주었다. 시구르드는 어머니의 허락을 받은 다음, 레긴과 함께 배를 띄웠다. 아버지의 땅으로 가서 시그문드의 죽음에 복수하는 것이 그의 첫

번째 의무였다. 시구르드는 이 의무를 다하고 나면 용을 죽이겠다고 맹세했다.

시구르드와 파프니르(K. 딜리츠 作)

먼저 왕자 그대는
아버지의 복수를 하고
에일리미가 당한 치욕을
되갚아 주리요,

> 그대 잔인한
> 훈딩 일족의 아들들을
> 용감히 쓰러뜨리고
> 승리를 거두리라.
>
> - 파프니르를 죽인 시구르드의 노래(소프 옮김)

볼숭의 땅으로 가는 길에 믿을 수 없을 정도로 놀라운 일이 벌어졌다. 한 남자가 물 위를 걸어온 것이다. 시구르드는 즉시 그 남자를 자신의 용선龍船 위로 모셨다. 낯선 남자는 펭Feng 또는 폴니르Fiollnir라고 이름을 밝히며 순풍을 불러주겠다고 약속했다. 그리고 시구르드에게 길조를 구분하는 법도 가르쳐주었다. 사실 이 노인은 오딘 혹은 흐니카르Hnikar(파도를 잠재우는 이)였지만 시구르드는 그의 정체를 의심하지 않았다.

∷ 용과의 싸움

____ 복수는 완벽하게 이루어졌다. 시구르드의 습격에 리그니 본인은 물론, 그의 추종자들도 수없이 목숨을 잃었다. 이제 파프니르를 죽일 차례였다. 시구르드는 되찾은 왕국을 뒤로 하고 레긴과 함께 길을 떠났다. 두 사람은 함께 산에 올랐다. 아무리 올라도 점점 더 높아지는 산이었다. 그러다가 넓은 황야가 펼쳐졌다. 레긴은 이곳이 파프니르의 은신처라고 말했다. 시구르드는 이제 혼자서 말을 달렸다. 그런데 도중에 낯선 외눈박이 나그네가 나타났다. 그는 용이 날마다 끈

적끈적한 몸을 끌고 강으로 가서 갈증을 달래니 그 길목에 구덩이를 파라고 했다. 구덩이 안에서 기다리다가 용이 위로 지나가면 심장에 칼을 꽂으라는 말이었다.

시구르드는 감사히 나그네의 조언을 따랐다. 용의 혐오스러운 몸뚱이가 지나갈 때 왼쪽 가슴을 향해 칼을 위로 내찌른 다음 구덩이 밖으로 뛰어 나갔다. 용이 치명상을 입고 고통스러워하며 헐떡이고 있었다.

그리고 침묵이 감돌았다. 시그문드의 아들
파프니르의 피 가득한 웅덩이 옆, 마구잡이로 파인 황야에 섰다.
용이 앞에 누워 있으니 힘없이 차가운 죽음을 맞이하여 잿빛이구나.
빛나는 황야로 그날의 태양이 떠올라 아름다운 빛을 발하고
가벼운 바람이 그 뒤를 따라 이 운명의 땅 위로 불어오니
싱그러움이 마치 파도를 불러 평원을 만드는 듯, 곡식의 허리를 숙이는 듯하네.

레긴은 신중하게 모든 위험이 사라질 때까지 먼발치에 남아 있다가 용이 죽는 모습을 보고서야 나타났다. 그는 젊은 영웅이 보상을 요구할까봐 두려웠다. 그래서 자기 형제를 죽였다며 시구르드를 비난하기 시작했다. 그러고는 관대한 척하며 관습대로 목숨을 받지는 않을 테니 용의 심장을 꼬챙이에 꽂아 구워주면 충분히 보상한 셈 치겠다고 했다.

그러자 레긴이 시구르드에게 말했다. "이 죄에서 벗어나겠느냐? 그러면 불을 피워 심장을 내게 구워다오.

내 그 심장을 먹고 살 것이며 네게 더욱 훌륭한 스승이 되어주마.

심장 안에는 힘과 지혜가 있으며 누구나 부러워할 오랜 세월 쌓인 지식이 있으니.

— 싫다면 두려움을 안고 빛나는 황야를 떠나 네 길을 가거라.

시구르드는 참된 전사라면 유족이 요구하는 보상을 거절해서는 안 된다는 사실을 알고 있었다. 게다가 딱히 대단해 보이지 않는 제안이었다. 그가 바로 요리 준비에 들어가자 레긴은 안심하고 기다리다가 깜빡 잠이 들었다. 잠시 뒤, 시구르드는 심장이 부드러워졌는지 확인하려고 손을 대보았다가 그만 심하게 데고 말았다. 아픔을 달래기 위해 본능적으로 손가락이 입에 들어갔다. 파프니르의 피가 입술에 닿자마자 실로 놀라운 일이 벌어졌다.

용의 시체 주변에 모여 있던 새들의 노랫소리를 알아들을 수 있게 된 것이었다. 귀를 기울여보니 새들은 레긴이 그를 해치려 한다고 말하고 있었다. 그가 레긴을 죽이고, 용을 정복한 자로서 황금을 차지해야 한다고도 했다. 용의 피와 심장을 먹어야 한다고 노래하는 새도 있었다. 새들의 이야기가 자신의 바람과 일치했기에 시구르드는 사악한 레긴을 한칼에 죽였다. 그리고 새들이 말한 대로 파프니르의 심장을 먹고 피를 마셨다. 나중에 먹을 생각으로 심장은 조금 떼어 놓기도 했다.

이제 엄청난 보물을 차지할 차례였다. 시구르드는 공포의 투구를 쓰고 황금 사슬 갑옷을 입었다. 안드바라나우트를 손가락에 낀 다음, 말에 가져갈 수 있을 만큼 금을 실었다. 그리고 안장에 올라 앞으로 어떻게 해야 할지 새들의 노래에 귀를 기울였다.

∷ 잠자는 전장의 처녀

곧 전장의 처녀가 산 위에 잠들어 있다는 노랫소리가 들렸다. 타오르는 불꽃으로 둘러싸인 산이므로 누구보다도 용감한 사람만이 안으로 들어가 그녀를 깨울 수 있다고 했다.

> 언덕 위에
> 전장의 처녀가 잠들어 있네.
> 그녀 위로 넘실거리는
> 보리수의 파멸(불길).
> 오딘 일찍이
> 잠의 가시 옷 속으로 파고들게
> 처녀를 찔렀으니
> 지난날 영웅들을 선택하던 처녀라네.
>
> - 파프니르의 노래(소프 옮김)

정말이지 시구르드가 바라 마지않던 모험이었다. 시구르드는 단숨에 길을 떠났다. 길도 없는 곳을 지나 한참 동안 지루한 여행을 한 끝

에 마침내 프랑크 족의 땅, 힌다르퍌Hindarfiall에 이르렀다. 정상을 구름이 둘러싸고 있어 마치 사나운 불길에 둘러싸인 것처럼 보이는 높은 산이었다.

시구르드는 오랫동안 황무지를 달렸다. 보라, 아침이 밝아온다.
뒤얽힌 바위벽 사이로, 회색 구름 가운데
거대한 산이 보이니 마치 불타는 횃불,
구름이 횃불을 둘러싼 모양이구나. 하여 시구르드 그리로 향했다.
정상에 서면 실로 지상을 내려다보기에 더없이 좋으리라 여겼으니.
그레이펠 힘찬 울음소리 들리고 시구르드의 가슴 즐거움으로 가득하네.

시구르드는 말을 타고 산비탈을 올라갔다. 가면 갈수록 점점 더 밝아지더니 정상에 가까워지자 타오르는 불길이 그의 앞을 가로막았다. 타오르는 소리가 어쩌나 요란한지 보통 사람이라면 겁을 먹었을 터였다. 하지만 시구르드는 새들의 이야기를 기억하고 있었다. 그래서 일말의 망설임도 없이 불길 가운데로 용감하게 뛰어들었다.

시구르드, 안장을 바로잡고 칼자루를 옮긴 다음
안장 끈을 꽉 조였다. 그리고 고삐를 모아 올리더니
큰 소리로 그레이펠을 격려하고 들불의 중심으로 뛰어들었다.

앞에서는 흰 벽 너울거리고 옆에서는 불길 세차게 몰려들어
머리 위로 높이 치솟고, 너르고도 맹렬하게 타오르더라.
마치 천상으로 위대한 소식을 전하는 듯하구나.
그러나 시구르드 불길 속을 지나는 모습, 여름 바람에 호밀 고개를 숙일 때,
감춰진 잎들 사이로 지나가는 전사 같았네.
흰 불꽃 그의 옷을 핥고 그레이펠의 갈기를 훑었으며
시구르드의 양손과 파프니르를 죽인 칼자루를 씻기고
투구를 감싸며 머리카락 속으로 파고 들어왔다.
그러나 그의 옷 검어지는 기색 없고 번쩍이는 투구도 그을리지 않았네.
그때 불꽃 사그라지다 이내 꺼지고 모든 것을 뒤로 한 듯 어두워지니
여명도 불꽃도 쓸쓸하고 아무것도 보이지 않는 어둠 한가운데로 삼켜졌다.

위협적으로 타오르던 불길은 이제 사라지고 없었다. 시구르드는 흰 재로 뒤덮인 넓은 땅을 지나 벽에 방패를 건 거대한 성으로 들어갔다. 큰 문이 활짝 열려 있었다. 그의 길을 가로막는 문지기나 병사도 없었다. 시구르드는 덫이 있을지도 모른다고 생각하며 조심스럽게 움직였다. 그리고 성의 안뜰 한가운데에 이르렀다. 누군가 갑옷을 입고 누워 있었다. 시구르드는 말에서 내린 다음 서둘러 그의 투구부터 벗겼다. 그러자 놀랍게도 전사의 얼굴이 아니라 아름다운 아가씨의 얼굴

브룬힐드를 찾은 시구르드(J. 와그레 作)

이 나타났다.

　시구르드는 잠든 아가씨를 깨우려고 갖은 노력을 했지만 모두 소용없었다. 갑옷을 마저 벗기자 물결치는 금발 머리에 순백의 리넨 옷을 입은 아가씨의 모습이 드러나기 시작했다. 마지막 매듭까지 풀리자 아가씨가 아름다운 눈을 활짝 떴다. 그리고 먼저 황홀하게 눈부신 풍경을 맞이한 다음 자신을 깨운 사람에게로 눈을 돌렸다. 그리고 젊은 영웅과 처녀는 한눈에 사랑에 빠졌다.

그때 그녀 고개를 돌리고 시구르드를 바라보니 눈동자 볼숭의 눈과 만나,
그의 마음속에 거대하고도 한없는 사랑의 파도가 일어난 것은 서로의 열망이 만나 하나가 되었음이라. 시구르드 그녀의 마음, 사랑을 확인했네.
그에게만 말을 했으니 그 입술 움직이자 많은 이야기가 흘러나왔다.

처녀는 시구르드에게 자신의 이야기를 들려주었다. 그녀의 이름은 브룬힐드. 일부 학자들은 그녀가 지상의 왕에게서 태어났으나 오딘에 의해 발키리로 승격되었다고 본다. 브룬힐드는 오랜 세월 충실하게 오딘을 섬겼다. 그러나 단 한 번 오딘의 뜻이 아닌, 자신의 뜻에 따라 행동했다. 오딘이 승리를 안겨주라고 명령한 사람이 아니라 더 젊고 매력적인 사람에게 승리를 안겨준 것이었다.

오딘의 뜻을 어긴 벌로 브룬힐드는 발키리의 자격을 박탈당하고 지상으로 추방되었다. 오딘은 그녀가 다른 여자들과 다름없이 혼인하게 될 것이라고 선언했다. 브룬힐드의 마음은 절망으로 가득 찼다. 자신이 경멸하는 겁쟁이와 혼인할 운명이 될까봐 두려웠기 때문이다. 이런 불안을 덜어주기 위해 오딘은 브룬힐드를 힌다르퍌, 또는 힌드펠Hindfell로 데려갔다. 그 다음, 잠의 가시로 찔러 영원히 젊고 아름다운 채로 운명의 남편이 오는 날을 기다릴 수 있게 했다. 주위에는 화염으로 장벽을 만들어 영웅이 아니고는 감히 들어올 수 없게 했다.

오딘과 브룬힐드(K. 딜리츠 作)

힌다르퍌의 정상에서 브룬힐드는 시구르드에게 자신의 고향을 가리켜 보였다. 림달Lymdale, 후날란드였다. 언제든 그녀를 아내로 맞이하고 싶을 때 그곳으로 찾아오라고 했다. 두 사람은 쓸쓸한 정상에 함께 서 있었다. 시구르드는 브룬힐드의 손가락에 안드바라나우트를 끼워 주었다. 약혼의 증표였다. 그리고 목숨이 다하는 날까지 그녀만을 사랑하겠다고 맹세했다.

시구드르 손에서 안드바리의 금반지를 빼내었다.
두 사람 함께 반지를 잡으니 머리 위에는 하늘밖에 없었네.
오래된 징표의 모양 변함이 없으며 끝도 없고
시작도 없으니 신들의 힘을 빌려 고쳐야 할 흠도 없구나.
시구르드 외쳤다. "오, 브룬힐드. 이제 내 맹세를 들으시오.
하늘 위 태양이 파멸하고 낮도 그 아름다움을 잃을지니
만약 내 림달에서 사랑을 구하지 않을 때의 일. 그대를 품고 있던 집,
숲과 바다 사이의 땅에서 사랑을 구하지 않는다면 그리 되리라!"
그러자 브룬힐드도 외쳤다. "오, 시구르드. 이제 제 맹세를 들어주세요.
낮이 영원한 죽음을 맞이하고 태양이 검게 물들 테니
제가 당신, 시구르드를 잊을 때의 일. 숲과 바다 사이에 누워,
작은 땅 림달에서, 나를 품은 이 집에서 그대를 잊으면 그리 되리라!"

∴ 아슬라우그의 양육

　　　일부 권위 있는 신화 학자들에 의하면, 두 연인은 정절을 맹세하며 헤어졌다. 하지만 다른 이들은 시구르드가 금방 브룬힐드를 찾아가 혼인했다고 주장한다. 시구르드는 얼마간 아내와 함께 정말로 행복하게 살았다. 하지만 떠나야만 하는 날이 찾아왔다. 두 사람 사이에

서 태어난 딸, 아슬라우그^{Aslaug}가 아직 아기일 무렵이었다. 아슬라우그는 세 살 때 혼자 남겨진다. 대신 브룬힐드의 아버지가 손녀를 맡았다. 그는 교묘하게 만든 하프에 아이를 숨기고 고향을 떠나 먼 땅에 이르렀다. 그러나 하프 안에 금이 들어 있다고 생각한 농부 부부가 그를 죽인다.

하프를 부숴서 열어본 농부 부부는 깜짝 놀랐고 말도 못하게 실망했다. 금 대신 예쁘장한 소녀만 찾았으니 말이다. 아이는 단 한 마디도 말을 하지 않았다. 그래서 부부는 아이가 벙어리인줄만 알고 하녀로 길렀다. 시간이 흘러 아슬라우그는 아름다운 아가씨로 성장했다. 그녀는 지나가던 덴마크의 왕, 라그나르 로드브로그$^{Ragnar\ Lodbrog}$의 사랑을 얻은 뒤, 자신의 이야기를 털어놓았다. 목적이 있어 길을 떠났던 왕은 다른 땅을 향해 항해를 계속해야 했지만, 1년 뒤 큰 영광을 얻고 돌아와 아슬라우그를 신부로 맞이했다.

그녀의 귀에 잘 아는 듯한 목소리 들려오네.
지루한 시간이 가기를
강인한 팔에 안기기를 오래 기다려 왔지.
떨리는 붉은 입술
다정한 입맞춤의 황홀에서 벗어나자
눈과 눈 마주하고 그에게서
새로운 자부심, 새로운 희망, 새로운 사랑을 보았네.
기나긴 달콤한 나날 앞에 펼쳐져
두 사람 손을 맞잡고 걸어가리라.

지금 두 사람 개울을 따라 내려가듯이.

- 아슬라우그 이야기(윌리엄 모리스)

아슬라우그(거투르드 드메인 해먼드 作)

이제 시구르드와 브룬힐드의 이야기를 계속해 보자. 시구르드는 모험을 찾아 넓은 세상으로 나갔다. 진정한 영웅으로서 아비를 잃은 이들, 억압받는 이들을 보호해주고 잘못을 바로잡겠다고 맹세하며.

니블룽 족

방랑을 계속하던 중 시구르드는 니블룽 족의 땅에 이르렀다. 언제나 안개에 둘러싸인 곳으로 왕 규키^{Giuki}와 왕비 그림힐드^{Grimhild}가 다스렸다. 특히 왕비는 두려움의 대상이었다. 마법에 능해서 주문을 걸거나 신기한 물약을 만들 줄 알았기 때문이다. 한번 마시면 얼마간 기억을 잃고 자신의 의지와 어긋나게 행동하게 하는 무서운 약이었다.

왕과 왕비에게는 군나르^{Gunnar}, 호그니^{Hogni}, 구토름^{Guttorm} 이렇게 세 아들이 있었다. 모두 용감한 청년들이었다. 구드룬^{Gudrun}이라는 딸도 하나 있었다. 손꼽히게 아름다운 아가씨인데다가 성격도 온화했다. 이들은 모두 시구르드를 따뜻하게 맞아주었다. 규키 왕은 시구르드에게 얼마간 머물러 가라고 권했다. 오랜 방랑에 지쳤던 시구르드는 왕의 초대를 기쁘게 받아들이고 그곳에 머물렀다. 니블룽 일족의 일을 맡아서 하기도 하고 그들의 기쁨을 함께 나누기도 했다.

그가 전쟁에 나가 남다른 용맹을 떨쳐보이자 그림힐드는 크게 감탄했다. 그래서 시구르드를 딸과 결혼시켜 영원히 머무르게 해야겠다고 결심했다. 왕비는 어느 날 마법의 물약을 만들었다. 물약을 시구르드에게 가져다 준 것은 구드룬이었다. 물약을 마시자 시구르드는 브룬힐드도, 약혼의 맹세도 모두 잊어버렸다. 이제 그의 사랑은 모두 왕비의 딸, 구드룬에게로 향했다.

그러나 시구르드의 마음 변했다. 결코 없었던 일처럼
니블룽의 왕비를 바라보자 브룬힐드를 향한 사랑 시들어버렸네.
사랑하던 브룬힐드의 몸조차 쓸모없는 난로와 같으니

재앙도 축복도, 풍요도 결핍도 의미하지 못했네.

시구르드는 과거를 잊었다는 느낌에 시달렸다. 그것도 자신의 행동을 결정지어야 하는 중요한 일 같았기에 막연한 두려움이 적지 않게 느껴졌다. 하지만, 시구르드는 구드룬에게 구애해 그녀를 아내로 맞이했다. 두 사람의 결혼식은 사람들의 축하와 기쁨 속에 치러졌다. 모두 젊은 영웅을 진심으로 아꼈다. 시구르드는 신부에게 파프니르의 심장을 조금 나누어주었다. 심장을 먹은 순간 구드룬의 본성이 달라졌다. 이후로 구드룬은 갈수록 차가워지고 말수가 적어졌다. 단, 시구르드의 앞에서만은 예외였다.

시구르드는 처남이 된 규킹Giuking(규키 왕의 아들을 부르는 말)들과의 친분을 더욱 공고히 하고자 그중 나이 많은 둘과 함께 운명의 고리(돌로 만든 원으로 노르웨이에서는 법정의 경계를 표시하기도 했다-옮긴이 주) 안으로 들어갔다. 세 청년은 잔디 뗏장 하나를 잘라 방패 위에 올렸다. 그리고 그 위에 서서 오른 팔을 걷은 다음, 칼로 살짝 베었다. 세 사람의 피가 신선한 흙에 섞여 들어갔다. 셋은 영원한 우정을 맹세하고 뗏장을 원래 자리에 되돌려 놓았다.

시구르드는 아내를 사랑했고 처남들을 친형제처럼 사랑했다. 하지만 억눌린 듯한 느낌에서 벗어나지 못했으며 예전처럼 밝게 웃는 일이 드물어졌다. 얼마 뒤 규키 왕이 세상을 떠나고, 장남 군나르가 아버지 대신 나라를 다스리게 되었다. 젊은 왕은 미혼이었다. 왕의 어머니 그림힐드는 어서 아내를 맞으라고 아들을 재촉했다. 그러면서 니블룽 일족의 왕비로 이보다 더 나은 신붓감은 없을 것이라며 한 사람을 추

천했다. 화염에 둘러싸인 황금 전당에 앉아 자신을 위해 용감히 불과 맞서는 전사하고만 결혼하겠다고 선언한 처녀, 바로 브룬힐드였다.

군나르의 술수

군나르는 즉시 브룬힐드를 찾아갈 준비를 했다. 어머니의 마법 물약으로 든든히 대비한 것은 물론, 시구르드도 격려하며 동행했으니 자신이 있었다. 그러나 산 정상에 이르러 불 속으로 뛰어들려고 하자 말이 겁에 질려 뒤로 물러섰다. 군나르가 아무리 애써도 말은 단 한 발자국도 움직이지 않았다. 반면, 시구르드의 말에게서는 두려운 기색을 찾아볼 수 없었다. 군나르는 시구르드에게 말을 빌려달라고 부탁했다. 그러나 그레이펠은 군나르가 올라타는 것까지는 허락했어도 주인이 아닌 다른 사람을 태우고 달릴 생각은 없었다.

시구르드와 군나르(J. C. 돌먼 作)

시구르드는 공포의 투구를 쓰고 왔으며 군나르에게는 그림힐드가 만약을 위해 준 마법의 물약이 있었다. 따라서 두 사람은 서로 겉모습과 특징을 바꿀 수 있었다. 군나르가 불길을 뚫을 수 없자 시구르드는 자신이 군나르의 모습으로 들어가 대신 구애해 주겠다고 제안했다. 군나르는 크게 실망했지만 달리 도리가 없었기에 말에서 내려왔다. 둘은 바로 모습을 바꾸었다. 시구르드는 군나르의 모습으로 그레이펠에 올라탔다. 이번에는 그레이펠도 시구르드가 고삐에 손을 대자마자 조금도 주저하지 않고 화염 장벽을 건너뛰었다. 시구르드는 성으로 들어갔다. 큰 회장에 브룬힐드가 앉아 있었다. 두 사람은 서로를 알아보지 못했다. 시구르드는 그림힐드의 마법 때문에, 브룬힐드는 연인의 달라진 겉모습 때문에 알아볼 수가 없었다.

브룬힐드는 검은 머리의 침입자를 보고 실망해서 의기소침해졌다. 시구르드 외에 다른 사람이 불길을 뚫고 들어오는 일은 불가능하리라 생각했기 때문이다. 하지만 마지못해 방문객을 만났는데도, 신부로 맞이하고 싶다는 그의 구애를 받아들여 그녀의 옆자리, 남편의 자리를 허락해야만 했다. 그녀를 위해 불길을 뚫고 들어온 사람을 배우자로 맞이하라는 오딘의 엄숙한 명령을 어길 수 없었던 것이다.

시구르드는 3일 동안 브룬힐드와 함께 지냈다. 그동안 신부와 자기 사이에 번쩍이는 칼을 칼집에서 뽑아 뉘어 두었다. 특이한 행동인지라 브룬힐드는 호기심이 생겼다. 시구르드는 신들이 이런 식으로 결혼을 기념하라 명을 내렸다고 대답했다.

두 사람 함께 누웠으나 시구르드
브룬힐드와 자기 몸 사이에 시퍼런 칼을 놓았다.
그녀 보고도 개의치 않았네. 심지어는 죽은 이들 눕듯
가슴에 손을 포개고 누워 밤을 보냈네.
그리고 시구르드, 군나르의 모습으로 삶이 다한 이들처럼 가만히 누워
손과 손을 포개고 아침을 기다렸다.
그대 흔히 보는 아버지 모습, 달빛 빛나는 교회당
늙은 어머니 곁으로 가는 날을 기다리는 모습.

넷째 날 아침이 밝아오자 시구르드는 브룬힐드의 손에서 안드바라나우트를 빼고 다른 반지를 끼워주었다. 그리고 브룬힐드에게서 열흘 후 니블룽의 왕궁에 나타나 왕비로서, 또, 충실한 아내로서 의무를 다하겠다는 약속을 받았다.

호의에 감사드립니다, 왕이시여. 그대 사랑의 맹세 받아들이니
제 혼약의 맹세와 함께 돌아가시기를. 열흘이 전부 지나기 전에
니블룽의 아들들에게로 저도 갈 테니, 그 뒤로는 헤어질 일이 없겠지요.
오딘과 프레이야 부르심에 우리 삶이 변화를 맞이하는 날까지는.

약속을 받은 시구르드는 성에서 나와 흰 재가 덮인 땅을 지나 군나르와 합류했다. 시구르드가 성공했다고 알려주자 군나르는 서둘러서

원래 모습을 되찾았다. 전사들은 고향으로 말을 돌렸다. 시구르드는 오직 구드룬한테만 군나르가 신부를 얻게 된 비밀을 알려주었다. 그리고 치명적인 반지, 안드바라나우트를 건넸다. 이 반지가 그렇게 많은 고통을 안겨줄 것이라고는 의심조차 하지 못했다.

⁂ 브룬힐드의 도착

열흘 후 약속대로 브룬힐드가 찾아왔다. 들어가기에 앞서 새로운 집을 축복한 브룬힐드는 다정하게 군나르를 맞았고 그를 따라 큰 연회장으로 들어갔다. 시구르드와 구드룬이 나란히 앉아 있었다. 볼숭 가문의 후손은 고개를 들어 브룬힐드의 책망하는 눈동자를 바라보았다. 그 순간 그림힐드의 주문이 힘을 잃었고 과거에 관한 쓰라린 기억이 물밀듯이 밀려들어왔다. 그러나 너무 늦었다. 두 사람은 명예를 지키기 위해 각자 배우자에게 충실해야 했다. 시구르드는 구드룬에게, 브룬힐드는 군나르에게. 브룬힐드는 순순히 군나르를 따라 상석으로 올라갔고 그의 옆자리에 앉았다. 음유시인들이 그들의 땅에 얽힌 옛 노래를 부르며 왕과 왕비를 즐겁게 해주었다.

시간이 흘렀다. 브룬힐드는 겉보기에는 무관심한 듯했다. 하지만 마음은 분노로 뜨겁게 불타고 있었다. 그래서 툭하면 남편의 왕궁을 빠져나가 숲으로 갔다. 그곳에서만 홀로 슬픔을 내뱉을 수 있었기 때문이다.

그 사이 군나르는 아무리 사랑한다고 말해도 차갑고 무관심하게 구는 아내 때문에 질투 섞인 의심을 하기 시작했다. 시구르드가 정직

하게 진실만 이야기했는지, 브룬힐드의 사랑을 얻어야 하는 입장을 이용하지는 않았는지 의심이 들었다. 시구르드만이 홀로 평온하게 지내며 폭군, 압제자와 맞서 싸우고 다정한 말과 미소로 모두를 격려했다.

∺ 왕비들의 다툼

____ 어느 날, 두 왕비는 함께 라인 강으로 멱을 감으러 갔다. 물에 막 들어가려는데 구드룬이 먼저 들어갈 권리가 있다고 우겼다. 자신이 더 용감한 남편을 두었다는 이유였다. 브룬힐드도 먼저 들어가는 것은 자신의 권리라며 양보하지 않았다. 다툼이 계속된 끝에 구드룬은 올케가 정절을 지키지 않았다고 비난하며 그 증거로 안드바라나우트를 내보였다.

죽음의 반지가 라이벌의 손에 있는 것을 보고 브룬힐드는 좌절했다. 그리고 집으로 돌아온 뒤 누워서 날마다 말없이 슬픔에 빠져 지냈다. 죽어야만 한다는 생각뿐이었다. 군나르와 왕가 식구들이 모두 차례대로 찾아와 그녀의 입을 열어보려고 했지만 소용없었다. 브룬힐드는 단 한 마디도 하지 않았다. 마침내 시구르드가 찾아와 그토록 슬퍼하는 까닭이 무엇이냐고 물어보았다. 그제야 막혀 있던 강물처럼, 사랑과 분노가 한꺼번에 터져 나왔다. 여인의 비난이 영웅을 압도했다. 브룬힐드의 슬픔을 생각하니 그의 가슴이 비탄으로 부풀어 올랐다. 단단한 갑옷을 고정하는 끈이 끊어질 정도였다.

> 시구르드 나왔구나
> 브룬힐드와 이야기를 마치고
> 왕의 전당으로.
> 비통함에 몸부림치니
> 그로 인하여
> 불 같은 전사의
> 사슬 철갑옷
> 옆구리에서 벗겨져 나가네.
>
> - 옛 에다(소프 옮김)

말로는 이 통탄할 상황을 바로잡을 수 없었다. 시구르드가 구드룬과 헤어지겠다고 해도 브룬힐드는 들어주지 않았다. 시구르드는 이미 잊었으니 군나르에게 정절을 지키겠다는 것이었다. 그러나 자존심 강한 브룬힐드는 살아 있는 두 남자에게 부인 소리를 들었다는 점을 견딜 수 없었다. 결국 그녀는 남편이 다시 찾아왔을 때 시구르드를 죽여 달라고 청했다. 덕분에 군나르의 질투와 의심은 더욱 커졌다.

하지만 군나르는 우정을 맹세했으니 시구르드에게 폭력을 행사할 수는 없다며 청을 거절했다. 그러자 브룬힐드는 호그니에게 도움을 청했다. 호그니 역시 맹세를 어기고 싶지 않은 것은 마찬가지였다. 하지만 그는 막내 구토름을 수없이 설득하고 어머니의 물약까지 써서 끝내 비겁한 임무를 수행하도록 했다.

시구르드의 죽음

구토름은 한밤중이 되자 시구르드의 방에 몰래 숨어들었다. 손에는 무기가 들려 있었다. 하지만 침대 쪽으로 몸을 숙이니 시구르드의 빛나는 눈동자가 뚫어져라 쳐다보는 것이 아닌가. 구토름은 허둥지둥 달아났다. 다시 찾아갔을 때도 같은 일이 반복되어 도망쳐야만 했다. 그러나 아침이 다 와서 세 번째로 숨어드니 영웅이 잠들어 있었다. 배반자는 그의 등에 창을 꽂아 넣었다.

치명적인 부상을 입었지만 시구르드는 침대에서 몸을 일으켜 옆에 둔 그 유명한 칼을 들어올렸다. 그리고 남은 힘을 다해 도망치는 살인자에게 집어 던졌다. 막 문을 나서려던 구토름은 칼에 맞고 몸이 둘로 나뉘었다. 시그루드는 겁에 질린 구드룬에게 작별 인사를 속삭인 다음, 다시 주저앉아 마지막 숨을 내쉬었다.

지크프리트의 죽음(H. 헨드리히 作)

"슬퍼하지 마오. 오, 구드룬. 이 일이 최후의 악행이니. 아침이 되면 두려움이 니블룽의 집을 떠나리.
오, 여인이여. 그대는 살아가길 바라오. 사랑받으며, 늘 살아왔듯, 고독을 모르기를!"

[중략]

"이는 브룬힐드가 한 일이니, 그녀는 나를 몹시 사랑했소. 이제 뉘우칠 일은 아무것도 없으며 하기 싫은 이야기도 없소. 내 살면서 많은 일을 했으니 그 모든 일이, 내 사랑이 모두 세상이 끝나는 날까지 오딘의 텅 빈 손 안에 있다오.
내 이미 한 일을 되돌리지 않을 것이며, 준 것을 다시 찾지 않으리.
알포드, 당신께서는 저와 달리 생각하시나이까. 제 영광을 헛되이 하시렵니까?"

시구르드의 어린 아들도 구토름과 함께 칼에 맞아 목숨을 잃었다. 가엾은 구드룬은 침묵 속에서 남편과 아들의 죽음을 애도했다. 눈물도 흘리지 못했다. 반면, 브룬힐드는 소리 내어 웃음으로써 군나르의 분노를 불러일으켰다. 그는 비겁한 범죄를 막으려 하지 않았던 것을 후회했지만 이미 때늦은 후회였다.

니블룽 일족은 곧이어 열린 장례식으로 슬픔을 표현했다. 장작으로 거대한 단을 쌓고, 귀한 벽걸이와 싱싱한 꽃, 번쩍이는 무기 등을 가져와 제후의 예를 갖추어 장례를 준비했다. 슬픔 속에 준비가 한참인 동안 여인들은 구드룬을 위로하려고 애썼다. 특히 구드룬이 상심한

나머지 잘못되기라도 할까봐 어떻게든 눈물을 흘리게 하려고 했다. 그래서 자신들이 알고 있는 가장 슬픈 이야기를 해주기도 하고, 사랑하는 사람을 잃은 경험담을 들려주기도 했다. 하지만 어떻게 해도 전혀 도움이 되지 않았다. 결국 시구르드의 머리를 구드룬의 무릎 위에 올리고, 남편이 살아 있을 때와 같이 입을 맞추게 해야 했다. 그제야 구드룬의 눈에서 눈물이 터져 나와 폭포처럼 쏟아졌다.

브룬힐드 역시 같은 반응을 보였다. 전투에 나갈 때처럼 번쩍번쩍

브룬힐드의 최후(J. 와그레 作)

광을 낸 갑옷을 입고 공포의 투구를 쓴 시구르드가 장작더미 위에 누워 있었다. 주인의 죽음을 견디지 못한 충직한 종들도 말馬과 함께 화장을 기다리고 있었다. 그 모습을 보자 모든 분노가 사라졌다. 브룬힐드는 방으로 돌아가 시녀들에게 가진 것을 모두 나누어주었다. 그리고 가장 화려한 옷을 입은 다음 침대에 똑바로 누워 칼로 가슴을 찔렀다.

이 소식은 금방 군나르에게도 전해졌다. 서둘러 아내를 찾아 온 군나르는 늦지 않고 브룬힐드의 유언을 들을 수 있었다. 사랑하는 영웅의 옆에 눕히되 그가 대신 구애하러 왔을 때와 같이 사이에 칼집에서 뺀 번쩍이는 칼을 놓아달라는 유언이었다. 브룬힐드가 숨을 거두자 군나르는 그녀가 바라는 대로 해주었다. 브룬힐드는 시구르드와 함께 니블룽 일족의 탄식 속에서 화장되었다.

리하르트 바그너의 오페라 〈니벨룽겐의 반지〉에서는 브룬힐드의 최후가 더욱 아름답게 그려진다. 여기서 브룬힐드는 자신의 말에 오른 다음, 오딘의 명에 따라 발키리들을 이끌었을 때처럼 거대한 장작더미에서 하늘까지 치솟은 불길 속으로 뛰어든다. 그리고 영원히 다시 볼 수 없게 된다.

가버렸구나 — 사랑스러운 이, 위대한 이, 옛 땅의 희망이여.
이 땅은 그들이 태어나기 전과 같은 짐을 짊어지고 고생하리.
눈을 가리고 신음하리, 시구르드 번성하던 날에 머무른 채로,
브룬힐드 서두르던 때, 새벽이 죽은 자를 깨우던 때에 머무른 채로.
이 땅 그리워하며 자주 도움을 얻을 터이니 그들의 행동 더는

잊지 않으리라.

새로운 태양 발데르와 바다 없는 행복한 땅을 비출 때까지.

튜턴 족 사이에 전해내려 온 〈니벨룽겐의 노래〉에서는 시구르드(지크프리트)가 죽는 장면을 훨씬 더 강렬하게 다룬다. 사냥에 나간 지크프리트는 배반자에게 속아서 일행과 떨어지고, 갈증을 달래러 개울을 찾아갔다가 등 뒤에서 창에 찔려 죽는다. 사냥꾼들이 그의 시체를 짊어지고 와 아내의 발밑에 내려놓는다.

❊ 도망친 구드룬

____ 구드룬은 여전히 슬픔을 가누지 못했다. 자신을 배신하고 삶의 기쁨을 앗아간 가족을 혐오했다. 구드룬은 도망쳐 시구르드의 양아버지, 엘프 왕에게 의탁했다. 효르디스는 이미 죽고 하콘^{Hakon} 왕의 딸, 토라^{Thora}가 새로이 왕비 자리에 앉아 있었다. 두 여인은 절친한 친구가 되었다. 이곳에서 머문 몇 년 동안, 구드룬은 태피스트리에 시구르드의 위대한 업적을 수놓거나 어린 딸 스반힐드를 돌보며 지냈다. 딸의 빛나는 눈을 보면 떠나간 남편이 생생하게 떠오르곤 했다.

❊ 훈 족의 왕, 아틀리

____ 그 사이 브룬힐드와 남매지간인 훈 족의 왕, 아틀리^{Atli}가 군나르에게 누이의 죽음을 보상하라고 요구해왔다. 군나르는 그의 요구

를 만족시키기 위해 상喪이 끝나면 구드룬을 그의 아내로 주겠다고 약속했다. 시간이 흐르자 아틀리가 약속을 지키라고 재촉해왔다. 그리하여 니블룽 형제들과 그들의 어머니 그림힐드는 오래 보지 못했던 공주를 찾아 나섰다. 그리고 그림힐드가 만든 마법의 물약을 이용해 구드룬을 설득했다. 어린 스반힐드를 덴마크에 남겨두고 훈 족의 땅으로 가 아틀리의 아내가 되도록.

아틀리와 혼인하기는 했지만 구드룬은 내심 남편을 혐오했다. 남편의 지나친 탐욕이 극도로 불쾌했기 때문이다. 에르프Erp와 에이텔Eitel이란 두 아들이 태어났지만, 사랑하는 시구르드의 죽음도, 스반힐드와 떨어져 지내는 나날도 위로가 되지 않았다. 구드룬은 계속해서 과거를 돌이켜보며 지난날을 이야기했다. 니블룽의 막대한 재산을 언급할 때마다 아틀리의 탐욕을 부추기고 있다는 사실도 모른 채 말이다. 아틀리는 은밀하게 그 재산을 차지할 구실을 생각하고 있었다.

마침내 아틀리는 크네푸르드Knefurd 혹은 빈기Wingi라는 시종을 보내 니블룽의 제후들을 모두 초대하기로 했다. 그들이 오면 몰살하기로 마음먹은 것이다. 구드룬은 이 계획을 눈치 채고 군나르에게 늑대 털 한 가닥을 묶은 안드바라나우트와 룬 메시지를 보냈다. 그러나 전령이 도중에 일부 룬을 지워 메시지의 내용을 바꿔버렸다. 전령이 도착하자 군나르는 초대를 받아들였다. 호그니와 그림힐드의 경고도, 두 번째 아내 글라움보르Glaumvor의 불길한 꿈도 이를 막지 못했다.

니블룽의 보물

　　그러나 길을 떠나기 전, 군나르는 주위의 설득을 받아들여 비밀리에 니블룽의 막대한 재산을 라인 강에 묻었다. 강바닥에 깊은 구멍을 파고 묻은 뒤, 그 위치는 왕가의 형제들에게만 알렸다. 모두 결코 위치를 발설하지 않겠다고 엄숙하게 맹세했다.

불그스름한 황금 빙빙 돌며 아래로 떨어지네.
어슴푸레한 회색빛 아침 속 불길처럼, 왕국의 재산 번쩍 빛난다.
그리고 위로 물살 세차게 흐르니 어두운 물과 물거품
쨍그랑거리며 금 떨어지는 바위벽 위로 흘러가네.
영원토록 듣도 보도 못한 경이이자 믿지 못할 이야기로 남으리.
인간의 아들들이 낳은 이 땅에서 마지막 음유시인이 사라지는
날까지.

아틀리의 배반

　　왕족들은 전열을 갖추고 다시는 보지 못하게 될 니블룽의 도시를 출발했다. 그리고 많은 모험 끝에 아틀리의 왕궁에 도착했다. 이들을 기다리고 있었던 것은 부당한 덫이었다. 배신자 크네프루드는 처단되었다. 니블룽 일족은 죽음을 각오했다. 단, 죽을 때 죽더라도 목숨값은 톡톡히 받을 생각이었다.
　　구드룬도 급히 달려와 형제들을 다정하게 안았다. 싸워야만 하는 상황이었기에 그녀 역시 무기를 들었다. 뒤이어 끔찍한 학살이 벌어지

는 와중에도 충직하게 형제들을 도왔다. 첫 번째 공격이 끝난 뒤, 군나르는 부하들의 사기를 북돋우기 위해 하프를 연주했다. 공격이 재개될 때에만 하프를 곁에 내려두었다. 용감한 니블룽 일족은 세 차례 훈 족의 공격을 견뎌냈다. 그리고 그 결과 군나르와 호그니만이 살아남았다. 상처 입고 지쳐서 쓰러지기 직전인 왕과 그의 동생은 적의 손에 사로잡혔다. 그리고 꽁꽁 묶인 채로 죽음이 기다리고 있는 지하 감옥에 내팽개쳐졌다.

아틀리는 신중하게 전투에는 적극적으로 가담하지 않았다. 그는 사로잡은 처남들을 차례로 데려와 황금을 어디에 숨겼는지 알려주면 풀어주겠다고 구슬렸다. 그러나 형제는 자랑스럽게 비밀을 지켰다. 엄청난 고문 끝에야 겨우 군나르의 입을 열 수 있었다. 그는 호그니가 살아 있는 한 보물이 있는 곳을 말하지 않겠다고 엄숙하게 맹세했으니, 동생의 심장을 접시에 담아 가져오면 동생이 죽었다는 사실을 믿겠다고 했다.

군나르, 끔찍한 목소리로 외쳤다. "오, 어리석은 자여. 들어보지 못했는가,
지난 날, 붉은 황금 반지들을 얻은 자가 누구인지?
시구르드, 볼숭의 아들이었다. 최고가 낳은 최고의 전사.
그가 북쪽 산악 지대에서 말을 타고 와 내 여름 손님이 되었으니
내 친구와 형제들 우정을 맹세했다. 시구르드, 넘실거리는 불꽃으로 말 달려
내게 영광스러운 왕비를 얻어주고, 내 바람을 이루어 주었도다.

그는 세상의 찬사를 받았으며 부당한 일을 당한 자들의 희망이었고
천한 이를 도왔으며 강한 자를 내리치는 망치와 같았지.
아, 그 후로도 세상에서는 종종 그 일이 회자되니
나, 나 또한 니블룽이 책임져야 하는 날에 관하여 말하리라.
갑옷을 입고 밤새 앉아 있다가 빛이 세상으로 퍼지는 때
내가 시구르드, 내 형제를 죽였다고. 내 사람이 하는 일을 지켜만 보았다고.
오, 위대한 아틀리여, 내 이제 니블룽의 몰락을 보았고
겁쟁이 비겁자의 발이 군나르의 목을 밟았구나.
이 모든 것이 충분하지 않다면, 신들께서 내 휴식을 못마땅하게 여기신다면
내게 호그니의 심장, 막 잘라내어 아직 살아 있는 심장을
접시에 얹어 보여 다오. 그러면 내 금에 대해 털어놓고
그대 종이 되리니, 아틀리, 내 삶 그대의 기쁨에 달리리."

탐욕에 눈이 먼 아틀리는 즉시 호그니의 심장을 가져오라고 명령했다. 그러나 하인은 호그니와 같은 무서운 전사에게 손을 대는 것이 두려워 겁 많은 접시닦이 햘리Hialli를 죽였다. 불쌍하기 짝이 없는 접시닦이의 심장이 떨리는 모습을 보고 군나르는 경멸의 말을 내뱉었다. 그리고 이처럼 겁 많은 심장은 결코 두려움을 모르는 동생의 심장일 리가 없다고 단언했다. 아틀리는 화가 나서 다시 명령을 내렸다. 이번에는 떨지 않는, 호그니의 심장이 나왔다. 이에 군나르는 왕을 바라보

며 엄숙하게 맹세했다. 이제 비밀을 아는 이는 자신밖에 없으니 결코 세상에 드러나지 못하리라고.

니블룽 족의 최후

격노한 아틀리는 하인들에게 군나르를 두 손을 묶은 채로 독뱀이 사는 굴에 던져 넣으라고 명령했다. 그러나 대담한 군나르는 겁을 먹지 않았다. 그들이 조롱하며 던져준 하프가 옆에 있었다. 군나르는 침착하게 굴속에 앉아 발가락으로 하프를 연주했다. 연주 소리를 들은 뱀들은 모두 잠들었다. 단 한 마리만이 예외였다. 전해오기로는 아틀리의 어머니가 뱀의 모습을 하고 있다가 군나르의 옆구리를 물었다고 한다. 그렇게 군나르의 의기양양한 연주는 영원히 침묵하게 되었다.

승리를 축하하기 위해 아틀리는 큰 연회를 열고 구드룬에게 시중을 들게 했다. 연회가 벌어지는 동안 아틀리는 마음껏 먹고 마셨다. 구드룬이 두 아들을 죽이고 그 심장을 구워 가져다주었으리라고는 생각도 못 한 채로 말이다. 그가 마시는 포도주 역시 아들의 피를 섞은 것이었고, 술잔은 두 아들의 두개골로 만든 것이었다. 시간이 지나 왕과 손님들이 모두 술에 취하자 구드룬은 왕궁에 불을 놓았다.

술에 취한 이들이 그 사실을 알아차렸을 때는 이미 빠져나가기 너무 늦은 시점이었다. 구드룬은 자신이 한 일을 모두 밝히고 먼저 남편을 칼로 찔렀다. 그리고 훈 족들과 함께 차분히 화염 속에서 생을 다했다. 또 다른 이야기에서는 구드룬이 시구르드의 칼로 아틀리를 죽

인 뒤, 시체를 배에 띄워 보내고 자신도 바다에 몸을 던져 자살했다고 한다.

그리 말하며 팔을 벌리고 땅에서 뛰어내렸다.
되밀려오는 물결, 가로 막히니 바다 파도가 위에서 덮침이라.
이후로는 파도의 뜻이 그녀의 뜻이며 바다의 깊이 누가 알리요,
구드룬의 침대 속 보물을, 앞으로 다가올 나날을 누가 알 것인가?

세 번째 전혀 다른 이야기에 따르면 구드룬은 물에 빠져 죽지 않고 파도에 실려 요나쿠르^{Jonakur} 왕이 다스리는 땅으로 가게 된다. 여기서 구드룬은 왕의 아내가 되어 소를리^{Sörli}, 함디르^{Hamdir}, 에르프^{Erp} 세 아들을 두었다. 더불어 그 사이 사랑하는 딸 스반힐드도 되찾을 수 있었다. 스반힐드는 이제 혼기가 찬 아름다운 아가씨였다.

∴ 스반힐드

    스반힐드는 고틀란드의 왕 에르멘리히^{Ermenrich}와 혼약했다. 왕은 아들 란트베르^{Randwer}와 부하 지비히^{Sibich}를 보내 신부를 왕국으로 데려오게 했다. 지비히는 반역자였다. 그에게는 왕족을 몰살시키고 왕국을 차지하려는 속셈이 있었다. 그리하여 그 계획의 일환으로 란트베르가 어린 계모의 애정을 얻으려 했다고 비난했다. 그의 비난을 들은 에르멘리히는 분노에 사로잡혀 아들을 교수형에 처하라고 명령했다. 스반힐드는 야생마의 발밑에서 짓밟혀 죽게 하라고 했다. 그러나 시구

르드와 구드룬의 딸은 미모가 얼마나 대단했던지 말들조차 해치려 하지 않았다. 큰 담요로 덮어 보이지 않게 하자 그제야 말을 들었다. 스반힐드는 잔인하게 말발굽에 깔려 최후를 맞았다.

사랑하는 딸의 운명을 알게 된 구드룬은 세 아들을 불러 모았다. 그리고 저마다 갑옷을 입혀주고 무기를 들려주며 돌을 제외하면 그 무엇도 너희를 꺾을 수 없으리라 말해 주었다. 세 아들에게 길을 떠나 살해된 누이의 복수를 하라고 명령한 뒤, 구드룬은 너무나도 큰 슬픔을 이기지 못하고 세상을 떠났다. 그리고 높은 정작더미 위에서 화장되었다.

소를리, 함디르, 에르프 세 형제는 에르멘리히의 왕궁으로 향했다. 그러나 두 형은 막내 에르프가 자신들을 돕기에는 너무 어리다고 여겼다. 그래서 적을 만나기도 전에 몸집이 작다고 놀리다가 결국 막내 동생을 죽여 버렸다. 소를리와 함디르는 이후 에르멘리히를 공격해 그의 손과 발을 잘랐다. 그러나 느닷없이 낯선 외눈박이 노인이 나타나 구경꾼들에게 돌을 던지라고 명령했다. 사람들은 즉시 그 말을 따랐다. 스롤리와 함디르는 곧 쏟아지는 돌을 맞고 숨을 거두었다. 앞에서 밝혔듯이 유일하게 그들을 꺾을 수 있는 무기였다.

그대 지난날 시구르드의 이야기 들어보았나, 어찌 신들의 적을 죽였는지,
어찌 어두운 황야에서 황금을 얻었는지,
어찌 산 위에 잠든 사랑을, 눈부신 브룬힐드를 깨웠는지.
그는 잠시 이 땅에 머물며 모든 이의 빛이 되었네.

그대 들어보았는가. 불명예스러운 사람들에 대해, 저무는 날을, 나중 세상의 혼란을, 시구르드 떠남을.
이제 그대 니블룽의 책임을, 깨진 맹세의 최후를 알리라.
그 모든 왕들과 그 혈족들의 죽음을, 오딘 신의 슬픔을 알리라.

사가 해석

____ 일부 전문가들은 볼숭 일족의 이야기를 일련의 태양 신화라고 본다. 시기, 레리르, 볼숭, 시그문드, 시구르드가 차례로 낮에 빛나는 천체를 상징하는 것이다. 이들은 무적의 칼, 다시 말해 태양 광선으로 무장하고 세상을 돌아다니며 적들과 싸운다. 이 적들은 바로 추위와 어둠의 악마다.

시구르드는 발데르처럼 모든 이들에게서 사랑받는다. 동이 틀 때 불꽃 속에서 찾은 여명의 처녀 브룬힐드와 혼인하지만 헤어졌다가 그의 생이 다할 무렵에서야 다시 만난다. 그의 시신 또한 발데르와 같이 장작더미 위에서 화장되었다. 이는 지는 해 혹은 역시 그가 상징하는 여름의 마지막 빛을 뜻한다. 파프니르를 죽이는 것은 추위 혹은 어둠의 악마를 파멸시키는 것을 의미한다. 파프니르가 훔친 황금은 여름 혹은 태양의 노란 빛을 말한다.

역사를 바탕으로 삼아 쓴 사가라고 보는 전문가도 있다. 아틀리는 '신들의 골칫거리'로 불리는 잔인한 훈 족의 왕 아틸라Attila를, 군나르는 훈 족에 의해 멸망하는 부르군트 왕국의 군주 군디카리우스Gundicarius라는 것이다. 실제 그는 451년에 형제들과 함께 죽음을 맞는다. 구드룬은 부르군트의 공주 일디코이다. 앞에서 살펴보았듯이 죽은 일족의 복수를 위해 한때 태양신에게 속했던 빛나는 칼로 첫날밤 남편을 살해한다.

프리티오프 이야기

텡네르 주교

　　　아마도 19세기 작가들 중 에사이아스 텡네르$^{\text{Esaias Tegnér}}$ 주교만큼 스칸디나비아의 문학적 보물에 관심을 불러일으킨 이는 없을 것이다. 텡네르는 스웨덴의 시인으로 '무질서에조차 체계를 세우는 위대한 지니'라는 평을 받았다.

　　텡네르의 『프리티오프 사가$^{\text{Frithiof Saga}}$』는 유럽의 모든 언어로 최소한 번은 번역되었으며, 영어와 독일어로는 약 스무 차례 번역되었다. 이 작품은 옛 북유럽 사람들의 삶을 보여주는 독보적인 수작으로 괴테의 열렬한 찬사를 받았다. 롱펠로(19세기 미국의 시인 - 옮긴이 주) 역시 비슷한 찬사를 보내며 동시대의 작품 가운데 가장 뛰어난 작품에 속한다고 평가했다.

　　텡네르는 오직 『프리티오프 사가』만을 주제로 선택했지만, 사실이 이야기는 『토르스텐 사가Torsten Saga』와 이어지는 내용이다(『토르스텐 사가』가 더 오래되었지만 재미는 덜하다). 여기서는 『프리티오프 사가』에 나오는 모든 암시를 독자가 명확히 이해할 수 있도록 『토르스텐 사가』의 줄거리도 간략하게 소개하겠다.

이런 옛 이야기가 흔히 그렇듯 줄거리는 할로게Haloge(로키)의 등장으로 시작된다. 할로게는 오딘과 함께 북쪽으로 와서 노르웨이 북부 지역을 다스리기 시작했다. 그리고 그곳을 할로갈란드Halogaland라고 불렀다. 북유럽 신화에 전해오기로, 이 신에게는 사랑스러운 딸이 둘 있었다. 용감한 구혼자들이 나타나 두 딸의 마음을 사로잡자, 할로게는 저주와 마법의 주문을 퍼부어 그들을 대륙에서 추방했다. 쫓겨난 연인들은 가까운 섬을 도피처로 삼았다.

비킹의 탄생

____ 그리하여 할로게의 손자, 비킹Viking은 발트 해의 보른홀름 섬에서 태어났다. 비킹은 이 섬에서 열다섯 살이 될 때까지 살았다. 그리고 누구보다도 큰 체격의 강한 남자로 성장했다. 비킹이 용맹하다는 소문은 스웨덴의 공주 훈보르Hunvor에게까지 퍼져나갔다. 공주는 거인의 구애를 받고 있어서 난처한 상황이었다. 아무도 이 거인을 쫓아낼 수 없었기 때문이다. 공주는 비킹에게 구해달라는 전갈을 보냈다.

부름을 받은 비킹은 아버지에게서 받은 마법의 검, 앙구르바델Angur-vadel을 차고 길을 떠났다. 거인에게까지 치명상을 입힐 수 있는 검이었다. 비킹은 도착하자마자 북유럽식 결투 홀름강을 벌였고, 거인을 죽

여 승리했다. 다만, 스무 살이 되기 전에 결혼하는 것은 불명예스러운 일이었기에 공주와 바로 결혼하지는 못했다.

신부를 맞는 날까지 기다려야만 했던 비킹은 여러 부하들과 함께 용선龍船을 타고 바다로 나갔다. 그들은 북쪽과 남쪽의 바다를 항해하며 수많은 모험을 했다. 특히 결투에서 진 거인의 혈족들이 그들을 가만히 두지 않았다. 거인들은 마법에 능해서 육지와 바다 양쪽에서 셀 수 없이 많은 위험을 불러일으켰다.

비킹은 막역한 친구 할프단Halfdan의 도움을 받아 모든 위험에서 빠져나갔고 많은 적을 처단했다. 모험을 계속하는 사이 적에게 붙잡혀 인도로 끌려갔던 훈보르를 구하기도 했다. 그 후 비킹은 스웨덴에 정착했다. 평화로운 곳에서나 전쟁터에서나 변함없이 충실한 그의 친구도 가까운 지역에 자리를 잡았다. 훈보르의 시녀, 잉게보르그Ingeborg가 그의 신부가 되었다.

이제 사가에는 길고 평화로운 겨울이 그려진다. 전사들은 연회를 즐기며 음유시인들의 노래를 들었다. 힘을 기르는 것은 오로지 다시 봄이 오면 배를 띄우고 해적질을 하러 나가기 위해서였다.

그러자 음유시인, 하프를 들고 노래했다.
그 음악과 함께 큰 소리로 울리니
빛나는 언어의 소리.
하프의 현 쨍그랑 소리를 내네.
마치 칼날에 부딪친 것처럼.

그리고 옆에서 베르세르크
돌연 외친다,
지붕까지 퍼지도록.
식탁을 주먹으로 두드리며
외친다. "검이여 영원하라, 우리 왕 만세!"

- 올라프 왕 사가(롱펠로)

옛 이야기 속에서 음유시인들은 항해와 습격 중에 벌어지는 공격과 방어를 대단한 열정으로, 단 한 장면도 빠뜨리지 않고 노래한다. 주고받는 일격을 하나하나 묘사한 것은 물론, 어떻게 학살이 이루어졌는지, 적이 탄 배를 휩싼 무시무시한 불길이 어떻게 파멸을 이끄는지 몇 번씩 설명해야 만족한다. 하지만 격렬한 전투는 종종 미래의 우정을 암시하는 징조이기도 했다. 할프단과 비킹은 패기 넘치는 적 뇨르페^{Njorfe}를 꺾는 대신, 그 어느 때보다도 끈질긴 전투가 이어지자 검을 검집에 집어넣었다. 그리고 뇨르페를 친구로 받아들여 영원한 우정을 맹세했다.

언제나처럼 습격을 마치고 집으로 돌아간 비킹은 사랑하는 아내를 잃었다. 그녀가 낳은 아이 링^{Ring}을 양부에게 맡기고 짧은 애도의 기간을 보낸 비킹은 새로이 아내를 맞이했다. 이번에는 부부의 연이 길게 이어졌다. 사가에 의하면 두 번째 부인은 아홉 명의 충직한 아들을 낳았다.

우플란드의 왕 뇨르페 역시 아홉 명의 용감한 아들을 두는 기쁨을 누렸다. 두 아버지는 친밀한 우정을 나누며 단단한 유대를 쌓았다. 진

정한 북유럽 의식에 따라 피로써 형제의 의를 맹세했다. 그러나 아버지들과 달리 젊은 왕자들은 서로를 시기하며 시도 때도 없이 싸웠다.

공놀이

들끓는 적대감을 견디지 못하고 왕자들은 자주 만났다. 사가에는 함께 공놀이를 하곤 했다는 이야기와 함께, 북유럽 연대기에 기록된 초기 공놀이에 관한 묘사가 실려 있다. 비킹의 아들들은 아버지를 닮아 키가 크고 힘이 셌다. 그래서 상대편의 안위를 고려하지 않고 다소 무모하게 구는 편이었다. 옛 사가를 번역한 다음 내용으로 보아 선수들은 종종 비참한 상태가 된 듯하다. 오늘날의 축구 경기에서처럼 말이다.

"다음날 아침, 형제들은 공놀이를 하러 나갔다. 보통 낮에는 공을 가지고 놀았다. 이들은 사람을 밀고 거칠게 쓰러뜨렸으며 때리기도 했다. 밤이 되자 세 명의 팔이 부러졌고 많은 이들이 멍이 들거나 불구가 되었다."

뇨르페와 비킹의 아들들 사이에서 벌어진 공놀이는 의견 충돌이 생기며 절정으로 치달았다. 뇨르페의 아들 하나가 위험하고도 비겁하게 상대 선수에게 일격을 가했다. 다친 선수는 관중들이 개입하는 바람에 그 자리에서 복수를 하지 못했다. 그는 사소한 변명을 대며 혼자서 운동장으로 돌아갔다. 그리고 자신을 친 자를 만나 죽여 버렸다.

피의 불화

아들이 친구의 아들을 죽였다는 소식이 비킹에게도 전해졌다. 비킹은 몹시 분개했다. 뇨르페가 부당한 일을 당하면 전부 복수하겠다고 맹세하지 않았던가. 이 맹세를 염두에 두지 않을 수 없었기에 비킹은 살인을 한 아들을 추방했다. 아버지의 결정을 듣자 형제들은 함께 떠나기로 맹세했다. 비킹은 슬퍼하며 아들들에게 작별을 고해야만 했다. 그리고 장남 토르스텐Thorsten에게 자신의 검 앙구르바델을 주며, 베네른 호수의 섬에서 조용히 지내라고 충고했다. 뇨르페의 남은 아들들이 보복할 위험이 사라질 때를 기다리라는 뜻이었다.

토르스텐은 아버지의 말에 복종했다. 그러나 뇨르페의 아들들은 반드시 복수를 하리라 다짐하고 있었다. 호수를 건널 배가 없었는데도 굴하지 않았다. 대신 마법의 힘을 빌려 엄청난 혹한을 불러왔다. 그들은 무장한 병사들을 잔뜩 대동하고 소리 없이 얼음을 건너, 토르스텐과 그 형제들을 덮쳤다. 죽고 죽이는 학살이 이어졌다. 습격한 쪽에서도 겨우 둘만 살아남아 도망쳤다. 그래도 원수를 모두 죽였다고 생각했다.

그 후 자식들의 시신을 수습하러 온 비킹은 두 아들, 토르스텐과 토레르Thorer가 아직 살아 있는 것을 발견했다. 왕은 남몰래 두 아들을 그의 처소 지하에 있는 저장고로 옮겼다. 시간이 지나자 둘은 건강을 되찾았다.

뇨르페의 살아남은 두 아들은 마법을 써서 원수가 죽지 않았다는 사실을 금세 알아냈다. 그래서 또 다시 필사의 습격을 벌여 원수를 죽이려 했으나 역시 실패했다. 비킹은 아들들이 고향에 남아 있으면 영

원히 싸움이 계속되리라 생각했다. 그래서 두 아들을 할프단에게 보냈다. 이들은 갖은 모험을 하며 할프단의 왕궁에 도착하는데, 많은 면에서 테세우스(그리스 신화에 나오는 영웅. 어머니의 고향에서 자라 성인이 되자 아테네의 왕인 아버지를 찾아간다 – 옮긴이 주)가 아테네로 갈 때와 비슷하다.

봄이 오자 토르스텐은 해적질을 하러 배를 타고 나갔다가 도중에 뇨르페의 장남 요쿨^{Jokul}과 맞닥뜨렸다. 요쿨은 그 사이 송은 왕국을 힘으로 차지했다. 왕은 목숨을 잃었고 왕위계승자 벨레^{Belé}는 추방되었다. 아름다운 공주 잉게보르그^{Ingeborg}는 마법에 걸려 늙은 마녀와 같은 모습이 되었다.

요쿨은 이야기 전반에 걸쳐 다소 겁쟁이로 나온다. 비킹의 아들들을 해치려 할 때마다 마법에 의존하기 때문이다. 이번에도 요쿨은 큰 폭풍을 불러일으켰다. 토르스텐은 두 번 난파를 겪고 파도에 휩쓸렸다가 한 마녀 덕에 살아남았다. 토르스텐은 감사의 뜻으로 마녀와 결혼을 약속했다. 마녀의 정체는 잉게보르그였다. 토르스텐은 그녀의 조언에 따라 벨레를 찾아낸 다음, 왕좌를 되찾아주고 그와 영원한 우정을 맹세했다. 그러자 사악한 주문이 효력을 잃고 잉게보르그도 원래의 아름다움을 되찾았다. 토르스텐과 잉게보르그는 프라마스에 자리를 잡았다.

⁝ 토르스텐과 벨레

____ 봄이 되면 토르스텐과 벨레는 함께 배를 띄웠다. 항해를 하던 중 둘은 앙간튀르^{Angantyr}의 무리와 합류하게 되었다. 한때 적이었지만 그의 패기를 충분히 시험해 본 결과 같은 편이 된 것이다. 이제 그들은 도둑맞은 비킹의 보물을 되찾아오기로 했다. 지난날 바다의 신 에기르를 잘 대접한 상으로 하사받았던 마법의 용선龍船 엘리다^{Ellida}였다.

이 장엄한 선물을 보라. 둥글게 휜 나무판 뼈대를 이루나
다른 배와 같이 못으로 고정한 것이 아니요, 함께 안으로 자라 났네.
그 모양, 용이 헤엄치는 모습이나 앞으로는
용의 머리 당당하게 높이 솟고 목에는 노란 황금 타오르는 듯 하다.
용의 배에는 노랗고 붉은 점을 찍고 키를 지나 뒤로 가면
거대한 꼬리 둥글게 말았으니 모두 은비늘로 덮였구나.
검은 날개 가장자리 붉게 칠하고 모두 펼치면
엘리다 날카롭게 휩쓸고 가는 폭풍과 경주하고 독수리를 능가 했다.
뱃전에 전사들 가득하고 물 위를 항해하면
마치 요새가 떠가는 듯, 전쟁을 앞둔 제후의 집이 떠가는 듯.
이 배 널리, 멀리 명성을 얻어 북쪽의 배 가운데 으뜸이라 했네.

– 프리티오프 사가(텡네르 / 스폴딩 옮김)

다음 해, 토르스텐과 벨레, 앙간튀르는 오크니 제도를 정복했다. 이곳은 앙간튀르의 왕국이 되었고, 그는 자진해서 해마다 벨레에게 조공을 바치기로 약속했다. 다음으로 토르스텐과 벨레는 볼룬드가 만들었다는 마법의 팔찌(겨드랑이 가까이에 끼는 고리 모양의 장식 – 옮긴이 주)를 찾아 나섰다. 이 보물은 유명한 해적 소테^{Sote}가 훔쳐간 것으로 알려져 있었다.

그런데 이 용감한 해적은 누가 이 팔찌를 빼앗을까봐 두려워서 브레틀란드의 한 언덕에 팔찌와 함께 산 채로 묻히는 길을 선택했다. 그리고 그곳에서 유령이 되어 계속해서 팔찌를 지키고 있었다. 토르스텐은 무덤 안으로 들어갔다. 밖에서 기다리던 벨레는 공격을 주고받는 무서운 소리를 들었다. 또, 초자연적인 불이 끔찍한 빛을 발하기도 했다.

마침내 토르스텐이 비틀거리며 무덤에서 나왔다. 창백하고 피투성이였지만 승리는 그의 것이었다. 하지만 토르스텐은 탐내던 보물을 차지하기 위해 겪어야만 했던 공포에 대해서는 결코 입을 열지 않았다. 대신 종종 팔찌를 내보이며 이렇게 말하곤 했다.

"내가 살면서 떤 적이 딱 한 번밖에 없는데, 그게 이 고리를 잡았을 때라네!"

프리티오프와 잉게보르그의 탄생

북유럽 최고의 보물 세 가지를 손에 넣은 토르스텐은 프라마스로 돌아갔다. 잉게보르그는 그에게 건강한 사내아이 프리티오프^{Frit-}

hiof를 낳아주었다. 벨레에게도 할프단^(Halfdan)과 헬게^(Helge)라는 두 아들이 태어났다. 아이들은 함께 뛰어놀며 잘 자라났다. 그 즈음 벨레에게 딸이 태어났다. 아이에게는 고모와 같이 잉게보르그라는 이름을 붙였다. 얼마 뒤 잉게보르그는 힐딩^(Hilding)에게 맡겨졌는데, 그는 프리티오프의 양부이기도 했다. 토르스텐이 자주 집을 비우는 터라 아들을 훈련시키기 어려웠던 것이다.

그들은 명랑하게 자라났다, 정직한 기쁨 속에서.
어린 프리티오프는 어린 나무.
그의 옆에서 싹트기 시작하는 아름다움,
다정한 잉게보르그, 정원의 자부심.

- 프리티오프 사가(텡네르 / 롱펠로 옮김)

프리티오프는 양아버지의 훈련을 받으며 이내 강인하고 두려움을 모르는 청년으로 자라났다. 잉게보르그도 갈수록 상냥하며 사랑스러운 아가씨로 성장했다. 두 사람은 함께 있을 때 가장 큰 행복을 느꼈다. 점점 나이가 들어가자 어린애다운 애정은 하루가 다르게 더 깊고 열렬한 감정으로 변했다. 이런 상황을 알아차린 힐딩은 프리티오프를 일깨워주고자 했다. 그는 한낱 백성에 불과하니 왕의 외동딸과는 어울리는 짝이 아니라고 말이다.

별이 빛나는 하늘 위 오딘에게까지
그녀의 왕가 혈통 거슬러 올라가노라.

그러나 너는 토르스텐의 아들. 잊어버려라!
비슷한 사람끼리 만날 때 가장 번성한다고 사람들은 말하나니.

- 프리티오프 사가(텡네르 / G. 스티븐스 옮김)

잉게보르그(M. E. 빙에 作)

:• 잉게보르그를 향한 프리티오프의 사랑

____ 그러나 힐딩의 현명한 경고는 이미 너무 늦은 것이었다. 프리티오프는 열정적으로 선언했다. 신분이 부족할지언정, 어떤 장애물이 그를 가로막을지언정 아름다운 잉게보르그를 반드시 신부로 맞겠

다고.

얼마 뒤 벨레와 토르스텐의 마지막 만남이 이루어졌다. 세상을 떠날 때가 가까워진 것을 느낀 왕이 발데르의 웅장한 신전 부근에서 엄숙한 집회(팅Thing)를 연 것이다. 중요한 위치에 있는 백성들에게 헬게와 할프단을 왕위계승자로 선보이기 위해서였다. 젊은 후계자들은 냉담하게 받아들여졌다. 헬게는 우울하고 무뚝뚝한 성격에 사제가 되고 싶어 했고, 할프단은 심약하고 여자 같은 성격에 전쟁이나 사냥보다는 쾌락을 더 좋아하는 것으로 유명했기 때문이다. 오히려 군중들은 왕자들 곁에 서 있는 프리티오프에게 경탄의 시선을 보냈다.

그러나 왕자들 바로 뒤에 프리티오프
푸른 망토를 둘렀네.
그 키 머리 하나는 더 크구나
두 왕자들 키보다.

프리티오프 두 형제 사이에 서 있네 —
마치 무르익은 한낮이
장밋빛 아름다운 어린 아침과
숲속에 내린 밤, 그 사이에 선 듯하다.

- 프리티오프 사가(텡네르 / G. 스티븐스 옮김)

벨레는 아들들에게 마지막 가르침을 내리고 조언을 해준 다음, 프리티오프에게도 따뜻한 인사를 건넸다. 늙은 왕은 이제 평생의 지기,

토르스텐을 바라보고 작별 인사를 했다. 늙은 전사는 오래 떨어져 있지 않을 것이라고 답했다. 이제 벨레는 다시 두 아들에게 명했다. 자신의 무덤을 쌓을 때는 토르스텐의 무덤이 보이게 해야 한다고. 무덤 사이, 좁은 만에 흐르는 물을 건너 두 사람의 영혼이 이야기를 나눌 수 있기를, 죽은 뒤에도 서로 떨어지지 않기를 원한다고 말이다.

헬게와 할프단

얼마 되지 않아 벨레의 늙은 친구도 숨을 거두었다. 왕의 마지막 명령은 경건하게 수행되어 거대한 무덤 두 개가 세워졌다. 헬게와 할프단 형제가 왕국을 다스리기 시작했다. 어린 시절 놀이 친구였던 프리티오프는 고향 프라마스로 돌아갔다. 아늑한 골짜기 안에 자리한 프라마스는 비옥한 땅이었다. 주위로 높은 산과 변화무쌍한 협만이 둘러싸고 있었다.

> 집과 밭을 둘러싸고 10리를 뻗어나가면 삼면에
> 골짜기와 산, 언덕이 있고 넷째 면은 바다구나.
> 정상에는 자작나무 빽빽하고 산비탈 내리막길
> 황금빛 옥수수 넘쳐나며 사람 키만 한 호밀이 흔들거린다.
>
> - 프리티오프 사가(텡네르 / 롱펠로 옮김)

프리티오프는 충직한 부하들에게 둘러싸여 있었고 부유하게 살았다. 영웅인 아버지가 남겨준 유명한 보물도 있었다. 마법의 검 앙구르바델, 볼룬드의 팔찌, 무적의 배 엘리다였다. 그래도 프리티오프는 행복하지 않았다. 이제는 아름다운 잉게보르그를 날마다 만날 수 없었기 때문이다. 하지만 봄이 오고 그의 초대를 받아들인 두 왕이 방문하자 프리티오프는 전과 같은 활기를 되찾았다. 왕의 누이도 동행했기 때문이다. 그들은 즐거이 우정을 나누며 다시 한 번 긴 시간을 함께 보냈다. 만남이 이어지는 사이 프리티오프는 기회를 놓치지 않고 잉게보르그에게 자신의 깊은 연정을 알렸다. 그러자 그녀에게서도 사랑의 고백이 돌아왔다.

프리티오프, 공주의 곁에 앉아 그녀의 부드러운 손을 잡으니
기분 좋게 돌아오는 부드러운 힘을 느꼈다.
사랑이 넘치는 눈빛에
답해오는 눈빛, 햇빛 속에 잔잔한 달빛과 같네.

- 프리티오프 사가(텡네르 / 롱펠로 옮김)

프리티오프의 구혼

____ 손님들이 방문을 마치고 돌아가자 프리티오프는 친구이자 동지인 뵤른Björn에게 그들을 따라가 공개적으로 잉게보르그에게 구혼하겠다고 알렸다. 밧줄에서 풀려난 프리티오프의 배는 독수리처럼 순식간에 발데르 신전과 가까운 해안으로 들어섰다. 두 왕은 백성들의 청원을 듣기 위해 위엄을 갖추고 벨레의 무덤 위에 앉아 있었다. 프리티오프는 곧바로 왕 앞으로 나아가 남자답게 구혼했다. 선왕도 언제나

자신을 사랑했기에 분명 그의 청을 들어주었으리라 덧붙였다.

> 내 아비는 왕도 아니고, 귀족조차 아니니 — 이는 사실이오.
> 그러나 음유시인의 노래 내 아비를 추억하고 그 업적을 되살리며
> 룬을 새긴 비석
> 둥근 천장 높이 올린 돌무덤에 있어 내 혈족의 공을 알린다오.
>
> 내 쉬이 땅과 통치권을 얻을 수 있으나 —
> 대신 선조들의 바다에 머물며
> 무기를 휘둘러
> 가난한 집과 왕의 궁전을 모두 보호하려 하리라.
>
> 벨레의 둥근 무덤에 우리 서 있으니. 한마디, 한마디
> 저 아래 깊은 심연에서 그가 듣고 있으며, 지금껏 들어왔소.
> 프리티오프 간청하나이다,
> 돌무덤 안의 옛 왕이여. 생각해주소서! 생각이 필요한 대답이 옵니다.
>
> - 프리티오프 사가(텡네르 / G. 스티븐스 옮김)

그 다음 프리티오프는 그가 간절히 원하는 동반자를 얻게 해준다면 그 대가로 평생 충성을 맹세하고 강력한 오른팔이 되겠다고 약속했다.

프리티오프가 말을 마치자 헬게 왕이 일어나 경멸조로 말했다.

"내 누이가 평민의 아들 따위에게 가당키나 한가. 북쪽 땅의 자부심 넘치는 왕들이라면 모를까, 그대는 아니네. 그대가 내놓은 건방진 조건에 대해 말하자면, 내 왕국은 내가 지킬 수 있네. 그래도 그대가 내 사람이 되고자 한다면 내 집에서 허드렛일 하는 자리는 주겠네."

공개적으로 모욕을 당한 프리티오프는 격노해서 무적의 검을 뽑아 들었다. 하지만 이곳이 신성한 장소라는 사실을 잊지 않았기에 왕의 방패만 내리쳤다. 방패는 둘로 쪼개져 땅에 떨어졌다. 프리티오프는 침묵을 지키며 우울하게 배로 돌아왔고 바다로 나갔다.

헬게의 방패를 둘로 쪼갠 프리티오프(크누트 에크발 作)

그리고 보라! 일격에 둘로 나뉘어
헤겔 왕의 황금 방패 떡갈나무 기둥에서 떨어졌구나.
칼이 부딪치는 소리에
위로는 산 자가 놀라고 아래로는 죽은 자가 놀랐다.

- 프리티오프 사가(텡네르 / 롱펠로 옮김)

시구르드 링의 구혼

프리티오프가 떠난 뒤, 노르웨이 링그리크 왕국의 늙은 왕 시구르드 링^{Sigurd Ring}이 전령을 보내왔다. 아내를 잃은 링 왕이 잉게보르그와 결혼하고 싶다는 의사를 전해온 것이었다. 왕의 구혼에 답하기 전, 헬게는 발라(예언자)와 의논을 했다. 발라는 이 혼인에 상서롭지 못한 징조가 보인다고 대답했다. 따라서 헬게는 측근들을 한자리에 모았다. 전령이 돌아가서 왕에게 전할 대답을 모두 듣게 하려는 의도였다.

하지만 불행히도 그 자리에서 할프단 왕이 구혼자의 나이가 많다고 비웃으며 우스꽝스러운 농담을 던졌다. 이 무례한 발언은 그대로 링 왕에게 전해졌다. 링은 몹시 불쾌해하며 즉시 군대를 소집하고 행군 준비를 했다. 송은 왕국의 두 왕에게로 쳐들어가 자신이 받은 모욕을 칼로 되갚아줄 생각이었다. 링 왕이 진격하고 있다는 소문은 겁쟁이 형제에게도 들어갔다. 두 왕은 자기들 힘으로만 적과 맞서자니 겁이 났다. 그래서 힐딩을 보내 프리티오프의 도움을 구했다.

힐딩은 뵤른과 체스를 두고 있는 프리티오프를 보자마자 즉시 사명을 다했다.

벨레의 높은 후계자들이 보내
정중한 말과 부탁을 가져왔네.
끔찍한 소식 용감한 자를 깨우니
나라의 희망이 그대에게 달려 있다.
[중략]
발데르의 신전에 비탄에 빠진 사랑스러운 이
상냥한 잉게보르그 종일 울고 있네.
말해 보라. 그녀의 눈물 외로이 떨어져야 하는가,
아니면 그녀의 전사를 곁으로 불러야 하는가?

― 프리티오프 사가(텡네르 / 롱펠로 옮김)

늙은 힐딩이 말하는 동안 프리티오프는 계속해서 체스를 두었다. 이따금씩 불쑥 수수께끼 같은 말을 내뱉었는데, 모두 두고 있는 체스 이야기였다.

뵤른. 자네 내 퀸을 쫓았으나 헛수고라네.
내 퀸은 어릴 때부터 최고로 사랑스럽고 진실했지!
그녀는 내 말 중 가장 특별한 말이니
무슨 일이 닥쳐오든 ― 내 퀸을 구하리라!

― 프리티오프 사가(텡네르 / G. 스티븐스 옮김)

힐딩은 이런 식의 대답을 이해하지 못했다. 그래서 결국에는 무심하다며 프리티오프를 꾸짖었다. 그러자 프리티오프가 일어나 노인의

북유럽 신화, 재밌고도 멋진 이야기

손을 다정하게 잡았다. 그리고 왕들에게 대답을 전해달라고 했다. 부탁을 들어주기에는 너무 심한 모욕을 당했다는 것이 그의 대답이었다.

헬게와 할프단은 가장 용맹한 지휘관을 빼놓고 전투를 할 처지가 되자, 시구르드 링과 협정을 맺는 쪽을 선택했다. 누이 잉게보르그를 주기로 한 것은 물론, 해마다 조공을 바치기로 한 것이다.

발데르 신전

____ 두 왕이 송은 해협에서 링 왕을 만나는 동안 프리티오프는 서둘러 발데르의 신전으로 갔다. 잉게보르그의 안위를 생각해 왕들이 누이를 신전으로 보냈기 때문이다. 힐딩의 말대로 그녀는 슬픔에 사로잡혀 있었다. 신전 내에서 남녀가 말을 섞는 것은 신성모독으로 여겨졌다. 그러나 프리티오프는 그녀를 위로하지 않을 수 없었다.

다른 모든 것은 중요하지 않았다. 프리티오프는 입을 열어 잉게보르그를 위로했다. 잉게보르그는 신의 분노를 살까봐 불안해했지만, 그는 그 불안마저 잠재웠다. 이토록 순수한 사랑은 성역을 더럽힐 수 없으므로 선한 신 발데르라면 그들의 순결한 열정을 틀림없이 인정해주실 것이라고 안심시켰던 것이다. 그리고 두 사람은 발데르의 신전에서 결혼을 약속했다.

"그대, '발데르'라고 속삭임은 신의 분노를 두려워함이나
온화한 신 앞에서는 모든 화가 사라진다오.
이곳에서 우리가 숭배하는 신은 사랑하시는 분이라오, 아름다

운 이여!
우리 마음속 사랑은 그분께 바치는 제물.
이마가 태양처럼 찬란히 빛나는 신,
그분의 믿음은 영원한 것.
그분 아름다운 난나를 사랑하심이
내가 그대를 사랑하는 듯 순수하고 따뜻하지 않소?

그분의 상을 보시오! — 그분에 대해 곰곰이 생각해 보시오 —
그 빛나는 눈, 얼마나 온화하고 얼마나 선하게 움직이시는지!
나는 여기 성상 앞에서 제물을 바치려 하오.
순수한 사랑으로 가득한 따뜻한 마음을 바치려 하오.
자, 나와 함께 무릎을 꿇어 주오! 그 어떤 향보다
발데르 더 흡족히 여기실 것이오.
그분의 앞에서 맹세하는 두 마음,
그분과 같이 서로 진정한 믿음을 나누는 마음을."

- 프리티오프 사가 (텡네르 / G. 스티븐스 옮김)

잉게보르그는 프리티오프의 말을 듣고 안심했다. 자신의 마음속에서 크게 들려오는 목소리도 그 생각에 힘을 실어주었다. 결국 잉게보르그는 그와의 만남, 그리고 대화를 거절하지 못했다. 왕들이 없는 사이, 젊은 연인은 매일 만났고 사랑의 징표를 교환했다. 프리티오프는 잉게보르그에게 볼룬드의 팔찌를 선물했다. 잉게보르그는 강요에 의해 프리티오프 한 사람을 위해 살겠다는 약속을 지키지 못하게 된다

면 이 징표를 돌려보내겠다고 엄숙하게 맹세했다. 프리티오프는 연인의 애정 어린 부탁에 못 이겨 왕들이 돌아올 때까지 남아 있었다. 그리고 다시 한 번 왕들 앞에 나아가 말했다. 잉게보르그를 신부로 맞이하게 해주면 시구르드 링의 속박에서 풀어주겠다고.

"전쟁이 그대 국경 안에 들어와
그 빛나는 방패를 내리치고 있소.
헬게 왕이여, 당신의 왕국이 위험에 처했소.
허나 누이를 주시면 내 힘을 빌려드리고
전장에서 당신을 호위하리다. 왕께 큰 도움이 될 것이오.
자! 우리 사이의 유감은 잊읍시다!
나는 잉게보르그의 오라비와 척을 지기 싫소.
조언에 귀를 기울이시오, 왕이여! 공정하게 생각하시오! 그리고 즉시
그대 황금 왕관과 누이의 마음을 보전하시오!
여기 내 손이 있소. 아사토르에게 맹세하니
이후로는 다시 화해의 손길을 내밀지 않을 것이오!"

– 프리티오프 사가(텡네르 / G. 스티븐스 옮김)

❖ 추방된 프리티오프

그 자리에 모여 있던 전사들은 환호하며 그의 제안을 받아들였다. 하지만 헬게는 혹시 잉게보르그와 이야기를 나누어 발데르의 신

전을 더럽힌 적이 있냐고 경멸하듯 물었다.

"아니라고 말하시오, 프리티오프! 아니라고 말하시오!"

이와 같은 외침이 전사들 사이에서 터져 나왔다. 하지만 프리티오프는 자랑스럽게 대답했다.

"발할라를 얻고자 거짓을 말하지는 않겠소. 헬게, 당신 누이와 이야기를 나누기는 했으나 발데르의 평안을 해치지는 않았소."

프리티오프의 자백에 경악한 병사들 사이로 낮게 웅성거리는 소리가 퍼져나갔다. 그리고 헬게가 냉혹한 목소리로 심판을 내렸을 때, 그 심판이 부당하다고 나선 이는 아무도 없었다.

사실 그냥 보기에는 그렇게 가혹한 심판은 아니기도 했다. 하지만 헬게는 이것이 죽음을 의미한다는 사실을 잘 알고 있었고, 그것을 바라고 있기도 했다.

서쪽으로 멀리 떨어진 오크니 제도는 야를 앙간튀르가 다스리고 있었다. 그는 벨레에게 해마다 조공을 바쳤다. 하지만 선왕이 돌무덤에 묻힌 이후로는 조공을 보내지 않았다. 소문에 앙간튀르는 무자비하고 포악한 사람이었다. 그와 대면하고 조공을 요구하는 것이 프리티오프에게 주어진 임무였다.

배를 타고 심판의 여정을 떠나기에 앞서 프리티오프는 한 번 더 잉게보르그를 찾아갔다. 자신과 함께 도망쳐 태양이 빛나는 남쪽에서 살자고 애원하기 위해서였다. 그곳에서 자신은 그녀의 행복을 법으로 삼고 살 것이며, 그녀는 존경받는 아내로서 그의 부하들을 다스리게 되리라. 그러나 잉게보르그는 슬퍼하며 동행을 거절했다. 아버지가 더는 안 계시니 오라버니들에게 무조건 복종하는 것이 자신의 의무라고 대

답했다. 그들의 허락 없이는 결혼할 수 없었다.

성질이 불같은 프리티오프는 희망이 깨지자 처음에는 실망해서 견딜 수 없었다. 그러나 결국에는 고결한 본성이 감정을 이겼다. 가슴이 미어지는 작별 인사 끝에 프리티오프는 엘리다를 출항시키고 슬픔에 젖어 항구를 떠났다. 잉게보르그는 눈물 어린 눈으로 떠나가는 배를 지켜보았다. 배가 점점 희미해지다가 저 멀리에서 사라져버릴 때까지.

배가 시야에서 막 사라지려는 순간 헬게는 헤이드Heid와 함Ham이란 두 마녀를 불러왔다. 그리고 주문을 외워 바다에 폭풍을 일으키라

연인의 출항을 지켜보는 잉게보르그(크누트 에크발 作)

고 명령했다. 그것도 신이 주신 배, 엘리다조차 무사하지 못하고 배에 탄 모든 사람이 살아남지 못할 만한 엄청난 폭풍을 말이다. 마녀들은 즉각 명령에 복종했다. 헬게의 도움까지 더해지자 금세 폭풍이 일었다. 그 맹렬함은 역사상 유래가 없을 정도였다.

헬게, 물가에 서서
마법의 주문을 외우니
강력하게 명령하네,
땅 위의 혹은 지옥의 악마에게.
어둠이 몰려와 하늘을 뒤덮었다.
듣노라, 멀리서 울리는 천둥소리!
무시무시한 번개 하늘을 가로지르고
질주한다, 검은 북극에서 피를 부르며.
바다, 그 밑바닥 끓어올라
거품어린 파도에 널리 흩어진 피와
비명소리, 날쌘 추적이 이룰 터
바다 새들 그들의 섬을 집으로 삼는다.

- 프리티오프 사가 (텡네르 / 롱펠로 옮김)

그러자 속박에서 벗어난 폭풍
그가 간 길을 쫓아 맹렬히 날아간다. 그리고 바다 거품 속
이제 그 몸을 담그고 위로 올라간다,
빙빙 돌며 신들의 고향으로.

배 위의 공포에 질린 영혼 경고하네
소리 높여 최고로 큰 파도를 ―
밖에서 올려다본 희고 거대한 아가리
끝없는, 깊이 모를 무덤이구나.

- 프리티오프 사가(텡네르 / G. 스티븐스 옮김)

❖ 폭풍

    배를 흔들어대는 파도와 쌩쌩 불어오는 돌풍에도 프리티오프는 놀라는 기색이 없었다. 오히려 활기찬 노래를 부르며 겁에 질린 선원들을 안심시키려고 했다. 그러나 너무나도 큰 위험이 닥쳐오자 지친 부하들은 이제 죽은 목숨이라 여기고 단념했다. 그때 프리티오프는 란 여신에게 바칠 조공을 생각해냈다. 언제나 탐욕스러운 여신에게 황금을 바치면 파도 아래에서 평화롭게 잠들 수 있지 않는가. 프리티오프는 팔에 차고 있던 장식을 무적의 칼로 잘라 부하들에게 공평하게 나누어 주었다.

누가 빈손으로 내려가
푸른 바다의 란 여신을 만나는가?
그녀의 입맞춤 차디차고,
그 포옹 덧없다.

- 프리티오프 사가(텡네르 / G. 스티븐스 옮김)

그 다음 프리티오프는 뵤른에게 키를 맡기고 수평선을 보러 돛대 위로 올라갔다. 돛대 위에 앉아 둘러보니 고래 위에 앉아서 폭풍을 모는 마녀 둘이 보였다. 프리티오프는 배에게 고래와 마녀들을 들이받으라고 명령을 내렸다(엘리다에는 그의 말을 알아듣고 명령에 복종하는 힘이 있었다). 바다는 마녀들의 피로 붉게 물들었다. 동시에 바람이 잠잠해지고 파도가 위협을 멈추었다. 바다 위로 다시금 맑은 하늘이 미소를 보냈다.

초인적인 힘을 발휘한데다가 배에 들이찬 물을 퍼내느라 고생한 탓에 선원들은 기진맥진이었다. 끝내 오크니 제도에 도착했을 때는 배에서 내릴 힘조차 없었다. 뵤른과 프리티오프는 그런 선원들을 떠메고 해변으로 데려와 모래사장에 뉘어주었다. 그리고 이제 모든 고난이 끝났으니 쉬면서 기운을 차리라고 격려했다.

그러나 배보다 더 지친
프리티오프의 용감한 부하들 비틀거리네.
저마다 무기에 기대었으나
이제 똑바로 선 이는 찾아보기 힘들구나.
뵤른, 강한 어깨에 대담하게
네 명을 떠메고 뭍으로 데려간다.
프리티오프 혼자서만 여덟을 짊어지고 —
타오르는 모닥불 옆에 둥글게 내려놓았다.

"아닐세. 하얗게 질린 얼굴을 하고서는 창피해하지 말게!

파도는 위대한 바이킹이라네.
감당할 수 없는 싸움, 힘든 법이지 —
우리 적은 바다의 여신이었으니.
보게! 저기 술을 담은 뿔잔이 오네.
받침을 빛나는 금으로 장식한 술잔이네.
형제들이여! 차가워진 팔다리를 녹이시게나 — 그리고
잉게보르그를 위하여 건배!"

- 프리티오프 사가(텡네르 / G. 스티븐스 옮김)

프리티오프와 그의 부하들이 상륙하는 동안, 앙간튀르의 감시병이 그 모습을 지켜보고 있다가 즉각 주인에게 가서 자신이 본 모든 것을 알렸다. 야를은 외쳤다. 그만한 강풍을 헤쳐 나올 수 있는 배는 엘리다 뿐이리라. 그러니 배의 선장은 토르스텐의 용감한 아들 프리티오프가 틀림없으리. 이 말을 듣자 그를 따르는 베르세르크 아틀레^{Atle}가 무기를 들더니 성큼성큼 회장을 걸어 나갔다. 프리티오프에게 도전해, 듣던 대로 이 젊은 영웅이 정말 용감한지 확인해 보겠다고 외치며.

아틀레의 도전

여전히 크게 지친 상태였지만 프리티오프는 곧바로 아틀레의 도전을 받아들였다. 날카롭게 한 번 칼날을 맞부딪치니 앙구르바델의 승리가 자명했다. 그러자 두 전사는 서로를 붙들더니 격렬하게 뒤엉켰다. 북유럽에서는 씨름 시합도 흔했다. 두 영웅은 그야말로 호적수였다. 그러나 결국 프리티오프가 아틀레를 집어던지며 판세가 결정 났다. 손이 닿는 곳에 칼이 있었다면 그 순간 그를 죽였으리라.

　프리티오프의 의도를 알아차린 아틀레는 그가 없어도 꼼짝하지 않고 가만히 있을 테니 가서 칼을 찾아오라고 했다. 전사가 이와 같은 약속을 했을 때는 결코 어길 리가 없었다. 이를 잘 알고 있었던 프리티오프는 그의 말에 따랐다. 칼을 찾아오니 아틀레가 침착하게 죽음을 기다리고 있었다. 프리티오프는 마음이 누그러져서 아틀레에게 일어나 살라고 명령했다.

　　그리고 두 사람 덤벼드니 한 치의 양보도 없어
　　둘 다 가을바다 큰 파도와 같네!
　　몇 번이고 둥근 철 방패 막아내었네,
　　가슴에 부딪쳐오는 맹렬한 일격.

　　두 마리 곰과 같이 맞붙었다
　　눈 덮인 언덕에서. 끌고
　　당기며 싸우는 모습, 마치
　　성난 바다 위에서 전쟁 중인 독수리.
　　뿌리 단단히 박힌 바위
　　이들 사이에서 온전히 버티지 못하고
　　땅속 깊이 뿌리를 휘감은 푸른 참나무
　　그보다 적은 힘으로도 뽑히리라.
　　두 사람 넓은 이마 위로 땀이 흐르고

그들의 가슴 냉정하게 들썩인다.
돌과 언덕, 덤불이
백 배로 얻어맞았네.
- 프리티오프 사가(텡네르 / G. 스티븐스 옮김)

두 전사는 만족하여 함께 앙간튀르의 궁전으로 갔다. 프리티오프는 그의 궁전이 고향의 투박한 집들과는 전혀 다르다고 생각했다. 벽에는 가죽을 덮었는데, 화려하게 금박 문양을 넣었다. 벽난로 선반은 대리석이었으며 유리창에는 창틀이 있었다. 또, 가지 모양 은촛대 위에서 수많은 초가 타오르며 은은한 빛을 발하고 있었다. 게다가 식탁에는 산해진미가 잔뜩 차려져 있었다.

은으로 만든 높은 의자에 야를이 앉아 있었다. 금빛 미늘 갑옷을 입고, 테두리를 흰담비 털로 장식한 호화로운 망토를 두르고 있었다. 그는 프리티오프가 들어오자 자리에서 일어나 다정하게 팔을 벌렸다.

"내 옛 친구 토르스텐과 가득 찬 뿔잔을 수도 없이 비웠노라. 그의 용감한 아들도 내 식탁에서 똑같이 환영받으리."

프리티오프는 기꺼이 앙간튀르의 옆자리에 앉아 먹고 마시며 땅과 바다에서 겪었던 모험 이야기를 들려주었다.

그러나 결국에는 자신이 맡은 임무를 다할 수밖에 없었다. 앙간튀르는 헬게에게는 조공을 바칠 이유가 없으니 아무것도 바치지 않겠다고 대답했다. 하지만 옛 친구의 아들에게 대가 없이 필요한 만큼 선물할 테니 어떻게 쓰는지는 자유에 맡기겠다고 덧붙였다. 그 사이 돌아가는 뱃길이 험한 계절이 되었다. 폭풍이 계속해서 바다를 휩쓸었다.

앙간튀르는 프리티오프에게 겨울 동안 머물러가라고 권했다. 출발을 허락한 것은 온화한 봄바람이 불어온 뒤였다.

프리티오프의 귀향

친절한 앙간튀르의 허락을 받고 프리티오프는 항해에 나섰다. 순풍을 타면서 엿새 만에 프라마스를 다시 볼 수 있었다. 그러나 프리티오프의 집은 헬게의 명령에 의해 잿더미가 되어 있었다. 어린 시절을 보냈던 집이었다. 프리티오프는 상심하여 폐허가 된 집터를 서성였다. 황폐한 집터를 보니 원망으로 가슴이 불타는 것 같았다. 하지만 집터가 완전히 버려진 것은 아니었다.

문득 프리티오프는 기르던 사냥개가 자신의 손에 코를 들이미는 것을 느꼈다. 잠시 뒤 가장 아끼던 말도 주인 곁으로 달려왔다. 충성심 깊은 말은 기뻐서 거의 미칠 지경이었다. 마지막으로 힐딩이 나타나 그를 반겨주었다. 그리고 잉게보르그는 이제 시구르드 링의 아내가 되었다고 전했다. 이 소식을 듣고 프리티오프는 베르세르크의 분노에 사로잡혔다. 그는 부하들에게 항구의 배에 구멍을 뚫어두라고 명령하고 헬게를 찾으러 신전으로 향했다.

왕은 중앙에 왕관을 쓰고 서 있었으며 사제들이 그를 빙 둘러싸고 있었다. 일부는 관솔에 불을 붙여 휘두르기도 했고, 모두 제물을 바칠 때 쓰는 부싯돌 칼을 쥐고 있었다. 돌연 무기가 맞부딪치는 소리가 들리더니 프리티오프가 불쑥 들어왔다. 낯빛이 가을 폭풍만큼 어두웠다. 헬게는 창백한 얼굴로 성난 영웅을 마주보았다. 프리티오프가 왔다는

프라마스로 돌아온 프리티오프(크누트 에크발 作)

것이 무엇을 의미하는지 잘 알고 있었기 때문이다.

"당신이 원한 조공을 받으시오, 왕이여."

프리티오프는 이렇게 말하며 허리띠에 달고 있던 주머니를 헬게의 얼굴로 던졌다. 어찌나 세게 던졌는지 왕은 입에서 피를 흘리며 정신을 잃고 발데르의 발치에 쓰러졌다. 흰 수염의 사제들이 이 소란 혹은 폭력에 개입하려 했으나 프리티오프는 그들에게 물러나라는 몸짓을 했다. 그의 모습이 지나치게 위협적인 나머지 감히 그의 명령을 따르지 않는 이는 없었다.

프리티오프의 시선이 잉게보르그에게 주었던 팔찌에 머물렀다. 헬게가 발데르의 팔에 끼워둔 것이었다. 목상으로 다가가며 프리티오프가 말했다.

"용서하소서, 위대한 신이시여. 그 고리는 당신을 위해 볼룬드의 무덤에서 빼앗아온 것이 아니옵니다."

프리티오프가 장식을 잡고 세게 끌어당겼지만 고리는 빠지지 않았다. 온 힘을 다해 당기자 갑자기 쑥 빠지는 느낌과 함께 볼룬드의 팔찌가 그의 손에 들어왔다. 그리고 동시에 발데르의 목상이 제단 위에 피워둔 불 쪽으로 고꾸라졌다. 순식간에 목상은 불길에 휩싸였고, 손써 보기도 전에 신전 전체가 불과 연기에 둘러싸였다.

발데르 신전의 프리티오프(크누트 에크발 作)

모두, 모두 잃었다! 반쯤 탄 신전에서
불처럼 붉은 수탉 위로 뛰어오르네! —
지붕 위에 앉아 우렁차게 울더니
날개 퍼덕이며 자유로이 날아간다.

- 프리티오프 사가(텡네르 / G. 스티븐스 옮김)

프리티오프는 본의 아니게 저지른 신성모독에 놀라 불을 끄고 귀중한 성소를 구해보려 했다. 하지만 소용없었다. 어떤 노력도 무의미했다. 그는 배로 몸을 피하고 떠돌이, 추방자가 되어 고된 삶을 살기로 결심했다.

쉬어서는 안 되리
계속해서 서둘러야만 하리
엘리다! — 나가라
저 넓은 세상으로.
그래! 즐겨라! 떠돌아라,
소금 거품이 이는 바다 가운데를
내 착한 용선이여.

맹렬한 파도여
내 친구가 되어라! — 결코
내 그대와 떨어지지 않으리라! —
내 아버지의 무덤

단단히 묶여 지루하게 서 있으니
똑같이 큰 파도
변함없는 장송곡을 부르라.

그러나 바다는 내내 나의 것
거품 꽃 반짝이고
비바람 몰아치는 가운데
맹렬한 폭풍 점차 어둠을 부르며
더 나아가 끌어당긴다
아래로, 아래로, 저 밑으로 —
멀리 내몰린 나에게 주어진
평생 지낼 집이여!
내 무덤이 되리라 —
그대 넓고 자유로운 바다여!

- 프리티오프 사가(텡네르 / G. 스티븐스 옮김)

❖ 추방자 프리티오프

헬게는 커다란 용선 열 척을 띄워 추적에 나섰다. 하지만 배들은 모두 항해를 시작하나 싶더니 곧 가라앉기 시작했다. 뵤른이 웃으며 말했다.

"란 여신이라면 무엇이 되었든 한번 끌어안은 것을 놔주지 않을 거라 믿네."

헬게 왕조차 고생 끝에 겨우 해변에 닿을 수 있었다. 살아남은 자들은 그곳에서 무기력하게 서 있을 수밖에 없었다. 그 사이 엘리다는 멀리 나아가 천천히 수평선 아래로 사라졌다. 마찬가지로 프리티오프도 고향땅이 시야에서 사라지는 모습을 슬프게 바라보았다. 그리고 고향이 시야에서 사라지자 다시 못 볼 사랑하는 조국에 나직하게 작별 인사를 했다.

이렇게 고향을 떠난 프리티오프는 해적, 다시 말해 바이킹이 되어 바다를 누볐다. 그에게는 규칙이 있었다. 어디에도 정착하지 않을 것, 방패 위에서 잘 것, 싸울 때는 적에게 자비를 받지도 베풀지도 않을 것, 조공을 바치는 배는 보호하고 그렇지 않은 배는 약탈할 것, 전리품은 부하들에게 모두 나누어줄 것, 자신을 위해서는 아무것도 남기지 않을 것. 오직 명성만이 그의 몫이었다.

항해하고 전투를 벌이며 프리티오프는 여러 나라를 다녔다. 그리고 마침내 태양이 빛나는 그리스의 섬들을 찾아가게 되었다. 이곳으로 잉게보르그를 데려와 신부로 맞이했을 수도 있었다. 그 풍경을 바라보니 슬픈 기억이 물밀듯이 밀려왔다. 사랑하는 이와 고향이 그리워서 거의 견디지 못할 정도였다.

시구르드 링의 왕궁

3년이 지나고 프리티오프는 북쪽으로 돌아가 시구르드 링의 왕궁을 찾아가기로 결심했다. 계획을 털어놓자 충직한 보른은 혼자서 갈 생각이라니 무모하다고 나무랐다. 하지만 프리티오프의 고집은 꺾이지 않았다.

"옆구리에 앙구르바델을 차고 있는 한, 나는 결코 혼자가 아닐세."

엘리다를 비크(크리스티아니아 피오르,의 핵심부)로 몰고 간 프리티오프는 배를 뵤른에게 맡겨두고 자신은 곰 가죽을 뒤집어 써 변장을 했다. 그리고 홀로 걸어서 시구르드 링의 궁전에 도착했다. 율 축제가 한창이었다. 프리티오프는 나이든 거지처럼 문가에 있는 나무 의자에 앉았다. 궁정 사람들은 금세 그를 두고 거친 우스갯소리를 늘어놓았다. 거지로 변장한 프리티오프는 짓궂게 굴던 사람 하나가 바로 옆으로 오자, 그를 붙들어 머리 위로 던져버렸다.

프리티오프의 괴력을 본 사람들은 겁에 질렸고 서둘러 그의 곁에서 물러났다. 시구르드 링도 이 소동을 주의 깊게 바라보고 있었다. 그는 낯선 손님에게 가까이 다가와 왕궁의 평화를 깨뜨린 자가 누구인지 밝히라고 준엄하게 명령했다.

프리티오프는 얼버무리며 대답했다. 자신은 참회 속에서 자랐고, 가난을 물려받았으며 이리 자리를 타고 났다고. 이름에 대해서는 중요하지 않다고 했을 뿐이었다. 왕은 예의에 따라 더는 대답을 강요하지 않았다. 대신 자신과 왕비의 옆자리에 앉아 함께 잔치를 즐기자고 권했다.

"하지만 먼저 그 보기 흉한 가죽을 벗어버리게. 내 눈이 틀리지 않았다면 훌륭한 몸을 그 가죽이 가리고 있군."

프리티오프는 기꺼이 왕의 친절한 초대를 받아들였다. 목과 어깨에서 털북숭이 가죽을 벗어 땅에 떨어뜨리자 한창 때의 청년이 나타났다. 그 자리에 모인 전사들은 모두 깜짝 놀랐다. 외모로 보아 평범한

출신은 아닐 터였다. 그러나 그의 정체를 알아본 사람은 아무도 없었다. 하지만 잉게보르그는 달랐다. 이때 누군가 호기심어린 눈으로 바라보기만 했어도 안색이 달라지고 가슴이 빠르게 들썩이는 왕비의 모습에서 그녀가 가슴 깊이 숨겨둔 감정을 알아차렸을 것이다.

> 놀란 여왕의 창백한 뺨, 그 얼마나 빠르게 장밋빛으로 물들었는지! ―
> 눈 덮인 초원에 자색 북극광 비추어 떨리는 듯.
> 물 위의 흰 수련 두 송이, 거칠게 몰아쳤다 잠잠해지는 폭풍 속에서
> 쉼 없이 출렁이듯 ― 왕비의 떨리는 가슴도 들썩거렸다.
> - 프리티오프 사가(텡네르 / G. 스티븐스 옮김)

프리티오프가 막 식탁 앞에 앉으려는데 트럼펫 소리가 요란하게 울리며 큰 멧돼지 요리가 나와 왕 앞에 놓였다. 그 시대 율 축제의 관습에 따라 늙은 왕은 자리에서 일어나 멧돼지 머리에 손을 얹고 맹세했다. 프레이르, 오딘, 토르의 도움으로 용감한 전사 프리티오프를 제압하리. 그러자 프리티오프도 일어서서 거대한 나무 의자에 칼을 던지며 자신도 맹세하겠다고 선언했다. 프리티오프는 내 인척이니 온 세상에 맞설지언정 내게 칼 휘두를 힘만 있다면 영웅의 털끝 하나 다치지 않으리라.

예기치 못한 방해를 받고 전사들은 재빨리 떡갈나무 의자에서 일어났다. 그러나 시구르드 링은 청년의 사나운 위세에도 너그럽게 웃으

며 이렇게 말했다.

"친구여, 자네 맹세는 지나치게 대담하군. 허나 지금껏 이곳 왕실 연회장에서 자기 생각을 말하지 못하도록 제지받은 손님은 한 사람도 없었네."

왕은 잉게보르그를 바라보고 앞에 화려하게 장식한 커다란 뿔잔이 있으니 질 좋은 벌꿀 술을 가득 따라 손님에게 가져다주라고 했다. 왕비는 눈을 내리깔고 왕의 명령에 복종했다. 손이 떨려 술이 넘쳤다. 평범한 남자라면 둘이 마셔도 다 비우지 못할 엄청난 양이었다. 하지만 프리티오프가 술잔을 들어 입에 가져갔다가 떼니 뿔잔에는 술이 단 한 방울도 남아 있지 않았다.

링의 궁정에 간 프리티오프(크누트 에크발 作)

연회가 끝나기 전 시구르드 링은 낯선 청년에게 봄이 올 때까지 그의 궁정에서 머무르라고 권했다. 프리티오프는 왕의 친절한 제안을 받아들였고, 언제 어디에서든 왕 부처와 동행하는 성실한 말동무가 되었다.

하루는 시구르드 링이 연회에 가려고 잉게보르그와 함께 길을 나섰다. 두 사람은 썰매를 탔다. 프리티오프는 철을 댄 신발을 신고 옆에서 우아하게 질주했다. 얼음이 깎여 나가며 표면에 신비로운 기호가 수없이 펼쳐졌다. 그들이 가는 길에는 표면만 얼어 위험한 구간이 있었다. 프리티오프는 신중하게 피해서 가는 편이 좋겠다고 왕에게 충고했다. 그러나 왕은 그의 조언을 듣지 않았고, 썰매는 돌연히 생겨난 깊은 균열 속으로 빠지기 시작했다. 균열은 왕과 왕비가 탄 썰매를 통째로 집어 삼키려 하고 있었다. 하지만 돌산에서 강하하는 매와 같이 프리티오프가 순식간에 그들 곁으로 왔다. 그리고 별로 큰 힘을 들이지도 않고 말과 썰매를 단단한 얼음 위로 끌어 올렸다. 링이 말했다.

"실제 프리티오프가 온다 해도 자네보다 잘 해내지는 못했을 걸세."

긴 겨울이 끝나고 초봄이 찾아왔다. 왕과 왕비는 궁정 사람이 모두 참가하는 사냥 대회를 준비했다. 참가자들은 모두 사냥감을 쫓았다. 하지만 늙은 왕은 도저히 열정적인 사냥꾼들을 따라잡을 수가 없었다. 결국 뒤처진 왕의 곁에는 프리티오프 한 사람만이 남았다. 두 사람은 함께 천천히 말을 달렸고, 작고 아늑한 골짜기에 이르렀다. 마치 지친 왕에게 쉬어가라고 권하는 듯한 곳이었다. 왕은 잠시 누워서 쉬기로 했다.

그러자 프리티오프, 망토를 벗어 잔디밭 위에 펼치고
늙은 왕 신뢰가 넘쳐 프리티오프의 무릎에 머리를 올리고 누
웠다.
그리고 고요히 잠드니 전쟁의 불안이 사라진 뒤 영웅
방패 위에 누워 잠든 것과 같고, 어머니 품에 안긴 아기 고요히
잠든 것과 같구나.

- 프리티오프 사가(텡네르 / 롱펠로 옮김)

프리티오프의 충성

늙은 왕이 이렇게 쉬고 있는 사이, 근처 나무에서 새 한 마리가 프리티오프에게 날아와 속삭였다. 왕이 무력한 때를 이용해 그를 죽이고 부당하게 빼앗긴 신부를 되찾으라고. 프리티오프의 뜨겁고 젊은 가슴도 사랑하는 잉게보르그를 너무나 원하고 있었다. 그러나 프리티오프는 비열한 제안을 단칼에 거절했다. 게다가 생각만으로도 경악하면서도 혹시나 유혹을 이기지 못할까봐 두려워 충동적으로 근처 덤불에 칼을 던져버리기까지 했다.

잠시 뒤 시그르드 링이 눈을 떴다. 그는 프리티오프에게 자신은 잠든 척했을 뿐이라고 밝혔다. 사실 링은 처음부터 그의 정체를 알아보았다. 그리고 여러 가지 방법으로 시험해 본 결과, 프리티오프의 명예가 용기 못지않게 훌륭하다는 사실을 확인한 것이었다. 왕은 이제 나이를 이기지 못하게 되었고, 죽음이 가까이 다가오고 있다는 것을 느끼고 있었다. 조금만 지나면 프리티오프는 그가 가장 원하던 희망이

잠든 왕을 바라보는 프리티오프(크누트 에크발 作)

이루어진다고 생각해도 되리라. 시구르드 링은 그가 끝까지 자기 곁에 머물러 준다면 행복하게 죽을 수 있을 것이라고 털어놓았다.

그러나 프리티오프는 섬뜩한 느낌에 사로잡혔다. 그래서 자신은 발데르의 분노를 샀으므로 잉게보르그는 절대 그의 신부가 될 수 없을 것이라고 왕에게 털어놓았다. 또, 너무 오래 머물렀으니 이제 다시 바다로 나가 싸우다 죽음으로써 화난 신들을 달래겠다고 했다.

결의에 찬 프리티오프는 서둘러서 떠날 준비를 했다. 하지만 왕 부처에게 작별을 고하러 궁으로 들어가니 시구르드 링이 임종을 맞고 있었다. 늙은 전사는 '지푸라기 죽음'으로는 오딘의 호의를 얻지 못하리라 생각하고, 프리티오프와 신하들 앞에서 용감하게 팔과 가슴에 죽음의 룬 문자를 새겼다. 그리고 한 손으로는 잉게보르그를 안고, 다른 손은 들어 올려 프리티오프와 어린 아들에게 축복을 내렸다. 그렇게 시구르드 링은 평화롭게 축복받은 이들의 전당으로 떠났다.

모든 신들이시여, 제 인사를 받으소서!
발할라의 아들들이여, 내 인사를 받게!
지상이 사라진다. 아스 신들의 큰 잔치에 오라
걀라르호른 내게 명하네.
행복이여,
황금 투구처럼 곧 찾아갈 신들의 손님에게 오라.

- 프리티오프 사가(텡네르 / G. 스티븐스 옮김)

프리티오프와 잉게보르그의 약혼

이제 왕국의 전사들이 모두 모여 엄숙한 집회를 열고 누가 왕좌를 계승할 것인지 논의했다. 사람들의 열렬한 찬양을 받은 이는 프리티오프였다. 모두 기꺼이 프리티오프를 왕으로 추대하려 했다. 하지만 프리티오프는 자신의 이름을 외치는 소리가 들리자, 시구르드 링의 어린 아들을 방패에 태우고 높이 쳐들었다. 그리고 미래의 왕으로 이 아이를 추대했다. 더불어 아이가 왕국을 지킬 수 있는 나이가 될 때까지 뒷받침해주겠다고 모두가 보는 가운데 맹세했다.

좁은 방패 위에 있자니 싫증이 난 왕자는 프리티오프의 연설이 끝나자마자 용감하게 뛰어내려 두 발로 착지했다. 아이의 나이는 무척

어렸지만, 이처럼 민첩하고 용감한 행동은 거친 북쪽 사람들의 마음을 사로잡았다. 곧이어 큰 함성이 터져 나왔다.

"우리는 그대를 선택하겠소, 방패에서 태어난 아이여!"

왕좌에 앉은 왕처럼 아이, 자랑스럽게 앉았구나
높이 들어 올린 방패 위에.
바위를 둘러싼 구름에서 나온 새끼 독수리
태양이 기꺼이 지켜보리라!
한참 지나니 그 젊은 피, 이곳에
가만히 있기 너무나도 지루하네.
그리고 한 번 뛰어 땅에 이르니
왕재王才로구나!

- 프리티오프 사가(텡네르 / G. 스티븐스 옮김)

일부 이야기에 따르면 프리티오프는 잉게보르그의 형제들과 전쟁을 벌여 그들을 굴복시켰다. 그리고 왕국을 그대로 다스리게 하는 대신 해마다 조공을 바치게 했다. 그와 잉게보르그는 어린 왕이 통치자의 책임을 다할 수 있을 때까지 링그리크에 머물렀다. 그러고는 프리티오프가 정복한 왕국 호르다란드Hordaland로 갔다. 이 나라는 그의 아들 궁티오프Gunthiof와 훈티오프Hunthiof가 물려받았다.

그러나 텡네르 주교가 쓴 결말은 상당히 다르다. 야만스러운 시대와 해적들의 거친 성미를 생각하면 덜 사실적으로 보이기는 하나, 정신적인 면에서 훨씬 월등하므로 더 매력적으로 느껴진다. 텡네르의 시에 따르면, 프리티오프는 시구르드 링의 백성들에게서 잉게보르그와 결혼하라는 재촉을 받는다. 영원히 남아 왕국의 수호자가 되어 달라는 뜻이었다. 하지만 그는 그러지 않겠다고 대답했다. 발데르의 분노가 여전히 그를 향해 타오르고 있으며, 발데르만이 소중한 신부와 그를 맺어줄 수 있기 때문이었다. 그는 바다로 나가 신의 용서를 구해보겠다고 말했다. 얼마 뒤 프리티오프는 작별을 고했고, 그의 배는 다시 한 번 바람 앞에서 질주했다.

프리티오프가 가장 먼저 찾아간 곳은 아버지의 무덤이었다. 주위가 황량해 우울한 마음이 들었다. 프리티오프는 분노한 신에게 솔직한 마음을 내보였다. 먼저 북유럽에서는 혈족이 살해당하면 피로 죗값을 치르게 하는 것이 관습이라고 상기시켰다. 하지만 분명 축복받은 신께서는 인간보다 더 관대하시리라. 프리티오프는 열렬히 발데르에게 간청했다. 그가 실수로 저지른 죄의 대가를 치를 방법을 알려달라고 애원했다. 그러자 대답이 돌아왔다. 프리티오프는 구름 사이에서 새로운 신전의 모습을 보았다.

> 그러자 문득 서쪽 바다 위로 드리운
> 환영, 금과 불꽃 눈부시게 빛나는 환영
> 밤의 구름 아래 발데르의 숲 위를 맴돈다.
> 풀밭 위에 황금 왕관을 얹은 듯.
> 마침내 신전 하나 내려와 땅 위에 탄탄히 서니 —
> 발데르가 섰던 자리, 또 하나의 신전이 세워졌다.
>
> - 프리티오프 사가(텡네르 / G. 스티븐스 옮김)

영웅은 바로 신들의 뜻을 알아차렸다. 속죄할 방법을 알려주신 것이다. 프리티오프는 영광스러운 신전을 짓고 주위에 작은 숲을 조성했다. 신전이 완성되는 날까지 재산도 아깝게 여기지 않았고 고통도 피하려 하지도 않았다. 그렇게 옛 신전의 폐허에 전보다 훨씬 더 웅장한 신전이 들어섰다.

위대한 발데르의 신전이 완성되었다.
나무 울타리로 둘러싸지 않았으니
이제 전과 같지 않구나.
더 튼튼한 철책, 전보다 아름답고
철을 두드린 빗장 — 저마다
한쪽 끝에 금을 입히고 한쪽은 그냥 두었네 —
발데르의 신성한 집 벽의 모습이어라. 마치 긴 줄을 선 모습,
철갑옷 차려입은 전사들, 잘 닦은 창 번쩍이며
황금 투구를 쓰고서 저 멀리 서 있는 모습처럼 — 그리 서 있네,
빛나는 경비병들 신성한 숲 안에!

어마어마한 대리석 덩어리 세심하게 다루고
대담한 기술을 발휘해 거대한 단을 만들었네.
(엄청난 일을 해내었으니 시간이 끝나는 날까지 유지되기를 원함이라.)
마치 웁살라의 신전과 같다. 북쪽에서
이곳 지상에서 아름답게 그린 발할라의 회장을 볼 수 있는 곳.
산기슭에 자랑스럽게 섰다. 우뚝 선 정상

반짝이며 밀려오는 파도에 고요히 비치네.
아름다운 화환처럼 둘러싼다,
발데르의 계곡을. 숲 속에서 들려오는 조용한 경탄,
새들이 지저귀는 달콤한 노래 — 평화의 고향이구나.

- 프리티오프 사가(텡네르 / G. 스티븐스 옮김)

　신전에 쓸 목재를 자르는 일이 한창일 때, 헬게 왕은 핀란드의 여러 산을 여행하고 있었다. 어느 날 헬게의 무리는 외로운 신전이 험준한 바위 위에 서 있는 것을 우연히 발견했다. 사람들의 기억에서 사라진 신을 위한 신전이었다. 헬게는 바위산 정상으로 올라갔다. 허물어져가는 벽을 완전히 무너뜨리려는 생각이었다. 하지만 자물쇠가 단단히 잠겨 있었다. 헬게는 썩은 문을 격렬하게 밀었다. 그때 이 무례한 행동으로 오랜 세월 잠들어 있던 신의 조각상이 떨어졌다. 그 조각상은 침입자의 머리 위로 둔중하게 떨어졌고, 헬게는 돌바닥에 쓰러져서 다시는 일어나지 못했다.
　발데르의 신전을 정식으로 봉헌한 뒤, 프리티오프는 제단 앞에 서서 그가 원해온 신부가 오기를 기다리고 있었다. 그러나 문턱을 처음 넘은 것은 할프단이었다. 그의 불안정한 걸음걸이로 보아 환영받지 못할까봐 걱정하고 있는 것이 틀림없었다. 이 모습을 본 프리티오프는 칼을 풀어두고, 너그럽게 손을 내밀며 할프단에게로 다가갔다. 왕은 낯을 몹시 붉히며 진심을 다해 프리티오프의 손을 잡았다. 그 순간부터 그들 사이에 있었던 불화가 모두 사라졌다. 그때 잉게보르그가 다가왔다. 할프단은 새로운 가족의 손에 신부의 손을 넘겨주었다. 오래

반목해온 친구들이 다시 우정을 쌓아가기 시작하는 순간이었다.

그때 할프단, 구리로 만든 문지방 넘어
창백한 얼굴로
머뭇머뭇 두려운 눈빛 보이며 천천히 걸어온다,
저기 우뚝 선 영원한 적을 향해 —
그리고 조용히 멀찍이 떨어져 서 있다 —
그러자 프로티오프 재빨리
갑옷을 꿰뚫는 앙구르바델, 허벅지에서
끌러내고 빛나는 둥근 황금 방패도
제단에 기대놓고 가까이 다가가네 —

그의 적, 주눅이 든 사이
프리티오프 예의 있게 위엄을 갖추어 말을 걸었다 —
"이 반목 앞에 가장 고결한 이는
먼저 오른손을 선의로 내밀어
평화로운 형제애를 구하는 이가 아니겠소."
그러자 할프단, 얼굴을 매우 붉히며 급히 벗는구나,
쇠로 만든 장갑. 그리고 — 다정하게 손을 맞잡았네 —
오래도록, 오래도록 단절되었던 서로의 손을.
친구였고 적이었던 두 사람 맞잡아 산의 뿌리처럼 변함없으리
라 외친다.
그리고 마지막 한 마디까지

화해와 축복의 말 울려 퍼지고 나니,
보라! 잉게보르그 들어왔네. 화려하게
신부 장식으로 치장하고 옷은 모두
아름다운 흰 담비 털을 둘렀다. 반짝이는 눈빛의 처녀들
천천히 그 뒤를 따르는 모습, 마치 너른 창공에서
주인인 달을 지키는 별 무리를 대동한 듯하구나! —
그러나 젊은 신부의 아름다운 눈
그 두 푸른 하늘
순식간에 눈물로 가득하고
몸을 떨며 오라비의 가슴에 무너졌네 —
누이의 불안에
깊이 감동한 할프단, 다정하게 누이의 손을 프리티오프에게 전하니
가슴에 안긴 누이 부드럽게 영웅의 가슴으로 옮겨가
오랜 시험을 거친 사랑. 잉게보르그 쉴 곳이어라.

- 프리티오프 사가(텡네르 / G. 스티븐스 옮김)

신들의 황혼

❖ 신들의 쇠퇴

　　북유럽 신화에는 독특한 특징이 있다. 신들도 인간처럼 유한한 종족이라고 믿었다는 점이다. 아스 신들에게는 시작(탄생)이 있었으므로 끝(죽음)도 반드시 있어야 이치에 맞는다고 본 것이다. 또 신성과 거인의 속성이 뒤섞여 탄생했으니, 불완전한 존재로서 죽음의 씨앗을 품고 있다고 생각했다. 즉, 영적 불멸에 이르기 위해서는 인간처럼 신체적 죽음이란 고통을 겪어야 하는 것이다.

　따라서 북유럽 신화의 전체적 구성은 연극과 같다. 각 단계는 서서히 절정 혹은 비극적 결말로 치닫고, 진정한 시적 정의(권선징악)에 따라 상과 벌이 공정하게 주어진다. 지금까지는 신들이 점차 번영하다가 쇠퇴하는 과정을 상세히 살펴보았다. 아스 신들은 로키로 상징되는 악을 자신들 곁에 두고 용인했으며 무력하게 그의 조언을 따랐다. 평화나 가치관을 일부 희생해야만 벗어날 수 있는 온갖 고난에도 로키가 관여할 수 있게 했다. 결국 로키는 신들에게 엄청난 영향력을 행사하게 되었고, 그들이 가장 아끼는 것을 빼앗으면서도 양심의 가책을 느끼지 않았다. 바로 선한 신 발데르가 상징하는 순수 또는 결백이었다.

신들은 자신들과 더불어 살던 자가 얼마나 악한지 너무나도 늦게 깨달았다. 너무나도 늦게 그를 지상으로 추방했다. 그러나 지상에서는 인간들이 신들과 마찬가지로 로키의 가르침에 귀를 기울였다. 그리고 사악한 영향력에 굴복해 타락했다.

> 형제들이 형제들을 죽이고
> 누이의 자식들
> 서로 피를 흘리게 하네.
> 가혹한 세상,
> 음탕한 죄 걷잡을 수 없이 늘어난다.
> 검의 시대, 도끼의 시대
> 방패 둘로 쪼개지네.
> 폭풍의 시대, 살인의 시대
> 세상이 멸망할 때까지 이어지리.
> 그리고 사람 더는 다른 이에게
> 동정도 자비도 베풀지 않네.
>
> – 북유럽 신화(R. B. 앤더슨)

핌불베트르

범죄가 만연하고 지상에서 선善이 모두 사라지자 신들은 옛 예언이 이루어질 때가 왔다는 것을 깨달았다. 신들의 황혼, 라그나로크의 그림자가 이미 드리워져 있었다. 솔과 마니는 공포에 사로잡혀 점점 더 하얗게 질린 얼굴을 하고 덜덜 떨며 약속된 길로 마차를 몰았다. 곧 늑대가 앞질러와 자신을 먹어치울 터였다. 두려운 마음에 그들은 뒤쫓아 오는 늑대를 자꾸만 뒤돌아보았다. 해와 달의 미소가 사라지자 지상은 점점 춥고 비참한 곳이 되었다. 곧이어 끔찍한 핌불베트르(핌불 겨울)가 시작되었다. 나침반의 네 극에서 동시에 눈이 내렸고 살을 에는 바람이 북쪽에서 불어왔다. 두꺼운 얼음이 온 대지를 다 덮었다.

온 세상에 암울한 핌불 겨울이 찾아오니
격한 바람 눈 폭풍 날아든다.
포효하는 바다, 빙산을 깎고
얼어붙은 거품을 주위에,
산꼭대기까지 던지네.
따뜻한 공기도
아름다운 볕도 없어라.
여름의 부드러운 빛 이제 없으니.
이 끔찍한 얼음 밤이 지배하네.

- 발할라(J. C. 존스)

혹독한 겨울은 쉼 없이 세 계절 계속되었고, 다시 그만큼 가혹한 겨울이 세 번 더 이어졌다. 그 사이 지상에서는 모든 생기가 사라졌고 인간의 범죄도 무서운 속도로 늘어갔다. 모두 살아남기 위해 몸부림치는 가운데 마지막 남은 인간애와 자비마저도 사라져버렸다.

풀려난 늑대들

철의 숲에서는 거인 앙구르보다가 어둡고 후미진 곳에서 부지런히 늑대들을 먹였다. 하티와 스콜, 펜리스의 자손인 마나가름Managarm은 살인자의 골수와 간통자의 뼈를 먹었다. 웬만해서는 만족시킬 수 없는 늑대들이었지만, 잔인한 범죄가 너무 만연한 나머지 먹이가 부족한 일은 결코 없었다. 이렇게 늑대들은 날마다 솔과 마니를 앞지를 힘을 키웠고, 끝내 해와 달을 먹어치웠다. 그 턱에서 떨어지는 피가 세상을 붉게 물들였다.

> 철의 숲 동쪽에 노파 하나가 앉아
> 펜리스의 후예에게 먹이를 준다.
> 그들 중 하나 가장 무서워,
> 괴물의 모습을 하고 달을 삼키리라.
>
> - 발라의 계시(파이퍼 옮김)

끔찍한 재앙이었다. 온 대지가 전율하고 흔들렸으며 놀란 별들이 떨어졌다. 로키와 펜리스, 가름이 다시 한 번 힘을 내자 속박의 사슬이

끊어졌다. 그들은 복수를 하러 맹렬히 뛰쳐나갔다. 그때 니드후그도 오랜 시간 갉아온 이그드라실의 뿌리를 끊어냈다. 이그드라실의 가장 높은 가지가 흔들렸다. 이에 발할라의 지붕 위에 앉아 있던 붉은 수탉 팔라르Fialar가 놀라서 큰 소리로 울었다. 그러자 미드가르드의 수탉 굴린캄비Gullin-kambi가 그 뒤를 이어 큰 소리로 울었고, 마지막으로 니플헤임에서 헬의 검붉은 새가 울었다.

황금 볏의 수탉
발할라의 신들에게 큰 소리로 전투를 준비하라 알린다.
검붉은 수탉, 뒤질세라 날카로운 소리로 모두를 부르네,
지상과 지하의 모든 이들을.

– 북유럽 바이킹 이야기(R. B. 앤더슨)

헤임달의 경고

여러 불길한 징후를 확인하고 수탉의 날카로운 울음소리를 들은 헤임달은 즉시 걀라르호른을 입에 가져갔다. 오랫동안 예기되었던 나팔소리가 온 세상에 울려 퍼졌다. 나팔 소리를 듣자마자 아스 신들과 에인헤랴르는 황금 의자에서 벌떡 일어났다. 그리고 다가올 전투를 위해 무장한 다음, 용감하게 웅장한 궁전에서 뛰쳐나갔다. 말들도 어서 달리고 싶어서 안달이었다. 신들과 에인헤랴르는 흔들리는 무지개다리를 건너 넓은 평원 비그리드로 말을 달렸다. 아주 오래 전, 바프트루드니르가 마지막 전투가 일어날 것이라 예언했던 땅이었다.

:* 바다의 공포

　　　　세상 어디에서나 소란이 일자 미드가르드의 뱀, 요르문간드도 깨어났다. 뱀이 그 큰 몸을 비틀며 움직이자 거대한 물살이 일어나 바다를 내리쳤다. 어찌나 높이 올라갔는지 전에 바다 깊은 곳을 휘젓던 물이라고는 생각도 못할 정도였다. 뱀은 땅 위로 기어 나왔다. 그리고 서둘러 전투가 벌어지는 비그리드로 향했다. 이 전투에서 그가 중요한 역할을 하게 될 것이다.

　크게 분노하여 뱀, 몸을 뒤척였네,
　바다 깊은 곳에서 사슬이 끊어질 때까지.
　거품이 이는 수면으로 올라가
　뱀의 꼬리 채찍질 하니
　바다, 산처럼 높이 땅 위로 솟는구나.
　그리고 미친 듯이 파도를 가로지르니
　피투성이 거품 우박처럼 쏟아내고
　독이 섞인 날숨 내뿜으며
　온 세상을 죽음의 안개로 덮었다.
　천둥 같은 소리와 함께 솟아오른 뱀, 뭍으로 가려 하네.

　- 발할라(J. C. 존스)

　요르문간드의 몸부림으로 일어난 거대한 파도 하나에 파멸의 배 나글파르Naglfar가 떴다. 오로지 죽은 자의 손톱만으로 만든 배였다. 장례를 치르기 전에 고인의 손톱을 깎는 것이 유족의 의무였는데, 의무

를 다하지 않은 이들이 기나긴 세월 동안 적지 않았던 것이다. 배가 바다에 뜨자 곧 로키가 무스펠헤임의 주인과 함께 배에 올랐다. 그리고 대담하게 폭풍이 몰아치는 바다를 뚫고 전투가 있을 땅으로 향했다.

비그리드로 향하는 배는 이 배 한 척만이 아니었다. 짙은 안개를 헤치고 또 한 척의 배가 북쪽을 향하고 있었다. 흐림^{Hrym}이 완전무장을 한 서리 거인들을 데려오고 있었던 것이다. 모두 늘 증오해 마지않던 아스 신들과의 전투를 열렬히 바라고 있었다.

지하의 공포

동시에 죽음의 여신 헬도 땅에 생긴 균열을 통해 지하에서 몰래 빠져나왔다. 그 뒤를 헬의 사냥개 가름과 그녀의 왕국에서 지내던 악한들이 뒤따르고 있었다. 용 니드후그는 날개 위에 시체를 싣고 전장으로 날아갔다.

로키는 뭍에 도착하자마자 헬이 이끌고 온 지원군을 기쁘게 맞이하고 직접 앞장서서 이들을 전장으로 이끌었다.

돌연 하늘이 산산 조각났다. 그 불타는 틈새로 불꽃 검을 든 수르트가 아들들을 이끌고 나타났다. 이들이 아스가르드를 습격하기 위해 말을 타고 비프로스트에 올라가자, 영광의 다리가 그 말발굽 아래로 무너져 내렸다.

공중에서 내려와
반짝이는 갑옷 멋지게 차려입고

전열을 갖추니 환하게 빛나네.
걸음을 재촉하자 비등하는 불꽃
말발굽 빠르게 부딪칠 때마다 생겨난다.
빛나는 무리를 이끄는 수르트 말을 타고
타오르는 붉은 불꽃의 무리 가운데 있네.

– 발할라(J. C. 존스)

신들은 이제 끝이 다가왔다는 것도, 자신들이 불리하다는 것도 잘 알고 있었다. 신들에게는 약점이 있었고, 앞을 내다보지 못했던 과거도 그들의 발목을 잡았다. 오딘은 눈이 하나이고, 티르는 손이 하나이며, 무적의 칼이 없는 프레이에게는 몸을 지킬 무기가 사슴뿔밖에 없었으니 말이다. 그래도 아스 신들은 딱히 절망하는 기색을 보이지 않았다. 오히려 진정한 북유럽의 신, 전투의 신답게 가장 화려한 옷을 차려입고 명랑하게 말에 올라 전장으로 나갔다. 목숨을 받아가려면 최대한 비싼 값을 치르게 하겠다고 결의하면서 말이다.

신들의 전력이 결집하는 사이 오딘은 다시 한 번 우르다르 샘으로 내려갔다. 쓰러질 듯 기울어진 이그드라실 밑에 노른 여신들이 베일로 얼굴을 가리고 앉아 있었다. 여신들은 고집스레 침묵을 지켰다. 발치에는 여신들이 짠 베가 찢어져 있었다. 신들의 아버지는 다시 한 번 미미르와 은밀하게 대화를 나누었다. 그리고 슬레이프니르에 올라 자신을 기다리는 병사들에게로 돌아갔다.

대전투

비그리드의 넓은 평원에 양쪽 군대가 모두 모였다. 한쪽에는 아스, 반 신과 에인헤랴르가 근엄하고 침착한 모습으로 늘어섰다. 다른 한쪽에는 수르트의 군대와 무시무시한 서리 거인들, 헬의 창백한 군대, 로키와 그를 따르는 끔찍한 추종자들, 가름, 펜리스, 요르문간드 등이 마구잡이로 모여 있었다. 특히 펜리스와 요르문간드는 불과 연기를 내뿜었으며 숨을 쉴 때마다 독성이 있는 치명적인 공기를 자욱하게 뱉어내 하늘과 땅을 유독한 날숨으로 가득 채웠다.

> 시간이 흘러
> 세대가 바뀌고 시대가 변하여
> 우리 마지막 날이 가까워지면
> 남쪽에서 불타는 무리 행군하리라.
> 그리고 천상으로 오는 다리를 건너니 안내하는 자, 로키.
> 펜리스 발목에는 끊어진 사슬이 묶여 있다.
> 동쪽에서 거인 리메르
> 배를 타고 오는 동안 큰 뱀 뭍에 올라왔네.
> 모두 불타는 광장 안에 모였다
> 신들을 치러, 천상의 평원에.
>
> - 발데르 죽다(매슈 아널드)

긴 세월 동안 억눌러왔던 모든 적의가 터져 나왔다. 고삐가 풀린 증오심이 이제 걷잡을 수 없이 쏟아져 나왔다. 양쪽 모두 저마다 단호한 결의를 하고, 옛사람들이 그랬듯 얼굴을 맞대고 접전을 치르리라. 전투를 알리는 함성 소리가 온 세상에 울려 퍼지고 이 소리를 압도하는 격렬한 소리가 들려왔다. 오딘과 늑대 펜리스가 성급하게 맞붙은 것이다. 토르는 미드가르드의 뱀을 공격했고 티르는 헬의 사냥개 가름과 맞섰다. 프레이르는 수르트와 접전을 벌였고 헤임달은 전에 한 번이긴 적 있는 로키를 맡았다. 남은 신들과 에인헤랴르도 그들의 용기에 어울리는 호적수를 만나 전투를 벌였다. 천상의 도시에서 날마다 준비해온 전투였다.

그러나 발할라의 주인들은 쓰러질 운명이었다. 빛나는 신 중 가장

오딘과 펜리스(도로시 하디 作)

먼저 죽음을 맞은 것은 오딘이었다. 알포드의 대단한 용기와 위대한 능력도 늑대 펜리스로 상징되는 악의 흐름을 막을 수는 없었다. 격렬한 싸움이 이어지는 사이, 매 순간 펜리스의 거대한 몸집이 점점 더 커졌다. 그리고 끝내 크게 벌린 아가리가 하늘과 땅 사이를 모두 가로지르게 되었다. 비겁한 늑대는 신들의 아버지에게로 맹렬하게 달려들었다. 그리고 그 끔찍한 목구멍 안에 오딘을 통째로 집어삼켰다.

펜리스 불경한 이빨로
흘러온 세월의 아버지를 죽인다.
비다르, 아버지의 죽음 복수하리.
털북숭이 늑대와 싸워
그 차가운 피투성이 턱을 둘로 찢으리.

- 바프트루드니르가 말하길(W. 테일러 옮김)

결정적인 순간이었으나 알포드를 도울 수 있는 신은 아무도 없었다. 그들 모두 쓰라린 심판을 받고 있었기 때문이다. 프레이르는 영웅적인 힘을 발휘했으나, 수르트의 불타는 검이 그에게 죽음의 일격을 안겼다. 대적大敵 로키와 맞붙은 헤임달은 프레이르보다는 나았지만, 로키를 제압하면서 자신도 목숨이라는 비싼 값을 치러야 했다. 티르와 가름 역시 똑같이 비극적인 결말을 맞았다. 미드가르드의 뱀과 가장 끔찍한 싸움을 벌인 토르는 묠니르를 내리쳐 뱀을 죽이기는 했으나 비틀거리며 아홉 걸음을 뒤로 물러난 뒤, 죽은 뱀의 입에서 쏟아져 나온 독에 빠져 죽었다.

오딘의 아들
괴물과 싸우러 간다.
미드가르드의 수호자 분노하여
그 벌레를 죽이리라.
아홉 걸음 물러나리
표르긴의 아들.
비틀거리며 뱀에게서 물러나네,
적을 두려워하지 않는 이.

- 옛 에다(소프 옮김)

그때 평원의 저 먼 곳에서 비다르가 위대한 아버지의 복수를 하러 맹렬하게 달려왔다. 그리고 운명이 예견한 대로 펜리스에게 달려들었다. 이날을 위해 마련해둔 신발로 늑대의 아래턱을 짓밟고 동시에 손으로 위턱을 잡아 한 번 격렬하게 비틀자 늑대가 둘로 찢어졌다.

집어삼키는 화염

전투에 나선 다른 신들과 에인헤랴르는 모두 죽음을 맞이했다. 그때 수르트가 돌연 불타는 검을 하늘과 땅, 헬의 아홉 왕국에 모두 휘둘렀다. 타오르는 불꽃이 세계수 이그드라실의 거대한 줄기를 휩싸고 올라가 신들의 황금 궁전을 모조리 태웠다. 지상의 식물 역시 모두 불타버렸고 강렬한 열기로 물이란 물은 모두 끓어올랐다.

불꽃의 입김 엄습한다.
만물에 생명을 주는 나무
불꽃이 높이 감싸고
천상까지 치솟는다.

- 옛 에다(소프 옮김)

어마어마한 불길이 맹렬하게 타올라 모든 것을 다 태웠다. 검게 탄 상처투성이 대지는 서서히 끓어오른 파도 밑으로 가라앉았다. 정말로 라그나로크가 왔다. 세상의 비극이 끝났다. 신성한 배우들은 모두 전사했고 혼돈이 다시 세상을 지배한 듯했다. 그러나 연극을 보는 관객들은 주역이 죽고 막이 내려왔어도 좋아하는 배우가 다시 무대에 올라 인사하기를 기다리는 법이다. 북유럽 사람들도 그랬다. 수르트의 불꽃에 모든 악惡이 소멸하고 폐허 속에서 선善이 다시 일어난다고 생각했다. 다시 선이 지상을 다스리는 날이 온 것이다. 일부 살아남은 신들도 천상으로 돌아가 영원히 살 것이다. 북유럽 사람들은 이렇게 생각했다.

모든 악
그곳에서 영원히 죽으며 선은
온 세상을 태우는 큰 불에서 끝내 정화되어
전보다 더 고결하고 훌륭하며 귀한 삶에 이른다.

- 북유럽 바이킹 이야기(R. B. 앤더슨)

∵ 부활

옛사람들은 진심으로 부활을 믿었다. 얼마 동안 시간이 흐른 뒤, 불 속에서 모든 불결함을 떨쳐내고 바다에 잠겨 정화된 대지가 본래의 아름다움을 그대로 간직한 채 다시 솟아올랐다. 하늘에서는 태양이 밝게 대지를 비추었다. 태양의 마차는 솔이 늑대에 잡아먹혀 죽기 직전에 낳은 딸이 몰았다. 새로운 낮의 천체는 첫 번째 태양처럼 불완전하지 않았다. 빛이 너무 강렬해서 태양과 대지 사이에 방패를 둘 필요도 더 이상 없었다. 훨씬 이로운 햇볕이 내리쬐자 곧 대지는 새로운 녹색 망토를 입고 꽃과 과일을 풍요롭게 생산해냈다.

호드미미르Hodmimir의(미미르의) 숲속 깊은 곳에서 두 인간이 나타났다. 여자는 리프Lif, 남자는 리프트라시르Lifthrasir라고 했다. 수르트가 세상에 불을 지를 때 숲으로 도망친 자들이었다. 여기서 그들은 평화로운 잠에 빠져 세상이 파괴되는 것도 알지 못했다. 그리고 아침 이슬의 영양을 받아 잠이 든 채로 살다가 다시 밖으로 나가도 안전한 때가 되자 깨어났다. 두 사람은 부활한 대지를 차지했다. 그들에게서 자손들이 태어나 그 땅을 다스리게 될 터였다.

우리 출현을 지켜보리라.
발치의 빛나는 바다에서 대지가 나타남을.
전보다 더 생기 있고, 더 푸른 대지, 과일
스스로 자라 열리고, 인간의 씨앗 보존되었으니
평화로울 때나 전쟁이 있을 때나 살아가리라.

- 발데르 죽다(매슈 아널드)

새로운 하늘

자연의 성장하는 힘을 상징하던 신들은 파멸의 땅 비그리드에서 모두 전사했다. 하지만 자연의 불멸하는 힘을 상징하는 발리와 비다르는 이다 평원으로 돌아왔다. 그리고 이곳에서 토르의 아들 모디와 마그니를 만났다. 각각 힘과 에너지를 상징하는 두 신은 폐허가 된 세상에서 아버지의 신성한 망치를 찾아내 가져왔다.

> 그때는 비다르와 발리가
> 신들의 텅 빈 왕국을 계승하리라.
> 모디의 활력과 마그니의 힘
> 큰 망치를 휘두르리라.
> 토르 반드시 죽어야 하는 날, 토르에게서 얻은 망치.
>
> - 바프트루드니르가 말하길(W. 테일러 옮김)

더는 반 신족의 인질이 아닌 회니르도 이다 평원으로 돌아왔다. 아스 신과 마찬가지로 성장하는 힘을 상징했던 반 신족도 모두 사라졌던 것이다. 너무나도 긴 세월 지하의 어둠 속에서 머물러야 했던 빛나는 신, 발데르도 형제 호두르와 함께 돌아왔다. 화해한 두 신은 이후로 완벽한 우애와 평화 속에 공존한다. 과거는 영원히 과거가 되었다.

살아남은 신들은 괴로워하지 않고 지난날을 회상할 수 있었다. 종종 옛 동료들에 대한 소중한 기억을 떠올리며 궁전이 있던 곳으로 돌아가 한참 동안 즐거운 시간을 보내기도 했다. 어느 날 이다볼드의 높이 자란 풀을 헤치며 걷던 중, 신들은 아스 신들이 가지고 놀곤 했던 황금 원반을 발견했다.

> 우리 다시 한 번 밟으리라, 익숙한 평원
> 이다 평원을. 그리고 풀 속에서
> 옛날 가지고 놀던 황금 주사위를 찾으리.
> 그러면 지난날의 삶이 떠오르리라.
> 신들의 유희와 오딘의 현명한 이야기,
> 옛날의 기쁨이 떠오르리.
>
> - 발데르 죽다(매슈 아널드)

살아남은 신들은 슬픔에 잠겨 한때 신들의 집이 서 있던 곳을 바라보았다. 놀라움과 즐거움이 동시에 찾아왔다. 천상에서 가장 높은 궁전 기믈레Gimlé가 불에 타지 않고 남아 있었다. 햇빛에 빛나는 황금 지붕을 반짝이며 그들 앞에 서 있었다. 서둘러 안으로 들어간 신들은 더욱 큰 기쁨을 누릴 수 있었다. 기믈레는 모든 고결한 이들의 피난처였다.

> 기믈레 높이 섰으니
> 이곳에서 사는 이
> 미덕을 갖춘 이니
> 어느 시대에나
> 깊은 기쁨을 맛본다.
>
> - 북유럽의 문학과 낭만(호윗)

∷ 이름 없는 절대신

____ 우리가 에다와 사가를 통해 오딘 신앙을 가장 완전하게 접할 수 있는 것은 스칸디나비아 반도에 살던 사람들이 아이슬란드에 정착했기 때문이다. 이들은 11세기까지도 완전히 개종하지 않았지만, 거의 6백 년 전부터 바이킹 습격 등을 통해 기독교인들과 접촉해 왔다. 따라서 음유시인들이 기독교 교리에서 일부 아이디어를 얻었고, 이 지식이 그들에게 어느 정도 영향을 미쳤으며, 세상의 끝과 대지의 부활을 묘사할 때 반영되었다고 보는 것도 일리가 있다.

어쩌면 이 막연한 지식으로 에다에 일부분을 더하게 되었을지도 모른다. 일반적으로 삽입된 것으로 여겨지는 이 시에서는 또 다른 신의 존재를 선언한다. 너무 위대해서 이름을 밝힐 수 없는 신이 나타나 기믈레를 다스릴 것이라고 한다. 천상의 왕좌에서 이 신은 인류를 심판하고 선과 악을 나눈다. 악한 자는 나스트론드로 추방되어 공포 속에서 살 것이며, 선한 자는 아름다운 기믈레의 축복받은 전당으로 간다.

> 그리고 새로운 신이 오시니
> 더욱 위대하신 분.
> 허나 내 감히 그분의 이름
> 부를 수 없노라.
> 소수만 남아 멀리 보리라
> 오딘이 늑대를
> 만났던 때보다.
>
> - 북유럽의 문학과 낭만(호윗)

천상에는 저택이 두 개 더 남아 있었다. 하나는 드워프를 위한 것이고 또 하나는 거인을 위한 것이었다. 이들은 자유의지가 없으므로 운명의 판결을 맹목적으로 따랐을 뿐이다. 따라서 그들이 저지른 해악은 그들의 책임이 아니었고, 벌을 받을 이유가 없었다.

신드리가 다스리는 드워프들은 니다Nida 산에 있는 저택을 차지하고, 거품이 이는 벌꿀 술을 마시며 지냈다. 거인들은 오콜누르Okolnur(춥지 않은)의 브리메르Brimer 저택에서 즐겁게 살아간다. 추위를 일으키는 능력을 완전히 잃었기에 이곳에서는 더는 얼음을 볼 수 없다.

당연하게도 많은 신화 학자들이 이 신화를 해석하려고 애썼다. 일부는 지금 살펴본 바와 같이 라그나로크 이야기에서 기독교 교리의 영향력을 발견하고, 라그나로크는 단지 기독교식 종말을 이교도식으로 쓴 것에 불과하다고 여긴다. 기독교에서도 세상이 끝나고 심판의 날이 오면 새로운 하늘과 땅이 솟아나며 선한 자는 모두 영원한 축복을 누리게 된다.

그리스 신화와 북유럽 신화

:: 비교신화학

과거 전 세계의 많은 학자들이 철저하게 철학과 비교신화학을 연구한 결과 "영어와 유럽 대륙에 퍼진 튜턴(게르만) 족 방언들은 모두 튜턴어, 라틴어, 그리스어, 슬라브어, 켈틱어 외에 인도와 페르시아의 언어까지 아우르는 큰 어족에 속한다"는 가능성을 확인할 수 있었다.

"또한, 이는 다양한 부족이 대륙의 중심부에서 이동해 북쪽에서는 유럽을, 남쪽에서는 인도를 발견하고 공통의 언어뿐만 아니라 공통의 신앙과 신화까지 가져갔다는 것을 증명한다고 볼 수 있다. 이와 같은 이론은 주목받지 못할지는 몰라도 반박할 수 없는 사실이다. 이를 뒷받침하는 비교문법학과 비교신화학, 두 학문은 비록 역사는 짧지만 귀납법을 적용하는 다른 학문들과 마찬가지로 확실하고 타당한 근거에

기초한다."

"노르웨이에 사는 스칸디나비아 사람들은 천 년 이상 대륙의 형제인 튜턴 족과 언어적으로 동떨어진 생활을 해왔다. 하지만 양쪽 모두 같은 종류의 설화를 보존해 왔으며, 몇몇 설화의 경우에는 사용한 말 조차 거의 일치한다."

이와 같은 유사성은 대개 지형과 기후가 유사한 지역에 세워진 국가들의 초기 문학에서 아주 강하게 나타난다. 따라서 북유럽 신화와 따뜻한 남쪽의 신화 사이에서는 그 정도로 강한 유사성이 보이지는 않는다. 그러나 아주 대조적인 환경에서 성숙해가며 완전한 형태를 갖추었는데도, 두 신화를 비교해 보면 원래 한 뿌리에서 자라났다는 것을 알 수 있는 유사성을 찾을 수 있다.

앞에서는 북유럽 신화의 체계를 되도록 명확하게 소개하고, 각 신화의 자연적 의미를 설명했다. 이제는 북유럽 신화와 아리안 족 신화의 유사성을 살펴보기 위해 그리스 신화와 북유럽 신화를 비교해 보겠다.

물론 이런 성격의 비교를 할 때는 종교의 기저를 형성하는 이야기에 핵심적인 유사성이 있다는 것을 지적하는 정도만 가능할 뿐, 그 이상은 불가능하다. 하지만 그 정도로도 충분하다. 회의론자조차 시기를 명확히 특정할 수 없는 먼 옛날, 두 신화가 하나였던 기간이 틀림없이 존재했다는 사실을 받아들이지 않을 수 없을 것이다.

◎ 세상의 시작

북유럽 사람들은 그리스 사람들처럼 세상이 혼돈 속에서 생겨났다고 상상했다. 단, 이 혼돈을 그리스 사람들은 증기와 같이 형체가 없는 덩어리로 묘사하는 반면, 북유럽 사람들은 주변 환경의 영향을 받아 얼음과 불의 혼돈이라고 묘사한다. — 아이슬란드에 가본 적이 있는 사람이라면 아주 쉽게 이해할 수 있을 것이다. 화산토와 분출하는 간헐천, 긴 겨울 내내 주변을 둘러싸는 거대한 빙산이 독특한 대비를 이루는 자연 환경을 직접 보았을 테니 말이다.

이렇게 대비되는 요소, 불과 얼음에서 첫 번째 신이 태어났다. 그리스 신화의 첫 번째 신과 마찬가지로 키가 크고 외모가 흉했다. 거대한 얼음 거인 이미르와 그의 자손들은 자연의 근본적인 힘이며 지중화地中火를 상징하는 티탄 족과 비슷하다. 둘 다 한때 통치권을 장악하나 결국 더 완벽한 신에게 그 권한을 넘겨주어야 한다. 패권을 둘러싼 치열한 전쟁에 져서 각기 타르타로스와 요툰헤임이라는 먼 지역으로 추방되는 것도 같다.

북유럽 신화의 세 신 오딘, 빌리, 베는 티탄 족보다 뛰어나 결국 세상을 지배하게 되는 제우스, 포세이돈, 하데스와 정확히 대응된다. 그리스 신화에서 신들은 모두 서로 인척 관계로 나오며 올림포스에 올라가 황금 궁전을 짓고 산다. 북유럽 신화에서도 신성한 정복자들은 아스가르드로 올라가고 비슷한 거처를 짓는다.

∵ 천지창조

　　____ 북유럽에서 생각하는 천지창조 역시 그리스와 다르지 않다. 북유럽 사람들은 대지 마나헤임이 완전히 바다로 둘러싸여 있으며, 그 밑바닥에 거대한 미드가르드의 뱀이 둥글게 몸을 말아 제 꼬리를 입에 물고 있다고 생각했다. 그러니 폭풍이 일고 파도가 몰려와 해변에 부딪치는 모습을 보면서 뱀이 경련을 일으켜 몸을 뒤틀기 때문이라고 생각한 것도 지극히 당연해 보인다.

　　그리스 사람들도 대지는 둥글고 오케아노스라는 큰 강에 둘러싸여 있다고 생각했다. 다만, 이 강에는 '한결같이 잔잔한 물살'이 흐른다. 그리스 사람들에게 보이는 바다는 대개 반짝이는 태양 아래 잔잔한 모습이었기 때문이다. 영원한 추위와 안개가 지배하는 북쪽 땅 니플헤임은 그리스 신화에서 말하는 북쪽 땅 휘페르보레오스와 대응된다. 깃털(눈)이 계속해서 공기 중을 맴도는 곳이다. 이곳에서 헤라클레스가 케리네이아의 사슴을 바람에 쌓인 눈 더미로 몰아 사로잡았다.

∵ 천체

　　____ 북유럽 사람들도 그리스 사람들처럼 대지가 먼저 만들어진 다음, 둥근 하늘이 만들어져 대지 전체를 덮었다고 생각했다. 해와 달이 성미 급한 말이 끄는 마차를 몰며 날마다 하늘 위를 달린다고 생각한 점도 같았다. 따라서 태양의 여신 솔은 히페리온, 포이보스, 아폴론과 대응된다. 달의 신 마니는 포이베, 아르테미스, 킨티아와 정확히 대응된다(북유럽 신화는 문법적 특징으로 인해 태양이 여성, 달이 남성이다).

북유럽 신화, 재밌고도 멋진 이야기

북유럽의 음유시인들은 하늘을 떠가는 구름 사이로 언뜻 갈기가 흰 말이 질주하는 모습을 보았다. 그리고 오로라의 섬광에서 번쩍이는 창을 보았다. 그렇게 하늘 위를 달리는 전장의 처녀, 발키리가 탄생했다. 반면, 그리스에서는 같은 자연 현상을 파에투사와 람페티아가 지키는 아폴로의 흰 양떼라고 생각했다.

말을 탄 발키리(H. 헨드리히 作)

구름에서 이슬이 떨어지면 북유럽 시인들은 발키리가 탄 말의 갈기에서 이슬이 떨어진다고 표현했다. 보통 덤불 위의 이슬이 더 오래 반짝였으므로 그리스에서는 이슬을 다프네, 그리고 프로크리스와 동일시했다. 이들의 이름이 '반짝인다'는 뜻의 산스크리트어에서 유래했고, 각자 사랑하는 아폴론과 케팔로스에 의해 죽게 되기 때문이다. 즉, 태양의 상징에 의해 죽음을 맞는 것이다.

북쪽에서도 남쪽과 마찬가지로 대지를 만물을 길러내는 어머니, 즉, 여신으로 여겼다. 그러나 북유럽 사람들은 남쪽과 전혀 다른 기후 탓에, 살기 위해서는 매일 자연과 맞서서 싸워야만 했다. 따라서 북유럽 신화에서 여신 린다가 상징하는 대지는 딱딱하고 얼어붙은 땅이다. 이에 반해 그리스는 온화한 여신 데메테르로 대지를 나타냈다. 북쪽에서 차가운 바람이 내려온다고 믿은 것도 같았다. 그러나 북유럽 사람들은 한 발 더 나아가 거대한 독수리 흐레스벨그가 날개를 퍼덕이기 때문에 북풍이 생긴다고 생각했다.

이미르의 살에서 생겨난 드워프 혹은 검은 엘프들은 하데스의 시종들과 비슷하다. 이들은 절대 지하 왕국을 떠나지 않으며, 귀중한 금속을 찾고 섬세한 장신구를 만들어 신들에게 선사했다. 또, 결코 부러지거나 상하지 않는 무기를 만들기도 했다. 땅보다 높은 곳에 살며 풀과 나무, 강을 돌보는 빛의 엘프들은 옛 그리스의 숲과 골짜기, 샘에 살던 님프, 드리아드, 오레아스, 하마드리아스와 대응된다.

제우스와 오딘

제우스는 오딘과 마찬가지로 신들의 아버지이자 승리의 신이며 우주를 상징한다. 알포드의 왕좌 흘리드스캴프도 뇌신雷神 제우스가 세상에서 일어나는 일을 두루 살펴보는 올림포스나 이다 산에 뒤지지 않게 높다. 오딘의 무기, 무적의 창 궁니르 역시 제우스가 휘두르는 벼락 못지않은 공포의 대상이었다. 북유럽의 신들은 자주 벌꿀 술과 멧돼지 고기로 연회를 즐겼다. 북유럽과 같은 기후에서 사는 사람들에게 가장 적합한 음료와 고기다. 반면, 올림포스의 신들은 넥타르와 암브로시아를 선호했다. 신들의 영양 섭취원은 이 두 가지뿐이었다고 한다.

오딘의 회장에는 열두 명의 아스 신들이 모여 세상과 인간을 다스릴 가장 현명한 방법을 고심한다. 올림포스 산의 구름 낀 정상에도 같은 수의 신들이 비슷한 목적으로 모인다. 그리스의 황금기는 온화한 하늘 아래 꽃이 만발한 숲속에서 목가적 행복을 느끼던 때를 말한다. 반면, 북유럽에서는 악의 존재를 전혀 몰랐을 때, 지상에 평화와 순수만이 존재했을 때를 축복의 시대라고 본다.

인간의 창조

그리스 인들은 쉽게 손에 넣을 수 있는 재료인 진흙을 이용해 처음으로 성상을 만들었다. 따라서 오직 신에게만 미치지 못하는 뛰어난 생명체를 만들라는 명령을 받았을 때, 프로메테우스도 흙을 이용해 빚어냈으리라 생각하게 되었다. 북유럽에서는 나무를 깎아서 성상을 만들었다. 그러니 오딘, 빌리, 베가 처음 아스크와 엠블라를 만들 때 당연히 나무토막을 사용했으리라 추측했다(여기서 오딘, 빌리, 베는 프로메테우스, 에피메테우스, 아테나와 대응된다).

천상의 벌꿀 술을 만들어내는 염소 헤이드룬은 제우스의 첫 유모인 아말테이아와 유사하다. 언제나 바쁜 고자질쟁이 라타토스크는 코로니스 이야기에 나오는 순백의 까마귀와 같다. 이 까마귀는 고자질한 대가로 깃털이 새까맣게 변하는 벌을 받았다. 제우스의 독수리는 오딘의 큰 까마귀 후긴과 무닌 혹은 오딘의 발치에 웅크리고 있는 늑대 게리와 프레키에 상응한다.

노른과 운명의 여신

북유럽의 오를로그(운명)와 그리스의 운명은 상당히 유사하다. 운명의 여신들이 내리는 판결은 신들도 존중해야 한다. 똑같이 강력한 힘을 지닌 운명의 여신, 노른과 모이라이의 유사성은 지적할 필요가 없을 정도로 명백하다. 이와 같이 명백한 관계로는 반 신족과 포세이돈을 비롯한 그리스 신화 속 바다의 신들을 들 수 있다. 반 신족과 아스 신족 사이에 있었던 큰 전쟁은 단순히 세상의 패권을 두고 제우스와 포세이돈이 논쟁을 벌인 이야기의 다른 버전에 불과하다. 제우스가 포세이돈에게 자신의 권력을 나누어 주었듯, 아스 신족도 만물의 지배자가 되었지만 패배한 적, 반 신족과 계속해서 권력을 나누었다. 그리하여 반 신족은 아스 신족의 동맹이자 친구가 되었다.

제우스처럼 오딘도 언제나 위엄 있는 중년으로 그려진다. 또, 두

신은 모두 왕가의 선조로 여겨진다. 스파르타의 헤라클레이다이 가문에서는 제우스가, 잉글링과 스쾰딩 가문에서는 오딘이 가문의 선조라고 주장했다. 가장 신성한 맹세를 할 때 북유럽에서는 오딘의 창끝을 걸었고, 그리스에서는 제우스의 발받침을 걸었다. 또, 두 신에게는 이름이 많았다. 그들의 본성과 존엄에 따른 다양한 모습을 묘사하는 이름이었다.

오딘은 제우스와 마찬가지로 자주 변장을 하고 지상으로 내려갔다. 인간의 마음가짐을 심판하기 위해서였다. 이는 게이로드와 아그나르의 이야기에 잘 나와 있는데, 그리스 신화의 필레몬과 바우키스 이야기와 유사하다. 손님을 환대하라는 것이 두 이야기의 주제다. 따라서 양쪽 모두 손님에게 자비를 베푼 쪽이 큰 상을 받는다. 북유럽 신화에서는 게이로드가 벌을 받으며 이와 같은 교훈이 더 강조된다. 음유 시인들이 권선징악을 중요시하고 신중하게 상과 벌을 배분하도록 애썼기 때문이다.

오딘이 바프트루드니르와 벌인 지혜 대결은 아폴론과 마르시아스의 피리 불기 내기 혹은 아테나와 아라크네의 베 짜기 대결을 연상시킨다. 오딘은 웅변과 시의 신이었으며, 신성한 목소리로 만인의 마음을 사로잡을 수 있었으니 아폴론과도 많이 닮았다고 볼 수 있다. 또, 인간에게 룬 문자를 가르친 점에서는 알파벳을 만든 그리스의 신 헤르메스와도 비슷하다.

❖ 계절 신화

　　태양 혹은 여름을 상징하는 오딘이 사라지고 결과적으로 대지, 프리가가 황폐해지는 것은 페르세포네 신화와 아도니스 신화의 다른 버전에 지나지 않는다. 페르세포네와 아도니스가 사라지면 대지(데메테르 혹은 아프로디테)는 그들의 부재를 몹시 비통해 하며 모든 위로를 거절한다. 그들이 지하에서 돌아와야만 상복과 슬픔에서 벗어나 다시 보석으로 치장을 한다.

　　마찬가지로 프리가와 프레이야 역시 남편 오딘과 오두르가 사라지면 슬픔에 사로잡혀 차갑고 냉정한 사람이 되고, 남편들이 돌아와야만 원래 모습으로 돌아간다. 역사의 여신 사가도 오딘의 아내다. '시간과 사건의 강' 소크바베크에서 지내는 사가는 자신이 본 모든 일을 기록한다. 아폴론이 영감의 샘 헬리콘에서 찾았다는 역사의 여신 클리오와 같다.

　　그리스의 신화 학자 유헤메로스에 의하면, 제우스라는 인물이 역사적으로 실존했으며 크레타 섬에 묻혔다고 한다. 실제 이 무덤은 아직도 남아 있다. 역사적 인물 오딘의 무덤이 한때 북유럽 최대 신전이 있던 웁살라에 남아 있는 것과 꼭 같다. 이곳에서 자랐던 거대한 떡갈나무는 도도나 숲의 유명한 나무와 막상막하였다.

❖ 프리가와 헤라

　　프리가는 헤라와 마찬가지로 대기를 상징하고, 결혼과 부부애, 모성애의 수호신이며 출산의 여신이기도 하다. 프리가 역시 아름

답고 위엄 넘치는 여성으로 꾸미기를 좋아한다. 그녀의 특별한 시녀 그나는 주인의 명령을 신속하게 처리한다는 점에서 그리스 신화의 이리스에 필적한다. 헤라는 구름을 자유자재로 통제했고 손짓만으로도 털어낼 수 있었다. 프리가는 보석이 박힌 물레를 돌려 실을 잣고 그 실로 구름을 짜냈다.

그리스 신화에는 헤라가 제우스보다 한 수 앞서는 이야기가 많이 나온다. 이와 비슷한 이야기가 북유럽 신화에도 적지 않다. 헤라는 남편이 꺼리는데도 암소로 변한 이오를 받아낸다. 프리가는 교묘한 꾀를 써서 랑고바르드 족의 승리를 얻어낸다. 프리가가 오딘의 상에서 금을 훔쳤을 때 오딘이 분노한 것은, 트로이의 전쟁이 벌어지는 동안 헤라의 질투와 간섭 때문에 제우스가 불쾌해 한 것과 상응한다.

게피온이 영리한 꾀를 써서 길피 왕에게 셸란 왕국을 얻어낸 이야기는 책략을 써서 땅을 얻은 뒤 도시를 세운 카르타고의 여왕 디고 이야기를 다시 쓴 것에 지나지 않는다. 게다가 두 이야기 모두 황소가 나온다. 북유럽 신화에서는 튼튼한 황소가 땅덩어리를 끌고 바다로 나가는 한편, 여왕 디고의 이야기에서는 황소 가죽을 벗겨 길고 가늘게 자른 뒤, 그 조각으로 여왕이 고른 땅을 둘러쌌다.

음악 신화

음악으로 살아 있는 생물을 모두 끌어 모을 수 있었던 '하멜른의 피리 부는 사나이'는 리라를 연주해 같은 능력을 발휘하는 오르페우스나 암피온을 연상시킨다. 죽은 이들의 대장 오딘은 헤르메스 프시코폼포스와 대응된다. 이때 두 신은 모두 바람을 상징한다. 사람들은 육체를 떠난 영혼이 이 바람에 실려 인간 세상을 떠난다고 믿었다.

흔쾌히 탄호이저를 구하고 그가 회젤베르크의 마녀에게 돌아가지 못하지 못하도록 막으려 했던 충실한 친구 에크하르트는 오디세우스를 칼립소의 손에서 구해내고, 아버지를 찾아가는 텔레마코스와 동행하며 좋은 충고와 현명한 가르침을 아끼지 않은 여신 아테나를 떠올리게 한다.

❖ 토르와 그리스의 신들

천둥의 신 토르 또한 제우스와 많은 면에서 닮았다. 토르의 망치 묠니르는 북유럽에서 벼락을 상징한다. 토르는 거인들과 싸울 때 제우스가 벼락을 다루듯 자유롭게 망치를 던졌다. 빠르게 성장했다는 점은 헤르메스와 비슷하다. 토르는 태어나고 몇 시간이 지나자 황소 가죽을 여러 장씩 던지며 놀았고, 헤르메스는 태어난 지 하루 만에 아폴론의 황소들을 훔쳤다. 토르의 신체적 힘은 헤라클레스를 떠올리게 한다.

헤라클레스는 요람에 누워 있을 때 헤라가 보낸 독사를 목 졸라 죽임으로써 아주 어릴 때부터 남다른 힘을 증명해보였다. 성장하고 나서는 거인, 괴물들을 제압한다. 또, 리디아의 여왕 옴팔레를 위해 여장을 하고 실을 잣기도 했다. 토르 역시 땅속 깊이 묻힌 망치를 되찾기 위해 여장을 하고 트림헤임을 찾아간 적이 있다. 토르의 가장 큰 특징인 망치는 신성한 목적으로 두루 사용되었다. 장례식과 결혼식에서 정화와

축성의 역할을 했고, 이 망치로 만든 울타리는 신성시되었다. 헤르마(헤르메스의 주상柱像) 역시 제거하면 죽음에 이르는 벌을 받는다고 알려졌다.

풍성한 황금 머리칼을 자랑하는 토르의 아내 시프 여신은 언급했다시피 대지를 상징한다. 머리칼이 무성한 식물을 상징하는 것이다. 로키가 이 긴 머리를 훔쳐간 것은 하데스가 페르세포네를 납치한 것과 같다. 로키가 황금 머리칼을 되찾기 위해 지하세계로 가는 낮은 통로에 웅크리고 들어가 드워프(하데스의 종)를 찾아가야만 했듯, 헤르메스도 하데스에로 가서 페르세포네를 찾아야만 했다.

헤르메스가 아르고스를 죽인 뒤, 제우스는 이오를 되찾아오려고 한다. 이때 제우스를 방해하는 등에는 북유럽 신화에서도 등장한다. 마법의 반지 드라우프니르를 만들지 못하게 하려고 브로크를 쏘는 등에 말이다. 여기서 드라우프니르는 시프의 머리칼과 동격이다. 이 반지도 대지의 풍요를 상징하기 때문이다. 등에는 계속해서 프레이르의 황금 털 멧돼지를 만들 때도 브로크를 괴롭힌다. 이 멧돼지는 아폴론이 모는 황금빛 태양 전차의 원형이라고 볼 수 있다. 결국 이 등에 때문에 토르의 망치 손잡이가 완벽하게 만들어지지 못한다.

마법의 배 스키드블라드니르 역시 드워프의 작품으로 그리스 신화에 나오는 빠른 배, 아르고를 떠올리게 한다. 아르고는 머리 위에 떠다니는 구름을 상징한다. 전자는 신들을 모두 태울 수 있을 만큼 크다고 전해지는데, 후자 역시 그리스의 영웅들을 모두 태우고 머나먼 섬 콜키스로 향한다.

로마인들이 그랬듯 신들의 이름을 따서 요일의 이름을 짓고자 했던 게르만 족은 조브[1]의 날Jove's day에 대신 토르의 이름을 붙였다. 여기서 목요일Thursday이 유래한 것으로 보인다.

토르와 흐룽니르의 싸움은 헤라클레스와 카쿠스 또는 안타이우스 사이에 있었던 싸움과 매우 유사하다. 그로아는 명백히 데메테르이다. 두 여인 모두 잃어버린 아이(오르반딜과 페르세포네) 때문에 슬퍼하고, 아이가 돌아온다는 소식에 기쁨의 노래를 부른다.

토르의 아들 마그니는 태어난 지 세 시간 만에 경이로운 힘을 보여 준다. 쓰러진 아버지를 짓누르고 있는 흐룽니르의 다리를 들어 올린 것이다. 어린 헤라클레스가 떠오르는 대목이다. 트림의 결혼식 축하연에서 토르가 보여준 게걸스러운 식탐은 황소 두 마리를 해치운 헤르메스의 첫 식사와 비슷하다.

토르가 베이메르 강의 불어난 물살을 헤치고 건너는 장면에서는 이아손이 아버지의 왕좌를 되찾기 위해 폭군 펠리아스를 찾아가던 중 급류를 건너야 했던 장면을 떠올리지 않을 수 없다.

프리가와 프레이야의 매력을 높여주는 눈부신 목걸이는 아프로디테의 허리띠와 같다. 헤라도 남편 제우스를 사로잡기 위해 빌린 적이 있는 허리띠다. 또, 이 허리띠는 시프의 머리칼이나 반지 드라우프니르와 마찬가지로 무성한 식물 혹은 하늘에서 빛나는 별을 일부 상징한다.

칼의 신 티르는 물론 그리스 신화 속 전쟁의 신, 아레스와 같다. 아레스를 신성시 하던 날에 티르의 이름을 붙였으므로 티우의 날, 다시 말해 화요일Tuesday이 생겼다. 아레스처럼 티르도 시끄럽고 용감한 성격이었다. 소란스러운 전쟁터에서 즐거움을 느꼈고 언제든 두려워하

는 법이 없었다. 늑대 펜리스와 마주할 용기를 낸 신도 오로지 티르뿐이었다. 남쪽에는 스킬라와 카리브디스에 관한 속담이 있는데, 이는 '레딩에서 벗어나기, 도르마 끊어내기'라는 북유럽 속담과 같은 맥락이다. 지중화를 상징하는 늑대 펜리스는 그의 모델이라 할 수 있는 타르타로스의 티탄처럼 묶여 있다.

온화하고 음악을 사랑하며 하프를 연주하는 브라기는 아폴론 혹은 오르페우스와 닮은 점이 아주 많다. 마법의 술 오드레리르와 헬리콘 산의 물은 또 얼마나 닮았는가. 신과 인간을 가리지 않고 시인에게 영감을 주는 힘이 있으니 말이다. 오딘은 이 귀한 술을 가져오기 위해 독수리 옷을 입었다. 제우스 역시 술 따르는 시종 가니메데스를 데려오려고 비슷한 모습으로 변장한 적이 있다.

이둔은 아도니스나 페르세포네하고도 닮았지만, 봄을 상징하는 아름다운 에우리디케와 더 많이 닮았다. 이둔은 잔인한 서리 거인 티아시에게 잡혀가는데, 티아시는 아도니스를 죽인 멧돼지, 페르세포네를 납치해간 하데스, 에우리디케를 문 독뱀을 상징한다. 이둔은 한참 동안 요툰헤임(하데스)에서 지내며 생기와 명랑함을 모두 잃고 점점 슬픔에 빠져 창백해진다.

여신은 혼자서는 아스가르드로 돌아가지 못한다. 오로지 로키(여기에서는 남풍을 상징한다)가 와서 호두 혹은 참새로 변신시켜 데려가 줌으로써 도망칠 수 있다. 이 부분에서는 바람의 신 헤르메스의 호위를 받아 돌아오는 페르포네, 아도니스가 연상된다. 오르페우스의 달콤한 하프 소리에 이끌려 하데스에서 빠져나오는 에우리디케 같기도 하다. 하프 소리 역시 속삭이는 듯한 바람 소리를 의미한다.

∵ 이둔과 에우리디케

　　이둔이 이그드라실에서 니플헤임의 어두운 심연으로 떨어지는 이야기 역시 위의 비교 설명에 부합한다고 볼 수 있다. 그러나 오르페우스와 에우리디케 이야기가 훨씬 더 가까워 보인다. 이둔이 없으면 살 수 없는 브라기와 마찬가지로 오르페우스 역시 에우리디케 없이 살 수 없다며 어두운 죽음의 왕국까지 그녀를 따라간다. 사랑하는 여인이 없으면 악기마저 침묵하게 되는 점도 동일하다. 이 이야기에서 이둔을 감싸는 늑대 가죽은 혹한의 겨울 속에 부드러운 나무뿌리가 말라죽지 않게 보호해 주는 눈을 상징한다.

∵ 스카디와 아르테미스

　　반 신족 뇨르드는 태양이 빛나는 여름 바다의 신으로 포세이돈에 대응되지만, 사실은 네레우스에 더 가깝다. 네레우스가 넓은 바다의 잔잔하고 온화한 면을 상징하기 때문이다. 뇨르드의 부인 스카디는 사냥의 여신이다. 따라서 아르테미스와 비슷하다고 볼 수 있다. 아르테미스처럼 스카디도 화살을 가득 넣은 화살집과 활을 메고 다니며 활솜씨 역시 완벽하다. 짧은 옷을 입고 있어서 활동이 자유롭고 일반적으로 사냥개를 데리고 다니는 것도 일치한다.

　　티아시의 눈을 하늘로 던져 별처럼 빛나게 한 이야기에서는 별과 얽힌 여러 그리스 신화가 떠오른다. 그중에서도 영원한 감시자 아르고스의 눈이라든가, 오리온의 보석 박힌 허리띠와 그의 개 시리우스 이야기 등이 특히 비슷하다. 여신의 화를 달래기 위한 신들의 조처였다는 점에서 말이다. 화난 스카디를 웃기기 위한 로키의 우스꽝스러운 행동은 그가 상징하는 막전 현상의 떨리는 섬광과 흡사한 것으로 여겨진다. 그리스에서는 스테로페스나 키클롭스가 막전을 상징한다.

프레이르와 아폴론

햇빛과 여름 소나기를 상징하는 북유럽의 신, 온화한 프레이르는 아폴론과 많은 공통점을 찾을 수 있다. 아폴론과 같이 프레이르 역시 아름답고 젊으며 햇빛을 상징하는 황금 털의 멧돼지를 타거나 황금 전차를 타고 하늘을 달린다. 아폴론의 빛나는 전차를 떠올리지 않을 수 없다.

또, 지나가는 길에 꽃을 뿌리는 것은 제피로스의 특징과 일치한다. 프레이르의 말 블로두그호피는 아폴론이 가장 아끼는 말 페가수스와 다르지 않다. 두 말 모두 불과 물을 평소와 다를 것 없이 빠르게 넘나들기 때문이다.

프레이르와 같은 신으로 여겨지는 프로는 오딘이나 제우스처럼 인간들의 왕 중에서도 그 이름을 찾아볼 수 있다. 그리고 그의 무덤은 웁살라에 있는 오딘의 무덤 옆에 있다. 그가 다스리던 시기는 행복이 넘쳐나서 황금기라고 불렸다. 이 이야기는 지상으로 추방되어 이탈리아 사람들을 다스리며 번영을 누리게 해주었다는 크로노스를 상기시킨다.

❖ 프레이야와 아프로디테

　　아름다운 처녀 게르다는 아프로디테, 그리고 아탈란테와 비슷하다. 걸음이 빠른 아탈란테 역시 게르다처럼 마음을 얻거나 결혼 승낙을 얻기 힘들지만, 결국에는 청혼을 받아들이고 행복한 아내가 된다. 스키르니르가 게르다의 마음을 얻으려고 가져간 황금 사과는 히포메네스가 아탈란테와 달리기 경주를 했을 때 그녀를 방해하려고 던진 황금 사과를 떠올리게 한다. 결국 아탈란테는 사과를 줍다가 경주에서 지고 그의 아내가 된다.

　　젊음과 사랑, 미의 여신 프레이야는 바다의 신 뇨르드의 딸이니 아프로디테처럼 바다에서 태어났다고 볼 수 있다. 아프로디테는 전쟁의 신이나 안키세스 같은 무인武人들을 가장 좋아했다. 반면, 프레이야는 종종 발키리의 옷을 입고 지상으로 내려갔다. 인간들의 전쟁터로 가서 전사한 영웅들을 자신의 궁전에 데려오기 위해서였다. 아프로디테처럼 프레이야는 꽃과 과일을 나누어주면서 기쁨을 느꼈고, 연인들의 간청에 자비롭게 귀를 기울여주었다. 프레이야는 아르테미스와도 닮았다. 둘 다 투구와 흉갑을 착용하며 아름다운 푸른 눈이 특징이다.

❖ 오두르와 아도니스

　　프레이야의 남편 오두르는 아도니스와 유사하다. 그가 떠나자 프레이야는 수많은 눈물을 흘렸고 그 눈물은 금으로 변했다. 아도니스를 잃은 아프로디테의 눈물은 아네모네로 변했다. 또, 파에톤을 잃었을 때 헬리아데스가 흘린 눈물은 호박으로 변했는데, 색이나 단단

함이 금과 비슷하다. 아도니스가 돌아와서 아프로디테가 기뻐하면 온 자연이 꽃을 피워 함께 기뻐하는 것처럼 프레이야도 은매화 꽃이 만발한 남쪽에서 남편을 다시 찾고 즐거운 마음으로 돌아간다.

아프로디테의 마차는 퍼덕이는 비둘기가, 프레이야의 마차는 재빠른 고양이가 끈다. 고양이가 관능적인 사랑을 상징한다면 비둘기는 다정한 사랑을 상징한다. 프레이야는 외모를 중요시해서 트림과의 혼사 얘기가 나왔을 때 크게 화를 내며 거절한다. 아프로디테 역시 자기 의사와 상관없이 결혼해야 했던 못생긴 헤파이스토스를 멸시하고 끝내는 저버린다.

그리스인들은 눈을 가리고 한 손에는 저울을, 다른 한 손에는 칼을 든 여신으로 정의를 표현했다. 판결의 공정성과 불변성을 나타낸 것이다. 이에 대응하는 북유럽의 신은 포르세티다. 그 역시 양쪽의 질문을 끈기 있게 다 들은 뒤, 어느 한쪽에도 치우치지 않은 공정한 판결을 내리는데, 이 판결은 되돌릴 수 없다.

겨울의 신 울르는 사냥을 좋아한다는 면만 보면, 아폴론이나 오리온과 비슷하다. 울르는 어떤 상황에서든 열정을 보이며 사냥감을 쫓았고, 활솜씨 역시 그리스의 신들 못지않아서 백발백중이었다.

헤임달은 아르고스처럼 아주 날카로운 시력을 선사받아 밤에도 낮과 다름없이 먼 곳까지 잘 볼 수 있었다. 그의 뿔피리 걀라르호른은 그 소리가 온 세상에서 울려 퍼지며, 신들이 비프로스트를 오고갈 때마다 알리는 역할도 했다. 마치 그리스 신화 속 페메 여신의 나팔과 같다. 또, 헤임달은 어머니들이 물의 여신들이었기 때문에 프로테우스처럼 자유자재로 모습을 바꿀 수 있었다. 브리싱가멘을 훔치려던 로키를 좌

절시켰을 때도 이 능력의 덕을 톡톡히 보았다.

빠르고 민첩한 신 헤르모드는 헤르메스와 닮았다. 놀랍도록 기민한 것은 물론 신들의 전령으로서 헤르메스처럼 동에 번쩍, 서에 번쩍하니 말이다. 물론 헤르모드는 날개 달린 모자와 샌들이 아니라 오딘의 말 슬레이프니르의 도움을 받는다. 오딘을 제외하고는 오직 그만이 탈 수 있는 말이다.

또, 손에는 케리케이온이 아니라 감반테인을 든다. 헤르모드는 노른 여신들과 마법사 로스티오프를 찾아가 발리가 형제 발데르의 복수를 하고, 아버지 오딘을 대신하게 된다는 예언을 듣는다. 그리스 신화에도 비슷한 예언에 얽힌 이야기가 있다. 테티스와 기꺼이 부부의 연을 맺으려 했던 제우스는 운명의 여신들의 예언을 듣고 그녀를 단념한다. 테티스가 낳은 아이는 아비를 능가하여 더 큰 영광과 명성을 누리게 된다는 예언이었다.

침묵의 신 비다르는 헤라클레스와 다소 비슷한 면이 있다. 헤라클레스가 네메아의 사자와 싸울 때 몽둥이 하나만으로 사자를 산산이 찢어 죽였듯, 비다르도 라그나로크가 왔을 때 큰 신발 한 짝에만 의지해 늑대 펜리스를 찢어 죽였다.

❖ 린다와 다나에

오딘이 린다에게 구애하는 이야기는 제우스가 다나에에게 구애하는 이야기를 떠올리게 한다. 이 이야기에서 다나에는 린다와 마찬가지로 대지를 상징한다. 제우스는 그녀와 동침하기 위해 금빛 빗물

로 변신하는데, 이는 풍요를 가져다주는 햇빛을 의미한다. 반면, 오딘이 린다에게 처방한 족욕은 봄이 오면서 햇빛이 얼어붙은 대지의 저항을 이겨내고 그 결과 얼음이 녹는 것을 의미한다. 제우스와 다나에 사이에서 태어난 아들 페르세우스도 여러 면에서 발리와 닮았다. 발리가 형제 발데르를 살해한 호두르를 처단하듯, 페르세우스도 어머니의 적을 죽여 복수한다.

폭풍의 질주(길버트 베이즈 作)

그리스에서는 운명의 여신이 탄생을 주재하고 그 아이의 미래를 예언한다고 믿었다. 노른 여신들과 같다. 멜레아그로스의 이야기는 노른게스타의 이야기와 명백히 상응한다. 그의 어머니 알타이아는 반쯤 타다 남은 장작을 가슴 속에 품고 있다. 노른게스타가 양초 토막을 하프 속에 숨긴 것처럼 말이다. 하지만 알타이아는 장작을 직접 불 속에 던져 넣어 아들이 죽음에 이르도록 한다. 반면, 노른게스타는 올라프 왕의 명령에 따라 초에 불을 붙이고, 초가 다 타들어가면서 죽음을 맞는다.

헤베와 발키리는 각각 올림푸스와 아스가르드에서 술을 따르며 젊음을 상징한다. 헤베는 위대한 영웅이자 반신반인半神半人인 헤라클레스와 결혼하면서, 발키리 역시 헬기, 하콘, 볼룬드, 시구르드 같은 영웅과 결혼하면서 의무에서 벗어난다.

크레타 섬의 미궁은 아이슬란드의 볼룬다르하우스(볼룬드의 집)와 상응한다. 미궁을 만든 다이달로스와 볼룬드는 도망치기 위해 솜씨 좋게 한 쌍의 날개를 만들어낸다. 그리고 이 날개를 이용해 땅과 바다 위를 안전하게 나는 데 성공한다. 그 결과 볼룬드는 니두드, 다이달로스는 미노스라는 폭군의 지배에서 벗어난다. 한편, 볼룬드는 뛰어난 대장장이라는 점과 그 재능을 이용해 복수한다는 점에서 헤파이스토스와도 비슷하다.

헤파이스토스는 올림포스에서 떨어져서 절름발이가 되었고, 어머니 헤라의 사랑을 갈구했으나 무시당한다. 훗날 그는 어머니에게 황금 왕좌를 보내는데, 교묘한 스프링 장치를 해서 헤라가 옥좌에 앉으면 꽉 붙잡혀 움직일 수 없게 했다. 볼룬드는 니두드가 왕비의 제안에 따라 절름발이로 만든다. 이에 볼룬드는 몰래 그녀의 아들을 죽여 그 눈으로 아름다운 보석을 만들었고, 왕비는 그가 전말을 밝힐 때까지 아무런 의심도 없이 이 보석을 가슴에 걸고 다녔다.

바다 신화

포세이돈의 분노가 폭풍을 불러일으킨다고 생각한 그리스 사람들처럼 북유럽 사람들도 미드가르드의 뱀, 요르문간드가 몸을 뒤틀거나 에기르의 분노가 표출되면서 폭풍이 생긴다고 믿었다. 에기르는 포세이돈처럼 해초 왕관을 쓰고, 딸인 파도의 처녀들(네레이데스와 오케아니스의 동격)을 흔들리는 파도 위로 보내 놀게 한다. 포세이돈은 유보이아 섬 근처의 산호 동굴에서 살고, 에기르는 카테가트 해협 부근의 비슷한 궁전에서 산다. 여기서 그는 닉스, 운디네, 인어들에 둘러싸여 있는데, 이들은 그리스 신화에 나오는 물의 정령에 상응한다. 라인 강의 신 엘베, 넥카르는 그리스 신화에서 강의 신으로 나오는 알페이오스, 페네이오스를 연상시킨다.

북유럽 해안에서는 배가 난파되는 일이 잦았다. 이를 두고 사람들은 란 여신(그리스 신화 속 바다의 여신 암피트리테와 동격)이 지나치게 탐욕스럽기 때문이라고 생각했다. 여신이 튼튼한 그물을 쳐서 걸린 것을 모두 깊은 바다 속으로 끌어당기기 때문이라고 믿었던 것이다. 그리스의 사이렌은 북유럽의 로렐라이와 상당히 유사하다. 둘 다 노래를 부르고 걸려든 뱃사람을 죽음으로 이끈다. 샘이 된 일제 공주 이야기에서는 역시 샘으로 변한 그리스 신화의 님프 아레투사를 떠올리지 않을 수 없다.

북유럽 신화 속 니플헤임은 그리스 신화 속 하데스와 거의 정확히 일치한다. 죽은 이의 영혼이 반드시 건너야만 하는 걀라르 다리(죽음의 다리)의 파수꾼 모드구드는 이들에게서 피를 공물로 받아내는데, 그 혹독함이 그리스 신화의 카론과 같았다. 카론은 아케론 강(죽음의 강)

의 뱃사공으로 모든 영혼들에게 뱃삯으로 1오보로스짜리 동전을 받는다. 그니파 동굴에서 웅크리고 앉아 헬의 문을 지키고 있는 사나운 개 가름은 머리 셋 달린 괴물 케르베로스와 같다. 또, 니플헤임이 아홉 세상으로 이루어졌듯 하데스도 아홉 곳으로 나뉜다. 나스트론드는 타르타로스와 딱 들어맞는다. 여기에서도 악인들은 나스트론드 못지않게 혹독한 벌을 받았다.

 죽은 영웅을 평소 쓰던 무기에 말이나 개 따위를 죽인 제물을 더하여 함께 화장하는 관습도 북쪽과 남쪽이 같았다. 그리스 신화 속 죽음의 신 타나토스는 날카로운 큰 낫을 든 모습으로 묘사되는 반면, 헬 여신은 빗자루나 갈퀴를 든 모습으로 그려진다. 사람들은 여신이 무자비하게 빗자루를 휘둘러 많은 사람들을 처형한다고 생각했다.

❊ 발데르와 아폴론

     빛나는 태양의 신 발데르를 보면 아폴론, 오르페우스만 떠오르는 것이 아니라 태양 신화와 관련된 여러 영웅들도 생각난다. 발데르의 아내 난나는 꽃의 님프 클로리스하고도 비슷하지만 페르세포네와 더 많은 면에서 유사하다. 난나 역시 지하 세계로 내려가 한동안 머무르기 때문이다. 발데르의 황금 궁전 브레이다블리크는 동쪽에 있는 아폴론의 궁전과 같다. 발데르 역시 아폴론처럼 꽃을 무척 좋아했다. 그가 다가오면 만물이 미소를 지었다. 만물이 그를 해치지 않겠다고 기꺼이 맹세했다.

 아킬레스가 오로지 발뒤꿈치에만 약점이 있었던 것처럼 발데르를

죽일 수 있는 것은 오로지 연약한 겨우살이뿐이었다. 또, 발데르는 로키의 질투로 죽음에 이르는데, 헤라클레스 역시 아내 데이아네이라의 질투 때문에 죽는다. 링호른에서 발데르를 화장하는 장면은 오이타 산에서 헤라클레스가 죽음을 맞는 장면을 떠올리게 한다. 이때 붉게 빛을 발하는 불꽃은 양쪽 이야기에서 모두 석양을 상징한다.

태양과 여름의 신 발데르는 모든 생물과 무생물이 눈물을 흘려줘야만 니플헤임에서 풀려날 수 있다. 페르세포네는 음식을 먹지 않는다는 조건을 지켜야만 하데스에서 풀려날 수 있었다. 토크는 발데르를 위해 눈물 한 방울 흘려달라는 부탁을 비웃으며 거절한다. 여기서 눈물은 페르세포네가 먹은 석류 씨와 같다. 결과는 양쪽 다 절망적이었다. 발데르와 페르세포네는 지하에 머무르게 되었고, 대지(프리가, 데메테르)는 자식을 잃고 탄식해야만 했다.

로키(불)를 통해 북쪽 땅에 악이 들어왔듯이 프로메테우스가 불을 선물하면서 그리스인도 같은 저주를 받는다. 이 일로 신들은 프로메테우스에게 벌을 내리는데, 여기에서도 비슷한 점을 찾을 수 있다. 로키는 견고한 사슬로 지하에 묶인 채 머리 위, 뱀의 송곳니에서 끊임없이 떨어지는 독을 견뎌야 한다. 프로메테우스도 비슷하다. 코카서스의 바위에 묶여 굶주린 독수리에게 끊임없이 자신의 간을 쪼아 먹혀야 하니 말이다.

로키의 형벌은 티티오스가 하데스에서 받는 벌과도 상응하며, 엔켈라도스가 에트나 산 밑에 묶여서 받는 벌과도 유사하다. 그가 몸을 비틀면 지진이 일어났고 저주를 내리자 갑자기 화산이 폭발했다고 하는데, 이 역시 로키 이야기와 같다. 말로 변신해 훌륭한 말을 자식으로 두기까지 했다는 점에서 로키는 포세이돈과도 공통점이 있다. 로키가 낳은 슬레이프니르는 포세이돈이 데메테르와 낳은 말 아리온에 비해 빠르기나 끈기 면에서 전혀 뒤지지 않는다.

핌불 겨울은 트로이의 성벽 아래에서 오랫동안 계속된 전투와 비교할 수 있다. 북유럽 신화의 웅장한 막을 내리는 라그나로크는 불타는 트로이와 같다.

"토르는 헥토르, 늑대 펜리스는 프리아모스(오딘)를 죽인 피로스(아킬레스의 아들), 라그나로크에서 살아남는 비다르는 아이네아스다."

프리아모스의 궁전이 무너지는 것은 신들의 황금 전당이 폐허가 된 것과 같다. 어둠의 악마 하티, 스콜, 마나가름은 태양의 여인 헬레네를 데려간 파리스와 어둠의 악마 모두에 해당된다.

라그나로크와 대홍수

또 다른 해석에 의하면, 라그나로크가 일어난 뒤 세상이 바다에 잠기는 것은 북유럽 식으로 대홍수를 표현한 것이라고 한다. 살아남은 리프와 리프트라시르는 그리스 신화 속 대홍수에서 살아남는 듀칼리온과 피라처럼 세상에 사람의 자손을 다시 퍼뜨릴 운명이다. 델포이의 신전만 엄청난 홍수의 힘에 무너지지 않았던 것처럼 기믈레도 건재하게 빛을 발하며 살아남은 신들을 맞아들인다.

거인과 티탄

　　　북유럽의 거인과 그리스의 티탄이 얼마나 유사한지는 이미 살펴보았다. 따라서 언급할 만한 유사성은 이제 하나밖에 남지 않았다. 그리스인들은 아틀라스가 산으로 변했다고 생각했다. 마찬가지로 북유럽 사람들은 독일의 리젠 산맥이 거인들로 이루어졌다고 믿었다. 그래서 산 정상에서부터 눈사태가 일어나면 거인들이 답답한 자세를 바꾸며, 머리 위에 쌓인 눈을 성급하게 털어서 생긴 일이라고 했다. 물의 거인이 황소의 모습을 한 유령이 되어 프랑크 족의 왕비에게 구애를 하러 간 이야기는 제우스가 에우로페에게 구애하는 이야기와 유사하다.

　　메로베우스(메로베치)는 누가 봐도 사르페돈과 꼭 들어맞는다. 거인의 배 만니그푸알과 영웅들의 배 아르고 사이에도 조금 비슷한 점을 찾아볼 수 있다. 아르고는 에게해와 흑해를 누비며 여러 위험과 맞닥뜨리고 많은 장소에 중요한 의미를 부여한다. 이처럼 만니그푸알도 북해와 발트해를 항해하고, 보른홀름 섬이나 도버 해안의 절벽과 관련된 이야기에 등장한다.

　　그리스인들은 잠의 신이 사는 동굴에서 도망친 사악한 꿈이 바로 악몽이라 여겼다. 반면, 북유럽 사람들은 악몽이란 드워프나 트롤 여인이 어두운 땅 속에서 몰래 나와 자신들을 괴롭히는 것이라고 믿었다. 북유럽 신화에 나오는 마법의 무기는 모두 땅 속의 대장장이, 드워프들의 작품이다. 그리스에서는 렘모스 섬, 에트나 산 밑에서 헤파이스토스와 키클롭스가 만들어낸다.

볼숭가 사가

시구르드 사가에 등장하는 외눈박이 오딘은 그처럼 태양을 상징하는 키클롭스와 유사하다. 시구르드는 말을 기르는 그리피르에게 가르침을 받는데, 켄타우로스 케이론이 연상되는 대목이다. 그는 젊은 영웅에게 자신이 아는 모든 것을 가르치고, 앞으로 어떻게 행동해야 할지 조언해준다. 또, 그에게는 예지 능력도 있었다.

시그문드와 시구르드는 스스로 자격을 입증한 뒤 경이로운 칼을 소유하게 된다. 프리티오프는 아버지에게서 앙구르바델이란 검을 물려받는다. 이 두 칼은 아이게우스가 바위 밑에 숨겨 둔 칼을 떠올리게 한다. 성인이 된 테세우스가 이 칼을 들고 아버지를 찾아간다. 시구르드는 테세우스, 페리세우스, 이아손과 마찬가지로 황금을 찾기 전에 먼저 아버지의 복수를 하려 한다.

파프니르가 지키고 있는 황금은 이아손이 찾으러 가는 황금 양털에 대응된다. 황금 양털 역시 용 한 마리가 지키고 있어 손에 넣기가 매우 힘들다. 그리스의 태양신과 영웅들이 모두 그렇듯 시구르드도 금발에 푸른 눈이었다. 그가 파프니르와 맞서는 장면은 아폴론이 피톤과 싸우는 장면을 연상시킨다. 반지 안드바라나우트는 아프로디테의 허리띠와 연결 지을 수 있으며, 반지의 소유자에게 내려지는 저주는 헬레네의 비극을 떠올리게 한다. 그녀와 관련된 이들 모두 한없이 피를 흘려야 했으니 말이다.

시구르드는 마법의 검이 없었더라면 파프니르를 죽이지 못했을 것이다. 그리스 역시 필로크테테스의 화살, 다시 말해 모든 것을 정복하는 햇빛이 없었으면 트로이를 함락시키지 못했을 것이다. 도둑맞은 보물을 되찾는 것은 스파르타의 왕 메넬라오스가 헬레네를 되찾는 것과 같다. 이 보물은 분명 시구르드에게 그다지 큰 행복을 선사하지는 못했다. 비겁한 헬레네가 메넬라오스 왕에게 큰 기쁨을 주지 못한 것처럼 말이다.

브룬힐드

브룬힐드는 전쟁을 좋아하는 점이나 지혜로운 면, 그리고 겉모습을 보아 아테나 여신과 비슷하다. 하지만 시구르드가 그녀를 잊고 구드룬을 택했을 때 분노하고 화내는 모습은, 남편 파리스가 헬레네에게 구애하는 바람에 버려지는 오이오네의 분노를 연상케 한다. 브룬힐드의 분노는 시구르드의 삶을 내내 따라다닌다. 심지어는 시구르드를 죽이는 계획까지 꾸미게 되는 원동력이 된다. 오이오네는 상처 입은 파리스를 치료해 달라는 부탁을 거절함으로써 그를 죽음에 이르게 한다. 하지만 두 여인 모두 사랑하는 이가 숨을 거두자 비탄에 빠진다. 그리고 사랑하는 이의 곁에 나란히 누워 함께 화장되는 길을 택한다.

태양 신화

일련의 태양 신화를 담고 있는 볼숭가 사가는 태양 신화답게 매 국면마다 반복적인 전개가 이루어진다. 테세우스에게 버림받은 아드리아네가 결국 디오니소스와 결혼한 것처럼, 시구르드와 사별한 구드룬도 훈 족의 왕 아틀리와 결혼한다. 그리고 아틀리 역시 불타는 궁전 또는 배 위에서 생을 마감한다. 군나르는 오르페우스 혹은 암피온과 같은 하프의 명수로 뱀까지 잠재울 정도로 놀라운 선율을 연주한다.

어떤 해석에 의하면, 아틀리는 파프니르와 같다. 둘 다 황금을 갈망하므로 어쩌면 겨울의 구름을 상징한다고 볼 수 있을 것이다.

"겨울 구름은 황금, 즉 태양빛과 열을 덮어 인간에게 닿지 못하게 한다. 봄이 되고서야 빛나는 태양은 어둠과 폭풍의 힘을 이겨내고 땅 위에 황금을 흩뿌린다."

시구르드의 딸 스반힐드 역시 금발에 푸른 눈으로 또 다른 태양의 상징으로 볼 수 있다. 그녀가 검은 말에게 짓밟혀서 죽는 것은 폭풍이나 어둠에 의해 구름이 태양을 완전히 덮는 것을 의미한다.

카스토르와 폴룩스가 테세우스에게 납치된 누이 헬레네를 구하려고 서둘러 길을 떠났듯, 스반힐드의 남동생 에르프, 함디르, 소를리도 누이의 죽음에 복수하러 길을 떠난다.

이 정도가 북유럽 신화와 그리스 신화 사이에서 눈에 띄는 유사점이 될 것이다. 두 신화가 크게 달라진 것은 각기 다른 종족에 의해 무의식적으로 지역적인 색채가 더해진 결과일 뿐, 앞서 살펴본 유사점은 두 신화가 원래 같은 뿌리에서 형성되었다는 것을 증명한다. 〈끝〉

머리말

1 『북유럽 신화Northern Mythology』- 카우프만Kauffmann 저.
2 홀리데이 스팔링Halliday Sparling -『볼숭가 사가』서문 인용.
3 『영웅 숭배론Heroes and Hero Worship』- 칼라일Carlye 저.
4 『북유럽 신화Northern Mythology』- 카우프만Kauffmann 저.

01 세상의 시작

1 영국의 전래 동요로 잭과 질이 언덕 위로 물을 길러 갔다가 잭이 머리를 다치고, 서둘러 집에 돌아와 민간요법으로 머리를 감싸고 눕자 그 모습을 본 질이 웃다가 엄마에게 혼난다는 내용이다.
2 드워프와 엘프는 북유럽식으로 각기 드베르그와 알프라고 한다. 드워프를 달리 이를 때 어둠의 엘프 혹은 검은 엘프black elf, dark elf라고도 한다. 스바르트알파헤임 역시 '검은 엘프가 사는 나라'란 뜻이다.
3 남신은 단수일 때 아스ASS, 복수일 때 에시르Æsir라 하고 여신은 단수일 때 아시냐Asynja, 복수일 때 아시뉴르Asynjur라 한다. 이 책에서는 아스 신으로 통일해 지칭한다.

02 오딘

1 레이븐Raven. 일반적인 까마귀crow보다 몸집이 크고 부리도 훨씬 크다.
2 짚더미 위에 시신을 놓고 화장을 하는 풍습에서 비롯된 표현.
3 유럽에는 어린 아기를 마녀나 악마가 다른 아이와 바꿔치기 한다는 이야기가 전해왔다. 바꿔치기한 아이는 이상한 행동을 해 부모를 곤혹스럽게 한다고 한다.

4 샤를마뉴는 프랑스어로 '샤를 대제'라는 뜻이다. 독일에서는 '카를 대제'라고 부른다. 프랑크 왕국의 왕으로 훗날 교황의 인정을 받아 신성로마제국의 황제가 된다. 오늘날 서유럽의 토대를 만들었다는 평가를 받는다.

5 신성로마제국의 프리드리히 1세. 바르바로사는 그의 별명으로 '붉은 수염'이란 뜻이다. 이름뿐인 제국이 아닌 진정한 제국을 꿈꾸었으며, 검술과 예의가 뛰어나 기사도의 모범으로 불렸다. 3차 십자군 원정 중 세상을 떠난 뒤로 여러 전설의 주인공이 되었다.

6 로덴슈타인 성주는 전쟁이 닥쳐오면 한밤중에 나팔을 불며 요란하게 로덴슈타인 성으로 재산을 옮기고 몸을 피했다가, 평화가 돌아올 것 같으면 조용히 돌아왔다는 이야기가 전해진다.

7 1500년대 말 브라운슈바이크의 사냥꾼으로 멧돼지를 잡다가 다쳐서 죽는 꿈을 꾸었지만, 주위의 만류에도 불구, 사냥에 나가 무사히 멧돼지를 잡아온다. 하지만 저녁 만찬 자리에서 멧돼지 머리를 들고 조롱하다가 송곳니에 베이고 상처가 감염되어 하루 만에 세상을 떠난다. 죽기 전에 심판의 날이 올 때까지 사냥을 하게 해달라고 빌어 저주를 받았다고 한다.

8 크리스마스 이후 12일째 되는 날.

9 자기가 한 일의 결과를 책임져야 한다는 뜻으로 우리 속담 중 '씨 뿌린 자는 거두어야 한다'는 속담과 일맥상통한다.

10 오딘의 또 다른 이름.

11 운명의 정령 혹은 신. 복수는 디시르^{Disir}이다.

12 오딘의 또 다른 이름.

13 꽃으로 장식한 기둥을 세운 다음, 그 기둥 꼭대기에 연결한 여러 개의 리본을 하나씩 잡고 돌아 기둥을 감싼 리본으로 무늬를 완성하는 춤. 여기서 뽑힌 여왕을 '메이퀸'이라고 한다.

14 남자들이 전설 속 인물로 분해 춤추는 모리스 댄스에서 중심이 되는 여왕 역할.

15 5월제 행진을 할 때, 머리부터 발끝까지 나뭇잎을 단 원뿔형 틀을 뒤집어 쓴 참가자.

16 산문으로 쓰인 『새 에다』에서는 문지기가 답을 하는 것이 아니라, 길피 왕이 '강글레리'라는 노인으로 변장을 하고 찾아가 질문을 하고 세 왕이 대답해 준다.

17 헹기스트와 그의 동생 호르사. 5세기 영국을 침략해 켄트 왕국을 건설한 주트 족의 우두머리다. 앵글 족, 색슨 족 등 게르만 민족이 영국을 침략하는 물꼬를 텄다.

18 노르웨이의 왕 올라프 2세(995~1030년).

03 프리가

1 독일어로 귀뚜라미라는 뜻.
2 옛 프로방스어로 '거위 발'이라는 뜻.
3 자연에 깃든 정령으로, 주로 젊고 아름다운 여성으로 묘사된다.

04 토르

1 번갯불이 반사되어 구름 전체가 밝아지는 현상.
2 '작은 섬으로 가다'라는 뜻으로 작은 섬이나 협소한 장소에서 벌이는 결투를 뜻한다.
3 프레이야 여신이 다스리는 들판.

05 티르

1 에다에서 여신들의 전당 혹은 신들이 모여 연회를 연 곳으로 언급된다.
2 기원전 1세기에서 서기 1세기, 독일 북서부 지역에 살던 게르만 족.
3 프랑크 왕국의 샤를마뉴가 고대 로마에 해당되는 지역을 정복하고, 교황을 구해준 대가로 황제가 되면서 세운 제국. 훗날 독일, 프랑스, 이탈리아 3국으로 분리된다.
4 발키리의 이름.
5 드워프를 지칭하는 다른 이름.

06 브라기

1 오드레리르는 모호하게 사용되어 영감의 술 자체를 가리키는 말로도 쓰인다.
2 남자는 Braga-men, 여자는 Braga-women.

3   율Yule은 12월에서 1월 사이 12일 동안 열리는 축제를 말한다. Yuletide라고
    도 많이 쓰는데, Yule과 tide가 합쳐진 말로 tide에 계절, 축제 시기라는 뜻이
    있다. 이 발음은 영어식으로 변형된 발음으로 '크리스마스'라는 의미로 사용
    된다. 고대 북유럽에서는 jól로 표기하고 '욜'이라 발음했다.

08 뇨르드

1   fjord : 빙하의 침식으로 만들어진 골짜기에 빙하가 없어진 후, 바닷물이 들어
    와서 생긴 좁고 긴 만.

09 프레이르

1   16세기부터 내려오는 '멧돼지 머리Boar's Head라는 캐롤로 후렴구와 일부 가사
    는 라틴어이다. 이 책에 인용된 부분의 원문은 다음과 같다. Caput Apri de-
    fero / Reddens laudes Domino. // Qui estis in convivio.
2   froh
3   14~15세기 애용된 현악기. 하프시코드의 전신이다.
4   옛 스웨덴의 왕가.

12 포르세티

1   옛 소아시아의 프리기아 왕국. 손만 대면 무엇이든 황금으로 변하는 미다스
    왕이 다스린 왕국으로 잘 알려져 있다.

17 노른

1   노르웨이의 왕 올라프 트리그베손(960~1000년). 훗날 성자로 추존된 올라프
    2세처럼 올라프 1세도 노르웨이인들을 기독교로 개종시키려고 노력했다.
2   포로들을 엎드리게 하고, 등 뒤에 칼을 넣어 갈비뼈를 모두 없앤 뒤 폐를 끄집
    어내는 처형 의식.

23 거인 이야기

1 Merovingian Dynasty : 프랑크 왕국의 전기를 다스린 왕조(481~751년)

24 드워프 이야기

1 고대 노르드어로 단수는 스바르트알프Svartálfr, 복수는 스바르트알파Svartálfar 이다.
2 덴마크 칼룬보르의 성모 성당에 얽힌 전설이다.

25 엘프 이야기

1 고대 노르드어로 단수는 료스알프Ljósálfr, 복수는 료스알파Ljósálfar이다.

26 시구르드 사가

1 바그너의 오페라 〈니벨룽겐의 반지〉 1막~4막의 제목.
2 윌리엄 모리스의 영역본에는 브란스토크Branstock로 나온다.

27 프리티오프 사가

1 현재의 오슬로 피오르. 크리스티아니아는 노르웨이 수도 오슬로의 옛 이름이다.

29 그리스 신화와 북유럽 신화

1 Jove. 제우스의 로마식 이름 중 하나. 유피테르Jupiter라고도 한다.

옮긴이의 말
북유럽 신화, 진정한 얼음과 불의 노래

얼음의 세계와 불의 세계가 만나 아무것도 존재하지 않던 세상에 생명이 탄생했다. 한쪽은 악惡을 상징하는 거인이고, 다른 한쪽은 선善을 상징하는 신이다. 선과 악의 전쟁은 선의 승리로 돌아갔다. 쓰러진 거인의 시체는 지금 우리가 사는 땅과 바다, 하늘을 만드는 데 쓰였다. 그러나 악은 완전히 사라지지 않았다. 세상 끝에서 살아남아 다시 무리를 이루고 끝없이 선과 대립한다.

이와 같이 북유럽 신화의 세계관은 선과 악의 대립으로 이루어져 있다. 신들이 상징하는 선은 사람들에게 이로운 자연 환경을 의미한다. 따뜻한 여름, 빛나는 태양, 황금빛으로 물든 대지가 그것이다. 반면, 거인들이 상징하는 악은 차가운 북풍, 대지를 뒤덮는 얼음, 기나긴 겨울을 의미한다. 척박한 북유럽 땅에서 사람들은 악에 굴하지 않고 선을 추구하며 살아가고자 했다.

북유럽 신화는 원래 음유시인들의 노래였다. 입에서 입으로 전해지던 노래들을 한데 모아 기록한 것이 『옛 에다』이다.(전에는 아이슬란드의 성직자 사이문드르가 엮은 것으로 보고 '사이문드르의 에다'라고 부르기도 했지만, 현대 학자들은 이 설을 인정하지 않는다.) 이후 아이슬란드의 시인 스노리 스툴루손이 산문으로 『새 에다』를 썼다. 이 책은 점차 쇠퇴하기 시작한 운문 문학을 후세에 계승하고자 한 것으로, 본디 목적은 시 짓는 법을 가르치는 것이었다. 따라서 『옛 에다』의 시를 일부 인용하고 있다.

북유럽 신화는 이 두 '에다'를 통해 전해졌다. 하지만 북유럽 신화를 처음 접하는 독자들에게 운문으로 쓰인 『옛 에다』는 이해하기가 쉽지 않다. 함축적인 표현과 비유법 때문이다. 각기 다른 노래에 이야기가 흩어져 있어 큰 맥락을 잡기 힘들다는 점도 걸림돌이 된다. 『새 에다』는 맥락을 잡기에는 좋지만, 후반부에서 시 창작을 위한 비유법을 설명하므로 흐름이 끊기는 면이 있다. 또, 기독교의 영향을 받은 것이 분명한 프롤로그와 문답 형식으로 이어지는 북유럽 신화의 내용이 매끄럽게 연결되지 않아 다소 혼란스럽다.

영국의 여류 역사학자 H. A. 거버는 두 에다의 이야기를 천지창조와 라그나로크, 각 신들의 이야기로 분류하고, 해설을 덧붙여 『북유럽 신화, 재밌고도 멋진 이야기(Myths of the Norsemen From the Eddas and Sagas)』에 면밀하게 담아냈다. 그리고 『옛 에다』에서 관련 시가를 발췌하거나, 북유럽 신화에 영향을 받은 운문 작품을 선별해 함께 실었다. 독자들이 북유럽 신화를 쉽게 이해함과 동시에 음유시인의 노래를 통해 전해지던 신화의 멋을 느낄 수 있게 한 것이다.

또, 13세기 이후 아이슬란드 문학의 중심이 된 '사가'를 소개해 북

북유럽 신화, 재밌고도 멋진 이야기

유럽의 문화와 정서를 엿볼 수 있게 했다.『볼숭가 사가(볼숭 일족의 사가)』는 『옛 에다』에 운문으로도 기록되었으며, 오딘 신화와 밀접한 관련이 있다. 『프리티오프 사가』는 19세기에 스웨덴의 시인 텡네르가 근대적으로 개작하면서 유럽 전역에서 큰 인기를 끌었지만, 우리나라에는 잘 알려지지 않았다. 오늘날 바이킹의 이미지가 정립되는 데 큰 영향을 미친 작품인 만큼 읽어볼 가치가 충분할 것이다.

● 북유럽의 신, 토르는 이제 할리우드 영화 속 슈퍼 히어로가 되어 인간들을 지켜준다

북유럽, 다시 말해 스칸디나비아 반도에 살던 이들은 게르만 민족이었다. 아직 체계적인 국가가 생기기 전, 게르만 민족은 여러 부류로 나뉘었다. 이 책에 등장하는 다양한 일족들이다. 동쪽에서 훈 족이 침입하면서 게르만 민족의 대이동이 이루어지기 시작했다. 앵글로 족과 색슨 족은 오늘날의 영국 땅으로 건너갔다. 고트 족, 반달 족, 부르군트 족, 랑고바르드 족은 유럽 대륙의 동쪽으로, 프랑크 족은 서쪽으로 내려갔다. 동쪽으로 간 게르만 족은 계속해서 훈 족과 대립했고, 로마 제국이 멸망하는 원인이 되었다. 반면, 서쪽으로 내려간 프랑크 족은 로마 가톨릭을 받아들였고, 훗날 동프랑크 왕국, 서프랑크 왕국으로 나뉘어 오늘날의 독일과 프랑스의 기반이 되었다.

북유럽 신화 역시 게르만 민족과 함께 유럽 전역에 퍼져나갔다. 기독교의 영향을 받아 원래 모습을 잃었어도 민간에서 내려오는 전설 속에 여전히 건재했다. 『북유럽 신화, 재밌고도 멋진 이야기』에서는 그런 부분을 놓치지 않는다. 아이슬란드로 이주한 스칸디나비아 사람들이 '에다'에 기록하고 보존한 신들의 이야기와 유럽 곳곳의 전설을 비교했다. 낯설게만 느껴지는 북유럽 신화가 사실은 가까이에서 함께 숨 쉬고 있었다는 것을 보여준 셈이다. 이 책이 출판된 1909년은 막 북유럽 신화에 대한 관심이 커지던 무렵이니 당시 유럽의 독자들이라면 분명 흥미롭게 여겼을 것이다.

100여 년이 지난 오늘날 우리 역시 비슷한 경험을 하게 된다. 북유럽 신화라고 하면 낯설게만 느껴지지만, 막상 읽어나가다 보면 친숙한 느낌에 미소를 짓게 된다. 그 옛날 서리 거인들에게 망치를 던져 인간들을 지켜주던 토르는 이제 할리우드 영화 속 슈퍼 히어로가 되어 인간들을 지켜준다(덤으로 로키 역시 여전히 악의 편에 서 있다). 용으로 변한 파프니르가 황금을 지키고 있는 장면에서는 영화 〈호빗〉을 떠올리지 않을 수 없다. 여러 문학 작품과, 영화, 게임 등을 통해 알게 모르게 북유럽 신화를 접해왔던 것이다.

다시 말해, 문화 전반에 걸쳐 북유럽 신화가 영향을 미치는 시대가 되었다. 따라서 북유럽 신화를 알면 이를 모티브로 삼은 작품들을 더 폭넓게 이해할 수 있다. 그리스 로마 신화가 교양이 되었듯, 북유럽 신화도 같은 길을 걷고 있는 것이다.

북유럽 신화의 가장 큰 매력은 신들의 운명이 정해져 있고, 신들 역시 자신들의 운명을 잘 알고 있다는 점이다. 그러나 죽음이 기다리고 있어도 신들은 물러서지 않는다. 자신들의 운명을 바꾸지는 못하더라도 목숨을 바쳐 악을 막아낸다. 덕분에 새로운 세상은 다시 선한 이들의 몫이 된다. 어쩌면 이는 추운 북쪽 땅에서 살던 옛사람들이 척박

한 환경을 견디고 살아가다 보니 생겨난 결말일 수도 있겠다. 불과 얼음, 즉 선과 악의 대립에서 항상 선이 이길 수만은 없는 현실을 그들은 몸으로 체험했을 테니 말이다. 그렇게 생각하면 신들의 마지막은 끝까지 선하게, 명예를 지키며 살겠다는 옛사람들의 의지를 표현한 것으로 보인다.

얼음과 불의 세계에서 탄생해 음유시인들이 노래한 신화, 이처럼 사람의 삶과 맞닿아 있는 신화가 또 있을까.

2015년 12월
김혜연

일러스트레이션 목록

아이슬란드에 상륙하는 스칸디나비아 사람들(오스카르 베르겔란드 作)
Norsemen Landing in Iceland(by Oscar Wergeland)

불타는 칼을 든 거인(J. C. 돌먼 作)
The Giant with the Flaming Sword(by J. C. Dollman)

솔과 마니를 쫓는 늑대들(J. C. 돌먼 作)
The Wolves Pursuing Sol and Mani(by J. C. Dollman)

오딘(E. 번존스 경 作)
Odin(by Sir E. Burne-Jones)

선택받은 전사자(K. 딜리츠 作)
The Chosen Slain(by K. Dielitz)

바이킹의 습격(J. C. 돌먼 作)
A Viking Foray(by J. C. Dollman)

하멜른의 피리 부는 사나이(H. 카울바하 作)
The Pied Piper of Hamelin(by H. Kaulbach)

오딘(B. E. 포겔베르크 作)
Odin(by B. E. Fogelberg)

구름을 짜는 프리가(J. C. 돌먼 作)
Frigga Spinning the Clouds(by J. C. Dollman)

탄호이저와 베누스 부인(J. 와그레 作)
Tannhäuser and Frau Venus(by J. Wagrez)

에아스트레(자크 라이히 作)
E?stre(by Jacques Reich)

훌드라의 님프들(B. E. 워드 作)
Huldra's Nymphs(by B. E. Ward)

토르(B. E. 포겔베르크 作)
Thor(by B. E. Fogelberg)

시프와 토르(J. C. 돌먼 作)
Sif and Thor(by J. C. Dollman)

토르와 산(J. C. 돌먼 作)
Thor and the Mountain(by J. C. Dollman)

습격(A. 말름스트룀 作)
A Foray(by A. Malmström)

펜리스의 속박(도로시 하디 作)
The Binding of Fenris(by Dorothy Hardy)

이둔(B. E. 워드 作)
Idun(by B. E. Ward)

로키와 티아시(도로시 하디 作)
Loki and Thiassi(by Dorothy Hardy)

프레이르(자크 라이히 作)
Frey(by Jacques Reich)

프레이야(N. J. O. 블롬메르 作)
Freya(by N. J. O. Blommér)

무지개 다리(H. 헨드리히 作)
The Rainbow Bridge(by H. Hendrich)

헤임달(도로시 하디 作)
Heimdall(by Dorothy Hardy)

야를(알베르트 에델펠트 作)
Jarl(by Albert Edelfelt)

노른(C. 에렌베르크 作)
The Norns(by C. Ehrenberg)

디스(도로시 하디 作)
The Dises(by Dorothy Hardy)

백조의 처녀(거투르드 드메인 해먼드 作)
The Swan-Maiden(by Gertrude Demain Hammond, R. I.)

말을 탄 발키리(J. C. 돌먼 作)
The Ride of the Valkyrs(by J. C. Dollman)

브륀힐트와 지그문트(J. 와그레 作)
Brunhild and Siegmund(by J. Wagrez)

발할라로 가는 길(세베린 닐손 作)
The Road to Valhalla(by Severin Nilsson)

에기르(J. P. 몰린 作)
Ægir(by J. P. Molin)

란(M. E. 빙에 作)
Ran(by M. E. Winge)

넥칸(J. P. 몰린 作)
The Neckan(by J. P. Molin)

로키와 호두르(C. G. 크바른스트룀 作)
Loki and Hodur(by C. G. Qvarnström)

발데르의 죽음(도로시 하디 作)
The Death of Balder(by Dorothy Hardy)

헬 앞의 헤르모드(J. C. 돌먼 作)
Hermod before Hela(by J. C. Dollman)

로키와 스바딜파리(도로시 하디 作)
Loki and Svadilfari(by Dorothy Hardy)

로키와 시긴(M. E. 빙에 作)
Loki and Sigyn(by M. E. Winge)

토르와 거인들(M. E. 빙에 作)
Thor and the Giants(by M. E. Winge)

토르가텐(S. J. 베킷 作)
Torghatten(by S. J. Beckett)

북유럽 신화, 재밌고도 멋진 이야기

트롤드틴데르네(S. J. 베킷 作)
The Peaks of the Trolls(by S. J. Beckett)

엘프의 춤(N. J. O. 블롬메르 作)
The Elf-Dance(by N. J. O. Blommér)

흰 엘프들(찰스 P. 세인턴 作)
The White Elves(by Charles P. Sainton, R. I.)

문설주에 조각을 한 옛 집
Old Houses with Carved Posts

늑대인간(J. C. 돌먼 作)
The Were-Wolves(by J. C. Dollman)

영웅의 작별(M. E. 빙에 作)
A Hero's Farewell(by M. E. Winge)

장례식 행렬(H. 헨드리히 作)
The Funeral Procession(by H. Hendrich)

시구르드와 파프니르(K. 딜리츠 作)
Sigurd and Fafnir(by K. Dielitz)

브룬힐드를 찾은 시구르드(J. 와그레 作)
Sigurd Finds Brunhild(by J. Wagrez)

오딘과 브룬힐드(K. 딜리츠 作)
Odin and Brunhild(by K. Dielitz)

아슬라우그(거투르드 드메인 해먼드 作)
Aslaug(by Gertrude Demain Hammond, R. I.)

시구르드와 군나르(J. C. 돌먼 作)
Sigurd and Gunnar(by J. C. Dollman)

지크프리트의 죽음(H. 헨드리히 作)
The Death of Siegfried(by H. Hendrich)

브룬힐드의 최후(J. 와그레 作)
The End of Brunhild(by J. Wagrez)

잉게보르그(M. E. 빙에 作)
Ingeborg(by M. E. Winge)

헬게의 방패를 둘로 쪼갠 프리티오프(크누트 에크발 作)
Frithiof Cleaves the Shield of Helgé(by Knut Ekwall)

연인의 출항을 지켜보는 잉게보르그(크누트 에크발 作)
Ingeborg Watches her Lover Depart(by Knut Ekwall)

프라마스로 돌아온 프리티오프(크누트 에크발 作)
Frithiof's Return to Framnäs(by Knut Ekwall)

발데르 신전의 프리티오프(크누트 에크발 作)
Frithiof at the Shrine of Balder(by Knut Ekwall)

링의 궁정에 간 프리티오프(크누트 에크발 作)
Frithiof at the Court of Ring(by Knut Ekwall)

잠든 왕을 바라보는 프리티오프(크누트 에크발 作)
Frithiof Watches the Sleeping King(by Knut Ekwall)

오딘과 펜리스(도로시 하디 作)
Odin and Fenris(by Dorothy Hardy)

말을 탄 발키리(H. 헨드리히 作)
The Ride of the Valkyrs(by H. Hendrich)

폭풍의 질주(길버트 베이즈 作)
The Storm-Ride(by Gilbert Bayes)

북유럽 신화, 재밌고도 멋진 이야기

북유럽 신화 소사전

ㄱ

가름
Garm
헬의 문을 지키는 사나운 개.

갈라르
Galar
크바시르를 살해한 사악한 드워프.

감반테인
Gambantein
헤르모드가 항상 들고 다니는 지팡이.

강그라드
Gangrad
오딘이 변장을 하고 바프스루드니르를 찾아갔을 때 댄 이름.

강글레르
Gangler
아스 신족을 만나러 오딘의 왕궁을 찾아간 길피 왕에게 북유럽 신화에 대해 이야기해주는 문지기.

걀라르
Giallar
골 강을 건너는 다리.

걀라르호른
Giallar-horn
헤임달이 부는 뿔피리. 온 세상에 소리가 울려 퍼지고 라그나로크의 도래를 알리는 역할을 한다.

걀프
Gialp
거인 게이로드의 딸. 토르를 죽이려고 노력하다 오히려 죽음을 맞는다.

게르다
Gerda
프레이르의 아내. 프레이르가 한눈에 반해 상사병을 앓자, 그의 시종 스키르니르가 가서 협박 끝에 혼인 승낙을 얻어낸다. 북극광의 화신.

게리
Geri
오딘의 발치에 앉아 있는 늑대(사냥개).

게이로드(1)
Geirrod
오딘의 축복을 받았으며 형 아그나르를 배신하여 왕위에 올랐으나, 결국 포악한 성정 때문에 오딘의 저주를 받아 죽는다.

게이로드(2)
Geirrod
로키를 사로잡아 토르가 세 가지 무기를 모두 두고 빈손으로 찾아오게 하는 거인.

게피온
Gefjon
프리가의 시녀 중 하나. 길피 왕에게서 땅을 받아 오늘날의 셸란 섬을 만들었다.

골
Giöll
니플헤임의 경계에 있는 강. 이 강을 지나야 헬로 갈 수 있다.

구드룬
Gudrun
규키의 외동딸이자 시구르드의 아내. 시구르드와 사별 후 훈 족의 왕 아틀리와 결혼했다가, 일족이 몰살당하자 궁전에 불을 질러 복수한다.

구토름
Guttorm
규키의 막내아들로 브룬힐드의 사주를 받아 시구르드를 죽이나, 자신도 시구르드의 칼에 맞아 죽는다.

군나르
Gunnar
규키의 장남. 브룬힐드의 남편. 시구르드의 의형제였으나 그가 죽도록 내버려둔다. 시구르드가 남긴 황금을 탐낸 훈 족의 왕 아틀리에 의해 죽는다. 하프의 명수.

군로드
Gunlod
오딘의 아내이자 브라기의 어머니. 수퉁의 딸로 영감의 술을 지키고 있다가 혼인 후 오딘에게 바친다.

굴린부르스티
Gullin-bursti
프레이르가 타고 다니는 황금 털의 멧돼지.

굴린캄비
Gullin-kambi
미드가르드의 수탉, 팔라르가 울자 뒤이어 운다.

굴토프
Gull-top
헤임달의 말.

굴팍시
Gullfaxi
흐룽니르의 말이었으나, 토르가 결투에서 이긴 후 아들 마그니에게 주었다.

궁니르
Gungnir
오딘의 창. 결코 빗나가지 않는다.

궁티오프
Gungthiof
프리티오프의 아들. 호르다란드를 다스리게 된다.

규키
Giuki
니블룽 족의 왕.

규킹
Giuking
규키 왕의 아들들을 통틀어 부르는 말.

그나
Gna
프리가의 전령. 호프바르프니르를 타고 다니며 세상사를 봐두었다가, 프리가에게 이야기해준다.

그니타헤이드
Gnitaheid
파프니르가 보물을 지키고 있는 곳. '빛나는 황야'라는 뜻.

그라니
Grani
시구르드의 말. 오딘의 말 슬레이프니르의 자손이라고 한다. 불 속에도 용감히 뛰어든다.

그레이펠
Greyfell
그라니의 다른 이름.

그레이프
Greip
거인 게이로드의 딸. 의자에 앉은 토르를 천정에 눌러 죽이려다가 오히려 죽음을 맞는다.

그로아
Groa
토르가 흐룽니르와 결투 후 머리에 박힌 부싯돌을 빼려고 부른 마법사.

그로티
Grotti
마법의 맷돌로 원하는 것은 무엇이든 만들 수 있다. 프로디왕은 평화, 번영을 만들기도 했다.

그리드
Grid
비다르의 어머니로 거인족이다. 토르에게 무기를 빌려준 적도 있다.

그리피르
Gripir
엘프 왕의 마구간지기. 지혜롭고 예지 능력이 있어서 시구르드에게 많은 조언을 해준다.

그림니르
Grimnir
오딘이 게이로드에게 밝힌 이름.

그림힐드
Grimhild
니블룽 족의 왕비. 마법의 물약을 만들 줄 알며, 이를 이용해 시구르드를 딸 구드룬과 결혼시킨다.

글라드스헤임
Gladsheim
오딘의 궁전. 열두 명의 주신이 앉아서 회의를 하는 의자가 놓여 있다.

글라시르
Glasir
발할라가 있는 신비의 숲.

글라우르
Glaur
솔의 남편.

글레이프니르
Gleipnir
펜리스를 속박한 끈. 드워프들이 마법의 힘을 넣어 만들어서, 보기에는 약해 보이지만 결코 끊어지지 않는다.

글루트
Glut
로키의 첫 번째 아내.

기믈레
Gimlé
라그나로크 이후에도 불타지 않고 남아 있는 신들의 궁전.

기미르
Gymir
게르다의 아버지. 서리 거인이다.

긴눙가가프
Ginnunga-gap
세상이 생기기 전, 우주의 중심에 있던 거대한 심연.

길링
Gilling
드워프들이 살해하는 거인. 자고 있는데 강에 빠뜨렸다거나 물이 새는 배에 태워 죽였다고 한다.

길피
Gylfi
『새 에다』에 등장하는 스웨덴의 왕. 게피온의 꾀에 넘어가 큰 땅덩어리를 넘겨주게 된다. 『새 에다』에서는 아스 신들을 찾아간다.

ㄴ

나글파르
Naglfar
죽은 이의 손톱을 모아 만든 파멸의 배.

나글파리
Naglfari
노트의 첫 번째 남편.

나르비
Narvi
로키와 시긴의 아들. 나르비의 내장으로 로키를 결박한다.

나스트론드
Nastrond
생전에 죄를 범한 이들이 죽은 뒤 가게 되는 곳으로, 이곳에서 혹독한 벌을 받는다.

난나
Nanna
순수의 여신. 발데르의 부인, 포르세티의 어머니. '꽃'이라는 뜻이다. 남편을 따라 함께 헬의 왕국으로 들어간다.

날
Nal
로키의 어머니로 추정되는 또 다른 인물.

네르투스
Nerthus
뇨르드의 누이이자 첫 번째 아내. 반 신족이다.

넥
Neck
물의 정령(남자).

넥카르
Neckar
물의 정령(남자).

노르드리
Nordri
이미르의 두개골로 만든 하늘을 짊어지는 드워프. 북쪽을 의미한다.

노르비
Norvi
밤의 여신 노트의 아버지. 노른의 선조.

노른
Norn
운명의 여신. 우르다르 샘 근처에 살며, 이그드라실을 돌보고 운명의 베를 짠다.

노아툰
Noatun
뇨르드의 왕궁. 해변에 있다.

노트
Nott
밤의 여신으로 이름 자체가 밤을 뜻한다. 흐림팍시가 끄는 밤의 마차를 몰며 낮의 신 다그의 어머니이다.

뇨르드
Niörd
바다의 신. 반 신족이나, 아스-반 전쟁 이후 인질이 되어 아스가르드로 왔다. 겨울의 여신 스카디와 결혼했다가 헤어진다.

뇨르페
Njorfe
원래 할프단과 비킹의 적이었으나, 끈질긴 전투 끝에 친구가 되었다. 우플란드의 왕이 된다.

니다
Nida
라그나로크 이후 드워프들이 모여 살게 되는 산.

니두드
Nidud
대장장이 볼룬드를 섬에 가두고 핍박한 스웨덴의 왕. 아들과 딸이 모두 볼룬드에게 해를 입는다.

니드후그
Nidhug
니플헤임에 살며 이그드라실의 뿌리를 갉아먹는 사악한 용.

니블룽 족
Niblung
시구르드와 구드룬이 결혼하면서 한 가족이 되지만, 결국 시구르드를 죽이고 마는 일족. 훈족의 왕 아틀리에 의해 대거 몰살된다.

니코르
Nicor
사악한 바다 괴물.

니플헤임
Niflheim
긴눙가가프의 북쪽에 있는 안개와 어둠의 나라.

닉스
Nix
물의 정령(남자).

ㄷ

다그(1)
Dag
낮의 신. 이름 자체가 '낮'을 뜻하며, 스킨팍시가 끄는 낮의 마차를 몬다.

다그(2)
Dag
훈딩 일족 중 유일하게 살아남아 복수하지 않기로 맹세했으나, 결국 맹세를 어기고 헬기를 죽인다.

다인
Dain
이그드라실의 잎을 먹고 사는 수사슴. 단물을 지상으로 떨어뜨려 세상의 강에 물을 댄다.

델링게르
Dellinger
노트의 세 번째 남편. '새벽'이라는 뜻. 다그의 아버지.

도르마
Dorma
펜리스를 묶을 족쇄였으나, 펜리스의 힘을 이기지 못한다.

두네이르
Duneyr
이그드라실의 잎을 먹고 사는 수사슴. 단물을 지상으로 떨어뜨려 세상의 강에 물을 댄다.

두라토르
Durathor
이그드라실의 잎을 먹고 사는 수사슴. 단물을 지상으로 떨어뜨려 세상의 강에 물을 댄다.

드라우프니르
Draupnir
오딘의 반지(팔찌). '풍요'를 상징하며 아홉 번째 밤이 되면 똑같이 생긴 반지 여덟 개를 만들어 낸다.

드발린(1)
Dvalin
이그드라실의 잎을 먹고 사는 수사슴. 단물을 지상으로 떨어뜨려 세상의 강에 물을 댄다.

드발린(2)
Dvalin
로키의 부탁으로 궁니르, 스키드블라드미르, 시프의 머리카락을 만든 드워프.

ㄹ

라가
Laga
역사의 여신 사가의 다른 이름.

라우페야
Laufeia
로키의 어머니로 추정되는 인물.

라타토스크
Ratatosk
이그드라실의 위, 아래를 바삐 오르내리는 다람쥐로, 가지에 앉은 독수리와 뿌리를 갉아먹는 용 사이를 이간질한다.

라티
Rati
땅을 파는 도구. 오딘은 바우기에게 이 도구를 주어 군로드의 동굴로 가는 길을 내게 한다.

란
Ran
탐욕스러운 바다의 여신. 에기르의 누이이자 아내이며, 그물을 쳐서 사람들과 배를 바다 속으로 끌어당긴다.

란드비디
Landvidi
비다르의 왕궁.

레긴
Regin
흐레이드마르의 막내아들. 시구르드의 스승. 시구르드를 부추겨 형 파프니르를 죽이고 보물을 차지하려 하나, 이를 간파한 시구르드의 손에 죽는다.

레딩
Læding
펜리스를 묶고자 마련한 사슬이나 펜리스에 의해 끊어진다.

레리르
Rerir
시기의 아들로 아버지의 복수를 한다. 프리가의 가호로 아들을 얻는다.

로기
Logi
우트가르드에서 로키와 먹기 대결을 펼친 거인 요리사.

로두르
Lodur
오딘, 회니르와 함께 인간을 만든 아스 신. 인간에게 피와 생기 있는 얼굴을 부여했다.

로렐라이
Lorelei
라인 강에 사는 물의 정령. 바위 위로 올라와 노래를 불러 뱃사람을 죽음으로 이끈다.

로리디
Lorride
토르와 시프의 아들.

로스크바
Roskva
토르가 하룻밤 묵은 농가에서 데려온 시녀. 티알피의 누이.

로스테루스
Rosterus
린다에게 구애할 때 대장장이로 변장한 오딘이 쓴 이름.

로스티오프
Rossthiof
핀 족 마법사이자 예언자. 발데르의 죽음을 예견하며 복수하려면 린다를 아내로 맞아 아들을 낳아야 한다고 알려준다.

로키
Loki
불의 상징이자 악의 상징. 로키로 인해 악이 퍼져나가고 선한 신 발데르를 잃게 된다. 결국 신들의 벌을 받아 지하에 묶이지만, 라그나로크가 오면 사슬에서 풀려나 신들과 맞서 싸운다. 늑대 펜리스, 뱀 요르문간드, 죽음의 여신 헬의 아버지이기도 하다.

로폰
Lofn
프리가의 시녀. 연인들을 돕는다.

룬
Rune
오딘이 만든 문자. 북유럽에서 가장 처음 사용한 알파벳이다.

리그
Rigr
헤임달이 지상에 내려가 세 부부를 만날 때 쓴 이름. 하인, 농부, 귀족 세 계급의 선조가 되었다.

리그니
Lygni
훈딩 일족의 왕으로 효르디스가 자신의 청혼을 거절하고 시그문드와 결혼하자, 대군을 소집해 시그문드와 싸워 이긴다.

리프
Lif
호드미미르의 숲에 숨어 있다가, 라그나로크 이후 바다에 잠긴 땅이 다시 솟아오르고 나서 인간의 조상이 되는 여성.

리프트라시르
Lifthrasir
호드미미르의 숲에 숨어 있다가, 라그나로크 이후 바다에 잠긴 땅이 다시 솟아오르고 나서 인간의 조상이 되는 남성.

린다
Rinda
오딘의 아내이자 발리의 어머니. '차가운 땅'을 상징한다.

림달
Lymdale
브룬힐드의 고향. 이곳에서 시구르드를 기다리겠다고 한다.

링호른
Ringhorn
발데르의 배. 발데르와 난나의 시신을 이 배 위에서 화장한다.

ㅁ

마그니
Magni
토르와 야른삭사의 아들. 힘이 아주 세서 태어난 지 사흘, 또는 3년밖에 지나지 않았는데도 아버지 위로 쓰러진 거인을 가볍게 들어올린다. 라그나로크에서 살아남아 새로운 세계를 다스린다. '힘'이라는 뜻.

마나가름
Managarm
펜리스의 자손. 앙구르보다가 범죄자의 골수와 뼈를 먹이며 기른다.

마나헤임
Mana-heim
미드가르드의 다른 이름.

마니
Mani
'달'이라는 뜻의 이름을 가진 달의 신. 달을 실은 마차를 몬다.

마라
Mara
악몽. 트롤 여인들이 마라로 변신해서 사람들을 괴롭힌다.

만니그푸알
Mannigfual
거인들이 타고 다니는 배.

메긴교르드
Megin-giörd
토르의 허리띠. 허리에 두르면 힘이 두 배로 세진다.

모드구드
Modgud
골 강을 지키고 서서 모든 영혼에게 통행료로 피를 받아내는 해골 처녀.

모디
Modi
토르와 야른삭사의 아들. 라그나로크에서 살아남아 새로운 세계를 다스린다. '용기'라는 뜻.

모케르칼피
Mokerkialfi
흐룽니르가 토르와 결투하기 위해 만든 진흙 괴물. 암말의 심장을 넣어 겁이 많다.

묠니르
Miölnir
토르의 망치. 드워프 신드리가 만든 것으로, 자루가 조금 짧다. 토르의 망치는 신성하게 여겨져서 관혼상제에 축복의 의미로 쓰이기도 했다.

무닌
Munin
오딘을 따르는 큰 까마귀. '기억'이란 뜻. 매일 세상을 둘러보고 와서 오딘에게 알려준다.

무스펠헤임
Muspells-heim
니플헤임의 정반대에 있는 '불의 나라'.

미드가르드
Midgard
'중앙 정원'이란 뜻으로 신들이 인간을 위해 만든 지상 세계. 마나헤임이라고도 한다.

미미르
Mimir
지혜의 샘을 지키는 거인. '기억'이란 뜻이다.

미밍
Miming
볼룬드가 아들 헤이메에게 만들어 준 명검.

ㅂ

바나헤임
Vanaheim
반 신족이 사는 곳.

바니르
Vanir
반 신족을 복수로 지칭할 때 쓰는 말.

바라
Vara
프리가의 시녀. '맹세'를 주관한다.

바른스토크
Barnstokkr
볼숭의 왕궁 한가운데 있는 거대한 떡갈나무. 오딘이 이 떡갈나무에 칼을 꽂는다.

바우기
Baugi
수퉁의 동생. 영감의 술을 주는 대가로 변장한 오딘을 머슴으로 부린다.

바프트루드니르
Vafthrudnir
오딘과 지혜 대결을 하는 거인.

반
Vanr
반 신족. 복수는 바니르.

발라
Vala
예언자를 부르는 말. 예언은 여성에게만 가능했다.

발라스칼프
Valaskialf
왕좌 흘리드스칼프가 있는 궁전.

발리(1)
Vali
오딘과 린다의 아들. 태어난 지 하루 만에 성장해 발데르의 복수를 한다. 궁수의 신으로 훗날 라그나로크에서 살아남아 새로운 세상을 다스리게 된다.

발리(2)
Vali
로키와 시긴의 아들. 신들에 의해 늑대로 변해 형제 나르비를 죽인다.

발뭉
Balmung
북유럽의 영웅 시그문드가 쓰는 명검.

발키리
Valkyrie
전장에서 전사자를 골라 발할라로 데려오는 여신들. 발할라의 연회에서 술을 따르는 일도 한다.

발포드
Valfodr
오딘의 또 다른 이름. '전사자들의 아버지'라는 뜻.

발할라
Valhalla
선택받은 전사자들이 지내는 궁전. 언제나 전사자들을 위한 연회가 베풀어진다.

베
Ve
아스 신으로 오딘의 동생이다.

베그탐
Vegtam
오딘의 다른 이름. 발라를 깨워 미래에 대해 물을 때, 오딘이 정체를 숨기려고 사용한 이름이다.

베드폴니르
Vedfolnir
이그드라실의 가지 위에서 세계를 바라보는 매.

베르겔미르
Bergelmir
서리 거인족의 조상. 이미르가 죽으며 홍수가 나, 서리 거인이 모두 죽을 때 아내와 함께 살아남아 새로운 서리 거인족을 낳았다.

베르단디
Verdandi
운명의 여신 노른 세 자매 중 둘째. '현재'를 상징한다.

베르세르크
Berserk
'맨몸'이라는 뜻으로, 광기에 사로잡혀 전장을 누비는 전사를 가리킨다. 따라서 '광전사'라고 부른다.

베스트리
Vestri
이미르의 두개골로 만든 하늘을 짊어지는 드워프. '서쪽'을 의미한다.

베스틀라
Bestla
오딘의 어머니. 여자 거인으로 보르 신과 결혼해 오딘, 빌리, 베를 낳았다.

벨레
Belé
송은 왕국의 왕위계승자로 요쿨에 의해 추방되었다가 토르스텐의 도움으로 나라를 되찾는다.

보드비드
Bodvid
니두드의 딸. 볼룬드가 니두드에게 복수하기 위해 마법의 약을 먹인다.

보든
Bodn
크바시르의 피를 담은 사발.

보르
Börr
부리의 아들. 오딘의 아버지.

보르
Vör
프리가의 시녀로 세상사를 모두 꿰뚫고 있다.

보르그힐드
Borghild
시그문드의 아내로 하몬드와 헬기의 어머니. 남동생의 복수를 하기 위해 신표틀리를 독살한다.

볼룬드
Völund
지상에 내려온 발키리의 백조 깃을 숨겨 발키리를 아내로 맞는 삼형제 중 막내. 뛰어난 대장장이로 스웨덴의 왕 니두드의 핍박을 받다가 복수한다. 전설 속 명검을 만든 대장장이로 알려져 있다.

볼베르크
Bolwerk
바우기 밑에서 일할 때 오딘이 쓴 이름. '악당'이란 뜻이다.

볼숭
Volsung
후날란드의 왕. 레리르의 아들. 외동딸 시그니와 결혼한 고트 족의 왕 시게이르의 함정에 빠져 전사한다.

볼토른
Bolthorn
오딘의 어머니인 베스틀라의 아버지.

뵤른
Björn
프리티오프의 친구이자 동지. 모든 모험을 함께한다.

뵤폰
Vjofn
프리가의 시녀. 평화와 화합을 상징한다.

부리
Buri
아우둠블라가 핥은 얼음 덩어리에서 태어난 신.

브라기
Bragi
오딘과 군로드의 아들. 시와 음악의 신이며 이둔의 남편이다.

브레이다블리크
Breidablik
발데르의 궁전.

브로크
Brock
로키와 내기를 하는 드워프. 신드리의 동생.

브룬나케르
Brunnaker
이둔이 살고 있는 작은 숲.

브룬힐드
Brunhild
발키리의 대장으로 오딘의 딸 혹은 인간 공주이다. 오딘의 명을 어겨 불꽃 속에 잠긴 채로 영웅을 기다린다. 시구르드와 사랑을 맹세하지만, 각자 다른 사람의 배우자가 되고 두 사람의 인연은 비극으로 끝나고 만다.

브리메르
Brimer
라그나로크 이후 거인들이 모여 사는 저택. 오콜누르에 있다.

브리싱가멘
Brisinga-men
프레이야가 드워프들에게 몸을 허락하고 얻어온 아름다운 목걸이. 프레이야를 상징하는 목걸이다.

블로두그호피
Blodug-hofi
프레이르의 말. 불 속으로 뛰어들 수 있다.

비그리드
Vigrid
라그나로크가 오면 최후의 결전을 벌이는 곳.

비다르
Vidar
오딘과 그리드의 아들. 침묵의 신으로 최후의 전투에서 오딘을 잡아먹은 펜리스에게 복수하고 살아남아 새로운 세상을 다스리게 된다.

비킹
Viking
할로게의 손자. 어릴 때부터 남다른 체격과 용맹으로 이름을 떨쳤으며, 스웨덴의 공주 훈보르와 결혼, 스웨덴에 정착한다.

비프로스트
Bifröst
미드가르드 위로 둥글게 솟은 아치형 무지개다리로, 신들이 지상에 내려올 때 건넌다. 불, 물, 공기로 이루어졌으며 헤임달이 지키고 있다.

빌
Bil
마니가 데리고 다니는 아이. 지상에서 데려왔다. '이그러지는 달'이라는 뜻.

빌리
Vili
아스 신의 하나로 오딘의 동생이다.

빌스키르니르
Bilskirnir
토르의 궁전.

빙골프
Vingolf
아스가르드에 있는 여신들의 전당, 혹은 연회장.

빙니르
Vingnir
토르의 양부모 중 하나. '날개 달린 자'라는 뜻.

ㅅ

사가(1)
Saga
중세 북유럽에서 성행한 이야기로 영웅적인 주인공의 모험 이야기나 무용담을 담고 있다.

사가(2)
Saga
역사의 여신. '라가'라고도 한다. 차가운 물 아래 소크바베크 궁전에서 살며, 매일 보고 들은 일을 기록한다.

세스룸니르
Sessrumnir
프레이야의 왕궁.

세흐림니르
Sæhrimnir
죽여도 다시 살아나는 멧돼지. 발할라의 전사들이 이 멧돼지의 고기를 먹는다.

센예만드
Senjemand
토르가텐 산에 얽힌 전설 속 거인으로, 처녀에게 거절당한 보복으로 화살을 쏘았다가 아침 햇살에 돌이 된다.

소를리
Sörli
요나쿠르 왕과 구드룬의 아들. 누이 스반힐드의 복수를 하러 갔다가 돌에 맞아 죽는다.

소크바베크
Sokvabek
사가 여신이 사는 수정궁. 차가운 강물 아래에 있다.

소테
Sote
유령이 되어서까지 볼룬드의 팔찌를 지키고 있는 해적.

손
Son
크바시르의 피를 담은 사발.

솔
Sol
'해'라는 뜻의 이름을 가진 태양의 여신. 태양을 실은 마차를 몬다.

수드리
Sudri
이미르의 두개골로 만든 하늘을 짊어지는 드워프. 남쪽을 의미한다.

수르트
Surtr
무스펠헤임의 경계를 지키는 거인.

수퉁
Suttung
길링의 형제이자 군로드의 아버지. 길링의 복수를 하려고 드워프를 붙잡았다가 영감의 술을 차지하게 된다.

스노트라
Snotra
프리가의 시녀로 모든 지식에 통달한 선善의 여신.

스라그핀
Slagfinn
지상에 내려온 발키리의 백조 깃을 숨겨 발키리를 아내로 맞는 삼형제 중 하나.

스바딜파리
Svadilfari
아스가르드의 성벽을 지은 거인의 말. 로키가 암말로 변신해서 유혹하고 둘 사이에서 오딘의 말 슬레이프니르가 태어난다.

스바르트알파헤임
Svart-alfa-heim
드워프, 트롤, 놈, 코볼트 등이 사는 지하 세계.

스반흐비트
Svanhvit
백조 깃을 달고 지상에 내려왔다가 인간의 아내가 되는 발키리.

스반힐드
Swanhild
구드룬과 시그루드의 딸. 에르멘리히 왕과 결혼하기로 하나, 그의 의심을 사서 말발굽에 밟혀 죽게 된다.

스발린
Svalin
태양의 마차에 단 방패.

스카디
Skadi
겨울의 여신. 뇨르드와 결혼했지만 헤어지고 울르와 다시 결혼한다. 오딘과 결혼했다는 설도 있다. 숙적 로키가 사로잡혔을 때 그의 머리 위에 뱀을 올려 독이 떨어지게 한다.

스콜
Sköll
해와 달을 쫓는 늑대. '역겨움'이란 뜻.

스쿨드
Skuld
운명의 여신 노른 세 자매 중 셋째. '미래'를 상징한다.

스크리미르
Skrymir
토르가 우트가르드에 갈 때 마주친 거인.

스크림슬리
Skrymsli
농부와 내기를 한 지혜로운 거인. 농부의 외아들을 데려가려 하지만 로키가 꾀를 써서 죽인다.

스키드발드니르
Skidbladnir
프레이르의 배. 하늘과 바다를 모두 항해할 수 있으며, 언제나 순풍만 받는다. 또, 신들과 말, 무기를 모두 실을 만큼 크지만 접어서 주머니에 넣을 수도 있다.

스키르니르
Skirnir
프레이르의 시종으로 프레이르를 대신해 게르다에게 구애한다. 이때 프레이르의 칼을 받았다.

스킨팍시
Skin-faxi
낮의 신 다그의 마차를 끄는 말. '빛나는 갈기'라는 뜻.

스트롬카를
Stromkarl
물의 정령(남자).

슬레이프니르
Sleipnir
오딘의 말. 말 중의 최고로 손꼽히며 다리가 여덟 개이다.

시구르드
Sigurd
북유럽의 영웅. 아버지 시그문드의 복수를 하고, 용 파프니르를 죽여 황금을 차지한다. 발키리 브룬힐드와 사랑을 맹세하나, 마법의 물약을 마시고 구드룬과 결혼했다가 니블룽 일족에게 살해된다.

시구르드 링
Sigurd Ring
링그리크 왕국의 왕. 나이 차이가 많이 나는 잉게보르그를 아내로 맞이한다. 프리티오프의 정체를 알면서도 모른 척하고 곁에 둔다.

시그니
Signy
볼숭의 외동딸. 남편 시게이르가 일족을 모두 죽이자, 쌍둥이 형제 시그문드와 정을 통해 아들을 낳고 그 둘로 하여금 복수하게 한다.

시그문드
Sigmund
볼숭의 아들이자 시구르드의 아버지. 일족의 원수 시게이르에게 복수한 뒤, 후날란드의 왕이자 영웅으로 큰 이름을 떨쳤다. 오딘의 뜻에 따라 전사한다.

시기
Sigi
오딘의 아들로 사람을 죽였으나, 아버지 오딘의 가호로 배를 타고 나가 훈 족의 땅을 모두 차지한다.

시긴
Sigyn
로키의 세 번째 아내. 끝까지 로키에게 헌신한다.

시프
Sif
토르의 아내. 황금빛 긴 머리칼을 자랑한다. 로리디와 트루드의 어머니.

신
Syn
프리가의 시녀로 왕궁의 문을 지킨다. 단호한 성격으로 재판과 시험을 주관한다.

신드리
Sindri
드워프 브로크의 형. 굴린부르스티, 드라우프니르, 묠니르를 만들었다.

신표틀리
Sinfiotli
시그니와 시그문드의 아들. 아버지와 함께 시게이르를 죽인다. 훗날 계모에 의해 독살된다.

ㅇ

아그나르
Agnar
프리그의 축복을 받았으나 동생의 배신으로 왕위를 빼앗긴다. 게이로드 사후 왕위에 오르는데, 왕위에 오르는 것은 동명인 게이로드의 아들이라는 설도 있다.

아르바르크
Arvakr
태양의 마차를 끄는 말. '일찍 깨우는 이'라는 뜻.

아스
Ass
아스 신족. 북유럽의 세계를 만든 신이다. 복수는 에시르.

아스가르드
Asgard
아스 신들이 사는 곳. 천상에 존재한다.

아스크
Ask
물푸레나무. 바닷가에서 오딘 일행이 물푸레나무 토막을 발견하고 생명을 불어 넣어 탄생시킨 인간이다. 함께 태어난 엠블라와 더불어 인간의 시조가 되었다.

아슬라우그
Aslaug
시구르드와 브룬힐드의 딸. 고아로 자라지만 훗날 덴마크의 왕과 결혼한다.

아시냐
Asynja
아스 신들 중 여신을 가리키는 말. 복수는 아시뉴르.

아시뉴르
Asynjur
아스 신 중 여신의 복수형.

아우둠블라
Audumbla
태초에 생겨난 암소로, 신들의 조상 부리가 탄생하는 계기를 제공한다.

아우드
Aud
노트와 나글파리의 아들.

아우스트리
Austri
이미르의 두개골로 만든 하늘을 짊어지는 드워프. '동쪽'을 의미한다.

아틀레
Atlé
앙간튀르의 베르세르크로 프리티오프와 실력을 겨룬다.

아틀리
Atli
훈 족의 왕으로, 누이 브룬힐드의 죽음에 책임을 물어 구드룬을 아내로 맞는다. 니블룽 족의 황금을 차지하려고 음모를 꾸며 니블룽 족을 몰살하나, 황금은 찾지 못한 채 구드룬에게 살해된다.

안나르
Annar
노트의 두 번째 남편.

안드바라나우트
Andvaranaut
안드바리가 가지고 있던 마법의 반지로 보물을 끌어당기는 힘이 있었으나, 보물을 빼앗길 때 안드바리가 저주를 내리면서 불행의 씨앗이 된다.

안드바리
Andvari
오테르를 죽인 보상금을 마련하기 위해 로키가 찾아가는 드워프. 어마어마한 보물을 숨겨두고 있다.

안드흐림니르
Andhrimnir
세흐림니르를 요리하는 요리사.

알비스
Alvis
토르와 시프의 딸 트루드에게 구혼했다가 햇빛에 의해 돌이 된 드워프.

알비트
Alvit
백조 깃을 달고 지상에 내려왔다가 인간의 아내가 되는 발키리. 대장장이 볼룬드의 아내다.

알스비데르
Alsvider
달의 마차를 끄는 말.

알스빈
Alsvin
태양의 마차를 끄는 말. '빨리 달리는 이'라는 뜻.

알포드
Alfodr
오딘의 또 다른 이름. '만물의 아버지'라는 뜻.

알프헤임
Alfheim
엘프와 페어리가 사는 곳. 지상과 아스가르드 중간에 존재한다.

앙간튀르
Angantyr
벨레, 토르스텐과 함께 모험을 하게 되는 해적. 오크니 제도의 왕이 된다.

앙구르바델
Angurvadel
프리티오프가 아버지에게 물려받은 전설의 검. 전장에서 휘두르면 칼날에 새긴 룬 문자가 붉게 변한다.

앙구르보다
Angur-boda
로키와 결혼한 여자 거인. 늑대 펜리스, 뱀 요르문간드, 죽음의 여신 헬, 이렇게 세 아이를 낳는다.

야른그레이페르
Iarn-Greiper
토르의 쇠 장갑. 달아오른 망치를 쥐기 위해 필요하다.

야른삭사
Iarnsaxa
토르의 첫 번째 부인. 헤임달의 어머니 중 하나인 거인족. '철광석'이란 뜻이다.

야폰하르
Iafn-har
아스 신족을 만나러 간 길피 왕을 현혹하는 세 신 중 하나.

에기르
Ægir
심해의 신. 옛 신족에 속하는 것으로 보인다. 발데르가 죽은 후, 신들을 연회에 초대해 위로한다.

에길
Egil
지상에 내려온 발키리의 백조 깃을 숨겨 발키리를 아내로 맞는 삼형제 중 하나.

에다
Edda
옛 아이슬란드 어로 쓰인 고대 북유럽의 신화와 영웅 전설을 모아 놓은 책. 운문 형식의 『옛 에다』와 스노리 스툴루손이 산문 형식으로 쓴 『새 에다』가 있다.

에르다
Erda
토르의 어머니로 '대지'를 상징한다. 요르드라고도 한다.

에르멘리히
Ermenrich
스반힐드와 결혼하나, 신부를 데리러 간 아들과 스반힐드의 관계를 의심해 둘 다 처형한다.

에르프(1)
Erp
구드룬과 아틀리의 아들. 일족의 복수를 하려는 어머니의 손에 죽는다.

에르프(2)
Erp
요나쿠르 왕과 구드룬의 아들. 누이 스반힐드의 복수를 하러 가는 길에 두 형에 의해 죽는다.

에시르
Æsir
아스 신을 복수로 지칭할 때 쓰는 말.

에이라
Eira
프리가의 시녀로 의술이 뛰어났으며, 인간 여성들에게 지식을 전수해주었다.

에이사
Eisa
로키와 글루트의 딸. '타다 남은 불'이란 뜻.

에이텔
Eitel
구드룬과 아틀리의 아들. 일족의 복수를 하려는 어머니의 손에 죽는다.

에인미리아
Einmyria
로키와 글루트의 딸. '재'라는 뜻.

에인헤랴르
Einheriar
발할라에 머무는 전사자들. 라그나로크가 오면 신들을 도와 싸운다.

에일리미
Eylimi
오크니 제도의 왕으로 효르디스의 아버지.

엘데
Elde
에기르의 시종.

엘드흐림니르
Eldhrimnir
세흐림니르를 요리하는 큰 가마솥.

엘리
Elli
우트가르드에서 토르와 씨름을 한 늙은 여자 거인.

엘리다
Ellida
바다의 신 에기르를 잘 대접한 상으로 바이킹이 하사 받은 배. 선수에 용머리 조각을 달았으며 주인의 말을 알아듣는다.

엘리바가르
Elivagar
니플헤임에서 흐르는 열두 개의 큰 강.

엘비드네르
Elvidner
헬 여신의 왕궁. '고통'이라는 뜻.

엘프
Elf
바이킹 왕으로 리그니를 피해 숨은 효르디스를 데려가 결혼하고 시구르드의 양부가 된다.

엠블라
Embla
느릅나무. 바닷가에서 오딘 일행이 느릅나무 토막을 발견하고 생명을 불어 넣어 탄생시킨 인간이다. 함께 태어난 아스크와 더불어 인간의 시조가 되었다.

오두르
Odur
프레이야의 남편. 태양의 화신 혹은 열정의 화신. 방랑을 떠나 프레이야를 슬프게 한다.

오드레리르
Odrerir
크바시르의 피를 담은 솥. 때로는 그 솥에 든 술을 지칭하기도 한다.

오딘
Odin
아스 신족의 최고신. 외눈박이에 푸른색과 회색 망토를 두르고 챙이 넓은 모자를 쓴 모습으로 그려진다. 미미르의 샘물을 마셔 지혜로우며 룬 문자를 만들었다. 시인의 술 오드레리르를 훔쳐오면서 시와 웅변의 신으로 여겨지기도 한다. 여러 신들의 아버지다. 라그나로크가 올 때를 대비하여, 발키리를 보내 발할라에 전사자들을 모은다. 여러 이름으로 불린다.

오르겔미르
Orgelmir
이미르의 다른 이름. '펄펄 끓는 진흙'이란 뜻.

오르반딜
Orvandil
그로아의 아들로 토르가 서리 거인 손에서 구해냈다. 동상에 걸린 발가락이 토르에 의해 하늘의 별이 되었다.

오를로그
Orlog
거역할 수 없는 힘, '운명'을 뜻한다.

오콜누르
Okolnur
라그나로크 이후 거인들이 모여 살게 되는 곳.

오테르
Otter
흐레이드마르의 차남. 수달로 변신해서 놀다가 로키에게 잡혀 죽는다.

올룬
Olrun
백조 깃을 달고 지상에 내려왔다가 인간의 아내가 되는 발키리.

요나쿠르
Jonakur
아틀리를 죽인 구드룬이 세 번째로 결혼하는 왕.

요르드
Jörd
노트와 안나르의 딸. '에르다'라고도 하며, '대지'를 뜻한다.

요르문간드
Iörmungandr
로키의 자식으로, 바닷속에서 세상을 한 바퀴 감고도 제 꼬리를 물 만큼 크다. '미드가르드의 뱀'이라고 부르기도 한다.

요쿨
Jokul
뇨르페의 장남. 비킹의 아들 하나가 동생을 죽이자, 비킹의 아들을 전부 죽여 복수하려 한다. 마법에 능하다.

요툰
Jötun
거인을 가리키는 말. '대식가'라는 뜻.

요툰헤임
Jötun-heim
거인(요툰)들이 사는 곳. 세상의 경계에 존재한다.

우르다르
Urdar
이그드라실의 뿌리 근처에 있는 샘. 노른 여신이 이 샘에서 물을 길어 이그드라실을 돌본다.

우르드
Urd
운명의 여신 노른 세 자매 중 첫째. '과거'를 상징한다.

우트가르드
Utgard
거인 나라의 또 다른 이름.

우트가르드로키
Utgard-loki
우트가르드의 왕. 눈속임으로 토르 일행을 속인다.

운디네
Undine
물의 정령(여자).

울르
Ullr
겨울의 신. 사냥의 신이기도 하다. 활솜씨가 뛰어나며 후에 스카디와 결혼한다.

위르드
Wyrd
운명의 여신 노른 세 자매의 어머니.

이그드라실
Yggdrasil
세계수 혹은 '생명의 나무'. 니플헤임부터 아스가르드까지 전 세계에 뿌리를 뻗고 있다.

이다볼드
Idavold
아스가르드의 평원.

이달리르
Ydalir
겨울의 신 울르가 사는 계곡. 주목나무를 구하기 좋다.

이둔
Idun
젊음의 여신. 브라기의 아내로 아스가르드의 신들은 이둔의 사과를 먹고 젊음과 힘을 유지한다.

이미르
Ymir
태초에 생겨난 서리 거인. 죽은 이미르의 몸으로 세상이 만들어졌다.

이발드
Ivald
드발린의 아버지.

이핑
Ifing
아스가르드와 요툰헤임을 가르는 강.

일제
Ilse
거인 일젠슈타인의 딸로 연인을 만나지 못하게 되자, 절벽에서 몸을 던져 물의 정령이 된다.

일젠슈타인
Ilsenstein
일제의 아버지. 딸이 인간과 어울리는 것을 막으려고 길을 끊어버린다.

잉게보르그(1)
Ingeborg
벨레의 여동생. 요쿨의 마법에 걸려 추한 마녀의 모습을 하고 있으나, 바다에 빠진 토르스텐을 구함으로써 나라도 되찾고 원래 모습으로 돌아가 그와 결혼한다.

잉게보르그(2)
Ingeborg
벨레의 딸. 프리티오프와 서로 사랑하나, 오라버니들의 뜻에 따라 시구르드 링과 결혼한다.

ㅋ

카리
Kari
'공기'를 상징하는 옛 신. 로키, 홀레르와 한 형제다.

크바시르
Kvasir
아스 신과 반 신이 화해하며 뱉은 침에서 탄생한 존재, 지혜가 뛰어나나 드워프들에게 살해된다. 드워프들은 그의 피로 영감의 술을 빚었다.

ㅌ

타른카페
Tarnkappe
드워프들이 쓰는 붉은 두건. 이 두건을 쓰면 몸이 보이지 않고, 햇빛 아래에서도 돌이 되지 않는다.

탕그뇨스트
Tanngniostr
토르의 전차를 끄는 염소. '이를 드러내 보이는 자'라는 뜻이다.

탕그리스니르
Tanngrisnir
토르의 전차를 끄는 염소. '이를 가는 자'를 뜻한다.

토레르
Thorer
비킹의 아들 중 하나.

토르
Thor
천둥의 신. 여신 시프의 남편이며 신성한 망치 묠니르와 쇠장갑, 힘이 두 배로 늘어나는 허리띠를 가지고 있다. 마그니와 모디의 아버지. 서리 거인으로 상징되는 악에 맞서 싸우는 신으로서 북유럽에서 널리 숭배 받았다.

토르게
Torge
센예만드가 쏜 화살을 막으려고 모자를 던지는 거인.

토르스텐
Thorsten
비킹의 장남. 뇨르페의 아들을 죽인 동생을 따라 몸을 숨겼다가 고향을 떠나게 된다. 벨레가 왕국을 되찾게 돕는다. 프리티오프의 아버지.

토크
Thok
로키가 변장한 여자 거인으로, 발데르를 위해 울어주기를 거절한다.

투르스
Thurs
거인을 가리키는 또 다른 말. '갈증'을 뜻한다는 설과 거인들이 지은 탑 투르세이에서 따왔다는 설이 있다.

트루드
Thrud
토르와 시프의 딸. 거인으로 알비스란 드워프의 구애를 받았다.

트루드겔미르
Thrudgelmir
이미르의 두 발이 낳은 머리 여섯 달린 거인.

트루드방(헤임)
Thrud-vang(heim)
토르의 영지.

트리디
Thridi
아스 신족을 만나러 간 길피 왕을 현혹하는 세 신 중 하나.

트림
Thrym
서리 거인족의 왕자. 토르의 망치를 훔쳐 프레이야와 결혼하려 한다.

트림헤임
Thrymheim
티아시의 집.

티르
Tyr
전쟁의 신, 검의 신. 펜리스를 속박할 때 나서서 희생해 한쪽 팔을 잃는다.

티르핑
Tyrfing
드워프들이 만든 전설의 검. 쇠와 돌을 벨 수 있으며, 검에 의지가 있어 스스로 싸운다.

티아시
Thiassi
로키를 협박해 이둔과 젊음의 사과를 훔친 거인. 로키가 이둔을 되찾아오면서 신들의 계략에 의해 죽지만, 그의 두 눈은 하늘의 별이 된다. 겨울의 여신 스카디의 아버지다.

티알피
Thialfi
토르가 하룻밤 묵은 농가에서 데려온 시종. 로키의 꾐에 빠져 토르의 명령을 거역했다가 속죄의 의미로 시종이 된다.

ㅍ

파르바우티
Farbauti
로키의 아버지로 추정되는 또 다른 거인으로, 대홍수 때 살아남은 베르겔미르와 같은 인물.

파프니르
Fafnir
흐레이드마르의 장남. 보물을 차지하기 위해 아버지를 죽이고, 용이 되어 보물을 지키다가 시구르드에게 죽는다.

팔라르(1)
Fialar
크바시르를 살해한 사악한 드워프.

팔라르(2)
Fialar
발할라의 지붕 위에 앉아 있는 수탉. 이그드라실이 쓰러지게 되자 큰 소리로 울어 경고한다.

펜리스
Fenris
로키의 자식으로 늑대의 모습을 하고 있다. 갈수록 힘이 세지자 신들이 그를 두려워해 링비 섬에 속박했으나, 라그나로크가 오면 속박을 풀고 신들에게 복수한다.

펜살리르
Fensalir
프리가의 궁전. 안개의 궁 혹은 바다의 궁을 의미한다.

포르세티
Forseti
정의와 사법의 신. 발데르의 아들로 신이나 인간들 사이의 분쟁을 조정한다.

포른요튼
Fornjotnr
로키의 아버지로 추정된다. 거인 이미르의 다른 이름.

폴크방
Folkvang
프레이야의 영지.

표르긴
Fiorgyn
요르드(에르다)의 어머니. 거인이다.

푼펭
Funfeng
에기르의 시종. 신들에게 칭찬을 받자 로키가 질투해서 죽인다.

풀라
Fulla
프리가의 시녀. 여동생이라는 설도 있다.

프레이르
Freyr
풍요의 신. 뇨르드의 아들로 여름의 신이다. 알프헤임에서 살며, 게르다와 혼인하기 위해 스키르니르에게 무적의 검을 준다. 결국 이 때문에 라그나로크가 오면 사슴뿔로 싸우는 처지가 된다.

프레이야
Freyja
미의 여신. 뇨르드의 딸로 브리싱가멘이라는 화려한 목걸이를 하고 있다. '대지'를 상징하기도 한다.

프레키
Freki
오딘의 발치에 앉아 있는 늑대(사냥개).

프로디
Frodi
마법의 맷돌 그로티를 가지고 있는 덴마크의 왕. 평화의 왕으로 알려져 있으나, 욕심이 지나쳐 화를 입게 된다.

프리가
Frigga
대기(공기)의 여신이자 오딘의 아내. 구름을 짜며 부부 간의 사랑이나 출산을 책임지는 여신이기도 하다.

프리티오프
Frithiof
토르스텐의 아들. 공주 잉게보르그를 사랑해 갖은 역경을 헤쳐 나가나, 실수로 발데르의 신전에 불을 내면서 해적이 되어 세상을 떠돈다. 결국은 사랑을 이루게 된다.

핌불베트르
Fimbulvetr
'핌불 겨울'이라고도 한다. '극도의 겨울'이란 뜻으로, 라그나로크 전에 세 번 연이어 찾아오는 겨울을 말한다.

ㅎ

하르
Har
아스 신족을 만나러 간 길피 왕을 현혹하는 세 신 중 하나.

하몬드
Hamond
시그문드와 보르그힐드의 아들.

하티
Hati
해와 달을 쫓는 늑대. '증오'란 뜻.

할로게
Haloge
로키의 다른 이름으로, 노르웨이 북부 할로갈란드를 다스렸다.

할프단(1)
Halfdan
비킹의 친구. 비킹과 함께 많은 모험을 하고 이후 스웨덴 인근에 정착한다.

할프단(2)
Halfdan
벨레의 아들. 헬게와 함께 아버지의 뒤를 이어 왕국을 다스린다.

함디르
Hamdir
요나쿠르 왕과 구드룬의 아들. 누이 스반힐드의 복수를 하러 갔다가 돌에 맞아 죽는다.

헤르모드
Hermod
오딘의 아들. '날쌘 신'이라는 별명이 붙었으며, 신들의 전령 역할을 한다. 오딘 외에 슬레이프니르에 탈 수 있는 유일한 신이다.

헤이드룬
Heidrun
오딘 신의 염소로 뿔에서 신들의 음료인 벌꿀술을 생산한다. 이그드라실의 가지를 먹고 산다.

헤이메
Heime
대장장이 볼룬드의 아들.

헤임달
Heimdall
오딘의 아들로, 무지개다리 비프로스트의 보초를 서며, 뿔피리로 신들의 오고감을 알리는 신. 파도의 처녀 아홉 자매를 어머니로 둔 덕에 변신에도 능하다.

헬
Hel
죽음의 여신. 로키와 거인 앙그르보다의 딸로 지하의 아홉 세계를 다스린다.

헬게
Helge
벨레의 아들. 아버지 뒤를 이어 왕국을 다스리게 되나, 프리티오프와 누이의 결혼을 반대한다.

헬기
Helgi
시그문드와 보르그힐드의 아들. 훈딩의 왕궁에 혼자 침입할 정도로 용감해 발키리 시그룬과 결혼한다.

헬라
Hela
헬의 다른 이름.

호그니
Hogni
규키의 차남. 아틀리와 끝까지 맞서 싸우다가 사로잡힌다.

호두르
Hodur
어둠의 신. 앞을 보지 못하며 로키에게 속아 쌍둥이 형제 발데르를 죽인다.

호프바르프니르
Hofvarpnir
그나가 타고 다니는 말. 공중을 날 수 있으며, 불 속을 오가기도 한다.

홀름강
Holmgang
북유럽식 결투. '작은 섬으로 가다'라는 뜻으로, 작은 섬이나 협소한 장소에서 하는 결투를 말한다.

회니르
Hœnir
'빛나는 이'라는 뜻으로 아스 신 중 하나다. 인간에게 움직임과 감각을 부여했다. 바나헤임에 인질로 가게 된다.

효르디스
Hiordis
에일리미의 딸로 시그문드와 결혼해 시구르드를 낳는다.

후기
Hugi
우트가르드에서 티알피와 경주를 한 거인.

후긴
Hugin
오딘을 따르는 큰 까마귀. '생각'이란 뜻. 매일 세상을 둘러보고 와서 오딘에게 알려준다.

훈딩
Hunding
볼숭 일족과 반목하는 일족.

훈티오프
Hunthiof
프리티오프의 아들. 호르다란드를 다스리게 된다.

흐레스벨그
Hræ-svelgr
북쪽 경계에서 팔 또는 날개로 한풍을 일으키는 거인. '시체를 삼키는 자'라는 뜻.

흐레이드마르
Hreidmar
욕심 많은 드워프 왕. 보물을 독차지하려고 하다가 장남 파프니르의 손에 죽고 만다.

흐룽니르
Hrungnir
아스가르드에서 막말을 한 대가로 토르와 겨루어 죽은 거인.

흐림트루스
Hrimthurs
서리 거인.

흐림팍시
Hrimfaxi
밤의 마차를 끄는 말. '서리 갈기'라는 뜻.

흐베르겔미르
Hvergelmir
니플헤임의 한가운데서 솟아나는 샘. '끓는 가마솥'이란 뜻.

흘레르
Hler
에기르의 다른 이름.

흘레세이
Hlesey
에기르가 사는 곳. 오늘날 카데카트 해협의 레쇠 섬.

흘로라
Hlora
토르의 양부모 중 하나. '열'을 뜻한다.

흘리드스캴프
Hlidskialf
오딘의 왕좌. 높이 솟아 이곳에 앉으면 세상을 다 내려다 볼 수 있다.

흘린
Hlin
프리가의 시녀. 위로의 여신.

히로킨
Hyrrokin
발데르의 시신을 실은 링호른을 바다에 띄울 수 있게 도와주는 여자 거인.

히미르
Hymir
티르와 토르가 에기르에게 줄 솥을 구하러 찾아가는 거인.

히민뵤르그
Himinbiorg
헤임달의 왕궁. 비프뢰스트의 가장 높은 곳에 있다.

히우키
Hiuki
마니가 데리고 다니는 아이. 지상에서 데려왔다. '차오르는 달'이라는 뜻.

힌다르팔
Hindarfiall
브룬힐드가 잠들어 있던 산.

힌드펠
Hindfell
힌다르팔의 다른 이름.

힌들라
Hyndla
프레이야가 인간 오타르를 도우려고 찾아간 마법사. 오타르의 혈통을 알려주고 기억의 물약을 만들어준다.

힐딩
Hilding
프리티오프와 잉게보르그를 맡아서 기른다.

북유럽 신화,
재밌고도 멋진 이야기
(Myths of the Norsemen From the Eddas and Sagas)

초 판 1쇄 발행 | 2015년 12월 12일
2쇄 발행 | 2017년 2월 12일
3쇄 발행 | 2018년 5월 22일

지은이 | H. A. 거버(H. A. Guerber) 지음 • 옮긴이 | 김혜연
펴낸이 | 조선우 • 펴낸곳 | 책읽는귀족

등록 | 2012년 2월 17일 제396-2012-000041호
주소 | 경기도 고양시 일산서구 대산로 123, 현대프라자 342호(주엽동, K일산비즈니스센터)

전화 | 031-944-6907 • 팩스 | 031-944-6908
홈페이지 | www.noblewithbooks.com   E-mail | idea444@naver.com

출판 기획 | 조선우 • 책임 편집 | 조선우
표지 & 본문 디자인 | twoesdesign

값 25,000원 • ISBN 978-89-97863-37-2   (03210)

이 도서의 국립중앙도서관 출판예정도서목록(CIP)은 서지정보유통지원시스템 홈페이지
(http://seoji.nl.go.kr)와 국가자료공동목록시스템(http://www.nl.go.kr/kolisnet)에서
이용하실 수 있습니다.(CIP제어번호: CIP2015032178)